| 培文·社会科学译丛 |

福利社会
的欧洲设计

察赫社会法文集

[德] 汉斯·

刘冬梅 杨一帆

著作权合同登记号　图字：01-2014-3577

图书在版编目（CIP）数据

福利社会的欧洲设计：察赫社会法文集 /（德）察赫（Zacher, H.）著；刘冬梅，杨一帆译. —北京：北京大学出版社，2014.6

（培文·社会科学译丛）

ISBN 978-7-301-24327-5

I. ①福… II. ①察… ②刘… ③杨… III. ①社会法学-文集 IV. ① D90-052

中国版本图书馆 CIP 数据核字（2014）第 118590 号

本书中文简体字翻译版由作者免费授权北京大学出版社出版。

书　　　　名：	福利社会的欧洲设计：察赫社会法文集
著作责任者：	[德] 汉斯·察赫 著　刘冬梅 杨一帆 译
责 任 编 辑：	徐文宁
标 准 书 号：	ISBN 978-7-301-24327-5/C·1015
出 版 发 行：	北京大学出版社
地　　　　址：	北京市海淀区成府路205号　100871
网　　　　址：	http://www.pup.cn　新浪官方微博：@北京大学出版社　@培文图书
电 子 信 箱：	pw@pup.pku.edu.cn
电　　　　话：	邮购部 62752015　发行部 62750672　编辑部 62750112　出版部 62754962
印 刷 者：	三河市腾飞印务有限公司
经 销 者：	新华书店
	720 毫米×1020 毫米　16 开本　24.75 印张　390 千字
	2014 年 6 月第 1 版　2014 年 6 月第 1 次印刷
定　　　　价：	55.00 元

未经许可，不得以任何方式复制或抄袭本书之部分或全部内容。

版权所有，侵权必究

举报电话：010-62752024　电子信箱：fd@pup.pku.edu.cn

目 录

导 读 1

绪 论 福利社会的欧洲设计 13
 一、历史背景 13
 二、架构 19
 三、"福利社会"方案与法律 42
 四、结语:"全球"世界中的欧洲 61

第一编 社会法基础问题

第一章 什么是社会法 87
 一、概念问题 87
 二、社会法概念的四个层次 88
 三、与社会保障概念的区分 93
 四、结语 95

第二章 社会法的基本类型 96
 一、"福利社会"的出发点 97
 二、社会法的微观出发点 99
 三、社会法的宏观条件 101
 四、狭义社会法("Sozialrecht")与广义社会法("soziales Recht") ... 103
 五、社会法决定要素的循环永动 104
 六、社会法的结构要件 105
 七、社会法类型的多元化 112
 八、对社会法基本类型多元化的解释 113

第三章 社会法教义学的发展 …… 118
一、社会法的开端及社会保险法教义学之花 …… 118
二、战后时期：从社会保险法到社会法 …… 121
三、70年代以来：新的问题视角——学术上的进步 …… 132
四、仍然欠缺：社会－法－教义学 …… 140

第四章 社会法领域的法律化 …… 149
一、初步解释 …… 149
二、社会法和社会法中法律化的"位置" …… 157
三、法律化的表现形式 …… 177
四、评价的多个角度 …… 192

第二编 社会政策问题

第五章 福利国家的两难处境 …… 199
一、福利国家合理性问题 …… 199
二、插入 …… 201
三、历史发展的决定性与负面刺激作用 …… 202
四、规则的引导与负面刺激 …… 206
五、福利国家与政治制度 …… 208
六、挑战 …… 211

第六章 福利社会国家与繁荣 …… 213
一、问题 …… 213
二、靠拢 …… 216
三、核心范例：福利社会的市场经济 …… 228
四、结论 …… 234

第三编 社会保险特殊问题

第七章 社会保险的发展之路 …… 239
一、"社会保险百年史"研究计划中的国家分报告 …… 239

二、福利社会问题和社会保险的交替关系作为国家的可能应对 ……… 240
　　三、不同社会风险引起不同的国家应对 …………………… 250
　　四、社会保险制度的扩张 ………………………………… 257
　　五、社会保险——社会保障——社会促进 …………………… 258

第八章　社会保险与人权 …………………………………… 262
　　一、历史语境中的主题 …………………………………… 262
　　二、福利国家制度与人权的交汇点 ………………………… 267
　　三、社会保险与人权：特殊要素 …………………………… 275

第四编　德国与欧洲社会法

第九章　德国法与欧洲法中的"福利社会"概念 ……………… 281
　　一、福利社会与法律 ……………………………………… 281
　　二、德国法中的福利社会 ………………………………… 285
　　三、欧洲法中的福利社会 ………………………………… 291

第十章　欧洲的福利社会国家制度 …………………………… 299
　　一、"福利社会制度"的内容与结构 ………………………… 299
　　二、"欧洲" ……………………………………………… 303
　　三、福利社会制度对欧盟的影响 …………………………… 308

第五编　发展中国家与全球化

第十一章　全球社会政策——若干初步思考 ………………… 319
　　一、全球化：人类的自我发现 ……………………………… 319
　　二、世界的结构 ………………………………………… 321
　　三、福利社会的结构 ……………………………………… 325
　　四、结语 ………………………………………………… 338

第十二章　传统社会团结与现代社会保障：共存还是冲突？ …… 340
　　一、现代社会保障的基本模式 ……………………………… 340
　　二、传统社会团结 ………………………………………… 346

三、过渡与挑战 …………………………………………… 347
　　四、解决方式 ……………………………………………… 351
　　五、结语 …………………………………………………… 355
第十三章　全球视角中的劳动、失业与社会福利制度 ……………… 357
　　一、劳动——社会干预——失业 ………………………… 357
　　二、不平等的旧秩序——从二战结束到80年代 ………… 366
　　三、新型不平等的复杂性 ………………………………… 374
　　四、结语 …………………………………………………… 387

附录：出版社名录 ……………………………………………… 389

导　读

刘冬梅

一、察赫与马克斯·普朗克外国与国际社会法研究所

（一）马普的法学研究所

德国马普学会中法学研究所的创立，最早是1924年的"外国公法与国际法研究所"和1926年的"外国与国际私法研究所"。当时马普学会仍以"威廉皇帝学会"为名。二战后，该学会在西占区重建并更名为"马克斯·普朗克科学促进学会"，并于1960年代进入迅速扩张时期。60年代新建了三个法学研究所：1964年的欧洲法律史研究所（法兰克福），1966年的外国与国际刑法研究所（弗莱堡），以及同一年的外国与国际专利、著作权与竞争法研究所（2002年改为外国与国际知识产权法、竞争法与税法研究所，2011年又拆分为税法与公共财政研究所、无形财产与竞争法研究所）。

从以上研究所的名称即可看出，很长一段时间内马普学会设立法学研究所的目的，重点在于外国法、国际法与比较法的研究，以此与主要承担本国经典法学研究的大学法学院在任务上区分开来。1980年正式成立的社会法研究所沿袭了这一传统，被命名为"外国与国际社会法研究所"。与公法、私法等传统法律领域比较起来，社会法以其特殊的宪法基础及与社会政策的密切关系，呈现出独特的复杂之处。即便在德国法学体系中，社会法学也是一个仍处于不断发展之中的新现象。社会法研究所的成立，代表着马普法学研究向跨学科新领域的倾斜。之后2003年公共品法研究所（波恩）的成立，2011年知

识产权法所的拆分，2012年外国与国际社会法所更名为社会法与社会政策研究所，成为由法学家和经济学家共同组成的研究机构，更是清晰地表明了这一倾向。

（二）社会法研究所的开端

上述变化折射出的事实与要求是：在日益加快的世界融合和制度变迁中，法学研究如何适应社会中各种状况的不断变化，法学学者如何放宽视界，不断将研究对象拓展到社会关系的新领域，并为此采取新的适当的研究方法，而不是拘泥于所谓的"法学本身"。70年代初，当时的德国联邦社会法院主席Georg Wannagat提出在马普学会成立一个社会法研究所的建议时，不仅"社会法学"还未成为成熟的法学领域，它的研究对象——"社会法"及作为其基础的福利社会国家制度，也属于历史尚短的新生事物。研究对象的跨领域性、社会福利法的强烈技术性，以及这个领域较低的学术开发水平，使得传统法学难以在此领域深入。因此，对于这样的一个研究所是否能够作出卓有成效的工作，尚存疑虑。然而成立此研究所的必要性在于：一方面，福利国家制度越来越成为现代国家的基本制度；另一方面，这种制度不仅在工业化国家中分化为了资本主义福利国家类型和社会主义福利国家类型，在基本类型的内部，又根据各国历史、文化、经济、社会等传统与现状的不同，产生出许多不同的模式并因世界的整合趋势而持续互相影响。而在第三世界发展中国家，情况则更为复杂。因此，亟待对它们的共性与差异及发展趋势进行分析。传统的公法研究和私法研究尽管也可以进行这方面的工作，但却由于各自的领域局限而无法达到一个完整的成效。因此，马普学会的决定是，先成立一个国际与比较社会法研究小组，视其五年内的工作状况而决定是否有可能在此基础上建立一个新的法学研究所。当时为慕尼黑大学公法教授的察赫接受了领导研究小组的任务。

对这样一个新的复杂交叉领域该从何入手？研究小组选择了历史与比较研究的结合为工作的开端，对象则是德国对世界社会保障制度作出过开创性贡献且具有相对成熟性的领域：社会保险。对德国、法国、英国、奥地利、瑞士这欧洲五国一百年来社会保险制度的建立过程与相互影响的深度比较与分析，最终形成《社会保险百年史》这一宏大叙事作为马普外国与国际社会法研究所成立的奠基石。因此，我们特意将该书的绪论《社会保险的发展之路》收进本书。原因不仅在于这项研究工作对于社会法研究所和察赫本人所具有的里程碑式意义，也不仅在于了解欧洲各国社会保险产生与发展的历史，可以让我们更确切地理解究竟何为"社会保险"，并方便与社会保险引入中国后的异变及其背景进行比较。更意在探讨：面对一个新的、其自身尚处在许多发展可能性之中的研究领域，该采取怎样的基础研究方法。马普社会法所对此给出的回答是：历史的与比较的研究方法。实际上，在察赫的社会法理论论述中，历史与比较的脉络始终贯穿。有关福利社会制度发展史的不仅有《社会保险的发展之路》，还有《福利国家的两难处境》、《欧洲的福利社会国家制度》等；《德国与欧洲法中的"福利社会"》及《社会法领域的法律化》是关于社会法的发展史；《社会法教义学的发展》则是关于社会法学的发展史。在《传统社会团结与现代社会保障》、《全球视角中的劳动、失业与社会福利制度》等文章中，我们还可以找到对不同社会制度下不同社会保障类型的比较与分析。

（三）察赫与社会法的互相成就

察赫的学术生涯与慕尼黑有着密不可分的关系。他在慕尼黑大学完成学业，获得法学博士学位，又取得任教资格，去萨尔大学执教八年后重回慕尼黑，1980年又在此创办马普外国与国际社会法研究所。在他担任所长期间(1980—1992)，该所在社会法基础理论、比较社会法、欧洲与国际社会法、发展中国家社会法等研究领域成果颇丰，很快成为德国乃至国际社会法研究的中心。而察赫本人在社会法领域的极高成就，亦使得他于1992年成为总部在慕尼黑的马普学会迄今唯一一位来自人文科学领域的主席，完成了"从成果卓著的学者到欧洲最大的非大学科研机构的最高级别学术管理者"[1]的转身。他任主席期间(1992—1996)，正是两德统一后马普学会向东德大力扩张的时期，这期间在新的联邦州中成立了十四个研究所。

---

[1] *Franz Ruland*, Hans F. Zacher – Zu Person und Werk. in：Ruland/von Maydell/Papier (Hrsg.)，Verfassung, Theorie und Praxis des Sozialstaats. Festschrift für Hans F. Zacher zum 70. Geburtstag. XXXII.

这一时期对他本人和马普学会来说都充满了全新的挑战。国家整合的迫切要求使得一种观点日益浮现，认为学术研究应当更加服从于政治和经济目的，要以经济上的可利用性作为评价科学研究价值的标准。察赫对这种做法始终持反对意见。他认为，"基础研究是科学研究系统中最深的泉源。需要水的人不能光指望天上降雨，否则在旱时就会受灾。"[2] 在他看来，基础研究的重要性体现在三个层次上：它能够强化社会的开放性认知氛围；提供对许多关联都具重要意义的前提性知识；并可得出可以直接适用的成果。由于这些成果所带有的是基础性的新认知，因此更具有创新性。比起直接寻找问题解决方案的某些研究方式，基础研究更有可能开发出解决问题的新途径。马普学会的许多成就都为此提供了有力的论据。这个学会的基本观点亦一直都是：科学研究应该具有利用价值，但反对对研究的利用价值给予完全特定的期待、要求为了社会和经济利益而得出某种特定的结论。

察赫这种始终注重基础研究的态度，使得他的关注领域超出了成文法律，深入到社会法的核心问题，即福利国家制度的历史性与结构性条件问题。他以这种深度思考建立起与其他学术领域的连接，也使得他的论述不仅被法学学者，也被研究社会政策的历史学家、经济学家、政治学家和社会学家广泛接受。

"社会法理论与实践的基本问题"是察赫研究的重要组成部分。由于传统的社会保险、社会救济和福利的划分方式未能充分揭示制度的内部合理性，随着制度发展不能再适应社会法的体系要求，因此他在 Walter Bogs 的学说基础上，以社会再分配的原因为根据对社会法进行了新的体系划分。《社会法的基本类型》一文，就是较早期时对这个问题的全面考量。最开始是把社会福利制度分为预防、补偿与平衡制度。随着认识的深化，类型化的工作也在深化。社会福利制度最后被认为是由社会预防、社会补偿、社会救助、社会促进四个部分组成。这种划分方法对德国社会法学产生了广泛影响。他在担任社会法典编纂委员会主席时，也曾试图以这种划分为基础对社会法进行"有限实质性改革"的法典化，但是没有完全成功。[3]

---

[2]　*Max-Planck-Gesellschaft*, Wissen für das 21. Jahrhundert, (1995), S. 4.
[3]　见《社会法教义学的发展》一文。

二、本书的主要内容与察赫的核心观点

（一）主要内容

本书收录的文章为译者与察赫共同选定，主要选自察赫的两本社会法文集（Abhandlungen zum Sozialrecht I, II），时间跨度从1978年（《什么是社会法》）至2009年（《全球社会政策：若干初步思考》），绪论则是2013年方才完成。在选择标准上，考虑到社会法基础理论和福利制度核心问题的重要性，以及国内在此研究上的不足，有意对这方面的内容作了倾斜。察赫有关社会法的比较研究方法及社会法中某些具体领域的论述等，则因篇幅所限未能收入。由察赫本人对所收录的文章进行了分类，分为五个部分：

(1) 社会法基础问题
(2) 社会政策问题
(3) 社会保险特殊问题
(4) 德国与欧洲社会法
(5) 发展中国家与全球化

其中社会法基础问题所占比重较大。

为了让中国读者能够对他在如此长时间跨度内的社会法思考有一个连贯的整体印象，也同时作为对自身学术思想的回顾与深化，察赫特意为本书写下了长篇绪论。绪论以欧洲中世纪的社会特征为历史背景的开端，在分析了欧洲福利社会制度的历史成因、基本结构及法律在其中扮演的角色之后，又把欧洲放入"全球"语境内再次予以审视和评判。绪论的基本态度表明，本书所收录的主要是他从德国视角出发对德国与欧洲制度的整体性内核进行思考的结果。在工业化国家，社会状况与社会修正的基本模式已经成熟到可以清楚地勾勒出来，然而这并不意味着它对发展中国家同样适用。各国福利制度受到本国政治、经济、文明及社会差异的直接制约，发达国家并不能为发展中国家提供可以直接拿来就用的模式，现代社会保障技术的纯粹拿来主义已被证明是一种错误的做法。

另一方面，察赫认为，社会主义国家和发展中国家在社会保障领域同样作出了独有的贡献，现代福利国家制度也从来就不能完全替代传统社会团结。工业化国家和发展中国家也许可以尝试把双方的经验互相结合起来，来找寻一条最佳路径。因此，尽管由于国家内部极其复杂的社会状况和获得可靠信息的难度使得关于发展中国家福利制度的研究举步维艰，察赫在担任社会法研究所所长期间，仍然一直努力推动对发展中国家福利制度的讨论，对全球化趋势中世界社会政策的产生也有了一个初步的思考。

（二）不断深化的核心观点

如前所述，本书收录的十三篇文章形成于不同的时期，各自单独成文。在这十三篇文章和绪论中，有些内容反复出现，频率如此之高，使得译者一度考虑对它们进行适当的删减和改写。但最终还是放弃了这样做，因为正是这些内容构成了每篇文章的出发点和基础，删减会破坏文章的整体性。也正是这些内容，构成察赫学术思想的基座，并随着他思考的深化而不断加入新的内容。它们包括：

1. "sozial" 概念

在多篇文章的开头，察赫都不得不首先对"sozial"一词进行解释。原因是这个源自于拉丁语的德语形容词的含义比英语中的"social"、汉语中的"社会的"要远为丰富。尤其是对外国读者来说，不先进行词义上的解释，就会很容易导致理解上的歧义。察赫对它的词义的思考和解释也一直处于不断深化中。在 1980 年代发表的《社会法的基本类型》、《社会法领域的法律化》中，"sozial"一词被分离出了两层含义：一层是一般性概念，等同于"gesellschaftlich（社会的）"；另一层则是社会批判性和政治性的定义，体现的是消除不平等、保障基本生活、防御生活变数、促进社会参与等福利国家制度的目的。在 2005 年的《德国法与欧洲法中的"das Soziale"》一文中，这层特定的政治性含义被解释为"一种正确的社会理想及其国家组织、对偏离这种理想的情形的否定及对这种情形的补救措施"。2006 年，《社会法教义学的发展》又把"sozial"的一般性含义进一步分离，解释为具有部分重叠的三层含义：第一是作为与社会普遍相关的；第二是作为集体的一般性义务；第三是作为对不合理的生活水平差距的批判。对这个词的最新理解，察赫把它写入了本书的绪论：它在第一个意义层面上服务于对现象的描述与理解，也即是一般性的"社会"概念；在第二个层面服务于价值判断和规范，用来区分社会领域中的"正确的"、"错误的"、"好的"和"坏的"。"正确的"和"好的"社会就被称为"sozial"社会。第三个层面指的则是对不合理的不平等生活条件的批判，以及将这种不平等向着"更平等"方向修正的要求。

在"Sozialrecht（社会法）"的领域，采用的是它的第三层意义。由于"社会"一词在汉语中只具有一般性含义，因此严格来说"社会法"的译法是不确切的。但是由于"社会法"、"社会政策"已成为普遍的用法，所以译文仍然沿袭了这两个概念。"sozial"的形容词形式在本书中则通常译成"福利社会的"，它的名词形式"das Soziale"则视具体情况译为"福利社会"、"福利社会事物"或"福利社会制度"等。

与"sozial"一词的经历相似，"Sozialrecht"这一概念也经历了从广义的"与社会相关的"法律到狭义的社会福利法（Sozialleistungsrecht）的演变。最早，德国法学家 Roesler 和 Gierke 把对社会整合发挥了特殊作用的法律都称为"Sozialrecht"。但是如果凡是发挥了这种作用的法律都被称为社会法，那么很多私法领域也会被包括进来，"sozial"一词就会因为含义太过宽泛而不适合用来界定法律。因此"社会法"在德国法学中最终被定位在"社会福利法"，与我们采用的"社会保障法"外延基本一致，指的是关于国家负责和规范的、尤其是由国家提供的社会福利待遇的法律。至于那些与"sozial"有密切关系但"sozial"并非其主要目的的法律，如劳动法、消费者保护法等，察赫将其归入广义的"Soziales Recht"概念，意为"带有福利社会目的的法律"。这与国内一些学者主张的广义"社会法"概念接近。但是这个广义概念在德国的法律实践中并不使用，原因如上所言，它由于涉及范围太广而不适合用来对法律作清晰的划分。

2. 作为社会法出发点的基本设想及其扩展

察赫把社会法的出发点归纳为一个基本设想或基本规则：每个成年人都应具有通过劳动获取收入并以此满足自己和家庭需求的机会并承担这样的责

任。由此而形成了劳动与收入、需求满足、扶养单元这三个彼此紧密联系的核心作用场。这个基本规则的实现有可能会因发生在三个场中或它们的相互关联中的"社会问题"——如失业、疾病、伤残、老年与死亡等"社会风险"——而遇到障碍，社会法的目的就在于消除风险和弥补损害，让这一基本规则切实得以实现。

但社会法并非解决这些问题的唯一方式。社会法是国家通过建立社会福利制度、提供社会福利待遇而在问题发生的关联之外给出的公法性质的社会修正手段，察赫称其为"外化的解决方式"。除此之外还可采取"内化的解决方式"，即根据福利社会目的对既有的社会规范内部进行调整或修改而形成的解决方式，典型例子如在劳动法中加入劳动保护和社会参与的内容。不同性质的解决方式并非互相排斥而是可以并存的，如劳动保护和雇主工伤责任／工伤保险、家计责任扩大至家族范围／儿童抚养津贴和养老金、免费大学教育／教育促进措施的并存。如果再进一步扩大，还存在其他不同法律性质的平行方式，如外化的私法性质的商业保险和企业年金，以及内化的公法性质的公务人员养老保障等。无论是外化方式还是内化方式都有其限度，一旦超出这种限度，就会背离法律的原有目的，最终甚至会危及福利社会国家制度本身。如在市场经济制度中，对劳动保护与社会参与的过分强调，可能会损害劳动关系的给付交换特征，进而导致劳动力市场的困境。

作为社会法学家的察赫并未在把社会福利法之外的内化解决方式纳入研究视野就止步不前，而是进一步揭示了一个由"社会福利制度"和"物品生产、提供与分配的一般性生活过程"构成的双重体系。社会成员的需求满足受到的是这个双重体系的共同作用。个人和家庭首先应通过自己具有的劳动能力和物品资源满足自身的需求。相对于这个一般性生活过程来说，社会福利待遇属于一种特殊情况下的物品获得机制，是对一般性生活过程中所产生的不利状况的修正或补充。"内化的解决方式"是这两者之间的过渡，是对一般性生活过程的"社会干预"。就如"内化解决方式"与"外化解决方式"之间的辩证关系一样，这两种各成体系的制度之间存在着互相依存与互相影响的关系，也都要遵守各自的限度。在察赫看来，物品生产、提供与分配的一般性制度如果完全以福利社会目的为导向，就会窒息这种制度中存在的许多能量，而这些能量的存在对自由权的实现是必要的，一般性制度所带来的社会富裕对于福利社会制度的实现来说也是必要的。另一方面，如果取消社会福利待遇的特殊机制，福利社会的本质就会遭到背弃，因为物品生产、提供与分配的一般性过程不可能满足所有个人性需求，也不可能对平等权的实现提供充分的保证。因此，对一般性生活过程的"福利社会"修正在现代国家中既是必要的也是普遍发生的，视国家干预的程度不同，形成了不同的福利国家制度模式。

3. 福利国家基本模式及"福利社会市场经济"

艾斯平-安德森在《福利资本主义的三个世界》一书中，主要是根据劳动力去商品化的程度，将资本主义制度下的福利国家划分为补缺型的"自由"福利国家、以社会保险为主的"社团主义"福利国家、强调普遍主义原则的社会民主福利国家。察赫则从法学家的视角出发，以"内化"与"外化"解决方式的侧重不同为基础，归纳出福利社会国家制度的两种基本类型。这两种类型在《社会法的基本类型》一文中被称为"建立在国家与社会的对立和福利社会组织及程序的自治性之上的政治性福利社会制度（简称市场经济型制度）"和"依赖于国家与社会的统一及对经济性福利社会组织及程序的整体政治操控的政治性福利社会制度（简称国家经济型制度）"。市场经济型制度必须给物品生产与分配的一般性过程留出充足的自由空间，因此采取外化方式的程度较高；国家经济型制度由于国家内部的高度集权管理，因此可以内化到很高的程度，只在长期收入替代待遇上才需要采取外化的解决方式。察赫以此指出：国家的宏观政治、经济和福利制度是区分内化与外化解决方式的最重要标准。

这种基本模式的两分法在绪论中又有了新的表述："自由"模式与"集权"模式的对照。"自由"模式由"市场经济型"模式而来，在这一模式中，国家只关注某些核心领域，其他则交给物品生产、提供与分配的一般性社会系统。它的一个重要特征是可以由社会自身组织与提供的"社会福利待遇"补充国家规范和管理的"社会福利待遇"。"集权"模式则是一种"计划经济型的"、多为"社会主义的"模式。在这种模式中，国家最大限度地规范与管理各个生活领域，社会力量则被最小化。国家与社会之间的界线逐渐模糊甚至消失，"社会福利待遇"逐渐转化为物品生产、提供与分配的一般性系统。在自由与平等的关系上，"社会主义"模式强调平等，以广泛的平等纲领为特征，因而要求相应广泛的政治干预。"自由"模式中自由与平等的关系更为复杂，视社会对平等的期待程度，还可进一步划分为三种类型：

- **斯堪的纳维亚福利国家制度**。在资本主义国家中，北欧国家具有较强的平等传统，因此福利国家制度的核心原则是"通过普遍性实现平等"。自由权仍然得到充分重视，但在与经济活动相关时会受到一定限制。
- **"福利社会的市场经济"**。这一模式的典型代表就是德国。德国既有集权的传统，二战后也开始强调自由市场经济制度的功能与必要性，并在这两者之间进行了成功的融合。因此，"福利社会的市场经济"实际建立在两个基础之上。一个是"通过平等的自由达到平等"：自由的发展有时会以不平等为代价，但是平等的自由亦拓宽了个人参与富裕的机会。另一个基础则是："通过政治性的安排与分配达到平等"。国家把"社会福利待遇"和"福利社会干预"插入到物品生产、提供与分配的一般性系统中，希望以此达到平等与自由的最佳平衡。
- **"新自由主义"模式**。在奉行新自由主义经济理念的国家，对自由经济繁荣的重视成为社会上的主流观念，其基础主要来自于对自由权的强调，社会不平等问题则遭到忽视。因此这种国家的社会福利制度往往存在较多缺陷，察赫称其为"残缺的福利国家"。

察赫本人是德国"福利社会市场经济"的坚定支持者。这一理念的基础是认为分配与再分配之间应进行任务分工，用来进行再分配的必须通过市场经济的经营获利而来。因此，为了让福利社会的实现与资本主义的基本价值观保持一致，市场经济是必要的。他认为应该把社会的自由与富裕作为福利国家制度的前提，一个例证就是欧洲"社会主义福利社会国家"的失败并非由于其特殊的福利社会制度，而是由于缺乏自由与富裕。但市场经济的历史也证明了，实行市场经济的国家必须以特殊的福利社会措施为其制衡。市场经济自身具有制造"更多平等"的可能性，但更有可能制造出更多不平等。它可以解决大多数人的基本生存问题，但对如何保障有尊严的基本生存，它并无答案。因此，"福利社会的市场经济"是一种"常态"和社会修正的结合，它的含义是用"修正"所意味的"更多平等"来克制市场经济"常态"所具有的不平等倾向。

察赫以其对"福利社会市场经济"的论述,理清了社会法、福利社会国家制度、福利社会国家的经济制度之间的逻辑关系,明确了社会法的核心问题实质是国家制度问题,社会法只不过是国家福利社会政策与福利社会制度的法律化表现。因此,一个国家有什么样的社会法和福利社会制度,最终是一个政治性的决定,国家以此决定来定义自身的性质和合法化要件。

因此,国家在选择其社会保障模式时,也许首先应该回答,自己想要选择哪一种"福利社会国家"的理念。每一种迄今为止算得上成功的模式都具有其内在固有性,如欧洲大陆的社会福利模式就建立在其自由权传统、较高的社会同一性和对国家干预的相对较高认同度上。由于这种内在固有性的存在,社会福利制度的简单拿来主义是行不通的。察赫在《传统社会团结与现代社会保障》等文中描述了发展中国家采取工业化国家社会福利模式时的特殊困难,而对中国来说,所遇到的情况更为复杂:中国同时具备典型的发展中国家特征、独特的社会团结与平等传统、经典社会主义实践和社会主义制度、如今又加上了"社会主义的"市场经济及与之相应的自由权要求。所有这些要素的极其复杂的混合,使得中国在建立社会保障制度时不能以某种西方模式为范本,而是必须摸索自己的道路。它也对我们的社会法研究带来了极大的挑战。回到马普社会法所创立前遇到的问题:面对这样的状况,社会法研究能够作出卓有成效的工作吗?学术研究的必要性与研究重点在哪里?应该为此采取或创造怎样的研究方法?

三、关于本书的翻译

2006 年,译者初到马普外国与国际社会法研究所求学时,曾有幸得到察赫亲自讲授社会法基础,自那时起就有了将察赫的学说较为完整地译介到中国的想法。但真正开始这项工作,是在 2010 年博士论文完成之后才能够着手。此后由于本职工作原因,翻译工作只能见缝插针地进行,拖到今年(2013 年)方才译完。

翻译工作上的主要困难并不是时间上的不足,而是语言上的障碍。察赫的文章不仅内容艰深，语言也带有鲜明的个人风格，他曾不无自得地对译者称这是"察赫语（Zacher-Sprache）"。但这对翻译工作来说却是很大的挑战，有些艰涩之处，即便与德国学者或察赫本人进行了讨论，仍然觉得有些不得要领或难以确切表达为中文。当然，最大的障碍是译者本人的水平与文章的博大精深之间的巨大落差，不仅错误恐怕比比皆是，其精髓能被表达出几分亦是问题。因此交卷之时心中难免惴惴，唯一可以安慰的是已经尽了最大的工作态度上的严谨。这种态度是受马普社会法研究所多年训练的结果，这里以此微不足道的工作作为对研究所和察赫先生的回报。

　　本书收录的大部分文章由刘冬梅自德文译出，《传统社会团结与现代社会保障》和《社会保险与人权》两篇由杨一帆自英文译出。莱比锡大学哲学系展翼文博士帮助校订了《传统社会团结与社会保障》，北京大学魏倩博士校订了《社会保险与人权》，察赫的弟子、台湾政治大学郭明政教授特意从台湾寄来《社会保险与人权》一文的台湾中译本作为校订参考；此外展翼文博士还对《福利社会国家与繁荣》的译稿给出了中肯的修改意见，并对联系出版提供了大力帮助；在此一并表示诚挚的感谢。

绪 论
福利社会的欧洲设计

一、历史背景

（一）封建等级制度

封建制度和由出身决定的、按社会等级划分的社会接纳（Einschluss，如今常被称为"Inklusion"）是欧洲中世纪的标志。皇帝与国王并非直接就是他们的帝国、土地和臣民的主人，而是其治下各级封建单位的宗主。处在最下层的是家庭与村庄单位。它们的付出能力决定了个体能够获得社会接纳的程度。个体的生存可能首先取决于家庭和村庄单位能出产什么，以及在满足了上级封建领主的要求后还剩下什么。其次取决于个体在家庭和村庄单位中的角色，至于他的付出则并不重要。未能获得社会接纳的人会沦为乞丐，然而即便是行乞，也主要限制在因出身而从属的村庄或城市。此外，还有一些特殊的接纳系统作为补充，如寺院、贵族庄园、公侯的军队等。这些社会接纳单位要么本身隶属于封建领主（贵族、公侯及寺院），要么依附于他们，如宫廷侍臣与军队。他们靠下层社会接纳单位的缴纳为生。在较高层次中，个体的生存可能性同样主要与其角色相关。长期来看这种角色有可能表现出付出行为，但在付出与获得的生存可能之间并不存在交换行为。

许多危机与这种制度相伴生。从富有的上层直到贫困的下层，社会接纳层次的政治等级制是与生存可能性的分层相一致的。此外，制度本身是不对称的：它使得封建领主有权剥削臣民，但却没有让他们负起保障臣民生存可能性的义务。极端贫困被承认为不幸，但是物品的不公平分配却被当成是"天然的"与"神圣的"秩序的表现。当时尚未能出现改变这种状况的行动。

（二）向近代的过渡

从15世纪开始，封建制度的衰落日益明显。经济关系逐渐扩张并终成气候，大航海时代则进一步开启了欧洲的大门。另一方面，人道主义开始对个体的团体化提出了质疑，"个人"概念被揭示，并对人与人之间的平等产生了影响。基督教早已在超验论中把人的平等视为一项公民权利，个人概念的发现则埋下了一颗不会一直在土中沉睡的种子：即便是在世俗生活中，人的平等也应是重要的。在三百多年的漫长过程中，统治结构及人类共同生活结构的许多方面都发生了改变。封建"统治"的诸多不合理之上又叠加了主权国家的整体统一性，个体逐渐转变为控制整个国家的专制君主的臣民。一种新的经济制度产生了，它以企业为核心，土地、劳动与资本结合在一起转化成商品并可有偿出卖。旧有的社会接纳单位的作用减弱，个体越来越独立。个体生存可能性的高低取决于其在经济过程中能带来多少土地、劳动和资本并使其发挥效用。而大多数人的命运都是既无土地又无资本，只好靠"出售"劳动力来换取报酬。极富有的少数加极贫穷的多数这种模式从根本上发生了改变。旧有的封建领主角色——通常是由出身取得并因封建制度而巩固——逐渐落幕，而企业主这一新的、充满生命力的不稳定身份则越来越具有决定作用。另一方面，在糟糕的家庭或村庄联合体中无足轻重的人的原有角色越来越不再是无可摆脱了，向某个企业主提供劳动力的机会成为替代选择。然而这也伴随着风险，如劳动力需求太少或劳动力供应太泛滥导致"劳动力商品"卖不出去，或只能以极便宜的价格，或在伴随着痛苦与伤害的条件下"出售"。那些只有劳动可以提供的人们的处境因此变得非常不稳定。

与这一发展同步的是现代国家的诞生。现代国家的定义是：对领土与国民的广泛而完整的封闭性国家权力，它对内强而有力，对外则保持独立。为此产生了新的思想体系，而以前在欧洲尚没有能恰当表达其基本含义的名称。意大利出现了"stato"这一概念，其他欧洲国家采用的则是"état"、"state"、"Staat"等形式。个体与作为社会接纳体的封建单位之间的联系逐渐松绑，大多数人不再只在社会接纳单位中自我表现。许多新的复杂结构形成了，但由个人构成的整体也直接体验到了与国家的既相关又独立的关系。

因此需要一个表达"众多之人"的概念，尤其是当这"众人"被通过某种互动系统——如通过与国家的共同关系——证明是一个人类的子集合的时候。自16世纪以后，对这个问题的思考日益开放也日益显要，人们也为此找到了一个合适的词。如同欧洲思想史中常见的那样，它来自于拉丁语。在拉丁语中，许多人共同行动或共同生活的名词表达形式是"societas"，形容词是"socialis"。法语以此构造出了"societé"和"social"，英语则是"society"和"social"。德语中则出现了分化：名词来自于德语，称为"Gesellschaft"，形容词仍来自拉丁语："sozial"。"social"及"sozial"概念的作用，在第一个意义层面上，首先是服务于对现象的认知，即对现象的描述与理解。其次是评价与规范：区分各种"正确的"与"错误的"、"好的"与"坏的"社会。人们把"正确的"、"好的"社会称为"**sozial**"社会。相应地，对社会团结和公共福利作出贡献的社会成员则被认为是社会中的"**sozial**"因素，那些逃避和抗拒为公共福利付出的人则被认为是"**asozial**"。由此也产生了第二个意义层面：从价值判断和规范的角度去理解"social"和"sozial"。

同时，对"正确的"、"好的"社会的行动纲领要求也越来越迫切。千疮百孔的封建构造和方兴未艾的市场与国家经济构造的并存，既带来了新的积极因素，也造成了新的困境。18世纪的早期工业化促使发展加速，终致技术时代到来。经济生活和劳动生活发生了翻天覆地的变化。风险的增加不仅发生在那些仅有劳动可以提供的人身上，也发生在封建领地制的最下层人群（非自由农、佃户及农奴）身上，他们赖以维生并要用来满足地主要求的小块土地已经不足以糊口了。

（三）1800年前后的"转折期"

伟大的根本性变革以美国的独立运动（1776年《独立宣言》，1787年美国宪法）为开端，发生于欧洲文明延伸出去的最西端。它的继续蔓延导致法国大革命（1789年），并且先是在拿破仑统治下输出到欧洲各国，最终则是通过维也纳和平条约（1815年）汇入了欧洲新秩序。在这一过程中固定下来的，除了更加强有力的国家构造外，还有对人权、公民权、价值观与技术的认识，它们与法治、民主、宪政概念有着紧密联系。英国在许多方面进行了长期摸索，世纪之交以后，这种实现模式也在欧洲大陆迅速扩张开来。

在法律、经济生活和劳动生活中，个人的角色凸显了出来。个人被当做社会的原子，家庭生计共同体则被视为社会的分子。承担社会接纳功能的封建单位要么瓦解了要么失去了功能，但是作为经济整合细胞接替或填补封建单位缺失的企业却被证明并非就是社会接纳单位，因为它们对劳动的回报仅限于工资的支付。而国家则表现出适合成为社会接纳的最外沿框架。国籍制度建立起来，它保障了公民最低限度的社会参与：公民至少享有在国内谋求就业的自由，亦能获得生活条件的最低保障。而非公民即外国人却有可能被国家驱逐，尤其是当他们正处于需要国家或国内社会的帮助之时。

（四）"sozial"运动的诞生

在以上简要介绍的发展过程中，人与人的平等比以往任何时候都获得了更普遍的认同。肇始于文艺复兴时期的人文主义思想，通过启蒙运动得到了合理的阐释与加强。那个时代出现的人权与宪法文本，为平等（至少是法律上的平等）的实现提供了高层次的规范要求权，其中也包含了同等追求幸福的自由（1776年美国《独立宣言》），以及"普遍的幸福"成为社会的使命（1793年法国《人权与公民权宣言》）。

这并非是指生活条件的完全平等。必须对人、人的行为及人生活的环境加以区分。要求生活状况的平等，其实就像是从一种不平等转向了另一种不平等。而可以考虑的，是对所存在差异进行以平等为导向的整合。然而无人知晓具体该怎么做。尽管生活状况的平等只是一种乌托邦式的理想，但是生活状况的不平等也确是令人不快的弊病。它不仅可能成为弊病，还在此后确实成为时代的主要弊病。封建主义意识形态曾经遮掩了它，在基本是由出身决定的政治权力地位等级和（同样基本是由出身决定的）参与社会生活可能程度等级的平行关系中，它曾被视为是"天然的"与"神圣的"秩序，而此时这种思想已经或者正在逐渐失去说服力。人的平等与生活状况的不平等之间的对立成为时代的挑战。为了能够批判与指称这种生活状况的不平等，人们回溯到了"sozial"概念的第二层含义。这个词的内涵被缩小与集中在对明显不合理的不平等生活状况的批判，以及将这种不合理的不平等向"更多平等"方向修正的要求。至今仍然如此：那些朝着"更多平等"方向的努力，便是

"sozial"。只有决心这样做的社会和国家,才能得到"sozial"作为修饰词。也只有这样的社会与国家,才是"正确的"与"好的"社会与国家。由此而产生了批判性、论辩性与纲领性的"social"和"sozial"概念的第三个层次。

在这一过程中,概念的发展开始分化:

- 一方面产生了各种"向平等靠拢的"、"更平等的"或"平等的"**社会及国家的范畴最大化的纲领**。它们基本都具有意识形态色彩,目的是对尽可能多乃至所有的生活领域进行改造,手段多少有些激进,以制造出生活状况的"平等"或"更多平等"。为能给它们命名,"social/sozial"发展成了"**socialist/socialistic/socialistisch**",同时也构造出了名词形式"**socialisme/socialism/Sozialismus**"。这一方向上的思想强化和政治激进,最终表现为共产主义概念("**communisme/communism/Kommunismus**")。
- 另一方面也产生了各种**实用主义的纲领**,为了制造"更多平等",**它们把焦点集中在生活状况不平等的某些主要领域,但多少保留了原有的生活状况**。这些纲领仍然以"social/sozial"为名。

这种分化在很长一段时间内仅表现为思想、争论和公众意见的现象,实际政策则沿着实用主义的道路前行。令人们认识并接受"sozial"挑战的最有力原因,是劳工(确切说是所有以"出卖"自身劳动维生的人)在与企业的关系中所表现出来的状况。在此之前很久,大范围的民众生存可能性下降已经使得最基层国家机构——城镇——应急性地接收了那些陷入贫困的家庭和村庄集体无力再承担的社会接纳责任。"贫民问题"成为现代国家越来越无法忽视的历史遗留。而在此时,即19世纪,当向新时代的过渡愈发显著,"劳工问题"再次成为人们的平等性和他们生活状况的差异性之间不相称关系的例证。城市产业工人日益壮大,能够自我组织起来并且发声,他们的抗争有可能危及国家统治的合法性。因此政治开始介入:一是完善劳动法,一是施行社会保险。这两种方式都在不断扩张,但是物品生产、提供与分配这一过程,基本上仍处于社会的作用领域,即由私法规范的领域之中。

这种发展与宪政国家原则之间产生了一种重要关联。宪政国家的民主要素扩大了"福利社会"政策表达与执行的可能性,它的法治国家要素则能为实践中的预防与帮助措施提供法律保障。这种发展是欧洲的整体现象。欧洲各国之间既相互学习又保留了各自差异，既有先行者也有后来者，整体上呈现出一幅既具相似性又富差异性的画面。

（五）进一步的发展

1. 从一战到二战

一战的发生使得这一场景出现了根本性改变。"福利社会"的关键标准和政治责任普遍化，社会自治丧失其独立性。战时经济迅速扩大了国家对物品生产、提供与分配的操控。这种针对生活状况的政治统治能力自此应该是再也不会被遗忘了。另一方面，战争的苦难扩大了簇群的多样性，在这些簇群中，人的平等与其生活状况的差异之间所存在的不相称愈发显著。

随着沙皇帝国、奥斯曼帝国与奥匈帝国的土崩瓦解和德意志君主制的消亡，君主制原则丧失了影响。国家政权必须证明自己是民主的、是"由人民统治"的政权的合法性要求相应伸张。"福利社会"标准影响的迅速扩大也意味着，国家政权同时还得以"为人民而统治"来获得合法性。就此而言，俄国革命（1917年）是一个根本性的新改变。一方面，它首次实现了"福利社会制度"的"社会主义"版本，是"福利社会"的一种完全彻底的政治实践。在此之前，"社会主义"纲领只是政治论争中的批判性势能，而现在，欧洲的最大国家已经"社会主义化"了。另一方面，相对于"由人民统治"，俄国革命绝对化了"为人民而统治"的合法性。布尔什维克/共产主义革命开启了一党执政国家的先例，由政党的领导团体普适地决定什么是"福利社会"及什么是"为人民而统治"，"由人民统治"的"形式"证明要求因此而可以被弃之不顾。这一模式在法西斯统治的意大利和国家社会主义的德国发展到一种极端，接纳与排斥成为威权统治的工具，最极端的便是通过族群灭绝来实现社会排斥。另外一些国家则通过较为温和的威权统治形式来实现这种"为人民的福利社会统治"模式。

2. 二战以来

第二次世界大战和德意志帝国主义把欧洲抛入了恐怖、灾难与毁灭之中。战争与战后岁月遗留下来的难以想象的不平等弊端比一战后果尤甚。

波茨坦会议把欧洲分割成了苏联霸权下的"社会主义的"中、东和南欧，以及"自由的"西、北和南欧。德国也相应被分成两个国家。"福利社会"政策成长其中的政治制度也区分开来：东边是"社会主义的"一党执政，西部——西班牙和葡萄牙在时间上要稍晚一些——则回归于"福利社会"宪政国家的实用主义传统。西欧通过相应机构设置，在两个统合领域，即欧洲议会所构筑的较宽的欧洲范围，以及欧洲经济共同体和之后的欧盟所形成的较窄的欧洲范围中，都同时既体现出宪政国家原则，又表达出"福利社会"的特殊价值观。

社会主义政体及其一党执政制度的瓦解，使得几乎所有欧洲前"社会主义"国家都转向了宪政国家的"西方"制度。与其相应，社会自治和国家政策也成为通过规范与实践发挥社会能量、减轻存在于人的平等与其生活条件不平等之间的不合理对立的补充手段。当前，欧洲议会的各种规范，构成了一个涵盖欧洲大陆几乎所有国家的框架，而欧盟的规范则在许多方面深化了一半以上欧洲国家的共性。

二、架　构

（一）"社会福利待遇（Sozialleistungen）"

目前在世界上大多数国家中都存在"福利社会的待遇"。这指的是国家直接或通过特定组织，如社会保险经办机构，为某些特殊生活状况提供的货币、服务和实物待遇。在这些生活状况中，如果人们采取其他方式，就有可能会面临完全不能或者不能适当地满足自身需求的风险。国家中的社会不希望听任人们毫无保护地处于这种风险之中。社会希望自身成为"福利的社会"，它亦确信，如果它令其成员毫无保护地处于需求不能满足的风险中，那便不是"福利社会性质的社会"。借助于能够把国家领导和社会力量结合在一起发挥作用的政治制度，国家得以表现这个理想。它为此建立起各种行政架构，通过这些架构保障那些社会认为是必要的或者合适的（可能会超出必要的）待遇的提供，使人们即便在无法用其他方式获得物品时亦能达到需求的满足。以这种方式设计和提供的待遇就是"社会福利待遇"。

相对于满足需求的一般性物品生产、提供与分配过程来说，"社会福利待遇"属于例外的特殊情况。物品生产、提供与分配的一般过程出自于千差万别的动机，发生于千差万别的关联中，服务于无穷多样的目的。满足需求只是众多可能动机中的一个，甚至只是这些生活过程所起的作用，而非它们的目的。只有当生活过程服务于满足需求的目的，这种目的才会涉及各种需求及满足需求的各种标准。

"社会福利待遇"具有特定的目的：为那些自己无法满足必要或者（亦可能超出必要）合理需求的人们提供保障。这些需求以对它们的社会评判（归根结底是政治评判）为前提：

- 哪些需求是应被满足的，如果它们不能由物品生产、提供和分配的一般性生活过程满足的话；
- 如果公共社会应该保障某些需求的满足，那么在人们处于何种生活状况（"福利社会状况"）下方可实施；
- 同时还要考虑，哪些需求及哪种生活状况（"福利社会状况"）必须一开始就通过保险技术或其他形式进行预防，因为风险就产生于它们无法通过一般性的物品生产、提供和分配过程予以满足；
- 应在何种程度上满足需求；
- 应能保障需求满足的待遇跟各种与"社会福利待遇"的提供相关的情况以及行为方式之间是何种关联。

这个原则上由政治决定的目的，使得"社会福利待遇"成为相对于那些自然发生且没有目的限制的物品生产、提供与分配的一般性生活过程的例外情况，亦使得社会福利待遇成为"福利"国家和"福利"社会的一个不可替代的构造要件。

（二）满足需求的一般性生活过程

一般性生活过程存在于家庭和合作组织内部或由经营性企业、社会内部非经济性组织及国家和国家设立的组织进行的物品（物质的或非物质的）生产、提供与分配之中。在货币经济条件下，人们通过三种性质各异的方式获得满足其需求的介体：

第一种：

- 通过消费自己支配的物品；
- 通过使用自己支配的物品生产其他用来满足需求的物品；
- 通过用自然存在的或自己生产的物品与他人物品进行交换来（较好地）满足自己的需求；
- 通过以自己支配的物品换来货币，再以货币为媒介获得可以直接或间接满足其需求的物品；
- 通过对使用生产能力和满足需求的各种途径进行细分、连接与扩大。

第二种：

- 通过使用自己的劳动力满足需求。这发生在：
- 通过将自己的劳动成果与某种可以满足需求的对应给付（如食宿等）进行交换；
- 通过将自己的劳动成果与货币或有货币价值的给付进行交换来满足需求。

第三种：

- 通过家庭内部单方或双方义务来满足需求，通常包括与物品相关的和与劳动相关的需求满足能力。在这一过程中，有工作能力的家庭成员向没有工作能力的家庭成员转移他们的收入（至少是收入的一部分）。

在合作组织中亦可出现超家庭性质的多数群体成员与物品的共同使用、劳动力的共同使用及具有家庭性质义务的超家庭组织之间的紧密联系。

(三) 物品生产、提供和分配的一般性生活过程与"社会福利待遇"的双重体系

1. 整个体系的结构及其作用

在哪些情况下，个人或单个家庭无法通过自己所有的资源（自己的劳动能力、自己的物品），而只能通过从第三方获得相应的物品满足其需求，取决于如何在单个家庭之外设计和组织物品的生产、提供与分配：它们在何种程度上属于国家与社会的事务；在何种程度上由政治规划其程序并被赋予约束力，抑或放任其成为"各方力量的自由博弈"；这种"各方力量的自由博弈"是否要遵循跨领域的（主要是竞争方面的）规范；一国的物品生产、提供和分配制度与他国的、跨国的及国际的参与者和制度之间具有何种关系。所有这些差异既可在物品的一般性生产、提供和分配，以及数量、质量、可靠性问题上（即涉及物品的供应）产生作用，亦可在单个家庭获得物品，并藉由其内部自主性与权能来使用物品以满足需求上（即涉及物品的需求）产生作用。"社会福利待遇"是对后一个问题的应答，即对在个人需求能力的差异中所存在的挑战的应答。对一般性供应赤字予以平衡并不是它的任务。一般性物品提供的制度性缺陷同样是一个"福利社会"问题，但是这些问题并不应由"社会福利待遇"来解决。物品提供上的一般性问题只能通过改变物品生产、提供和分配的一般性制度来解决。

让我们总结一下：人们的需求满足受到的是

- 一般性的和个人性的物品生产、提供和分配的生活过程，
- 以及特殊的"社会福利待遇"的共同影响。

换个角度说，人们的需求满足，既不可能单独通过物品生产、提供与分配的一般性和个人性过程，也不可能单独通过"社会福利待遇"获得实现。物品生产、提供与分配的一般性制度若是完全以"福利社会"目标为导向，就会令许多能够并且必须在一般性制度中得到实现的能量窒息，且会忽视许多能够并且应当从一般性制度中获益的价值观。一个由政治整体性地建立在由政治定义的"福利社会"目标上的物品生产、提供和分配制度，尤其会对个体或个

体集合行使其所享有的自由权来生产、提供与分配物品的诸多可能性造成不利影响。这些可能性虽然并未规定在"福利社会"需求满足的政治纲领中,但却可以对保障需求的满足和在(或多或少的)自由中实现需求作出贡献。另一方面,如果放弃"社会福利待遇"的特殊制度,而由物品生产、提供和分配的一般性制度来承担它的任务,那么"福利社会"目的的本质内容必然会遭到背弃。物品生产、提供和分配的一般性制度,从来都不可能被塑造成能够恰当满足个人的所有"社会福利"需求的制度。

然而,这两种制度的各成一体与各自发展并非意味着它们不应互相影响、互相依赖以及彼此作用于对方的形成。哪种制度都不可能单独创造出令在社会和国家中共同生活的人群获得满足的生活状况。"社会福利待遇"能够分配的只是生产、提供和分配的一般性制度所筹集到的资源。更何况,由"社会福利待遇"所提供的资源对于获得保障的人来说是以不能由自己决定为特征的,他们得到的可能只是最低限度的保障,无论如何都会有所限制。而所有通过自己的劳动或财产的使用才有可能实现的、或者直接以自己的劳动或财产的使用而实现的生活过程,则本来就指向那些出自一般性生活过程的状况。

2. 什么是"福利社会":入门

由此也就产生了一个问题:一般性生活状况如何才会是"福利社会性质的"或"非福利社会性质的"?民众与社会对这个问题的看法可谓千差万别,但在一个回答上却非常一致:"福利社会"是可以带来"更多平等"的生活状况。这种"更多平等"具有双重含义。它可以被理解为事实:是指"更好的"状况,比起依照"福利社会"标准而所诟病的当下状况,它表现得具有较少不合理的不平等。它也可以被理解为规范:指用来区分不合理的平等或不平等状况,以及合理的平等或不平等状况的标准。

然而,"更多平等"决不意味着"平等"。并非如此。必须对人群及其生活环境加以甄别。即便在理想状况下,"平等"亦可能只不过是对各种差异以平等为取向的整合。如果从"福利社会=更多平等"这一说法出发,"福利社会"就等于是通过各种符合平等取向的差异的现状或发展来替代各种不符合平等取向的差异的现状或发展的规划。但是因为无人能够确定哪些是完全符合平等取向的现状、哪些又是完全符合平等取向的发展,所以实际上只能说:"福利社会"是以某种较符合平等取向的状况或发展来替代较不符合平等取向的状况或发展的规划。

很少有人能够意识到，在所有"福利社会的"思想、评价和形态背后，皆是这种对"更多平等"的普遍要求。"福利社会的"、"正义的"、"团结的"、"接纳的"等规范性概念，看起来像是对所存在状况的批判和与批判相对应的各种要求：要改变现状；要给予更多确定性和尖锐性；要获得更多实现的希望。然而能够作为"福利社会的"、"正义的"、"团结的"、"接纳的"而被提出要求的**整体**能量，最终只能通过"更多平等"这个基础来得出定义。也即是说：能在理想状况下被当做是"福利社会的"、"正义的"、"团结的"、"接纳的"等等而加以实现的**整体**能量，与对人和人之间差异的平等取向的整合并无二致。

至于是否存在着某些社会，由于其并未表现出存在不合理的不平等，也就不存在起修正作用的"福利社会"形式，所以人们也就不能也不会把生活状况称为"福利社会的"，这里持开放态度。一般来说，"福利社会"是一个批判性和论辩性的概念。"福利社会"指的是对不合理的不平等生活状况加以甄别并将生活状况向着"更多平等"加以改变。"福利社会"指的是由那些试图避免、阻止和弥补"不合理的不平等"的努力所塑造的生活状况。也可以说："福利社会"是一个有力度的概念，它把各种变化向着"更多平等"的方向推去，并抵挡着重回"更多不平等"的倾向。一个不确定性的广阔空间亦因此而被打开：什么才是"不合理的"？什么该被平衡与补偿？以什么手段？每种将"福利社会性质的"和"非福利社会性质的"、"较多福利社会性质的"和"较少福利社会性质的"加以比较的企图，都只能是得出一种近似的结论，尤其是在进行"福利社会"水平的国际比较之时，因为它超出了不同的文明标准，超出了不同的文化，也超出了不同的政治制度。

3. 双重体系："社会福利待遇"和物品生产、提供和分配的一般生活过程，以及国家与社会的关系

也即是说，"福利社会"既不是固定的事物，也不是终极的事物。在以平等为取向的差异整合中，多少可以考虑个人的自由权及其集体行使，以及从个人和他的家庭、他的经济或宗教环境、他的活动等中造成自由权行使的情况。平等取向的差异整合可以不考虑那些处于社会力量和机制作用下的人的相互作用中产生的关系。它所要遵循的是由众人自己确定的标准，它和它的外在环境都表明这些标准是由众人确定的，而一个范围更广泛的意见保留和形成圈子则认可这些标准是更好的、更正确的，也能更好地权衡到其他价值观与利益。当分界形成，国家与政治在一边，社会在另一边，则整合就产生于这两边的互相补充中，或由其中占据支配地位的要素决定。在这一过程中，总是存在更大的机会，让较小和较大团体之间或者国家与社会之间的辩证关系更加向平等取向的差异整合靠拢，同时也总是存在更大风险，由政治或社会单方面就决定了平等取向的整合。

"社会福利待遇"和物品生产、提供与分配的一般性生活过程，分别以非常不同的方式被吸收进了这些关联之中。

(1)"社会福利待遇"

"社会福利待遇"主要是政治与国家的作用方式，所决定的主要是个人的生活状况，为在个人生活状况中实现自由权的需要设定条件。"社会福利待遇"始终处于与个体的、家庭的、也许还有其他集体形式的个人生活形态的互动之中。"社会福利待遇"的政治形态可能会表现出次位性：通过对私人的决定（如教育、就业、组织家庭）予以考量，与其建立连接，或许还会对其提供风险保障。它们也有可能以首位性形态出现：通过对私人决定的操控，如以禁止性规定惩罚某些决定，或以额外待遇奖励某些决定等。通过对需求满足的私人单位（主要是家庭）的鼓励措施，"社会福利待遇"的政治形态可令私人社会更为活跃。但它也能通过以操控性的待遇形式侵入需求满足私人单位的生活中，而令私人社会陷于疲弱和瘫痪。

(2)物品生产、提供与分配的一般性生活过程

物品生产、提供与分配的一般性生活过程决定着一般性生活状况。"社会福利待遇"遵循的是完全特殊的法则：在"更多平等"的意义上对从物品生产、提供与分配的一般性生活过程中产生的生活状况予以补充或修正。而一般性生活过程所具有的则是一个非特殊性任务：满足人们对物品的需求与使用。它的任务是防止出现物品匮乏，保障所有人都能获得生活必需品，并通过超过必需的生产使得富裕成为可能，以及人们普遍能够参与到这种富裕中来。这

里面也包括了开发资源以使政治能够通过"社会福利待遇"来制定平等参与富裕的最低标准的任务。

物品生产、提供与分配的一般性生活过程既是国家与政治的责任，也可以是社会的事务——尤其是那些在超私人性质单位（如经济社团和企业、宗教团体和组织等）及过程（如市场和传播媒介）中产生的公共社会。一旦一般性生活过程成为社会的功能，便会从中产生额外的可能性，利用从自由、权力和社会里参与生产、提供与分配的人的利益中产生的能量。"富裕社会中平等的自由"既可导致"更多平等"，亦可造成更多的不平等。这两种情况都会改变"社会福利待遇"所扮演的角色。国家在物品的生产、提供与分配中有一个核心责任领域，即（首先）对社会事务予以法律规范并（其次）对一般性任务予以安排和履行：如果平等——更遑论"更多平等"——并非不应该成为可能，那么这些任务就不允许被束之高阁。这种一般性义务的必要形式（但绝非只有这些形式）包括了确定的司法机构、受法律约束的确定的公共行政、内部安全措施、基础设施及货币政策。然而国家与政治之手还可以伸得更长，它们能够将生产、提供与分配的过程扩大到越来越多的对象与程序上，直至接手所有物品生产、提供与分配形式的任务。它们可以通过公共行政，也可以通过对社会中的参与者发布具体指令的制度来承担这些功能。一旦国家和社会参与到物品的生产、提供与分配任务中来，标准就会多重化，这其中也包括了用来对"更多平等"进行定义的那些标准。政治与国家的责权铺展得越宽，这些标准的作用空间就会越窄。

(3) 两者之间的过渡："内化的解决方式"

如果一般性生活过程被塑造成了特殊的"福利社会"形式，那么它们原有的保障与优化一般性物品供应的目的就被异化了，对市场经济来说这一点表现得尤其明显（前提条件是价格的作用被"福利社会的"价格约束所影响）。这也适用于把一般性国家服务（如一般性公共服务：水供应、污水处理和能源提供等）按照"福利社会"要求进行细化的情况。同样这还表现出集权型经济制度削弱存在于"社会福利待遇"的规范和执行与一般性生活过程的规范和执行（如企业中资金的使用）之间差异的企图。如果所有资金都来自国家财政并由政治进行分配（虽然也许仍由企业进行管理），"社会福利待遇"的特征便会如一般性生活过程一样被弱化。但是仍然还会存在许多不合理的不平等。它们与一般性生活过程是如此直接紧密地联系在一起，因此对它们的修正也只能是在这种关联中才是可能的和有意义的。

最重要的例子便是劳动关系。工人从属于雇主：雇主可以决定是否雇佣工人，是否可以提供给工人足以满足他和他的扶养单元生活需求的工资；雇主组织劳动并决定开展工作的环境；最后，雇主（视具体情况单独或与工人或工会共同地，但在其中起决定作用）决定工资的数额。显然这其中存在着许多完全不能以"社会福利待遇"来解决的不合理不平等风险。确切地说，"社会福利待遇"只能解决边界一边的风险（如疾病、工伤、生育、抚养、残疾、年老和失业），而在边界的另一边，在劳动关系的内部过程中，为了预防、控制和排除不合理的不平等，需要对劳动关系进行"福利社会性质的"干预——也即是一般性生活过程的"福利社会"形式：**福利社会干预**。

通过"社会福利待遇"解决问题的可能性和通过"福利社会干预"解决问题的可能性之间的界线是开放的，这种情况并非罕见。福利社会问题既有可能由一般性生活过程加以解决（内化），也可被某种特定的"社会福利待遇"予以"外化"。仍以劳动关系为例：

- 因患病而失去收入的风险，如果不该由雇员承担的话，那么既可以通过雇主支付患病时的工资"内化"地解决，也可以通过特殊的"社会福利待遇"（由医疗保险承担的疾病津贴）"外化"地解决。
- 工伤风险（包括因此而失去的收入、治疗费用、因残疾而获得的辅助治疗、雇员死亡后其遗属的生活保障）可以采取损害赔偿责任的形式由雇主承担（内化），亦可通过社会福利待遇（工伤保险）被"外化"。
- 因年老而失去收入的风险可以由企业内部养老保障措施予以"内化"，也可由养老保险所提供的养老金待遇进行"外化"。

当然，这种可替代性之间存在特定的前提和作用边界。"内化的"和"外化的"解决方式也可以通过互为补充的方式彼此结合（如养老保障，它主要由"外化的社会福利待遇"、缴费支持的"社会"养老保险或税收支持的国家基础保障提供，但此外也可由"内化的"企业年金制度予以补充）。

（四）实现方式

1. 国家与社会的关系

在现实状况中，这些要素出现在两种基本模式中：

(1)"自由"模式

政治与国家只关注某些核心领域，在这些领域中它们承担的行政责任亦最大化。其他的则交给物品生产、提供与分配的一般性社会系统。为此国家制定与管理着一个基于个人及其集体的自由权的规范性制度。这一模式通常也是一种"市场经济"模式。与这一模式相对应的是自主的个人生活形式，它对"社会福利待遇"的形式与作用亦产生反作用。19世纪中期至20世纪中期，现代社会福利制度方兴未艾之时，明确的劳动生活和家庭生活角色仍是福利社会政策的前提。20世纪后半期，由于社会中愈来愈盛行个人主义，一般性生活过程和"社会福利待遇"之间的关系复杂化了。"自由"模式的重要特征是：由社会自身组织和提供的"社会福利待遇"可以补充由政治决定、由国家规范和管理的国家型"社会福利待遇"。

(2)"集权"模式

政治与国家最大限度地规范和管理各种生活领域，社会力量的角色被最小化。通常这也是一种"计划经济"模式。政治与国家权力介入物品生产、提供与分配的一般性系统的范围越大、程度越深，国家与社会之间的分界便越不清晰，"社会福利待遇"和物品的生产、提供与分配的一般性系统之间的对立也越模糊。在计划经济模式中，"社会福利待遇"和"福利社会"干预形式逐渐转变为物品生产、提供与分配的一般性系统。如果一个集权政治制度把"经济政策和社会政策的统一"作为目标，就会导致试图把"社会福利待遇"的作用空间最小化，而物品生产、提供与分配的一般性生活过程则直接被用作实现"福利社会"状态的手段，它要承担起物品分配的天然"福利社会"正义。这会削弱物品生产、提供与分配的一般性生活过程自身的效益。在极端情况下，"集权"模式可能是某种极权统治制度的表现。

2. 平等与自由关系中的双重体系

"福利社会的市场经济"建立在两个基础之上。其中一个我们已经了解："通过平等的自由达到平等"。自由的发展有利于促进富裕，但也会以不平等为代价。然而平等的自由亦拓宽了参与富裕的机会，这尤其是因为市场经济秩序与竞争的结合限制了市场参与者中的不平等。另一个基础则是："通过政治性的安排与分配达到平等"。它是通过把"社会福利待遇"和"福利社会"干预插入到物品生产、提供与分配的一般性系统中而实现的。从这两个基础中，应该且可以产生出平等与自由的最佳关系。

"新自由主义"模式的基础主要是自由、通过自由行动实现的富裕及参与富裕的平等自由，而不平等的参与则被忽视了。相应地，"社会福利待遇"和对物品生产、提供与分配一般性体系的"福利社会"修正的发展则受到了遏制。

"社会主义"模式以广泛的（把所有人或尽可能多的人都包括进来）平等纲领为其特征。一个如此广泛的平等纲领需要相应广泛的政治定义、国家规范及其实现。这意味着：广泛平等纲领必须在一个相应广泛的规范体系中才能得以实现。比起其他规范体系，自由在这个体系中受到更多的政治定义、政治规范及政治干预的限制。

3. 平等的策略

最后，如上所述，"更多平等"是"福利社会"的最大基础。然而并不存在"平等本身"，也不存在"更多平等本身"，存在的只是向平等的靠拢，以及向平等靠拢的各种相应策略。这些策略并不能单独作用于"更多平等"的可能性并为其提供保障，而是需要众多策略的共同存在。与此相关的挑选反之亦形成"社会福利待遇"和一般性物品生产、提供与分配的双重体系框架中的一个重要标准。

(1) 通过平衡劣势实现平等

A. "社会福利待遇"：对劣势的个人性防护与平衡

最被信任的策略是：通过对个人面临或遭受的不合理不平等劣势的平衡来实现"更多平等"。"社会福利待遇"便是这种平衡的基本形式。主要是由

"福利社会"目的所决定的特定"福利"措施（货币、服务与实物待遇）作为"社会福利待遇"作用于这种平衡。物品生产、提供与分配的一般性生活过程是产生或造成不合理的不平等赤字的事实关联，这些不平等应由"社会福利待遇"予以平衡。

相关者、政治、媒体及学术研究越是把对劣势的个人性补偿作为最具"福利社会"特征的表现而加以利用，它就越有可能成为形成新的不平等的窠穴。平等既被期望又不被期望，这一隐藏在"更多平等"目标背后的矛盾，从未像在"社会福利待遇"形式中那样复杂和强烈。原则上，相关者及其代理人希望在政治、媒体和学术研究中通过对各种关系的平等取向的改变而尽可能获得更多优势、减少更多劣势。而具体的政治终归是各种重要参与要素（利益集团、政治路线、思想风潮等等）所要求、所担忧、最终仍须经历的各种优势与劣势之间的权衡与妥协。因此，具体的政治表现会给出许多"更多平等"的模式，而社会参与者的政治力量则会基于其利益和/或信仰来选择性接受这些模式。

B."社会福利待遇"制度

这种平等与不平等之间联系的基本模式反映在可形成"社会福利待遇"的某些特定制度中。在（A）与状况相关的制度和（B）与历史相关的制度之间存在着根本差异。（A）与状况相关的制度跟某些特定生活状况（"社会状况"、风险）相联系，通常会随着这些状况出现需求的增加和/或需求满足能力的降低。（B）与历史相关的制度跟"社会状况"的联系并没有减少，但同时还与一种先期史发生联系，这种联系赋予了补偿措施某种特殊意义。（BI）先期史可以是社会预防的先期史，通常是（社会）保险史。在这种情况下，不仅是否存在社会福利待遇依赖于是否存在一个先期史，而且待遇水平如何确定[即由哪些生活标准（至少是哪些收入）决定预防义务（通常指缴费）与之的联系]也不亚于前者。先期史亦可以是（BII）责任的先期史。如工伤先期史：企业主通过建立企业而给工人制造出了一种风险来源并因此要承担工人成为工伤牺牲者时的损失补偿责任。国家建立的工伤保险能够把这种补偿作为"社会福利待遇"而加以保障。产生收入损失时，这种"社会福利待遇"也可与工人工伤前的收入建立联系。类似的还有国家补偿某些应由它承担责任的个人损失的情况，它可能先天就有这种责任，也可能并非如此（如战争牺牲者、暴力犯罪的受害者）。所有这些解决方式都只能满足平等的某些方面而无暇顾及其他。

（A）与状况相关的制度（如普遍的老年基本保障或丧失劳动能力时的最低收入保障）由于其普遍性而符合了平等思想的要求。尤其是当原则上通过税收来支持与状况相关的制度，且税收制度通过根据给付能力来分摊负担而表现出高度的平等性。但是相关者同时也会错失那种可以由预防制度带来的平等，即存在于保障较高生活水准能力中的平等。

（BI）预防制度（如养老保障）给一部分基于其一定程度的预防需要及预防能力而被定义的国民提供了保障，在风险状况下（如老年风险）通过相应的社会福利收入（养老金）替代其劳动收入。那些不具备预防能力或预防需要的人缺乏进入这种制度的通道。对于这些人，这种制度表现出了相当的潜在不平等。预防制度的特殊平等性是内部性的。具备预防需要和预防能力的人的整体通过有一定差别的缴费，确保通过具有合理差别的社会福利收入代替劳动收入。当预防的目的是为了满足某种特定需要（如疾病和残疾情况），只有完全按照给付能力——也许还要按照风险决定有差别的缴费时，才会制造出相应的平等。显然，这种内在逻辑性的要求，表明了其自身的潜在不平等。

（BII）基于责任史（如服兵役或国家规定的疫苗接种导致的损害）的社会补偿制度同样具有一个内部性的平等结构。它建立在受害者相对于未遭受类似损害的大众的不平等之中，而福利待遇应该纠正这种不平等。可是它同样不能自证，也需要通过内部与外部的双重合法化，与"社会福利待遇"的整体关联起来。

C."社会"劣势的个人性补偿的整体关联

二战以来，在屡屡推动了社会政策讨论的争论中，整体关联的重要意义凸显了出来："社会福利待遇"的普遍化和社会福利待遇的鲜明特殊化之间的选择。这是一个令人回想起俾斯麦和贝弗里奇的问题：俾斯麦[1]是以具有充分影响力、重点放在具备自我预防能力的人群上的社会保险为"社会福利待遇"整

---

[1] 俾斯麦（1815—1899），德国政治家，1871—1890 年任帝国总理。他在 1880 年代建立起的针对疾病、工伤、残疾和老年的德国"劳工保险"成为现代社会保险的一个模式，并很快在许多欧洲国家乃至欧洲以外的有些国家扩张开来。

体结构核心内容这一传统的奠基人，贝弗里奇[2]则是"社会福利待遇"制度尽可能普遍化，直至以国家健康服务制度替代医疗保险这一传统的奠基人。

实际上，在所有采取"自由"模式的国家，产生的都是一种混合体制，用来弥补不合理的不平等劣势的个人性措施，构成了其核心基础。"社会福利待遇"网无法平衡不合理的不平等劣势之时，便由物品生产、提供与分配的一般性待遇实施机制负责解决问题，而这是国家及社会所负责的事务。社会是这样承担解决问题的责任的：通过其功能的社会福利化；或是通过自己具有的"社会福利待遇"。国家也承担着责任：对一般性生活过程形式的责任；或自己直接介入这些过程的履行。国家以此可将对不合理不平等劣势的平衡引入一般性生活过程的形式中，可以采用"通过普遍性达到平等"的机制，尤其是通过与之配套的规范和服务，来抵御各种不平等。最后还要再次强调："更多平等"从来就不唯独是"社会福利待遇"的功能，它同样也是物品生产、提供与分配的一般性生活过程的一项不可或缺的功能。这些过程既可能是通向不平等的道路，也可能是通往平等的路径。然而另一方面，"社会福利待遇"也会因为对现有不平等的平衡而制造出新的不平等。

D. 一般性生活机制的平等取向改造：不平等问题的"外化"和"内化"解决方式

不合理的"福利社会"不平等问题可能会出现在与特定的一般性生活过程的关联中（如用来满足需求的买卖、租赁和服务合同；为满足需求而借债等）。由此引出一个问题：是否应该在生活过程本身中引入对劣势的防护和平衡（"内化"在一般性生活过程中）。较为常见的表达是：是否应该在这种生活过程中采取"社会干预"。一般情况下，由于那些应被平衡的赤字所来自的生活状况十分复杂（如收入状况和家庭的一般性家计需求），因此无法把它们归入单纯的与需求满足相关的生活状况中去，这就需要用自成体系的"福利社会"方式来防止劣势的发生。"外化的社会福利待遇"就是这么一个自始给出的方案。但当不能用这么明确的方式选出某种"内化的"解决方式，就有可能需要进行权衡：是否把平衡劣势的工作交给一个处于具体生活过程之外的团结共同体，

---

[2] 贝弗里奇（1879—1963），英国政治家，1940 年代，他为英国二战后的社会政策，尤其是为普遍的国民保险和国家健康服务制度开发了全新的理念。

如国家、集体或某个保险经办机构／受保人团体，就能确实令生活关系公正起来。或者，把希望放在由某个对受到劣势威胁或正处于劣势之中的生活过程负有责任的参与者（如物品的出售者、房屋的出租者、借贷的债权人）承担平衡劣势责任（通常是一种共同责任）上，就能确实令生活关系公正起来。只有当生活过程参与者的责任被证明确实是劣势发生于其中的关系中的实质性规则，采取"内化"解决方式的决定才会是正确的。如果与此相反，由公共的"福利社会"责任所产生的负担被加诸到一般性生活过程的参与者身上，那么这种把平衡劣势的责任分摊到生活过程共同关系的其他参与者身上的做法，就会妨碍到生活过程的功能。典型例子就是价格控制：想通过提供较便宜的物品而为穷人减轻负担的做法，后果是反而导致供应短缺。这种异化了的"社会干预"有可能会伤害到物品生产、提供与分配的一般性生活过程的正确功能。

E. 以劳动关系为例

内化和外化解决方式共同起作用的**核心例证**是**劳动关系**。劳动关系的运行（工人提供劳动、雇主支付薪酬）伴随着大量可能的风险与损害，它们的一部分被解决在劳动关系内部（内化的），一部分则通过特殊的团结联合体（如社会保险经办机构）或国家这种能够想象得到的最大化的团结联合体来消除。决定如何作出，反映了劳动关系是在"自由"模式还是在"集权"模式框架内运行——换言之即：国家与政治一方和社会一方是在何种关系中互相协作的。

在"自由"模式中，劳动关系基本上是一种社会现象，雇主是特殊的社会参与者。劳动关系主要是交换关系，劳动成果与劳动报酬在其中彼此相称。雇主并不承担保证"他的"雇员需求满足的一般性任务。他所承担的有限的"福利社会"任务是：把雇主和"他的"雇员之间角色的天然不平等保持在一个适当的限度，不要陷入不合理的"福利社会"不平等之中。劳工的一般性生活风险（如疾病和失业）——如果相关者在这些情况下不应被置之不理的话——则属于特殊的、外部的团结联合体或国家的责任。

在"集权"模式中，主要是在"社会主义"类型的集权管理模式中，企业承担政治任务，要实现"劳动的权利"和与政治上"正确"的劳动关系相关的政治承诺。为此计划经济体制要像分配生产必需的物资（以及通过为生产做贡献而产生的工资）一样给企业提供物资。因此，企业也能被用来履行保障每个劳动者及其家庭应受保障的一般性生活风险的责任。不过，政治同样也可能会认为专门设定一些"社会福利待遇"并对其进行特别管理是必要的，例如由于残疾或年老而长期失去劳动能力情况下的养老金。当然，维持某种程度的终生照料（通过参与活动、指导等）仍可保留作为企业的任务。

F. 再一次：通过平衡劣势实现平等

可以确定：对不合理的不平等劣势的个人性平衡的基本形式就是专门制定的、与物品生产、提供和分配的一般性生活过程具有原则区别的"社会福利待遇"。从许多角度来看，"社会福利待遇"都是"福利社会"的标志，是福利国家与（视情况而定）福利社会最易被感知的效应。它们的持续可计算性使得它们成为国家"福利"性质的指标。它们需要政治性质的形式，也即是说它们可以由政治塑造。可感知性与可塑造性使得"社会福利待遇"成为政治力量角逐中的高层次论据，相应地它们也成为选民抉择的首要竞技场。但是，选民利益、选民力量、生活状况的不平等、对它们的分析路径及评判标准之间并无可靠的关联。因此，"社会福利待遇"成了"社会政策"不正确发展的主要领域，亦成了潜在失望的主要来源。

(2) 通过平衡优势实现平等

通过平衡不合理的劣势来制造平等，如在"社会福利待遇"中所表现的那样，是一种十分明显的策略。与此对应的还有一种相匹配的策略：**通过平衡优势来制造平等**。税收就是这方面的例子。这种策略具有基本必要性，但在"福利社会"性质上并不像平衡劣势策略那样突出。"社会福利待遇"所要实现的是满足人们需求或者促进满足需求的能力，它们被作为必要待遇或利益或两者皆有而直接获得。然而与此相反，缴纳支出却会不特定地使得某些与直接需求关系不大的财富缩水，或者削弱了纳税义务人的一般性满足需求的能力。它们处于一种复合结构中：或者用来满足整体的一般性物质需求，如缴税；或者用来整体满足缴费者的整体需求，如社会保险缴费。税收也是一种再分配和向"更多平等"靠拢的重要手段。通过税收进行的再分配，不仅是国家用来平衡劣势的工具，更是国家用以平衡优势的工具，它是产生"更多平等"的重要势能。

(3) 通过普遍性实现平等

为了制造出"福利社会的"生活状况，还需要另一种策略："**通过普遍性实现平等**"。这种策略通过让每个人都获得平等参与某些公共品的机会而作用于"更多平等"的实现。它最核心的内容是让尽可能多的人直至所有人都普遍参与一定程度的文明公共品：内部安全、基础设施、卫生与医疗保障、健康的环境、以水和电力供应以及垃圾和废水处理为内容的公共服务、抚养教育设施、文化公共产品上的参与等等。各种社会力量亦可在物品生产、提供与分配的一般性制度框架中对通过普遍性实现平等起作用，但这是以有约束力的规划和严密的监控为前提的。除此之外，由国家或国家成立的机构所执行的行政上的贯彻实施也被认为是必要的。无论在何种情况下，"通过普遍性实现平等"都决定着物品生产、提供和分配的一般性生活过程，决定着社会生活。

"通过普遍性实现平等"与"通过对劣势的个人性平衡实现平等"互为补充。"通过普遍性实现平等"是天然产出的平等。它在社会中制造并促进平等氛围，培养出对超越个人的平等的接受。它是针对从个人出发定义的平等要求权的一种平衡，这种平等要求权体现的是"通过对劣势的个人性平衡实现平等"。在国家中，"通过对劣势的个人性平衡实现平等"和"通过普遍性实现平等"的互为补充所形成的关系，明显有利于一种社会和政治状况的形成，在这种状况中，"更多平等"成为理所当然。

(4) 通过禁止歧视实现平等

还有一种实现平等的策略，那就是针对歧视的保护措施。从其基础来看，禁止歧视并非典型的"福利社会"策略，但它可以与人的平等和他们生活状况的不平等之间的不相称建立起联系。最明显的例子就是禁止歧视残疾人。残疾是一种不合理的不平等劣势，它对生活状况的影响明显需要靠某种"福利社会"性质的平衡来解决。同时它也是禁止歧视的一种理由。虽然禁止歧视的目的通常与其他并不具备典型"福利社会性质"的标志（如宗教、种族、人种差异等）相关，但是**它的作用**却在原则上与"福利社会"有重要联系。它阻止某些不能被差异合法化所接受的原因的发生，这些原因导致的是相关者在某些或全部公共品（如"符合人类文明的基本生存"）的参与上被排斥出去。

总之，禁止歧视同样也是一种把政治状况和社会状况向"更多平等"方向修正的手段，它的作用方式是充分补充"社会福利待遇"和"通过普遍性实现平等"这些保障方式的作用。另一方面，除非它不仅对国家而且也对公民直接产生约束力，并且阻止公民之间产生各种差别，否则禁止歧视这一规定对自由权行动空间的改变是微乎其微的。

(5) 富裕社会中平等的自由权

所有这些策略都受到另一种平等策略的补充，而这种策略本身比它的运用要更为理所当然：**富裕社会中平等的自由权**策略。这在前面已经有所提及。它指的是自由权的普遍适用——即在实际中适用自由权于尽可能多的直至全体的公民。它的内容还包括以某种方式规范自由权，防止它们因蜕变而导致个别公民或某一公民群体以其强权对立于其他公民（如经济垄断）。这种策略能使由政治决定的平等标准及实践，与个人对平等的期望及其不平等经历之间的矛盾与张力，保持在可以忍受的程度。富裕为自由选举打开了空间，使它能在政治和社会预先设定的条件下最优化地进行，这是一种为了找到相对来说最佳的自身道路而进行的尽可能的权衡与自主选择的更替与自决游戏。普遍的自由以及各种平等和不平等状况与个人自由需要之间的关联，削弱了由政治找到并强制走上一条普遍认可的平等道路的想法，也削弱了由政治唯一地、完全地、决定性地实现和促进平等取向的社会状况的可能与兴趣。富裕社会中平等的自由权以此而制造了良好的契机，让人们对那些产生自政治与社会行为中的各种社会状况觉得满意。

"富裕社会中平等的自由权"主要发生在物品生产、提供与分配的一般性生活过程的领域中。这种方案对"社会福利待遇"和物品生产、提供和分配的一般性生活过程这一双重体系的需要采取的是特殊的方式。"社会福利待遇"的必要性并不低于其他方式，它对自由权行动空间的形成（打开空间并设定界限）起着作用。但是富裕社会的造就和个体在富裕社会中寻找并找到自决位置所需要的是能够承载自由权的开放性社会关系。原则上，这是一个自由模式的方案，但即便在集权和计划经济模式中，也仍可在一定限度内予以考虑。

"富裕社会中平等的自由权"与"更多平等"的基本准则有着紧密联系。这种基本准则指向的是相对的"更多平等"，而非直接指向"平等"。其理由有前面已提到的：人与人之间的差异，以及他们生活于其中的社会状况的差异是如此之大，以至于不可能做到绝对"平等"。另一个理由则是：在政治能够开发和分配的范围内，虽然人们想要"更多的平等"，但却并不想被拿走自己的两个保留，那就是幸运和自己的收益：占有财产的幸运、中彩的幸运、劳动的收益、或许还有不劳而获的收益。在各个社会中，这种情况会有些差异，预期和接受这种情况的界限也肯定有所区别，但是这些保留是普遍存在的。"富裕社会中平等的自由"同样也表达出了这种保留。

4. 跨制度考察

如果一个国家及其内部社会认同"福利社会制度"，那么即使不考虑"福利"要求权，实现的方式也仍是千差万别。这里不必讨论它们在什么地方存在明显的不一致，但还是要指出那些能让我们分辨出实现"福利社会"的各种基本选择的原则性差异。

(1) 计划经济的、集权的、多为"社会主义的"模式

最显著的差异来自于国家与政治为一方、社会为另一方的关系。当国家和政治控制了物品生产、提供和分配的一般性生活过程，它们在此处的最关键界线便会消退。即便是在国家与社会的辩证关系没有被消除的情况下，这种做法也仍有可能作为一种计划经济性质的纲领而存在（如战争迫使一个自由民主国家成为一个计划经济性质的经济组织）。计划经济性质的纲领被用来实现"更多平等"的"福利社会"方案，通常会发生在某些政治力量有能力决定什么是"更多平等"的政治制度框架中，并在政治力量的结构中表现出来。它还表现为国家与社会之间的辩证关系被削弱或消除，社会被排除在公共意义上的超个人层次的相互作用之外并被限制在私人活动空间。政治在寻求实现"更多平等"时，它决定由自己承担这个任务。来自于外部的修正或创造性补充的潜能被排斥，"更多平等"中所包含的基本多样性特征不再发挥作用。

对生活过程的政治操控强度可能会存在差异，这要视政治势力凝聚于其上的力量的性质。据此可以了解自由的程度：私人自由的程度；如果企业要遵循中央计划，那么还有企业的自由程度；甚至公共自由的程度，如果自由的行使没有牵涉到政治的话。物品生产、提供与分配的一般性生活过程的现实状

况亦有可能因此而改变。另一方面，如果国家和政治对与物品生产、提供和分配的生活过程无关的自由也加以限制，那么由政治决定什么是"平等"的做法也有可能会被强化，在极权国家便是如此。令"更多平等"的多种可能版本发挥良好作用的力量便会因此而遭到彻底的遏制，由政治和支持它的力量所定义的对"更多平等"的理解便会在这些条件下被竭力贯彻。集权管理式、计划经济式制度扩散最广的模式就是"社会主义"。在由政治或多或少地整体性决定什么是"更多平等"的前提下，"社会主义"亦存在前面所述的强度区别。

(2) 由国家和社会支持的模式

与上面的模式相对照的是由国家保障民众自由权的模式。民众不仅能与国家相互作用，而且可以作为社会并在社会的框架中进行个人间的互动。这种"自由"模式主要是通过国家和社会之间的辩证实现的。在这种类型的国家中，构成制度基础的各种自由权支持且推动着物品的生产、提供与分配过程。在最好的情形下可能会形成产生富裕的机会，这种富裕使得人们能够考虑并接受一种选择：自主地参与富裕，同时也为此容忍某些对其不利的不平等。

"自由"模式的丰富多彩存在于其与"更多平等"方案的关系之中。政治制度的开放性和自由权的社会实现性有利于变体的无穷生成。这些变体既能自我补充与自我证实，也可能会自我矛盾与自我衰落。在"更多平等"的准则、它的众多替代词中的某个（如"福利社会"、"公平正义"、"团结"等）或它的特殊表现（"社会安全"、"接纳"、"互助"等）之下被作为"更平等"而加以实现的，始终也面临着风险，会因此而唤起对被上述具体实现所疏忽的"其他平等"的关注。同样，对某种不平等的平衡也可能会滋生新的不平等。"更多平等"本身并不带有标尺，可以阻止补偿的过滥和陷入不合理的优势之中。各种具体状况是政治与社会（数量上的、介体上的、经济上的）力量的共同结果。但是，"福利社会性质的"不平等，终归仍是一种能够导致政治与社会力量形成新簇群的能量。

使这一过程能够平稳进行并令各种关系得以满足的路径主要有二。一是复杂的政治程序：通过政治机构和程序的提升形式（两个选举程序的互补；公民投票和代表决议）；通过对由规范操纵的合理性解释的强制要求（如基本权利规定、宪法原则规定和宪法法院）；通过对事实状况及其各种评价可能性的权威解释（由权威的解读与信息提供系统进行）。这一路径是"实行的"，可由相应机构负责制定规则并强制执行。另一路径则不是"实行的"，它由令人信服的方案和论证发起与推动，尤其得通过领导层精英促成。它是社会接受的预案和社会一致的表现。这一路径是否成功，必然最终取决于不可操控的整体状况。

- 以**斯堪的纳维亚福利国家制度**为例。它的根基在于社会对平等的高度期待，核心原则是"通过普遍性实现平等"——不仅通过功能充分的普遍性服务，还通过相应的平衡劣势的直接形式及禁止歧视。另一要素则是持续的优势平衡。对自由权似乎毫无争议，但若它的行使与经济活动空间相关，其幅度就会受到限制。此外，物品生产、提供与分配的生活过程的个人参与亦采取普遍模式——由于观察方式的不同亦被称为社会约束。遵守这些规则是"社会福利待遇"形式的出发点，偏离这些规则的人要独自承担风险。但在这些"福利社会"规则和福利国家秩序之间的共同作用的对面，那些并非出于自始的自由信从而遵守这些规则的人的自由权也在运行。从这个意义上说，斯堪的纳维亚模式亦被打上了"富裕中的平等自由权"的深刻烙印。

- 另一模式是"**福利社会的市场经济**"。这一纲领产生于 1948 年间的西部德国（由西方三国占领并管理的西占区），并被 1949 年从以上占领区脱胎而出的联邦德国所承继。它深刻反映出当时的具体时代状况。由于纳粹统治和战争给德国人民带来了多重灾难，现实中出现了"通过普遍性实现平等"的极端状况：食物、住房和能源等的极端缺乏所造成的普遍困顿。各种"福利社会性质的"经典对立（主要是富人与穷人之间的对立）被弱化了。大量新形式的不平等（战争或纳粹迫害导致的身体伤害、死亡和轰炸造成的失去家庭支柱、由于东部邻国的驱逐而失去家园和财产等）叠加在了一起。自 1934 年起，国家采取的是一种最初具有选择性，但随着战争的发展覆盖越来越广、强度越来越大的集权管理式的计划经济制度，而占领国亦延续了这种模式。非常清楚的是，虽然必须用"社会福利待遇"去努力克服这种时代性困难,但是决不可能仅靠"社会福利待遇"就战胜它。更重要的是得让物品生产、提供与分配的一般性生活过程重新运转起来。当时需要进行"社会福利待遇"和一般性生活过程这一双重制度体系的改革。经济上的责任被重新交还给社会和由自由竞争主导的市场。"福利社会市场经济"的含义是:要让一般性生活过程恢复功能,把"福利社会"功能重新移转其上,并新建一些"社会福利待遇"制度。由此产生了一种共生现象:市场经济中的自由与富裕社会应该并已开发出的自由的共生;以"社会福利待遇"平衡各种新旧不平等而达到的平等与通过干预市场竞争规则保障消费者最佳整体利益而达到的平等的共生,后者对竞争者自身来说也是某种程度的平等。这种制度以其取得的成就证明了自己的合理性,许多欧洲国家明确地或事实上地接受了这种制度。实际上,对于那些与斯堪的纳维亚社会不同的,不仅想要"更多平等",更希望形成一种"有益的平等"与"有益的不平等"最佳结合的社会来说,它是不二之选。它符合大多数欧陆国家的情况,欧盟也采纳了这种制度。

- 20世纪50年代至60年代中期,许多国民经济体处于经济上升期。主要是通过"社会福利待遇"的扩张,"福利社会市场经济"得以发展。针对那些被称为"生活变迁"的状况,社会福利待遇广泛地提供了越来越多的"社会保障",也越来越经常地直接促成社会参与(如通过住房救助和儿童抚育金)和机会平等(如通过高等教育和再教育)。但也并非所有社会都走上了这条道路。一些福利国家的标准暴露了它们"社会福利待遇"制度的缺陷与赤字。在这些社会中,对"更多平等"的看法在范围和力度上都存在很多不一致。实际上,对经济繁荣的各种可能性和社会参与的信任才是这些社会的主流观念,而某些经济政治思想则引导和加深了这种信念。这里所指的正是那些"新自由主义的福利国家"。并非总能用某种实际目的来为这种双重制度体系中的缺陷与弱点找到理由。它们所缺乏的往往只是政治制度的效率和对地方势力的有力抵抗。这种情况可被称为"残缺的福利国家"。

（五）"福利社会"目标：亦是社会的任务

前面已经提到，"社会福利待遇"是指国家直接或通过特别的组织，如社会保险经办机构，为某些特定的生活状况所提供的货币、服务和实物待遇。在这些生活状况中，人们面临以其他方式也许不能或者难以充分满足其需求的风险。物品生产、提供和分配的一般性制度是由国家与社会——这里指的是构成社会的形形色色的个体与集体的、私人与公共的参与者——共同实现的。国家和社会在功能上的分工可以千差万别，但在角色分派上一直都是国家与社会互相取长补短，否则物品生产、提供和分配的一般性制度就可能达不到目标。至少，私人性质的参与者（个体、家庭和类似的共同体）不能被撇到一边，否则制度就丧失了为需要满足需求的人供其所需的宗旨。与此不同，"社会福利待遇"明确属于现代国家的责任。

但它并非只是国家的责任，它同样也是社会的责任，只不过实现方式有所不同。这里举出三种基本类型来加以说明。借助这些类型，社会也在执行着与国家的"社会福利待遇"类似的任务。

- 在其中一种基本类型中，已被确定的社会团结无需特殊组织便可直接具体化。**这种基本类型总是出现在当某个团结联合体帮助某一个体或是联合体中较小的共同体满足以它们自己的力量无法满足的需求之时**，如一个大家族对其中小家庭或个人的帮助。可与之相比较的是企业职工之间、职业群体之内和宗教团体之中发生的帮助行为。对乞丐的救济亦可被理解为整体与个人之间社会团结的非正式具体化。
- 在另一种基本类型中，**社会团结形成了发达或不太发达的组织**，通过筹集资金、挑选受助者、形成组织和提供服务来实现帮助他人满足需求的特殊目的。
- 在第三种基本类型中，原则上是服务于经济目的的**物品生产、提供和分配的一般性制度的机制被用来帮助无力满足自身需求的人去实现需求满足**。为了达到这个目的，至少必须改变机制的实际行动，甚至还要改变机制的规则和结构。最常见的例子是合作社，保险业也必须在许多方面让自己适应特殊的"福利社会"目的。

除此之外，社会参与者们在从事所有为实现社会对物品生产、提供和分配的一般性制度的参与而做的工作时，也有很多为"更多平等"作出贡献的机会：通过制定价格；通过为了制定价格而提供的给付的质量与数量；通过支配私人或公共物资的方式；通过对待必须处理的事物的方式与方法。

社会参与"福利社会"状况的行动空间（同样也是社会中的个体或群体的行动空间）及其利用这些行动空间的方法，是国家和社会具备何种"福利社会性"的关键条件。社会添加给国家政策的，是让社会状况能够形成"更为福利社会化"的机会。它以其他思想、方法和力量来充实国家的"福利社会"政策。然而不能只在"平等"相对"不平等"、"更平等"或"更不平等"这一维度上去理解社会的作用。平等之外，自由扮演的角色、多样性的可能以及划一性的程度同样也很重要。国家如何制定"社会福利待遇"，如何为了制定"社会福利待遇"而介入物品生产、提供与分配的一般性制度体系中来，最终又是如何影响了这种制度的结构和程序——即便并非出于典型的"福利社会"意图，皆是以某种政治模型为基础的。就其本质而言，至少在更进步的模型出现前，这种模型应该对整个国家都适用。而社会的作用可以为其他模型的出现打开一扇门，它自身的所有作为，都能为多样性创造机会。

三、"福利社会"方案与法律

（一）法律与"福利社会"关系的簇群

法律是"福利社会"的决定性条件，也是"福利社会"的实现工具。法律也许只是"福利社会"的决定条件之一，也可能只是"福利社会"的实现工具之一。然而，法律这个条件是否存在，是否被作为"福利社会"的工具而加以利用，对"福利社会"来说却十分关键。"福利社会"在由法律形成的现实中生效，是促成"更多平等"的一种方法，如果它应该或已然在其中生效的现实不由法律决定，或者只是部分决定，那就是**另外一种不甚充分的方法**。

1. 何为"法"？法的表现形式

我们的讨论并非以法的任意表现形式为基础，而是建立在它的一个特定表现形式之上。

- 在这层含义中，"法"意味着规范，这些规范被承认为普遍适用的规则，并且直到某种同样被认为普遍适用的修改生效之前，它们都在按照被承认的那样发生着效力。在最清晰的情形下，规范及其修改被成文化，且其文本被以某种方式颁布和公示，以令所有相关者都能了解。当然也不必因此就排除不成文法的适用。然而在"福利社会"框架中，当法律所涉及的是一些非常明确的状况或是通过精细计算确定的规模程度，它就会被设置明确的界限。

- 这层含义中的"法"确定了个人的定位，也确定了其他法律实体的定位。通过这些法律实体，如合作社、联会、协会等，更多人的共同相关或共同利益被集合在一起并独立了出来。最后，这层含义中的法也确定了某些组织的定位，这些组织以社团、慈善教育机构或基金会的形式接受委托，承担起实现大众某些利益要求（如针对某个人群的共同养老保障、国民医疗保障和残疾人护理）的任务。

- 法律保护个体的生活状况不受国家或其他个体的单方面改变。它决定了个体在面对整体，在国家中则是面对国家及其下层单位时该采取何种态度。法律尤其还决定着个体面对其他个体时应采取的态度：应如何尊重他人的生活状况；应为他人负什么义务，什么是不应做的；他人对其应负有什么义务，什么又是不该做的。法律亦赋予个体以可能，通过契约、章程等形式，为他们之间的互动制定自己的规则。

- 这层含义中的"法"规范着国家的行为。这不仅是指国家自身，还包括国家根据地域划分（如乡镇）和/或特殊任务（如社会保险）而设立的特殊单位。国家机构（政府、议会等）及其下属行政机构和行政人员为了国家和国家下设的单位而进行活动。法律可对这些组织予以规范。国家机构决定法律的内容，各种组织和行政机构适用法律，执行国家意志。如果这种政治意愿涉及个人，那么得由法律来确定任务的内容——主要是任务的界限。个人亦有相应的义务，遵从组织和机构的指令。国家组织机构的权限及个人的义务越是充分地受到法律规定条件的约束，国家就越有资格以"法治国家"为名。

- 最后，"法"还需要通过程序来解释其具体含义：在程序中，相关个体同样可以提出他们对能够适用法律的事实状况的认识，及对适用的法律规定内容的看法。这些程序通常由独立的法院执行，法院判决的约束力应能使参与者之间的法律关系趋于稳定。

2. 法律与"福利社会"的关系

(1) 法律作为"福利社会"的要件

法律是"福利社会"的一个要件。但这并不意味着，制造更多平等的企图，完全与是否通过法律并以何种法律方式规范以下情况相关：

- 被认为是不合理"不平等"的社会状况，
- 由国家的"福利社会"政策或个人及社会力量的"福利社会"行为所带来的"较为平等"的社会状况，
- 从"不平等"的社会状况到"较平等"的社会状况的变化经过。

法律作为"福利社会"的一个要件，更多是指："福利社会"进步的特征取决于是否由法律规范相关的社会状况和程序及以何种方式进行规范。法律作为"福利社会"的要件意味着它与现实的区别，现实只能从客观事实中——尤其是现实中存在的强大力量，甚至也包括个人或大众的实际权力——或者法律规范中得到解释。

然而法律并不等同于"福利社会"。法律能做的是对现实及现实的进一步发展加以操控。只是在例外情况下，即当某种不合理的不平等劣势直接存在于法律规定中（如对男性和女性的不合理区分），对法律的修改才会直接制造出"更多平等"。除此之外，法律的所为皆是对现实的形成和发展予以操控。但是，法律打开了一个可预见性及可实施性的视界，并给予个人施加影响的可能性，即抵御劣势和提升优势的可能性。当人的行为可能会对他人的状态造成改变（如医生诊疗或职业中介），法律能够并应对行为相关者的影响作出规范。

法律作为"福利社会"要件的最根本和最显著的可能性在于，它令个人成为权利的承担者。个人不再仅是改善"福利社会状况"或防止"福利社会状况"变坏的被动接受者，而是具有了法律上的权限，可以促进"福利社会状况"的改善和抵御"福利社会状况"的恶化。用德国法律语言表述就是：个人不再是自己生活状况的"福利社会"形式的"客体（Objekt）"；他成为了自己生活状况的"福利社会"形式的"主体（Subjekt）"。

(2) 法律作为"福利社会制度"的工具

A. 社会福利法

法律作为"福利社会制度"要件的情形在它作为"福利社会制度"工具的情况下表现得格外清晰，尤其是当通过法律来规范"社会福利待遇"之时。作为"福利社会制度"的工具，法律还通过特殊的"福利社会"意图来塑造物品生产、提供与分配的一般性生活过程，即在物品生产、提供与分配的一般性生活过程中引入"内化的解决方案"，这也同样适用于对**不平等优势的平衡**。

B. 物品生产、提供与分配的一般性生活过程的法律规范

但是，即使应该让物品生产、提供与分配的一般性生活过程的秩序来激发这一过程自身的功能，法律仍是"福利社会"的一个要件。这在法律对"通过普遍性实现平等"进行规范时显而易见，在法律通过禁止歧视来制造平等时也显而易见。在把平等作为各种关联整体作用的目标而构造复杂的关联时，这种状况也未被削弱。例如"福利社会的市场经济"概念。这个概念中包含了通过不对等经济力量之间的斗争以达到经济优势最大扩张的竞争规则：达到物品生产、提供与分配路径的尽可能开放；达到以质量和价格的最佳匹配为标志的物品供应的扩张。然而，即便物品生产、提供与分配的一般性生活过程的功能不直接以平等为目标，法律也依然是"福利社会"的要件。从积极意义上说，法律促进了繁荣，使"富裕社会中平等的自由"成为可能；至少，法律为物品

生产、提供与分配的一般性生活过程必要地作用于普遍保障作出了贡献。从消极意义上说，法律亦任由不平等顺其自然地发展。

C. 以法律建构社会

为社会的建立和完善打下基础，是法律的一项重要功能。社会与国家可以建立一种辩证关系，这种关系是"自由的""福利社会"得以实现的前提。没有自由的社会是无从想象的，没有法律的自由同样无从想象。

最后，法律提供给"福利社会制度"一项服务，它不仅是"社会福利待遇"的前提，也是物品生产、提供与分配的一般性生活过程的前提。从其他角度来看，这种服务比其他所有满足人们物品需求的服务都更为基本。法律以直指个人自我发展目标的自由权提供这种服务，也通过保障个人权利的实现提供这种服务。社会的给付能力严重依赖于法律的这一个人主义核心，即便是国家与政治（在计划经济型的集权管理体系中）完全承担了"福利社会"形成的任务并把社会限制在个人的自由发展余地时，这也同样适用。个人所能为物品的生产、提供与分配所贡献的，终归与其个人力量相关，而个人力量总是以各种基本的个人发展可能性为限制条件。

（二）"社会福利法（Sozialleistungsrecht）"

如果以法律来规范"社会福利待遇"，那么在"福利社会"目的和法律之间就产生了能够想象得到的最紧密联系。"社会福利待遇"唯独地——或者至少是主要地——受到它所包含的"福利社会"目的的支持和决定。"**社会福利（待遇）法**"因此毫无疑问是"**（福利）社会法（Sozialrecht）**"的法律领域。至于能否把这一概念延伸到其他法律领域，将在下面讨论。

1. 由还是不由法律规定"社会福利待遇"？

但是，"社会福利待遇"并非必须由法律来规定。是否由法律对"社会福利待遇"加以规定，取决于宪法、社会的法律意愿、政治。在宪法和法律意愿不对法律规定提出要求的情况下，"社会福利待遇"亦有可能停留在单纯的"实践"，由政治或某个社会机构以"项目"的形式提出与实施。"项目"与"实践"

可以共同产生出与由法律规定的"社会福利待遇"非常相似的事实状况,然而却不具备"法律"所构造出的(或应该构造出的)约束力和可靠性,也同样缺乏应由法律构造出的个人自我主张的能力。

当然,法律并非总是价值饱满。既存在技术拙劣、功能不良的法律,也存在阻碍甚至否定法律自身发展的政治制度和社会状况,它们会以特殊方式危害到规范"社会福利待遇"的"法律",因为社会福利待遇相对而言是法律的一个新任务。其他法律领域都有悠久的传统,例如规范人与人之间交换行为及其契约的法律,以及用来消除人为损害的法律。与它们不同,"社会福利待遇"的前身通常是施舍、善行或家族、村庄与部落中的传统义务,对此并无明确规范。只是从 20 世纪开始,这些待遇才日益完善并广泛实施,法律生活尚缺乏为其制定合适形式的经验。由于"社会福利待遇"具有独特的变化与发展倾向,上述困难从未能被完全克服。

2. "社会法"="社会福利法"

(1) 复杂性的一面:待遇目标

如果由法律来规定"社会福利待遇",法律就会赋予它们一种特殊的质量。如果法律秩序的可能性被充分发挥,就意味着由法律规定的待遇得到了可靠承诺。在法律规定的条件下,那些写进法律的待遇必须要被提供。

- 可以以高度的标准性明确规定货币待遇。即便不是这样,只要有资金支持,货币待遇的承诺仍会具有高度确定性和可实现性。就这一点而言,对货币待遇的规定也算得上是复杂的,而且法律的力量终究是有限的。

- 对服务待遇和实物待遇的规定自然要困难一些。它们的实现总得需要一个实际程序,这一过程取决于许多现实状况,尤其是导致待遇的事实存在、待遇接受者的参与和待遇提供者的专业判断与技术能力。法律可以通过规范待遇的提供、参与待遇提供的个人和组织的相关权利义务来制造这一过程,并准备好应对待遇过程干扰、参与者不当行为或其他不利情况时的解决方案。多数情况下,相关机构也是提供服务与实物待遇的前提条件,它们必须是常设机构。以各种规范有效达到这些目的,是个非常复杂的任务。对执行过程中发现的解决方案予以总结、领会与评价,以从经验中进行学习,是社会法学的一项重要使命。

当决定待遇的行政机构、待遇的实际提供者(如医生)和待遇要求者的意见不一致时,如果规范具有法律的性质,就有可能出现根据法律进行争议的情形。这指的是法院审理或与法院审理类似的程序。随着终结这一程序的判决的得出,会出现一个附加的确认程序,它会依法引出福利待遇的提供。对待遇的法律承诺、对待遇提供的法律指导、对事实状况和法律适用的依法争议、法官对法律状况的解释、通过判决确认待遇,这些便是受法律保障的待遇要求权得以实施(或被驳回)的各个阶段。那些对"社会福利待遇"提出要求的人应被视为权利的承载者,他们与管理"社会福利待遇"的政府机构和待遇提供者(如医生)平等相对,而非只是请求者和"下民"。

(2) 复杂性的一面:参与者

如果"社会福利待遇"要求更多参与者的互动和/或涉及更多待遇接受者,法律规定的困难就增大了。同样,如果待遇在提供之前就被承认可以超出某个时段并且一定会提供,法律规定的难度也会加大。具体如下:

- 对目前正处于相关需求状况的单个人提供货币待遇,其规范的复杂性最小。
- 如果建立了(如在社会保险中)某种预防关系,通常一开始表现为各种义务(缴费义务、服务义务),随之(如在失业、疾病、工伤、年老、死亡时)从中产生出待遇请求权,那么对单个人货币待遇的规范要求就上升了。
- 所有待遇都可能一次性或多次性地、或者在一段较短或较长时期内被持续提供。
- 如果待遇与在不同时间点出现的各种状况相关(如权利人的收入、缴费、待遇提供时的国家财政状况等),复杂度又会上升。
- 如果在待遇等待资格的发展中有多种因素(如雇主、家庭成员等)参与进来,并且/或者如果待遇最后会提供给多人(通常是家庭成员），复杂性就会向另一个方向发展。

- 如果是服务或实物待遇（如疾病治疗或护理），复杂性的场景就有可能分裂为一边是对待遇请求的管理和关于待遇的决定，一边是待遇的提供。服务或实物待遇规范离绝对法律规范的距离更远。在这里，法律只能局限在对待遇原因和待遇框架的规范，此外就是指向被涉及的职业相关标准的按规定执行。当然，遵守规则也可以是法律义务。
- 无论如何，待遇的提供一定会触及具有特殊权限的待遇提供者及其组织的整个多部门网络，并在其中进行分配。
- 规范要求复杂化的另一维度是待遇的承诺和提供待遇的社会团结单位——工厂、企业、合作组织、按人员或专业的地区性或全国性被保险人联合会、最后则是国家本身——所具有的待遇给付能力之间的关系。

(3) 复杂性的一面：待遇的历史关联

上述情况表明，"社会福利待遇"规则的基本结构对"社会法"具有重要意义。

- 规范**与状况相关的待遇**的法律相对来说任务较为简单，它规范的是引发待遇的状况的构成要件、由状况引发的待遇的类型与范围、对待遇的提供负有行政责任的机构，以及执行待遇的组织和/或单个的待遇提供者。
- 涉及**预防待遇**的法律所规范的，除上述之外还有预防关系（可以或必须）藉以成立的事实内容、意思表示、预防史的预期经过（如保险费的缴纳）和错误发展（如停止缴费）的后果。然而预防史并非仅具有与待遇等待资格人的关系所形成的个人维度，它还具有超个人的维度，贯穿了所有待遇等待资格人和保证待遇提供的资源之间的关系的发展。由于法律不能制造出货币和货币价值，所以它只涉及资源准备与管理机制的规范。
- 规范由**责任史**产生的待遇的法律，在待遇构成要件、待遇、待遇的提供之外，还要对引发待遇要求权（或者自行裁量待遇的理由）的责任史作出规定。此外，至少是当国家不对待遇负有责任的情况下，用来支持待遇支付的资源的发展也可能成为法律规范的对象。

这些复杂的关联和过程需要有效且可靠的规则，而这如此具有必要性的规则只有通过**法律规范**的形式才能发挥引导的作用。

（三）物品生产、提供与分配的一般性生活过程

如果"社会福利待遇"成为政治和法律赋予"福利社会制度"的核心表现，它们的"福利社会"作用就会决定性地取决于某些一般性生活状况，这些状况的实现是由物品生产、提供与分配的一般性生活过程、同时也由法律对这些过程的规范所决定的。法律针对这些生活过程的核心任务是充分发挥它们的功能，即让这些生活过程所效力的价值观符合规范的要求。

为此要再次提醒："福利社会"并非就指"更多平等"。"福利社会"所批判的是在满足自身需求和生活共同体需求的可能性上的不平等。而物品生产、提供与分配的一般性生活过程的功能在于：

- 一方面，要发挥个体及其扶养单元的自主性。个体及其扶养单元凭借这种自主性决定自己的需求，并使得满足需求的能力达到平衡。
- 另一方面，要做到物品的广泛供应。有限的物品供应会导致需求满足中不合理的不平等甚至需求满足的赤字。

需求和个体自身满足需求能力之间的不相称可以通过"社会福利待遇"来平衡，但需求满足可能性上的赤字则不能，它得由规范物品生产、提供与分配的一般性生活过程的法律来修正。

（四）过渡：法律的任务

1. 以类似"社会福利法"的方式加重自身"福利社会"目的的法律

法律的"福利社会"任务并不止于"社会福利法"。并非每一种对不合理

不平等的平衡都能像在"社会福利法"中那样，被集中在各种不同的法律关系上，因此也并非所有用来防止或限制产生不合理不平等的规范都可以被分置于不同的法律关系上。常见的情形是：不合理不平等的风险与出于自身特性而要求相应独立规范的一般性生活过程不可分割地结合在一起。为了防止、限制或平衡不合理的不平等，有必要把"福利社会"任务引入针对某种生活过程的特殊规范中。"福利社会"目的必须与规范本来的目的同时实现，对不平等的平衡必须被引入这一法律关系，生活过程的自身特性和"福利社会"形式必须被整合为一体。"福利社会"问题的解决方式被"内化"了。

消费者保护法、房屋租赁法、收益租赁法等便是例证。然而给生活过程增添了"福利社会"形式的路径的最重要例证还得算劳动关系。**劳动法**必须把付出交换（劳动付出和劳动收入之间的交换）与对产生自劳工对企业的从属性的不合理不平等的平衡整合成一个整体的规范复合体。因此在规范劳动关系的法律中，"福利社会"目的特别浓厚。但并不能因此就把劳动关系完全理解为"福利社会性质"，因为付出交换才是它更重要的目的，尽管"福利社会"目的的增厚是如此清晰，以至于政治和学术界过去和现在一直都在尝试，把劳动法和"社会福利法"集合成一个更广义的"社会法"概念。

2. 通过普遍性实现平等：所有"福利社会性质法律"的基础

(1) 通过普遍性实现平等："福利社会"的根基

如果"社会福利待遇"概念该被实质化，"福利社会制度"指的便是对不合理不平等劣势的个人性平衡。也即是说，"福利社会制度"等于是一种特定的平等策略。然而"福利社会制度"还包括了通过另外一种平等策略来实现"更多平等"的目的："通过普遍性实现平等"的策略。如果涉及的是法律的"福利社会"任务，"福利社会制度"指的则是由法律预先规定的物品生产、提供与分配的一般性制度的构造，这种构造要保障某些物品能够在国家中被尽可能多的人方便有效地获得。

这一路径从问题的普遍性出发，指向普遍性的解决方案。它包括了内部安全、基础设施、清洁的水与空气、公共卫生、噪音防止、辐射防护等公共品；水供应、能源保障和交通服务等公共服务待遇；抚养教育、普遍性健康服务和文化生活等机构与设施；这些解决方案以一种细节上极具差异的方式制造出了一个一般性生活条件的标准，使得个人需求满足能力的差异变得不再重要，或是限制和降低了这种差异。

因此，这些待遇制度对于物品生产、提供与分配的一般性生活过程来说具有重要意义，它们的法律规定同样重要。规范这些生活过程的法律，加深了物品生产、提供与分配一般性制度的"普遍性"程度。

这些待遇制度及其法律规定为"更多平等"的实现作出了重要贡献。它们对物品生产、提供与分配的一般性生活过程的平等取向，即整体生活状况的接近平等，发挥了重要作用。尽管如此，它们却并非"社会法"。

(2)"社会服务"："社会福利待遇"和普遍性服务的混合

A. 问题

由上可知，"社会福利待遇"的进路和"通过普遍性实现平等"的进路各自独立。但是它们有可能会彼此相遇并相互渗透。存在着必须由一般性参与和个人化待遇同时提供保障的物品，这些个人化待遇的规定中也包括了需求和个人需求满足能力之间不对称的问题。解决的方式要么通过"社会福利待遇"制度，要么通过政府提供的免费待遇。

B. 以医疗保障为例

最重要的例证便是医疗保障。

- 当涉及的主要是个人需求满足问题（疾病治疗）以及需求和需求满足能力之间的非常见（偶然）关系，适用的便是**"社会福利待遇"** 这一进路。这是有特殊标志的，包括了那些被个人或私人共同体（主要是家庭）所需要并向他们提供的待遇。当由经济原因导致的在物品获得上存在的差异不能与国家和社会的"福利社会"方案一致时，也适用"社会福利待遇"进路。由经济原因导致的待遇先占是一种不合理的不平等。与"社会福利待遇"形成关系的情形还可能出现在，当引发需求的"福利社会状况"除了要求具体的需求满足外，（作为治疗的补充）还要求替代收入或补充收入的"社会福利待遇"（如以疾病补贴作为不能劳动时的收入替代）。

- 当对存疑物品（这里指医疗保障）的普遍性参与只能通过待遇提供者（医生、医院、专职护理人员、药房等）的特殊整体性系统才能得到保障，则适用**普遍性公共服务**的进路：通过"健康事业"、通过"医疗保障制度"。如果将其交给物品生产、提供与分配的一般性过程，则难以保证为所有人提供可靠的照料。让"社会福利待遇"承担由于使用医疗保障而产生的费用，也是行不通的。

仔细考察就会发现，这里涉及两个系统：一个作用于物品的提供与分配，一个负责解决特殊"福利社会"问题。它们互相渗透融合，共同构造了一个超级系统。

描述这个超级系统特征的核心标准，是集中的方式以及全部功能的总和分散成参与方总和、参与方类型、它们的功能单位和功能整体的方式。最后出现的总是这个问题：是否存在一个既能操纵一般公共服务中的物品生产、提供与分配，又能操纵"福利社会性质的"合理平等参与物品分配的系统。

- 与**自由－市场经济模式**相匹配的是一个明显的碎片化规则。医疗保障的提供仍然交给社会力量如诊所医生和医院经办方等。但在基本认同了保障普遍性要求（如通过"健康权"）的地方，必定会通过补充性（国家的或地区的）机构（如诊所和检查所）的密集网络、各种规定及严格的控制机制（从水质量问题到医院营业许可证制度和医生执业许可）补充这种社会提供形式。与医疗保障碎片化供应相对应的是同样碎片化的"社会福利待遇"形式。需求满足的差距抬高了个人需求满足能力的重要性，以及必要或合理通过"社会福利待遇"弥补个人需求满足支出和需求满足能力之间差距的必要性。一般来说，部分性的（社会）保险成为应对这一挑战的主要方式。

- 与**社会主义－计划经济模式**相匹配的则是集权型的集中健康服务，它为每个人免费提供医疗保障的所有项目，只有卫生预防才单独需要特别的组织。需求、需求满足支出和需求满足能力之间的差距问题因此而不存在了，患病导致的收入损失也不再成为"社会保障"问题。由于用来支付工资的资金并非如在市场经济条件下那样从企业经营所得中支出，而是来自国家计划的相应基金，因此不再需要对病假工资的持续发放予以特殊规定。已经离开劳动生活享受退休待遇的人也不会遇到工资损失问题，具体的需求满足支出可由国家健康服务替代。

在这两个极端中间存在许多类型。它们的形成取决于社会、社会的政治体系、尤其是医疗保障和"社会福利待遇"的历史，也取决于社会及其政治体系对自由平等富裕目标的取向程度、遵循的平等策略，以及宪法规定的经济模式所限定的框架。

建立并调整这些机制的法律，一部分见于与普遍性公共服务的关联，一部分则见于与"社会福利待遇制度"的关联。在"自由主义"模式的框架中，人们倾向于认为，这种法律的作用是平衡需求和个人需求满足能力之间的差距，因此它只在与"社会福利待遇"的关联中可见。在"社会主义－计划经济"模式的框架中，广泛的国家与政治权力的统一，则为社会福利待遇特征的进一步扩展，提供了自由空间。

C. 其他范例

其他许多关联中也存在类似的问题与解决方案：

- 在**护理**领域，
- 在日益扩张的**残疾人待遇**领域，
- **就业促进**也是个范例。它的构成一方面是就业辅导、职业介绍、职业资格培训等，另一方面则是"社会福利待遇"如失业金、职业培训时的收入替代待遇。
- 在**儿童抚养、照顾和教育**领域，各个组成部分最为分散。学校系统多半是具有高度独立性和相对封闭性的普遍性公共服务，通过普遍性实现平等是其首要目的，通过对劣势的个人性平衡来实现平等只是例外情况。

总之,"社会福利法"和类似于"社会福利法"的法律,与一直由具体的历史和政治状况定义和命名的物品生产、提供和分配的一般性生活过程的规则,它们的相遇场地甚为宽阔。

3. 平等的多样性:税法与预算法的任务与作用

(1) 税法的复合性"福利社会"功能

税收只能由法律予以规范。税收具有一种"福利社会"平衡的复合能量,它能平衡不合理的不平等劣势,降低或完全消除不合理的不平等优势。它还能通过"平等地"(这里指的是"与差异性相符合地")分摊公共负担而作用于平等:让个体根据自身付出能力承担责任(主要根据收入、财产状况或从其生活支出估测出的付出能力)。制定税法时,混合使用这些标准的情形也并非少见。正因为税收是一种明显的实现平等的复合手段,所以得由法律来规范它。换个角度来说:通过对税收的规范,法律承担起了对社会状况的符合平等要求的差异性的核心责任。

另一方面,税收是国家支配资金以创造出"福利社会"状况的最重要来源。法律在这一任务的责任上与它规范税收的责任并不完全一致。"社会福利待遇"也可由法律予以规范,但在必要性与强度上都有区别。许多直接或间接产生"福利社会"作用的国家支出,都与法律的一般性规定相冲突,得根据宪法的具体规定对支出项目(如基础设施项目)以法律决议的形式进行批准。这是政治决策的一种特殊形式,而并非对支出的法律规定。

法律也不具有对来自税收或其他来源的收入的最终责任。国家的收入取决于实际发展水平,而这并不能由法律决定。

(2) 缴费及制度的其他专门支出

税收是一个由法律规定或政治决定的、在国家预算中把各种收入与其来源分离开来的开放性系统的要素。与此不同,缴费是一个从同类相关者和利益相关者的特定收入(即出自缴费)中为了满足特定支出而做准备的封闭性系统的要素。在具体关联中,这种支出即是"社会福利待遇"。它最重要的形式是"**社会保险**"。针对"社会风险"的社会保障费用被以简单或复杂的方式摊派给那些未来可能遭遇风险的人，将来能获得的合理或必要的待遇，以及缴费者的缴费能力，都是确定缴费负担的标准。无论如何，从"平等"的各种可能性中得出的积极措施，需要通过法律来加以明确。

由缴费支持的预防制度有先天的片面性。它只能为某个有限群体的可以预料但不确定的未来需求提供保障。缴费收取时的状况（尤其是被保险人的数目和缴费能力）和待遇提供时的状况（尤其是被承诺待遇的总量）之间的负差是不可能消除的。因此由缴费支持的制度总会有溢出自身界限、要求更大团体加入进来的倾向。所以社会保险会考虑让一般国家预算或（出于临时性的辅助目的）资本市场的加入。无论是较狭义的制度，还是国家整体团结共同体的"再保险"，都需要通过法律来加以规范。

(3) 国家预算和国家负债

A. 国家预算

国家收入与国家支出之间的巨大转换场便是国家预算。法律在国家预算上的任务十分特殊：规范国家财政能力的管理、计划和说明。对于流入预算的收入和由预算提供的支出，法律的任务是有区别的：

- 在国家收入来自于缴纳（税、保险缴费、公共服务缴费等）的情况下，法律的作用是对缴纳予以实质上和形式上的合法化并进行计量。其中也包括把国家的负担"福利社会性地"分摊到个人，法律尤其效力于这一部分的可计量化。在国家收入来自于其他经济过程的情况下（来自企业的活动与参与、类似于企业性质的活动、国有资产的变卖、出租、出借等），公民原则上仅作为契约一方当事人参与这个过程，法律的首要任务是规范这种国家经营活动。至于通过国家经营活动的特别规范促进参与进来的公民的利益，只是它的次要任务。
- 国家收入方面的最普遍原则是对可支配资金及其来源的解释。
- 在支出方面，法律也具有各种功能。对"社会福利待遇"进行法律规范的目的是为了个人的主体范畴。公民应该确切知道想要什么，必要时还应能为争取权利而抗争。其他国家支出也可直接与国家的"福利社会"责任相对应,但却并不直接与它对某一特定公民的重要性相对应。在这一意义上,"社会服务"的规范有两个方面:一方面是个人待遇的法律规定,另一方面是国家机器内部的支出规范及相应的资金安排。此外,并非所有"福利社会"任务都由有利于相关公民的法律规范相伴随。可以想象,所有形式的促进项目都只能规定:出于何种目的为何人支出何种性质的资金,但是所有规定里面都不可能出现针对某一特定人的支出规定。同样,支出的数量也不具备典型的"福利社会"目的,对此也不会存在相应规定。

支出方面的最普遍原则是资金的准备和符合目的的使用。

预算规定的内容广泛涉及:

- 收入和支出之间关系的政策理由说明。其中也包含了特殊"福利社会"收入和其他收入、特殊"福利社会"支出和其他支出。但是为此适用的操作标准和特别程序却并不为人知晓。
- 预算规划涉及范围最广的任务是一个时期内收入和支出的分配。以一年期预算为主,更长期的规划则需要依靠特殊的手段。它们既可以是计划性质和政治性质的(多年期财政规划),也可以具有一般法律的性质,直接把公民包括进来。这指的是,它们通过对特定收入或支出的明确且有约束力的规定,强制政治如此接受相应的收入或支出,就如它们是从针对具体现实的法规适用中产生的那样。

B. 国家负债:对未来的预支

"福利社会"国家支出具有日益增长的趋势。"更多平等"是个一旦使用就会不断让新的不合理不平等状况暴露出来的原则。如果国家收入不能相应增长,且不能或不应放弃其他支出,那么可想而知,那些不能由相应收入满足的"福利社会支出"就只能通过负债来支持。这种做法(如果它想让自己显得确实合理)的前提是将来会出现即便其他支出增长也不会被抵消的收入增长。万一这个盘算没有如愿,就会成为下一代的负担。

这种国家负债政策最近遭到了批评，人们在政策上和法律上都试图对它加以限制。出于对自然生活条件保护的重视而提出的"**可持续性**"原则，被作为"**代际公平**"原则移植到了"福利社会政策"上。这里涉及的同样是"更多平等"，把目前生存者及其生活状况拿来与将来生存者及其预想的生存状况进行比较。"可持续性"作为"福利社会"的一个原则的积极发展还有待时日，然而可以确定的是，由当前无法平衡的支出引起的未来负担可能会导致——具潜在紧张性的——对将来生存者的不利。

4. 通过禁止歧视实现平等

与禁止歧视相关联的是人与人之间差异的潜在标准，如宗教、种族、性取向等。其理由是，如果这种差异的潜在标准确实导致差异，就会威胁到人的自由和/或平等。另一方面同样正确的是，人们由于无数原因而产生差别，因此原则上也必须保持个人的自由，以此与他人区分开来。即便是国家，它虽然应该对专制性的区分（换种说法就是，由于主要是从其他利益和价值观的关联出发，从而导致决定对象和决定标准之间不公平的具体关联的区分）始终采取禁止的态度，但只要不逾越专制这个界线，它仍有考虑保留这些差异的自由空间。因此对歧视的禁止需要法律的权威，禁止歧视的绝对性从来都不是简单的理所当然。

在"福利社会制度"中，禁止歧视具有重要意义，它通过抵抗歧视中产生的不平等而致力于"更多平等"。

禁止歧视规定可以显著减少某些不平等，例如种族间的不平等。与歧视有关的需求方面和需求满足能力方面的劣势，可通过禁止歧视而消除。禁止歧视所改变的不仅是与其有关的物品生产、提供与分配的一般性生活过程，还改变着"社会福利待遇"的法律并进而改变着"社会福利待遇"的实践。尽管如此，总体来说，禁止歧视却并非"福利社会"法律和"福利社会"政策的工具，它们关注的是由经济状况决定的或受经济状况影响的不平等，而禁止歧视则把所有人的平等视为自己的目标。

（五）国家与社会：双重体系的基础

1. 社会构造

是由国家及承载它的政治力量决定人们的生活状况，还是让生活状况从国家和社会的辩证关系中产生出来，这一根本性的抉择已经证明了自己的至关重要。它取决于法律。更确切地说：国家与社会的共同作用机制只有通过法律才能建立起来。没有法律的国家与政治原则上是可能的，在实际中也有多种表现形式。但是社会的充分作用需要法律，它需要用法律来保障人们的自由。如果不具备最低限度的自由，社会就不能发挥作用。它需要用法律来规范人们的共同生活，也需要用法律来与国家建立必要的相互关系。这也就是说：一个社会的各种可能性取决于国家自身与法律结合到何种程度——能在何种程度上通过其法律来量度这个国家。

2. 目标、结构与程序

"福利社会"的含义是：人们能够满足自己的需求，这一过程发生于其中的生活状况并非不合理地不平等，这种生活状况通过进一步发展会合理地"更平等"，而不是"不合理地更不平等"。对于"不合理的不平等"和"合理的更平等"的含义有许多看法，对于如何追求和实现这些目标也有很多看法。法律能够赋予单个目标以某种程度的规范权威性，也可以根据目标的需要塑造国家和社会的结构与程序。它的发生要通过创造条件、令选中的目标产生预期的促进作用来实现。因此对法律负有责任的一方同样对被决定执行的目标负有责任，也对被选中用来执行目标的程序负有责任。通常这种责任是由政治来承担的，但是法律也具有特殊的义务：何种形式有可能产生何种作用？何种形式的何种作用会令人担忧？弄清这中间的各种关联并使其发挥正面作用，便是法律人对"福利社会"应负的特殊责任。

（六）法律的普遍性：平等的基本前提

法律是人类共同生活的重要媒介。没有法律，诸如自由、平等、安全等价值观便无法长存。只有通过法律，个人才能在社会和国家中成为主体。法律规范对承诺的约束力提供了保证，它使期望得以合法化。法律为权利持有者针对否认或损害他权利的人行使权利开放了途径。法律使得关于权利的存在或权利内容的讨论及对权利的存在与内容的阐释成为可能，并以此保障了法律和平。

是否存在法律及法律如何存在，决定了所有个人的、社会的、政治的关系，尤其是公民与国家关系的质量。由"福利社会"标准所衡量的关系的质量，也由是否存在法律及法律如何存在来决定。法律的作用力取决于法律之手能伸得多长。法律普遍存在于当前的国家形式中，但是一直以来越来越清晰的是，如果缺乏相应的国家间法与国际法，内国法的有效性就会受到妨碍（例如当迁徙劳动者的法律状况只能由劳动者所来自、其家庭所在且想要返回的国家的内国法以及他从事劳动的国家的内国法来规范）。然而即便在一国法律内部，法律的质量也取决于法律是延伸到了所有生活过程还是只对某些生活过程和参与者适用，比如当法律只承认国家针对公民的主权，却不为公民提供针对国家的保护，又比如当法律不对由雇佣者造成的伤害和疾病提供保护。这种类型的"无法可依的领域"可能由法律自身造成，也可能是在实际中被非法势力削弱甚至令其失去效力而产生（比如黑手党组织使得适用法律不再可能）。当法律适用一直不够完整并且重要生活过程处于"无法可依"状况，在那些有法可依之处，法律的功能也会减弱。在某一领域"无法律权利"之人，在由法律规范的生活关系中也难以行使权利。而那些在某个生活领域能发展出不受约束的优势的人，在由法律规范的生活领域同样会具有让法律设定的界限失去效力的可能。

所以，可以经由法律带入生活状况的"福利社会"形式的生活质量，同样有赖于全面且普遍的法律规范的存在。表现方式是：没有被"社会法"所规范的"社会福利待遇"，对那些需要或已得到"社会福利待遇"的人在已有法律适用的生活领域中的状况也可能会产生不利影响。另一种同样强烈的表现方式是：当对"社会福利待遇"在其中被提供的社会生活过程（在法律上或实际上）缺乏完整和充分的法律规定，"社会福利待遇"的法律规定就会被通过"社会法"而失去价值。

法律面前人人平等、行政合法（与廉洁）、只受法律约束（同样也要廉洁的依法判案的法官、(不仅公民)国家也要受法律约束,这些普遍原则便是"福利"社会和"福利"国家的主要前提条件。如果法律从来都不能普遍适用——这是指不能适用于在国家和社会中生活的所有人——就会在人与人之间造成一道社会福利待遇也无法弥合的鸿沟。

四、结语:"全球"世界中的欧洲

(一)"福利社会"的历史特征和欧洲特征

1. 福利社会发展与普遍文明发展的交叠

当今世界范围内与"福利社会"概念相关的实践,以及形容词"福利社会的"所表达的内容,发端于"近代"时期(始于15世纪)的欧洲。"福利社会"最终实际采取的典型形式也是欧洲的创造。"福利社会的"发展所应对的始终是那些被认定为不平等的状况所带来的挑战,这些挑战产生于文明发展的历程中,而文明发展也接受了那些从对社会状况的"福利社会"修正中所产生的条件。在这个过程中,对于问题的批判性认知和解决方案的创造性探索,并非仅仅根据各国内部的社会状况,整个欧洲的各种实际状况、思想和解决方案都在相互影响。其中有些国家的作用较为重要,有些比较次要,但欧洲已在整体上形成了一个既具多样性又有共同性,在彼此互相作用中发展的独特地区。

2. 伟大的发展道路

在这一时期,欧洲经历了人类共同生活方面的某些重要变迁。

(1) 从生而不平等到生而平等

人类的发展自始就打上了各种差异的烙印:自己和他人、我们和他们之间的差异,早先还存在征服者与被征服者、主人与奴隶、自由民与非自由民、有产者与无产者、服役义务人与服役权利人之间的差异。公元后第一个千年中,欧洲在这种多样性之上发展出了一种特殊的上层建筑:封建制度。这是一种分出上下层次的人类社会制度,各个阶层被隶属与统治构成的交叉梯级垂直系统联系在一起。贵族统治形成向上递进的等级制度，形成从农奴、佃农、地主直到国王与皇帝的两极。平行状态只可能作为例外出现在某些区域如城市和教会中。

然而，封建制度并非一种能对作用的条件和民众期待的变化作出充分反应的机制。变化已然产生：人口增长、自然灾害、已知世界（即各种行动领域）的扩大、生产和交通上越来越多的技术进步、工业劳动形式和货币经济的扩张。所有这些都在削弱封建制度。共同生活与协作的新方式也在此间起着推动作用。

与此同时，普遍认识到人的平等的时代也到来了。基督教自始建立在人与人之间的平等上，但把全部力量只倾注于上帝面前的平等。近代迎来了启蒙运动的理性思想，法国大革命（1789 年）的呼声把人的平等写入了欧洲的感性之中。从法国大革命后的稳定时期（1799 年）开始，欧洲国家进入了新秩序。这种新秩序的一个重要手段便是宪法，它被用于整合常在领土、人口和君主制上被重新构造的国家，也被用来表达 17 世纪以来越来越清晰的宪政价值观。基本权利便属于它的内容。对平等的承认有多种形式，但无论如何它都被承认为原则性的价值观。当时并非所有欧洲国家都制定了宪法，但是"法律面前的平等"被认为是理所当然——至少是一种理所当然的要求。

(2) 从集体到个体

相似的发展出现在关于个人在人群中的地位问题上。早期发展受到的是对个人的集体约束的深刻影响：家庭、家族、部族、村庄、住地、城市等。个人服从于这些单位中的社会关系之下，几乎没有可能得到更大单位或广大整体的照料。履行对较大单位的义务一般要通过较小的单位来完成。

15 世纪，文艺复兴运动开始。它首先是一场文化运动。在对古希腊罗马时期的文化尤其是美学遗产的回溯中，揭示了人"本身"，赋予人的感情与思想，尤其是美和带来美的力量以特殊价值。这主要适用于个人，个人开始以此获得其重要性。

这与那些对个人经常采取强烈的轻视和压制态度，常令个人处于无助和缺少照料状况的封建等级制度的功能性缺陷起了碰撞。这种缺陷还表现为人们的总数与生活在特殊单位中的人数不一致，且总是大于在特殊单位中生活的人的总数。为此需要有利于个人"本身"生存的社会状况和有利于个人"本身"及其开放性共存的规范，主要是关于自由与义务的规范。对启蒙运动来说，个体的整合是极大的挑战，此后出现的宪政国家制度再次确认了这一发展，在基本权利中写入了自由权，也包括个人的自由权。

在宪政国家现象中，两股潮流交汇了：从生而不平等向生而平等转变的潮流和从集体约束向个人自由与义务转变的潮流。这便是为从人的差异性中相应产生的不同结论进行辩护或提出要求的各种具体情况。

(3) 从组织体及其对人的束缚，到国家中大多数人的独立自主化和广泛的政治一体化，再到个人在社会中的开放性集合

随着中世纪的流逝，封建制度的衰落在许多方面表现得越来越明显。"隶从"与"统治"的双层体系既不适应在某人的利益和他人的负担之间进行公正平衡的机制，也不适应把公共福利的实现作为常态的机制。这激发了能够促成社会变迁的各种力量。那些"统治者"中的强有力者认为自己应该把弱小"统治者"的权力据为己有，以能统治更大的地区和更多的臣民，更有效地进行组织管理。他们使得封建体系中的各个小邦国逐渐融为一体。领土疆域成为统治的范围，在疆域内生活的人们根据这个范围确定其隶属。统治范围决定了地区的整体性和人群的隶属。因此，从15世纪开始，人们越来越多地对现代国家制度进行思考并将其化为现实。统治者的对内强大和对外独立是国家整合的核心原则。旧有的区域划分和人群隶属仍然想要存续下去并自我更新，但是它们已经或者自始就衰弱下去了。因此这一纲领也符合个人化和生而平等的要求，并与文明的发展相一致——主要是经济生活和劳动生活，随后还有教育事业的发展。然而毋需强调即知，伴随着平等和个人化出现的不仅有新的机会，还有新的且往往更为丑陋的风险。从长远来看，它们正是"福利社会制度"出现的基础。

首先，国家陷入了过度发展。统治者的权力挣脱了传统的束缚——拉丁语中称为"absolut（绝对权力）"，然而新的约束尚未建立起来。因此16、17世纪欧洲盛行的是"Absolutismus（专制主义）"思想与现实。这一状况在1800年前后有了转变，专制主义迅速消失（被20世纪的极权专制政体以残暴方式征服）。宪政国家把权力托付给一个机制性体系，其中或许还给"君主制"

保留了一席之地。与此同时，越来越多地通过法律对公民与国家之间的关系进行规范。在此之前，当权者受普遍适用的法律约束只是极少现象，而现在则成为惯例。宪政国家同时也是**法治国家**。

再回到近代早期。随着现代国家的诞生，产生了一个认识和理解人与人之间集合与互动的基本全面模式。然而清楚的是，对这种有束缚力的、在与人类生存形式的无尽开放性和人们之间互动的关系中总是具有选择性的制度的认识和理解，光靠国家是不够的，更不要说对那些独立于此之外的人类所有集合与互动的开放性整体的认识和理解了。因此产生了对人类生活进行思考的独立行动：对作为国家产生的条件、国家的补充和超越了国家的人与人之间的集合与互动的思考。这个行动的对象当时尚未有名称。人们采用了用来指称类似客体的一个概念：法语中的"Societé"，英语中的"society"，德语中的"Gesellschaft"。直到今天，它们仍被用来指称思想和讨论的新范畴。尤其是关于人类平等及其生活条件差异的问题，也只能在国家和社会的整体关联中被提出、阐述与回答。

(4) 从粗略的弱规范力法到细化的强规范力法

中世纪法律的出发点是人生而不平等且被束缚在区域性单位中。它把弱者托付给强者的责任和专制——不仅是把区域性单位中的弱者托付给区域性单位中的强者的责任和专制，也把区域性单位下的弱者托付给区域性单位下的强者的责任和专制——这主要指的是那些在较高等级单位中的强者的责任和专制。对很多关系与关系场尚缺乏规范或者有效的规范。个人地位主要由生而不平等和区域性接纳的规则所决定。

随着时代发展，出现了新的问题与冲突场。那些新被认识和估价的事物要求得到发展与保护。法律关系中的科学思想也在增长，并从地中海地区扩散到欧洲北部。法律的成文化与法学教育发展起来，这些变化随着向近代的过渡而加快，越来越多的生活领域被覆盖，越来越多的旧的理所当然被瓦解。新法律填进了旧法律中，尽管如此缺漏仍在增多。1800年前后发生的事件引发了本质性变化：从生而不平等到生而平等，从集体约束到个人主义，从许多并列与交叉的区域性单位到以共同规范和共同国家权力为特征的主权国家，即宪政国家。

现在，个人与其他所有人的关系必须通过法律来确定：或许是直接的，或许通过受法律保护的参与者的个人自由权的行使，或许通过受法律约束的国家机构。法律必须有能力自我贯彻，发扬其中的思想。规范必须由独立的、非从属性的法院来执行。个人也必须有能力向法院提出主张。

总之，个人在所有人的生活可能性的世界中的地位应该首先保证其自主性，不应放任其他人和国家机构为所欲为。但是反过来也必须让某个人的自主性与他人的自主性互相协调。对这一日益复杂的过程进行规范，正是现代法治国家基本的同时又是全面的任务。它的具体实施，使得越来越多的生活领域受到越来越强烈的规制。并非只有人们之间的关系才受到法律的引导和限制，国家自身也必须由法律加以约束，确切地说是受到限制与承担责任。法律的单方约束（通过法律约束公民）被法律的双方约束（通过法律约束国家和所有对国家负责的区域性组织）所替代。宪法便位于这一体系的最高层。

然而，发展并不是直线的和不间断的。政治行为体（革命家、政党、专制统治者等）总在试图缩短实现"他们的"政治理念的路径，这主要是指苏联布尔什维克主义、共产主义和社会主义，以及纳粹德国的法西斯主义。可是自主性的发端和所有从个人及其生活的共同体与社会中产生的能量也会因此而丧失。不过，欧洲的发展主流总是会回到法治国家和自由宪政国家的框架中来。

3. "福利社会问题"的产生

在19世纪，所有这些发展都彼此陷入了一种关系，在这一关系中无可避免地提出了这样的问题：如何在平等的光环下看待和评价人们生活状况的差异，以及如何认识和修正不协调状况。

并非只有规范意识得到了增强。实际上，劳动世界与经济的发展造就了新的竞技场，新的甚至是极其强烈的生活状况差异在其中产生，由此而表现出的新的不平等同样引人注目，形成政治上的向前推动力。产业工人通常具有较好的有效表达能力，很明显，他们也具有最为迫切的诉求。

从此中制定出某种政策，当时并不比后来更为容易。困难总是同样的："按人头""计算得出的"生活状况的平等被排除在外。人们既是平等的但同时出于无数理由也是有差异的，他们的生活环境同样千差万别。不平等表现在差异的总体中，平等产生于差异的总体中，差异的差异迷失于无穷无尽之中。哪些参数能够使得哪些平衡措施被合法化？优先权的形成与制度的塑造终归是政治的创造性功能，今天和将来也仍是如此。规则提供的是推动力，而非解决方案。政治必须一直能把无尽的规范性引导转化为有限的具体实现。历史上曾发生过"贫民问题"，当生而不平等的陈旧架构在 18 世纪逐渐坍塌，开明专制政府日益把救济贫民当做自己的义务。但这其实并非新生事物。布施穷人在生而不平等的旧秩序中也是存在的，然而对贫困现象自身的批判却是旧秩序所不具有的。19 世纪工业劳动条件下明确展示出的不平等挑战是新的事物，显著差异的现实遭遇了人类平等的新思想。这个"劳工问题"在很长时间内成为"福利社会"问题（且在一些国家甚至是欧洲国家中延续至今）。但是总的来说，把实质上有差异的生活状况认作为需要修正的不平等，已经扩散到了越来越多的生活领域。政治总是在定义新的社会问题，并总是通过新的解决方案证实自身在其中的存在。

4. 事物的状况

19 世纪以来的欧洲历史全面深刻地改变了"福利社会"挑战和"福利社会"应对的进一步发展，以及这种应对造成的影响。如今欧洲对"福利社会"的理解是一种由各种价值观和构造构成的体系，与以下经验有复杂关联：

- 个人相对于所有超个人秩序体、约束体、合作体的自我价值。
- 存在于全部差异性中的生而平等。如果没有差异，生而平等即便仍然十分重要，也可以被消除。
- 国家作为人们彼此共同生活的承载体。
- 能够被认识与预期的可靠法律作为规范人们之间秩序的主要手段。法律面前的平等、对司法与行政的约束，以及廉洁的法律运用，作为平等的必要保障。通过宪法及执行宪法的富有成效的机制实现且加强这一秩序。
- 货币经济作为最大限度地支持自由参与经济产品的媒介。
- 通过自由权规定和负责任的共同生活机制奠定充满活力的社会根基。
- 对国家权力合法化与监督的普遍参与。
- 最后，个人及私人性质的需求共同体（家庭）对整个社会可支配的需求满足物资的合法参与。这种参与关注于人的平等,以及他们的生活状况差异。

(二)基于国家特征的(确切来说基于每个国家特征的)与超边界的基于人群特征的福利社会之间的辩证关系

1. 由国家整合福利社会

(1) 现实的有限平等意愿

努力在所有人的适当平等关系中保持生活状况的差异性,这便是"福利社会的"生活状况的特征。如果考虑到所有人的状况,全面平等的"福利社会"只能是一个乌托邦。人们的生活条件和生活状况是如此复杂,不可能在所有能想到的方面都实现差异的平等取向追求,生活条件和生活状况也只能在很窄的范围内被创造和改变。即便是具有了关于现实的平等取向形成的可行思想观念,现实也仍有可能逃脱这种形成。对人们生活状况的平等取向追求因此只能通过各种妥协来实现:通过具体现实滞后于抽象思考;通过对孰先孰后达成一致;通过靠拢有决定意义的普遍性期望并搁置其他期望。这种做法只能成功形成可以接受相应妥协机制的有限社会,但这从来不可能是所有人,而只是一部分,是被向着一个整体整合的所有个人构成的"人民",这部分人群需要一个促成共同意愿的分层形成机制。这便是国家。

(2) 国家的重要性

因此可以说:福利社会首先在区域性单位中形成。这种机制的核心是国家,它把许多较小的单位连接与统一起来。在与这些较小单位的关系中,它是那个较大的整体,但与整个人类社会比较起来,国家只是一个区域性单位。通过国家,人们在其可能范围内创造着"福利社会"。

- 在一些国家,人们整合了那些具有普遍性的意愿,建立向生活状况的平等取向追求靠拢的制度;
- 手段是通过国家的多样性,这种多样性赋予作为整体的人们一个最低形成标准。国家的多样性使得人们获得了认识社会状况与社会不协调的多样性的初步路径，在这些状况中，人们的共性与异性在世界范围内彼此共存。

- 此外，国家（单个或在国家群体中，最终形成共同体）主要通过国际组织履行为世界建立共同机制和规范的任务。因此，"国家共同体"也可以改善或恶化人与人之间平等及其生活状况存在差异之间的关系。

(3) 福利社会国家：整体事件

A. "福利社会"的经济范式

"福利社会"通过一种关系构建起来，在这种关系中，物品为了满足需求而被准备和分配给人们，成为人们可获得可支配之物。在哪些物品是可获得可支配之物的问题上，需求产生于其中的关系所存在的区别，就构成了因处在人人平等原则的对立面而必须予以应对的那些差异。所以"福利社会"实践是以一个很少被意识到的范式为前提的：某种"福利社会性质的"不平等，原则上只不过是要么由经济原因引起要么产生了经济作用的不平等。这就是那些曾经导致"福利社会问题"的情况。不具备这种经济制约性的违背平等的差异涉及的是其他价值观，提出的是其他平衡问题。

在"福利社会"整体现象中，与需求达成一致的物品数量方面和物品分配方面互为补充。"分配"方面也指：物品的数量与人们作为个人在其家庭或类似的需求共同体中获得这些物品的途径之间的关系。这尤其表现为"社会福利待遇"无法平衡一般性物品保障上的赤字。换句话说：物品的数量在分配考虑之前就已经具备了自身价值。

B. 结构

"福利社会"的进程是许多各方面互为补充的辩证过程的复合体。在这些过程中，大量极具差异的动机、责任、价值观、利益、压力等在进行着自我实现。一个基本的对立发生在主要存在于私人（个人与家庭）领域的过程和主要存在于社会或政治性开放领域的过程之间。

a) 私人领域：个人与家庭

自由福利社会国家制度（迄今它仍是欧洲的普遍模式）的出发点是：每个成年人（除去老人和被束缚于家庭劳动的人）都具有责任和可能性，挣得自己及家庭的家计所需。国家与社会加入到了让这种"挣得"（一般是通过劳动）成为可能并且让"所获"通常能够满足需求的责任中来。在这一制度中，"挣钱养家者"占据关键地位。如果他出于外部原因（失业）或自身原因（童年与青年、老年、疾病、残疾等）而不能胜任这一角色，则国家有义务承担起对赖其收入为生者的补偿（提供补偿或者组织补偿）。但是，赖其为生者的数目和状况也有可能对"挣钱养家者"甚至家庭的扶养单元提出超出其能力的要求（有的出于一般性情况，如住房费用；还有的出于个人情况，如抚养和教育支出、疾病或照料费用等）。最后，"养家者"自己也可能会出问题（如死亡等）。这些赤字状况早先就已被定义为"社会风险"，是所有"社会福利制度"的本质性结构要素（然而并不能因此对非典型的不合理不平等差异也承担"福利社会的"责任）。

私人领域的这些状况，视其所涉及的是个人还是家庭（或类似的需求共同体）而表现出根本差异。

家庭是整个体系中的核心价值并因此是个解不开的问题。其核心价值出自于它的承担能力和独特的满足太多不同需求的能力所具有的特殊的、潜在非理性的、感情用事的、潜在理性的、原则上为道德性的基础。问题则出自于承担者的责任和需要者数目及状况之间的极端非线性，以及体系破裂和忽略新需要者的风险扩大。福利社会国家的合理性与非合理性在此构成了一个特别稠密的网络。

b) 公共领域：社会与国家

这些目标、能力、任务、作用和责任中所包含的内容，在这简短的描述中是表现不出来的。根本问题是合法性问题：（积极或消极地）参与到"福利社会"过程中的"**社会**"力量的基础是自由权和其他所有相关权利；国家行为的根基则是保障与提高公共福利的使命，以及宪法中的所有相关规定。

另一重要区别则在于，如何实现目标这一首要责任和能够并保障目标实现的规范与组织这一次要责任之间的对立。首要责任总是出现在为福利社会整体事件作出实际贡献之时：由国家或由国家成立的机构准备与提供某种待遇（如一般性服务待遇、养老待遇等），或者由某个企业生产与提供用来满足需求的物品。次要责任则是典型的国家责任：国家对事件过程予以规范、提供财政支持、进行监管，等等。这种次要责任经常由分层分枝的细化待遇体系的交叉性规范、协调和控制来完成，例如医疗保障制度。

c) 物品生产、提供与分配的一般性生活过程与"社会福利待遇"

物品生产、提供与分配的一般性生活过程原则上指的是在所有平等或不平等问题提出之前就已经形成了人们的共同生活的过程。由于人们天生具有差异，因此"平等的"生活有赖于在差异性之下健康成长的能力。所以物品生产、提供与分配的一般性生活过程的规范同样发挥了促进多种可能性的作用。

d) "社会福利待遇"

在没能"由自身"产生出"平等取向的"生活状况的情况下，制造这种生活状况的特殊工具就是"**福利社会性质的待遇**"：用来平衡生活状况中违反平等原则的差异性的货币、服务与实物待遇。如果已有为此的**特殊法律规定**，这些福利制度就是"**社会法**"所指的内容。

e) 物品生产、提供与分配的一般性生活过程给"社会福利待遇"带来的有限性

"社会福利待遇"就像是"福利社会国家"的"面孔"。但是物品生产、提供与分配的一般性生活过程对于"福利社会"事物的影响力也不遑多让。从中可以得出，那些能够且应当被"社会福利待遇"平衡的违背平等原则的赤字是在哪些地方及如何产生的。它们是被注入"社会福利待遇"原材料中的"负面物质"。尤其是，那些被作为"社会福利待遇"或者为了"社会福利待遇"而付出的物质是来自于物品生产、提供与分配的一般性生活过程。"社会福利待遇"只有在社会福利待遇的提供中才是生产性的，而一般性生活过程自身就是生产性的。

f) "社会福利待遇"和物品生产、提供与分配的一般性生活过程的对立性

接受物品生产、提供与分配的一般性生活过程和"社会福利待遇"之间的对立性，是"自由福利社会国家"得以成功建立的核心原则。让两者同时且直接承担整体事件的平等取向任务，会对政治提出过高要求，并窒息除平等之

外还承担其他目的的生产力。让两者各自达到最佳程度才是符合实际的道路。社会主义制度在 20 世纪后半叶所尝试的"经济与社会政策一体化"的失败，是对这种选择发出的警告。

然而，把这两者完全独立开来也是不可能且不可行的：

- 在物品生产、提供与分配的一般性生活过程框架中产生了一些社会关系，其中存在一种参与者之间的违背平等原则的差异倾向。典型例子就是劳动关系。在劳动法中加入反对违背平等的差异的保障措施是不可避免的。
- "社会服务"（健康服务、护理服务等）——视其形式——在"社会福利待遇"和物品生产、提供与分配的一般性生活过程之间架起了桥梁。

然而在被构想并形成了物品生产、提供与分配的一般性生活过程的地方，也存在着给平等取向以空间且不削弱其自身法则的可能性。历史上最著名的例子就是"**福利社会的市场经济（soziale Marktwirtschaft）**"。它让对物品的生产与提供的推动保持自由，这种推动与经营自由联系在一起，但同时也用适当的竞争规定来限制经济力量差距扭曲物品提供的价格 – 绩效关系的风险。

2. 福利社会国家、人们的跨国流动性与国家的国际开放性之间的交互发展

现代国家生来就要面对一个问题，如何应对人们跨国生活的普遍性。不管人们排他性地从属于某个国家的理由或有效的理由有多少，同样明显的是总会有些人想要（从外面）进入这个国家并留在这里，但却不是因为具有相同的理由。宪政国家是潜在具有社会接纳体性质的国家。具体来说：它可能是进行非物质与物质产品分配的国家，这些产品对于没有进入或不能停留在这个国家的人来说表现出（可能表现出）某种价值。光是宪政国家的保障就已可能成为值得追求的好处。另一方面，"当地人"和"他们的"国家想要从那些原本并不是宪政国家的属民，但想到这些国家来并一定程度上取得在这些国家生活的可能性的人们身上获得某种利益。但是，谁会被允许来？谁又会被邀请来？他又如何享有这个国家的**所有**生活可能性？

宪政国家一开始就必须为了国家的一体化而确定进入和留在共享体系中的条件。如今这个范围内也规定和提供了社会福利待遇。在进入和留在某个国家的情况下该如何提供这些待遇，属于其中的特殊情况。为了贫困救济待遇而留下来的外国人大多不能如愿。社会预防制度尤其是社会保险的发展则有差别。被保险人（或其雇主）自己的预先付出是这种待遇要求权的前提，应该从中产生出参与的权利。所以与宪政国家制度同时产生了一种"国际社会法"，用以规范在人员上和领土上跨越了国界的后果。但是"国际"这个词在这里容易引起歧义。通常当法律是由各国协商制定，或是规范国家间关系，或者既规范国家间关系又同时由这些国家协商制定时，才会被称为"国际法"。这里的法律被称为"国际的"，是因为它涉及的是跨越国界的事实状况。

随着社会福利制度的扩张，这种"国际社会法"的范围日益扩大，它的内在也越来越具有"福利社会性"。外国人社会保护进一步发展，排外被看成是一种潜在违背平等原则的有害状况，需要予以纠正。这种趋势的形成还有另一方面的原因。国际政治（既包括国际法的发展，也包括国内政治与法律的相应发展）出于多种原因要对排外现象进行社会干涉。"迁徙劳动者"是与国际社会内部日益增长的流动性有关的最重要关键词，"避难"、"迫害"与"难民"则是与极权独裁战争和恐怖主义战争及骚乱相关的另一些最重要的关键词。

3. 国际社会政策——跨国社会政策

欧洲国家被跨国性地纳入世界共同体的作用方式，被国际性地纳入全球范围内国家共同体的规范和机制体系。技术、文明和文化上的发展使得其重要性日益提高，共产主义和苏联霸权壁垒的溃败又最大限度地突出了这种"全球化"，但是世界并未因此而成为一个社会接纳的整体。

国际合作的日益密切所导致的更多是国内社会的外部联系并削弱了其封闭性。随之而来的还有国内社会在民族性和国家性上的改变，具有了自我拓宽与加深的倾向。为此的特殊原因有：经济上对外国劳动力的需求；以国为界提供社会接纳的不再可能；由于政治迫害与紧急避难等原因而接纳外国人的必要；世界各地经济、社会、文化、政治和法律状况的极端不一致及由此形成的迁徙压力；各国人口的结构性不均衡和改善的必要（尤其是年龄结构）等等。所有这些使得那些用来定义国内社会的界线——公民资格、居留、参与经济和劳动生活，以及保障这种参与的社会福利系统——的政治特征凸显了出来。

这一变化要求国家（也许还要求像欧洲一样的超国家统一体）塑造出能把社会接纳理念和全球社会的跨国开放性协调起来的形式。这只有通过某种能以国际与跨国规范和机制充分发挥社会接纳可能性的国际秩序才能实现，只有通过能够改善单个国家保障社会接纳的能力与意愿的国际秩序才能实现。

欧洲一方面为此重新规定了公民资格，另一方面对那些在欧洲国家生活的非国民进行了多方面的区分：根据居留时间的长短和稳定性/不稳定性；根据对经济和劳动生活以及相应社会福利体系的参与或是被排斥在外；根据所获得的能够提供进入一般文明标准或社会接纳通道的社会福利待遇或是被排斥在外。由此而在国内社会和外国之间产生了一个开放性和过渡性地带，在这个地带中，国家并非完全排斥但也不完全接纳外国人。

只要全面的国际秩序尚未形成，每个国家就有责任作出努力，实现那些没有因其国内社会成员身份或者出于划界与约束性规范形成的栅栏而担负起特定责任的人们的社会接纳理念。这既可以通过援助（发展帮助）来实现，也可以且必须通过在那些国家（如政治避难情况下）规定和适用适当的社会接纳方式来实现。

（三）福利社会制度在欧洲大陆的发展

1. "欧洲"大陆

(1) 社会法协作的开端

上述"福利社会"规范与服务（即由边界决定的排斥和超出边界的接纳）的跨国与国际开放和协作扩张到了整个大陆，但在技术手段、标准和密度上有很大差别。1800年前后重建的欧洲国家世界建立在个人对主权国家的从属性之上并以国籍制度加以完备。由此中产生出了在国家领域内生活和居留的权利、在国家领域内利用所具有的自由谋生的权利，以及无法谋生时留在国家内并获得贫民救济的权利。同时从此中也产生出了国家把想要得到贫民救济的外国人驱逐出去的权利。从所有这些中产生出了国家间通过协作以实施这些界定的动机，各国为此签订了越来越多的条约。那些缺乏这种机制的地区成了冲突地带即战争多发地带，清楚地说明了，为了保障共同福祉与和平，如何迫切需要法律的存在。发展的最大推动力来自于德意志帝国和奥地利1880年之后的几十年中推行的社会保险，也迅速产生了一个由社会保险条约构成的网络。

俄国革命（1917年）使得发展出现了分化。如果说在德国、奥地利、法国和英国主要出现的是与民主制度和法治国家制度相联系的"自由福利社会国家制度"的道路，那么苏维埃国家走上的道路就是与专制和极权相联系的共产主义制度。随后出现的法西斯专制政体也用"福利社会"纲领来引诱它的"人民"。

二战之后，共产主义制度的范围扩大到了"铁幕"国家的领域。欧洲（除了尚处于后法西斯主义时期的西班牙和葡萄牙）分裂成了"西方"民主国家和"社会主义"国家。

(2)"自由"欧洲的公法组织

二战结束后欧洲的一体化提上日程，显然这一进程也需要"福利社会制度"上的合法性证明。

欧洲社会政策在公法上的最重要的第一个步骤是1950年**欧洲委员会**的成立。它是一个为"保护与促进作为所有成员国'共同财富'（欧洲委员会章程第1条第1款）的思想和原则"及"经济和社会进步"而成立的价值观共同体。章程中还声明，每个成员国都"承认法律的统治地位，亦承认其治下民众应享有人权和基本自由权的原则"（第3条第1款）。**1950年《人权和基本自由权保障公约》**又极大地拓展了这一开端。因此，欧洲委员会凡与"福利社会"有关的作为，皆以权利和自由为表达。在公约成员国中，福利社会国家原则只能被理解为是"自由的福利社会国家原则"。在这条道路上向前推动的主要工具是1961年的**《欧洲社会宪章》**。它要求宪章签署国制定整体性的社会保护与社会福利待遇纲领。

90年代，欧洲委员会获得了新的发展动力。如果说自成立至80年代它是"自由"欧洲国家固有价值观共同体的代表，那么自共产主义在欧洲失败后，它又成为许多后社会主义国家进入欧洲价值观共同体的介体。

(3) 超国家一体化的开始

1952 年,随着**欧洲煤钢共同体和欧洲原子能共同体**的成立,欧洲一体化跃上了一个新台阶:超国家层次。对"福利社会制度"来说,比较重要的事件除了这一发展之外还有 1957 年**欧洲经济共同体**的成立。一体化的范围扩张到了经济领域"自身"。由竞争主导的市场经济发展亦应服务于"经济与社会进步"和"生活与就业状况的改善"(《建立欧洲经济共同体条约(EWGV)》序言、第 2 条及第 117 条)。不过,典型的福利社会任务原则上仍属于成员国负责的范围,尤其是当涉及各种非经济性质的生活条件时。以上发展出的各种标准表明:欧洲经济共同体承担欧洲福利社会国家制度任务的最主要方式是通过繁荣经济。条约中明确涉及典型福利社会任务之处只有关于男女同工同酬的规定。与此相比不那么显眼但同样有影响的是关于通过财政预算政策和各种促进项目"缩小地区间差异和改善不发达地区落后状况"的大量可能性规定。在这个问题上,经济发展责任和社会福利责任结合了起来。共同体规定的基本自由权,尤其是雇佣劳动者的迁徙自由、居留自由和劳务自由,将经济生活的参与者引向了共同的经济领域。这就要求各国社会保障制度的互相衔接不应因自由权的行使而使本国社会保护体系遭到损害。

尽管如此,关于欧洲"福利社会维度"的问题仍被提了出来。一个长期的进程启动了,它通过各种途径利用与扩张着共同体的福利社会权限:通过各种福利社会行动纲领、委员会实践活动、欧洲法院裁决以及条约的递进:从《单一欧洲议定书》(1986/87 年)到《马斯特里赫特条约》(1992/93 年)、给欧共体套上欧盟罩子的《阿姆斯特丹条约》(1997/99 年)、直至《尼斯条约》(2000/2001 年)。作为补充,《欧洲基本权利宪章》(2000 年)对细化的规范性实质内容进行了表述。2007 年 7 月里斯本条约缔结并于 2009 年 12 月 1 日生效。根据欧盟条约(EUV)第 6 条第 1 款,欧盟承认于 2000 年 12 月 7 日写入欧盟基本权利宪章并于 2007 年 12 月 12 日在斯特拉斯堡修订的各种权利、自由权和原则。基本权利宪章与各条约在法律上是平级的。

"福利社会"的场景也在发生变化。社会挑战的竞技场历经变迁,旧有的应对方式遇到问题,需要寻找新的措施。与此同时,成员国的多样性和各国福利国家制度的多样性也在加深,而欧盟的规范与政策则与之形成了交流。加入进来的除了北欧与地中海国家,还有东欧转型国家。也正因如此,给寻求共同解决方案一个规范性概念外表的需要也在增长：通过对"**欧洲福利社会模式**"的讨论。

2. 福利社会制度对欧盟的影响

(1) 欧盟的任务

欧盟条约都阐述了什么？一个没有"分界栅栏"的欧洲应该建立起"通过共同行动保障各成员国经济与社会进步"（《欧盟工作方式条约（AEUV）》序言）和提高"生活水平和生活质量"（《欧盟工作方式条约》序言、《欧盟条约》第3条）的希望。根据《欧盟条约》第3条第3款，欧盟应建立起一个内部市场。它致力于建立在经济发展均衡和价格稳定基础之上的欧洲可持续性发展，致力于目的在于完全就业和社会进步的具高度竞争力的福利社会市场经济，还致力于高标准的环境保护与环境质量改善。它应促进科学技术进步，消除社会排斥和歧视，促进社会公正和社会保护、工作场所男女平等、代际援助和儿童权利保护。

(2) 经济一体化

达到上述目的的首要和最普遍的手段依然是发展经济。条约反复强调，生活水平、生活条件和生活质量的提高有赖于经济发展。作为对应措施，社会政策被要求承担起"维护共同体经济竞争力"的任务（Art.151 Abs.2 AEUV）。中心原则则是"奉行自由竞争的开放型市场经济"（Art.119 Abs.1 AEUV），以期达到"资源的有效利用"（Art.120 Satz. 2 AEUV）。与此相伴的是共同体成员国之间相互协调的经济政策。具有决定性的是，这一政策遵循了其规范性政治任务的性质，要保证竞争与市场经济作为自我承担体系的特征，以此让经济制度为共同富裕作出贡献，而这种贡献是国家干预型或国家完全操控型经济很可能做不到的。这种严格做法同样否定了以社会政策为动机的操控。最大限度生产导向的经济制度与各国自己负责的福利社会规范和措施的结合，便是"福利社会市场经济"获得成功的奥秘。欧盟确定了这一方针，欧盟条约第3条第3款明确采纳了"福利社会市场经济"的概念。

同样重要的是，个人和集体的社会力量能够凭借自身的自由权加入这个自承体系。因此就如共同体条约中规定的那样，经济一体化不仅将共同体和成员国紧密结合在一起，还特别激发了共同体中的社会潜能，建立起了整个共同体社会中个人和集体力量之间的直接关系和共同体的各种作用机制。繁荣因此表现为国家和社会的共同成就，而这两个要素亦是根据一体化的程度所产生。

(3) 对非经济性或非仅经济性利益的责任

然而，福利社会的实现不仅只有经济前提。个人和社会的状态更多是与整体文明框架条件相关。对于繁荣的这一维度，欧盟只在某些条款中表现出关注，如教育的多种方式、健康、科学研究与技术发展、交通与通讯、能源供应、环境保护、文化。范围最广的设计是自由、安全和法律的领域。欧盟和成员国必须在此基础上以多种方式作出进一步补充，在涉及各种非经济性条件时，同样应让公民能够享有福利社会性质的繁荣。各种文明前提条件和福利社会制度的建立也属于成员国的任务。此外，社会为相应价值观的发扬所做的贡献，原则上也要按照成员国事先规定的框架标准来实现。

(4) 特殊"福利社会机制"

经济和非经济繁荣对"福利社会"设计的成功有多重要，通过特殊福利社会干预机制来应对个人或群体的不足状况就有多必要。

A. 规范背景

规范背景是清晰的。

"更多平等"这一基本规范并未被明确表达出来。它的前法律性质与它的定位看起来似乎也不够一致。尽管如此，它在这里仍能用来解释福利社会机制的规范性实质。

- "在所有日常工作中，"《欧盟工作方式条约》如是规定，"欧盟都致力于**消除各种不平等。**"(Art.8 AEUV) 尤其强调了**性别不平等**问题。残疾人融入社会的权利亦属此类。所有这些都在呼应着**反歧视**的强烈纲领。从另一截然不同的角度来看，**公共服务**保障表明了存在的不平等问题。公共服务针对"通过平衡劣势实现平等"

这一典型社会福利策略，提出了"通过普遍性实现平等"的策略。对欧盟来说尤其具有代表性的就是在《欧盟工作方式条约》中强调要**缩小地区发展差距**。

- **参与和接纳**是通过消除排斥的任务表达出来的。在经济共同体的典型基本自由权规定中可以发现接纳的一个特殊形式：在各成员国从事劳动的许可，以及与这些自由权的行使相伴随的各成员国具有互相关联性的社会保障制度。随着时间推移，这种在整个共同体内的**福利社会**参与，越来越多地被经济活动自由权的行使所消解。欧盟公民身份和欧盟公民的自由迁徙权又加强了它。因此社会接纳原则上覆盖的是那些有成员国公民或居民资格的人。但是社会接纳问题同样涉及一些"外人"：那些试图进入"自己人"圈子的人；试图以其他方式参与到"自己人"生活可能性之中的人。条约在很多方面都提到了这种责任。

- 与**社会团结**相关的首先是关于成员国之间关系的规定。一个相似的要求是关于**内部凝聚力**的规定。随着基本权利宪章的制定，出现了一种深刻变化：社会团结如今（同样）被认为是个人的社会权利的基础。

- **社会安全**原则是社会福利制度的核心基础。然而作为基础的"社会安全"框架很多是由"社会保护"规定所搭建的：它是目前在国际法和欧洲法中常被使用的一个总概念，除了社会福利法之外，它还包括那些尽管有其他原始目的但同时也承担福利社会任务的法律关系，如劳动关系。这在《欧盟工作方式条约》第 9 条确定的"社会福利概要性条款"中也有表现，根据这一条款，欧盟在确定与执行政策和措施时，必须结合其与促进高就业水平、保障适当的社会保护、消除社会排斥、高水平普通与职业教育及健康保护的关系来考虑其必要性。

- **援助**原则对于欧盟行使其针对成员国的权限具有核心意义。成员国内部不同政治与社会团体之间的援助关系则原则上不在此列。个人相对于其生活的共同体和国家之间的援助关系，则必须如社会与国家关系之中的援助（或者欧盟机制与社会的关系之中的援助)一样,从基本权利尤其是从自由权中推导出来。

关于**公正原则**,现有条约中没有提及。宪法条约草案中则既提到了公正,也提到了社会公正。

并不存在一个如成员国宪法中规定的福利社会国家目标一样的普遍基础。虽然谈到了共同体对于"社会福利政策和欧洲社会福利基金"的权责(Art.4 Abs.2 Buchst. b AEUV),但从上下文可以得知,其中并不包含一个整体性的福利社会政治任务。另一方面:《欧盟条约》(序言)和《欧盟工作方式条约》(Art.151 Abs.1 AEUV)与欧洲社会宪章是有关联的。显然,欧洲社会宪章被认为是条约制定之前所达成的一致意见的最重要表述。

B. 实施途径

以上背景经由条约被具体化为一种试验性质的**福利国家制度安排**,其实现是**欧盟和成员国的共同事务**(Art.151 AEUV)。中心议题是:就业、劳动条件、社会保护和消除排斥。考虑到"各国自身习俗的多样性"(Art.151 Abs.2 AEUV),援助原则被用来限制更进一步的具体化。**欧盟进行直接规定是可能的**,但"完善的"、可运行的社会福利项目和规范则属于成员国的事务。欧盟将自己的工作限制在对共同体最为重要的问题上,为实现禁止歧视而进行的立法因此对其具有最重大的意义。

然而,**欧盟特殊的福利国家制度规划**的任务是:超越共同市场和非经济性质的生活条件所设定的范围,把成员国各自建立的生活空间整合为共同生活空间。各条约中为此而采取了两种截然不同的方式。

- **用社会福利法对共同经济空间进行整合,作为共同的福利社会空间**。首先是通过各成员国社会保障体系的衔接("协调")来保障那些在多个成员国内有工作经历的人。然后是将商品流通和服务提供的自由(Art.28ff., 56ff. AEUV)扩大到社会福利待遇的提供上。最后是欧盟公民身份的设立(Art.20 AEUV)、保障相应的自由迁徙权(Art.21 AEUV),以及原则上开放获得社会福利待遇的通道(Art.18 AEUV)。
- **提高欧盟内部的经济和社会凝聚力**。为此采取的手段非常多:

从社会福利基金（Art.162ff. AEUV）、其他各种基金（Art.174ff. AEUV）直到整体预算（Art.310 f. AEUV）。如果一切运行正常，预算能够根据给付能力标准来征缴税费，那么各种促进项目就可以根据社会贫困、社会平衡或社会促进标准进行给付。不过，如果能够按照地区、行业或其他因素恰当安排各种动机，那么其他支出项目同样也能用来服务于福利社会目的。

除此之外，欧盟内部社会政策的共同发展任务主要藉由知识的不断完善和全球制度竞争来承担。欧盟委员会和各成员国共同对这些发展与考察作出建设性的分析和利用（Art.151ff. AEUV）。为此承担核心角色的是**开放的协调方法**：这是一种把成员国、欧盟委员会和专家的经验、评价和项目结合起来作为欧盟和成员国制定政策基础的程序。《欧盟工作方式条约》第 5 条第 3 款包含了社会政策协调的法律原则。根据这个规定，欧盟可以行使成员国社会政策协调方面的动议权。《欧盟工作方式条约》第 5 条第 2 款则对成员国就业政策协调进行了相应规定。欧盟让自己的影响力超出条约规定权限的其他途径还有政治宣言、报告、专家意见等等，发表不具约束力的社会政策纲领尤其是一个长期的传统。

与此相反，**社会**在此过程中几乎不扮演什么角色。但社会对话是个最重要的例外：社会伙伴被吸收了进来（Art.152ff. AEUV）。首次提到家庭角色是在基本权利宪章中（Art.33 GRCh），再次提到则是在欧盟条约规定的基本权利保障中（Art.6 EUV）。

(5) 整体的难以确定性

较为广义的福利社会制度和典型的、较为狭窄的福利社会制度深刻而紧密地交织在一起，不可分离。对欧盟及其成员国的职权与责任起着补充、影响作用但同时也对其产生限制的规范、机制和功能的复合体，又极大地加深了这种交织。欧盟方面的所为始终在改变着成员国方面行为的前提条件和产生的作用，而成员国方面所发生的亦在改变着欧盟和其他成员国行为的条件和作用。

此外还必须考虑到，"福利社会制度"始终都是国家与社会的共同责任：成员国及欧盟的超国家构造体是行动的一方，自始存在于国家之中但逐渐向欧盟边界伸展并填满这个框架的复杂社会机体则为另一方。如果在各个自由民族国家中国家与社会的互补关系是开放的和难以确定的，那么在欧洲整合的各种前提条件下也同样如此。

"欧洲福利社会国家制度"究竟意味着什么，很难根据上述条件下个定义。但是无论如何，国家与社会共同作用的前提是保持社会的自主性和"不被确定性"。这是"自由福利社会国家"的标志。因此，倘使欧洲是一个"国家"，那它肯定是个"自由福利社会国家"。这个信息虽然含糊，但它是个好的信息。

（四）全球性挑战——全球性实现

1. 挑战

大约从 20 世纪末起，各种发展开始加速，其关键词是全球化、跨国化和国际化。全球化使得一个贯穿人类整个历史的进程得以完成：终于发现了人类是个整体。自从人类开始进行自我组织，就意识到不仅存在着自身所属的群体、社会和国家的成员，还有其他人生活在其他群体、社会和国家之中。

国际社会政策任务的核心张力因此而变得明显了。随着人类自身发现了人类的平等性，所有人对所有人的责任也显而易见了。通过对差异的整合实现平等整合，除了人类自身之外不再有其他界限。因此全球化也可称之为：所有人对所有人的差异取向的平等的责任。这看上去似乎是一个博爱主义的乌托邦——或许也可能是这样。尽管如此，它仍是一个建立在现实之上的理性要求。最有力的证据是：所有人对所有人的平等取向的差异的责任所涉及的并非只是对富裕和贫困的选择，还涉及对战争还是和平的选择。

世界人口的增长和原材料的缺乏增加了极端不平衡的可能性。这些问题会升到多么令人晕眩的高度，可以表明已摆在人们面前或即将到来的发展多样性和整体性问题何时才会受到重视。这对某一国内或某个大陆的物品生产、提供与分配的一般生活过程和"社会福利待遇"之间的关系意味着什么？能对物品生产、提供与分配的一般生活过程的全球性发展进行有效调整吗？能否通过"加强"和"巩固""社会福利待遇"来抵御经济的离心运动？

这些问题从 20 世纪末以来显得日益迫切。物品生产、提供与分配的一般生活过程的次大陆性与世界性关联程度越来越高，如今它们依赖于国家之外的情况与发展，并被经济制度内部的改变所强化：通过金融经济脱离实体经济、金融经济极端国际化、管理从传统的土地、劳动与资本的复合结构中分离出来。所有这些都使得经济过程不再受到国家规范与政策的操控意图的影响。受影响最大的是与货币相关的所有过程。即便在"福利社会制度"中，货币也是潜能转化的优先手段，在"社会福利待遇"领域尤其如此。每个欧元的价值都依赖于那些时刻都有可能发生改变的无法估计和控制的条件。

对所有这些关联最为重要的发展规则是：物品生产、提供与分配的一般生活过程的重要空间——选择性或普遍性地——越来越具有超国家性和全球性；然而，"社会福利待遇"仍然主要是国家的责任。为"福利社会"的形成所提供的答案必然是：

- 由某种"福利社会"需求导致的"社会福利待遇"要求的"点"和"社会福利待遇"应该从其中给出答案的物品生产、提供与分配的一般性生活过程的"点"之间的"距离"必须尽量"短小"。
- 这适用于就业、某种"社会从属"持续的时间、挑战的发生、应对的时间之间的时间"距离"。
- 这适用于某种"社会从属"产生的"空间"（团结共同体、国家）、挑战产生的"空间"、应对从中（尤其是从物品生产、提供与分配的一般性生活过程中）产生的"空间"之间的"距离"。也适用于某种（保险共同体、国家的）"封闭型空间"和（市场、全球的）"开放型空间"之间的距离。

上述挑战是全球性挑战，故需全球性应对，也即考虑到各种特殊性并给予其存在空间的普适性应对。显然这极具难度。谁能作出应对？根据事态来看只有国家。它们建立了主要由属地原则确定的区域性全覆盖体系，各国自身的统治体系为此决定性地确定着平等与差异的关系。

因此，上述大多数关联都反复涉及国家财政预算。在预算中，某种"空间"的可能性、某种空间的"福利社会"期待，以及国家在某个特定时段（一年或几年）的所有其他财政责任必须达到平衡。国家预算是"福利社会"政策、"福利社会"法律和现实之间——主要由国内政策与法律构成的世界和跨国性与全球性现实世界之间——相遇的作用点。

但是"国家的"应对网络的完整性也有可能是这样的：国家给不出普适性应对，它们以国家共同体的形式给出，但必须是所有国家共同并经一致同意。如果普适性应对建议的前提条件或其中包含的规范违背了某一国家认为不可放弃的原则，这种普适性应对就不可能实现。就如在国家内部普遍性问题的解决方案不能靠全民一致同意，在国家共同体内的普遍性问题的解决也不应依赖于全部国家的同意，国家共同体必须找到合适的代表途径，以表达出国家共同体的"更好的自己"。

2. 国家的责任

生活是区域性的：在家庭中、在社区里、尤其是在国家中。国家状况对外部规则的依赖性：该如何从这些规则中产生出一个整体（一个自身隐含了所有关键生活条件要素的整体），取决于个体生活于其中的国家。国家的这项工作变得越来越困难。行动的前提条件越来越多地形成于更为广泛的关联中，但让生存成为可能依然是国家的事务，个人如何才能生存主要取决于他所生活的国家。太多的社会操控都汇集在国家的决策与实施体系中。

因此，一国政治家和其他公务人员（法官、行政官员等）会面临这样的问题：应该选择哪种"福利社会"国家理念。当需要为此作出决定时，他们和国民们也许会接受欧洲模式并加以实施。欧洲模式有其内在固有性，它建立在较高水平的相关者整体的一致认可上。"福利社会"意味着寻找尽可能普遍且可持续的社会平衡，但这中间也存在着风险。在政治领导群体或激进主义的少数派试图贯彻其特殊理念——没准也包括他们在财产或权力或其他方面的利益——的国家，欧洲模式必须获得相对多数人同意的内在特性是个麻烦事。他们试图缩短缩小政治进程，长期据有权力。这并非一定就是权力滥用，也有可能是出于理想主义（以及自身理想的绝对化）或者能力上的不足。然而这压制了大多数相关者，扼制了寻找最好的理念的思想竞争。

欧洲模式"福利社会"理念产生的漫长历史道路可以对此作出反驳：这是一条从生而不平等到生而平等的道路；从集体统治到个人自主的道路；从屈服于强者的责任与意志到通过法律普遍治理的道路。这条道路的尊严与成就是人类历史的崇高产物。"福利社会"的欧洲模式不是历史的偶然，它自身就代表着一种在进步程度上亦无可争议的价值观。

第一编

社会法基础问题

第一章
什么是社会法[*]

一、概念问题

讨论什么是"社会法",似乎已无此必要。[1]但在当今福利社会国家,重新定位"社会法"的概念,对国家、社会和法律都具有崭新的核心意义。社会政策或许是其中最重要的政治领域,而在现代国家的一般治理条件下,尤其是在法治国家,法律是实现社会政策的核心手段。因此要提出以下问题:福利社会国家在法律中的定位在何处?随之就是要问:到底什么是"社会法"?有些经典的福利社会领域如社会保险、社会救助等确是以"社会"命名,但不应忽视的是,名称与实质不完全相符的情况也是常有之事。换句话说,其他法律领域也能通过某些特殊方式达到社会政策的目的。同样不应忽视的是,这些被称之为的或者实质上的"福利社会"领域之间存在着互相依赖的关系。此外,那些"福利社会"性质明显的措施与"福利社会"性质不明显的措施之间还存在着可替换性,如社会福利待遇与税收减免之间的替换。因此人们也尝试把各个单独的领域发展成一个共同的整体,这个整体就是"社会法"概念所要表

---

[*] 本文最早收录于 *Klaus Müller* (Hrsg.), Sozialrecht in Wissenschaft und Praxis, 1978.

[1] "社会法"一词的起源至少可以上溯到17世纪的 *Hugo Grotius*,但在使用过程中发展出了太多含义:*Georges Gurvitch*, L'idée du Droit Social, Notion et systéme du Droit Social, Histoire doctrinale depuis le XVII siécle jusqu'á la fin du XIX siécle, Paris, 1932, Réimpression Scientia Verlag, 1972; L.H. *Adolph Geck*, Zur sozialreform des Rechts, 1957; *ders.*, Artikel "Sozialrecht" in: Katholisches Soziallexikon, Schriftleitung *Alfred Klose*, Innsbruch 1964.

达的东西。[2]

深入研究就会发现,"社会法"概念是在彼此之间差异巨大的若干层次上被创造出来并使用的。[3] 从这个概念的构造中可以分离出四个层次。

二、社会法概念的四个层次

(一)实用主义的社会法概念

实用主义的社会法概念根据所见、所悉与所需,涵盖了存在于成文法之中的、因其可认知性而被挑选出来并在名称或内容上被认为是"福利社会性质的"法律领域。这个"社会法"概念在德国指的是社会保险法、社会救助法、战争受害者保障、劳动促进、住房补贴和家庭津贴等,现在也能扩大为:"社

---

[2] 关于这种社会法的讨论见:*Wilhelm Wertenbruch*, Begriff und Bedeutung des Sozialrechts, ZSR 1968, S. 385ff.;*Karlheinz Rode*, Was ist Sozialrecht? – Versuch einer begrifflichen und systematischen Orientierung, ZSR 1969, S. 641ff, 724ff; Hans Hermann Emmelius, Artikel "Sozialrecht", in Staatslexikon 11. Bd., 3. EG. Bd., hrsg. Von der Görres-Gesellschaft, 1970, S. 256ff.; *Gerhard M.J. Veldkamp*, Zum Begriff des Sozialrechts, in: Festschrift für Günther Küchenhoff, hrsg. von Hans Halblitzel und Michael Wollenschläger, 1972, S. 140ff.; *J. J. Van der Ven*, Die Überwindung der traditionellen Zweiteilung von öffentlichem Recht und privatem Recht, besonders an Hand des Arbeitsrechts, Festschrift für Hans Carl Nipperdey, 1965, S. 681ff.; ders., Eins–zwei–drei? Bürgerliches, öffentliches, soziales Recht, in: Festschrift für Rudolf Reinhardt, hrsg. von Klemens Pleyer, Dietrich Schulz, Erich Schwinge, 1972, S. 167ff.; *Helmar Bley*, Das Recht der Sozialleistungsverwaltung als Teil des Systems öffentlich-rechtlicher Kompensationsleistungen, Die Sozialgerichtsbarkeit 1973, S. 479ff.; *Ulrich Müchenberger*, Thesen zur Funktion und Entwicklung des Sozialrechts, Kritische Justiz 1976, S. 341ff.

[3] *Hans F. Zacher*, Grundfragen theoretischer und praktischer sozialrechtlicher Arbeit, VSSR 1976, S. 1ff.

会法"是指社会法典中所包括的法律。[4] 德国社会法典规定了教育促进、劳动促进、社会保险、社会补偿、家庭津贴、住房津贴、青少年福利、社会救助。这个概念的使用与惯用的"民法典＝民事法律"和"刑法典＝刑事法律"是一样的。

对于"什么是社会法？"的回答，大多处于这一层次。换句话说，这些回答的区别只在于其划定的法律领域中内容的多少。在这个层次上没有完全"正确"或"错误"的回答。只有在对"社会法"名称下各个法律领域进行分组时，才可能出现"对"或"错"的情况，例如在学术表述、教学活动、职责区分和制定工作时。[5] 在这些情况下，理性论据混杂主观臆断的情形几乎难以避免。[6] 如果这些主观臆断隐蔽得很好，可能性被看似合理地解释成了必然性，则曲解与滋生假象的危险就会增大。同样的情况还可能发生在出于实用目的而塑造的社会法概念被扩展到更多目标关联上，以将它们合法化并证明与概念是一致的。不过这些情况并不会影响到实用主义社会法概念的合理性，也即是其具体的必要性。

（二）社会政策的社会法概念

原则性的、社会政策的社会法概念，试图将实用主义社会法概念中的理性一面分离出来。汇集于"社会法"名称之下的各个法律领域表现出的实质共同

---

[4] 关于这个含义的社会法概念见：*Georg Wannagat*, Das Sozialgesetzbuch, Recht der Arbeit 1973, S.209ff.；*ders.*, Rechtsprechung und soziale Sicherheit, in：Sozialpolitik, Ziele und Wege, Festschrift für Walter, Arendt, herg. von Alfred Kistmann, u.a., 1974, S.365ff.；*Wilhelm Wertenbruch*, 见注2, S.344；*Helmar Bley*, Sozialrecht, 1975, S.21；*Bertram Schulin*, Sozialversicherungsrecht, 1976, S.4；*Harry Rohver-Kahlmann*, in：Die Bereiche des Sozialrechts aus der Sichert eines künftigen Sozialgesetzbuches, ZSR 1971, S.393ff. 由上述文献可认识到，社会法并不局限于社会法典中所规定的内容.

[5] *Walter Kaskel*, Begriff und Gegenstand des Sozialrechts als Rechtsdisziplin und Lehrfach, DJZ 1918, S.541ff. (不过使用的是广义的社会法概念，其中包括了劳动法)；*Kalheinz Rode* (注2), S.643f., 也提到了"社会法的自我认识".

[6] 参见 *Karlheinz Rode* (注2)，第646页以下："每个科学的概念构建都或多或少是一个决策的过程，为了避免各说各话，必须满足科学的可理解性目的."

性，在社会政策的社会法概念中被加强了。据此，"社会政策意义上的社会法"指的是主要受社会政策任务决定的法律。这里"社会政策的"可以理解为等同于一般意义上的"福利社会国家的"[7]：通过对全体成员有人类尊严的生存的保障，通过降低生活水平差异，以及消除或限制从属性关系来实现直接或间接经济生存条件中的平等与自由。[8]

这种"社会政策的社会法概念"的抽象性，既赋予其内在的完整性与必要性，也令其在确定划分界线时产生困难。[9] 法律的社会政策特征在福利社会国家中（或者说在现代平等主义共同体中，即使其并不自称为福利国家）是普遍存在的，难以有效确定用来划分"社会法"和"非社会法"的社会政策特征的浓度。它的确定某种程度上也取决于受社会政策制约的某些规定和它们所属法律领域之间的质的和量的关系。这并不排除某些法律领域（如社会保险或社会救助法）明确属于"社会政策意义上的社会法"。

也就是说，实用主义的社会法概念和社会政策的社会法概念是种互补关系。实用主义社会法概念出于各种具体目的而进行了将某些法律领域界定为"社会法"的工作，但却缺乏一个不依赖于具体目的的内在原则的整体性引导。社会政策的社会法概念确定了这种界定的内在原则，但却无法引导具体的划分。社会政策的社会法概念的原则构成了实用主义社会法概念的内在，却不能对它予以完整解释。实用主义社会法概念所包括的法律领域共同拥有一个社会政策的原则，但这一原则却并非仅仅适用于这些法律领域。

实用主义的和社会政策的社会法概念之间所存在区别的最有说服力的实际范例便是劳动法。在社会政策的概念中，劳动法被确定属于"社会法"。[10]

---

[7] 关于福利社会国家和福利社会政策之间的相互依存关系见：*Walter Auerbach*, Klärung um den sozialen Rechtsstaat, in：Sozialpolitik, Wege und Ziele, Festschrift für Walter, Arendt, hrsg. Von Alfred Christmann, 1974, S. 271ff.

[8] *Hans F. Zacher*, Artikel "Sozialstaat", in：Handwörterbuch der Wirtschaftswissenschaften, 5./6. Lieferung, 1977, S. 152 ff.

[9] *Karlheinz Rode*（注2）因此提出，不要用定义的方式给社会法划定界线，而是应将其理解为一种类型。持同样观点的还有 *Wilhelm Wertenbruch*, in：Münch, Besonderes Verwaltungsrecht, 1976, 4. Aufl., S. 345.

[10] 20世纪初，将劳动法和社会法放在一起的情形很常见：*Walter Kaskel*（注5），S. 541；同一作者：Arbeitsrecht, Enzyklopädie der Rechts- und Staatswissenschaft Bd. XXXI, 1925, S. 2ff.；

在实用主义社会法概念中，劳动法却通常被排除在"社会法"之外并被放在一个对照的位置，[11]"劳动法与社会法"这种表述就表明了这种区分。实际上也确实存在很多理由支持将劳动法排除于实用主义社会法概念之外，如这两者所涉人群、法律任务与技术、划归公法还是私法等。但与此相反的是，社会政策的社会法概念应用中则肯定了劳动法的"社会法"特征。

（三）实证主义的社会法概念

创造一个包含多重实质的社会法概念的企图导致实证主义社会法概念的产生。从社会政策的社会法概念的角度出发，它源于以下问题：受社会政策目的决定的法律有何种表现？从实用主义社会法概念出发，它又因以下问题而受到实践检验：哪些法律被称为"社会法"？这个概念之所以被称为"实证的"，皆因其目的在于展现法律发展的实际状况：社会政策目的可以对法律影响到什么程度？实际上影响到了什么程度？人们对法律内容、法律形式和福利社会目的之间的这种关系的认识又处于什么程度？

这个问题圈至今尚未完全解决，因此实证主义的社会法概念也可被认为仅是种假说："社会法"是对社会中经济与服务上的保障和通过集体满足个人生理与经济生存的尽可能平等发展的期望，以及这些期望的实现的整体性规定。[12]若要进一步讨论这个概念，还得分析它的具体实质构造（如减轻困顿、维持现有生活水平、提供发展机会与帮助、更加平等的再分配程序及其机制保证、消除与控制人身从属关系等）和弄清消极排除的状况（通过内部和外部安全政策抵御风险）。

Hugo, *Sinzheimer*, Grundzüge des Arbeitsrecht, 1927, S. 5 f.；*Alfred Hueck*, *H.C. Nipperdey*, Lehrbuch des Arbeitsrechts, 2. unver. Aufl. 1928, S. 4；法国的"droit social"概念中也包括了劳动法：*Jacques Fournier*, *Nicole Questiaux*, Traité du social, Paris 1976, S. 170 f.；La notion du Droit social, Journée du 9. mai 1963, Centre interuniversitaire Belge du droit social, Louvain, 1963.

[11] *Karlheinz Rode*（注2），S. 644 f.，他不想把劳动法排除出去，甚至提出了一个更广泛的"社会私法"概念.

[12] 关于法律的预期性质见 *Niklas Luhmann*, Rechtssoziologie Bd. 1, 1972, S. 31 ff.

（四）深化的社会法概念

如果从历史比较的角度出发，考虑到"社会法"一词并非只在此时此地，而是自 19 世纪中期开始便在不同时代和不同国家被使用，就会得出一个深化的社会法概念。从实用主义的、社会政策的、实证主义的社会法概念到深化的社会法概念，无疑是前进了一大步。深化的社会法概念提供了一种将各种社会法概念综合到一起的可能性。

这层含义上的社会法是一个论辩性概念，是对法律所遇到的新要求的假说性的或切实的回应，也阐述了法律用以应对挑战的原则与实质领域。这种深化的社会法概念能在 Otto von Gierkes[13]、Hermann Roeslers[14]（他们在 19 世纪用"社会法"假说对用法律来归纳并划分社会、团体、企业中越来越频繁的人与人之间互动的必要性作出了回答）的关于国家经济制度的"社会法学说"[15]，以及 Nussbaum[16]、Sinyheimer[17]、Radbruch[18] 对当代状况的论述[19] 之间架起桥梁。在当代，将社会福利措施的整体归纳为"社会法"的需要导致社会法的法典化。[20] 实用主义的、社会政策的、实证主义含义中的"社会法"，对于深化的社会法概念来说仅是（核心）例证，而不是全部。

---

[13] *Otto von Gierke*, Deutsches Privatrecht, 1. Bd., 1895, S. 26 f.；同一作者, Die soziale Aufgabe des Privatrechts, 1889.

[14] *Hermann Roesler*, Deutsches Verwaltungsrecht, Bd. I, Das soziale Verwaltungsrecht, 1872；同一作者, Über die Grundlehren der von Adam Smith begründeten Volkswirtschaftslehre, 2. Aufl., 1871, S. 255–280.

[15] *Albert Hesse*, Artikel "Sozialrechtliche Schule", in: Handwörterbuch der Sozialwissenschaften, 1956, Bd. 9, S. 576ff.

[16] *Arthur, Nußbaum*, Das neue deutsche Wirtschaftsrecht, 1920, S. 65 ff.

[17] *Hugo Sinzheimer*, Der Kampf um das neue Arbeitsrecht, Die Arbeit 1924, S. 65 ff.；ders., Grundzüge des Arbeitsrechts, 1927, S. 388.

[18] *Gustav Radbruch*, Vom individualistischen zum sozialen Recht, in: Der Mensch im Recht, Ausgewählte Vorträge und Aufsätze, 1957, S. 35 ff.

[19] 见 *Hans F. Zacher*, Einige rechtstheoretische Aspekte der Entwicklung des deutschen Sozialrechts, in: Perspectivas del Derecho Oublico en la segunda mitad del siglo XX., Homenaje a Enrique Sajagues-Laso, Madrid 1969, S. 947 ff.

[20] 见注 4.

汇集各种实用主义社会法概念的经历,加深了对深化的社会法概念产生过程的关注。恐怕很难再在法律中发现可与社会法名称变迁相比较的现象。[21]至于何时何地才能开始使用这个概念,则需要对法律发展、社会变迁、意识到这种变迁并作出反应的社会政治制度和法律体系的特征、各种实际反应及其自觉性之间的相互依存关系进行多重推导。

三、与社会保障概念的区分

上述社会法概念所表述的,可用社会保障的概念和内涵来做一注解。[22]社会保障首先是针对极其困顿的状况和(在限度之内额外地)针对生活水平剧降而采取的保护措施。在其他国家,"社会保障"也许仅指针对丧失收入的保障和收入的货币形式补偿,[23]但在德语用法中这些却不是重点。社会保障的技术手段越来越倾向于针对特定的困难状况:疾病、生育、工伤、职业病、残疾、年老、失去扶养人、失业。因此社会保障中的风险概念与社会保险具有基本共性。由于其他制度如社会预防、社会补偿和社会平衡也服务于同样的目的,因此它们也属于社会保障。但是还有些界线尚未分清:从消极的风险防御到积极的发展帮助之间的转化;相对于其他私法主体的重要社会生活条件的保障(如通过劳动法保障工作岗位,通过住房法保障住房,或者更普遍的通过损害赔偿法保障生活环境的不受损害);以及公法保障制度之外的个人与集体

---

[21] 见注 1,以及 *L. H. Adolph Geck*, Über das Eindringen des Wortes sozial in die deutshce Sprache, 1963.

[22] 社会保障概念见:*Gerhard Weisser*, Artikel "Soziale Sicherheit", in:Handbuch der Sozialwissenschaften, Bd. 9, 1956, S. 396ff.; *Hans Achinger*, Artikel "Soziale Sicherheit", in:Herder Staatslexikon, Bd. 7, 6. Aufl. 1962, S. 262ff.; *Helmut Friedrichs*, Soziale Sicherheit als Rechtsbegriff, JZ 1967, 278 ff.; *Walter Bogs*, in:Sozialenquéte, Soziale Sicherung in der Bundesrepublik Deutschland, 1966, S. 52ff.

[23] 关于这一概念的国际用法:*Gerhard Weiser*, S. 396f.; *Jean-Jaques Dupeyroux*, Quelques réflexions sur le droit 'a la sécurité sociale, Droit social 1960, S. 288 ff.; *Eugeniusz Modlinski*, La sécurité sociale, une idée ou une institution juridique? Droit social 1969, S. 188 ff.; *Franz-Xaver Kaufmann*, Sicherheit als sozilogisches und sozialpolitisches Problem, 2. Aufl., 1973, S. 91 ff.

预防可能性（如财产形式或商业保险）。[24] 这些问题这里不予深入。

以上内容已足以构成一个社会法概念的比较体系。[25] 也可以像实用主义社会法概念一样，构建一个**实用主义**的社会保障概念。它可以包括社会保险（也许公务员保障亦可算在内）、战争受害者保障和其他社会补偿法、一般性社会平衡制度（社会救助）和特殊平衡制度——只要具有的是"消极的"保障特征（如家庭负担的平衡和住房津贴）而非主要是"积极的"发展特征（如教育促进和职业促进）。重要的是要把那些主要针对困难状况和生活水平下降的公共福利措施集合于"社会保障"这个名称之下，而且已经这么做了。

与社会政策的社会法概念类似，也可以发展出一个（社会保障法中的）"社会保障""**原则性**"概念，这个概念要能普遍定义"社会保障"的特殊之处。不过就像社会政策的社会法概念一样，当某个社会领域受"社会保障"目的影响强度较弱的时候，这个概念分清具体界线的能力有限。

最后，一个**实证主义**的社会保障概念也是可以考虑的。[26] 但是一个历史性深化的社会保障概念却无可能——至少与历史性深化的社会法概念的范围不可能吻合。

---

[24] *Hans F. Zacher*, Das Vorhaben eines Sozialgesetzbuches, Der Kompaß 1971, S. 29 ff.；*ders.*, Das Vorhaben der Kodifikation des Sozialrechts in der Bundesrepublik Deutschland, Schweizerische Zeitschrift für Sozialversicherung 1971, S. 209 ff.；*ders.*, das Vorhaben eines Sozialgesetzbuches, in: Maunz-Schraft, Die Sozialordnung der Gegenwart, 1971, S. 43 ff.；*ders*, Materialien zum Sozialgesetzbuch, 1973 ff., S. A 24.

[25] 认为社会保障与社会法内容相同的意见并不少见：*Georg Wannagat*, Rechtsprechung und soziale Sicherheit, in: Sozialpolitik, Ziele und Wege, Festschrift für Walter Arendt, hrsg. v. Alfred Christmann u.a., 1974, S. 365ff.，参照 BSGE 6, 218 和 BVerfGE 11, 105；*Wilhelm Wertenbruch*, Sozialverfassung – Sozialverwaltung, 1974, S. 26；Rupert Scholz, Das Sozialrecht im neuen Ausbildungs- und Prüfungsrecht, ZSR 1971, S. 641. 社会保障的范围比起社会法来呈逐渐缩小的趋势，见：*Helmar Bley*, Sozialrecht, 1975, S. 20；*Bertram Schulin*, Sozialversicherungsrecht, 1976, S. 2.

[26] 如《联合国人权宣言》第22条；《经济、社会与文化权利公约》第9条；国际劳工组织《社会保障最低标准》102号公约；《欧洲人权宣言》第12条；关于老年、残疾和遗属保护的欧洲临时社会保障公约；除老年、残疾和遗属保护之外的欧洲临时社会保障公约；欧洲委员会关于共同体内迁徙的雇佣劳动者及其家属的社会保障的规定 1408/71/EWG；欧洲委员会关于实施 1408/71/EWG 的规定；更多资料见 *Hans F. Zacher*, Internationales und Europäisches Sozialrechtr, 1976.

分析社会保障概念的目的是为了能大致勾勒出社会法概念的内部关系。从社会政策的理论层次上便可肯定,"社会保障法"的同一层次概念要较为狭窄。社会政策中的福利社会国家任务要比社会保障可能涉及的面更宽,社会政策所包括的内容可能并且肯定比社会保障中包括的任务要多。实用主义的概念也差不多是这种情况,实用主义的"社会保障法"总是比"社会法"狭窄。但在实际应用中,也可能出现用狭义名称指代广义现象的混淆状况。如在实用主义的概念中,在某些特定目的和从某些特定立场出发的情况下,"社会保障法"概念有可能比"社会法"概念所指更宽。

四、结语

福利社会国家和法治国家不能脱离社会法概念而存在。由于其构成中的"社会"和"法"的普遍性,由于19世纪中叶以来其所经历的广泛而深刻的变迁,也由于其含义的丰富多彩,这个概念具有太大的多重性。这种多重性无法通过分类与科学设定消除,也无法通过证明某个概念最接近理想化的、甚至完全"正确"的科学论证来解决。因此,非常有必要看到并理解这样的内涵多重性。这篇小文的目的就在于此。

第二章
社会法的基本类型 *

　　社会法领域的含糊混乱状况是个众所周知、常遭诟病的现象。立法者受争取选民动机的驱使且忙于应对各种经济与社会变迁的挑战,又总在轻率地加重这种混乱。[1]公民与法律工作者常发现自己在适用法律上面临新的困难。[2]宪法解释工作试图将社会法放在制度正义的尺度上予以评价,却找不到可靠的支撑点。[3]基于上述原因,为福利社会国家制度和社会法建立一个划分体系[4],成为学术领域的紧迫任务。[5]以下就是作者近年来从事社会法比较研究时在这一问题上的尝试,期望能藉此引发进一步的讨论。

---

*　本文最早收录于 *Fürst*,*Walther*,*Herzog*,*Roman und Umbach*,*Dieter C.* (Hrsg.),"Festschrift für Wolfgang Zeidler",Bd.1,1987.

[1]　*Dietrich Katzenstein*, Über die Sozialgesetzgebung unserer Zeit, in: Freiheit und Verantwortung im Verfassungsstaat. Festgabe zum 10jährigen Jubiläum der Gesellschaft für Rechtspolitik, 1984, S.139ff.

[2]　*Hans F. Zacher*, Chancen und Grenzen des Sozialstaats. Rolle und Lage des Rechts, in: *Peter Koslowski/Philipp Kreuzer/Reinhard Löw* (Hrsg.), Chancen und Grenzen des Sozialstaats, 1983, S.66ff.; ders., Sozialstaat und Recht, Grundlagen – Entwicklungen – Krise, VSSR, Bd.11 (1983), S.119ff.

[3]　*Dietrich Katzenstein*, Das Sozialrecht in der neueren Rechtsprechung des Bundesverfassungsgerichts, VSSR, Bd.10 (1982), S.167ff. (178ff.).

[4]　德国社会法体系化尝试的一个简介见:*Helmar Bley*, Sozialrecht, 5.Aufl.1986, S.27ff.

[5]　*Hans F. Zacher*, Der Sozialstaat als Aufgabe der Rechtswissenschaft, in: Rechtsvergleichung, Europarecht und Staatenintegration. Gedächtnisschrift für Leontin-Jean Constantinesco, 1983, S.943ff.

一、"福利社会"的出发点

首先要弄清几个有关社会法的概念。**社会法是由其福利社会目的决定的法律**。如果要进一步阐述什么是社会法,[6]就得先解释清楚什么是"sozial"。[7] "sozial"这个词的一般含义等同于"gesellschaftlich(社会的)",也可表述为"人与人之间的"或者"有关人们在集体中的共同生活的"。在这层含义上,所有的法律都是"社会的"。但是这样一来我们就无法定义特殊的"社会法"。我们还可用"sozial"来指称那些对其生活圈、组织、群体乃至公众与国家负有责任的个人。但把个人与他人和集体进行这种联结同样属于法律的一般功能。为了从中提炼出特殊性,我们必须要问:那些可被称为"sozial"的社会关系和共同体是如何被创造出来的以及应该如何被创造出来?"社会法"因此只能从一个政治性的"**sozial**(福利社会的)"概念出发而被定义。

19、20世纪产生过大量关于"**sozial**"概念政治内涵的思想。这些思想的历史如同人与人之间关系和人类生存共同体思想的历史一样可以上溯很远。但是直到19世纪,方才出现了与"福利社会"的联系。[8]这自然会对那些与"福利社会"有特殊关系的问题的挑选产生影响。我们可以找出欧洲"福利社会"思想的两个起源。一个可称之为"**贫民问题**"[9]:近代自中世纪继承了接纳与排斥的严酷二分法。有职业或财产的人,或者由于家庭、职业关系、宗教团体等被接纳入一个职业和/或财产共同体中的人才有生存可能,其他人则被排斥,一贫如洗,沦为受救济者、流浪汉或罪犯。在近代,出于各种原因,这种接纳与排斥的二分法越来越令人无法忍受。而从18、19世纪以来,政治与国家也越来越具有解决这个问题的能力。济贫立法逐渐从压制转为救助。[10]

---

[6] *Felix Schmid*, Sozialrecht und Recht der sozialen Sicherheit. Die Begriffsbildung in Deutschland, Frankreich und der Schweiz, 1981; *Helmar Bley* (注 5), S. 22ff.

[7] *Adolf Geck*, Über das Eindringen des Wortes sozial in die deutsche Sprache, 1963.

[8] *Gerhard A. Ritter*, Entstehung und Entwicklung des Sozialstaates in vergleichender Perspektive, Historische Zeitschrift BD. 243 (1986), S. 1ff.

[9] *Wolfram Fischer*, Armut in der Geschichte, 1982.

[10] *Christian Sachße/Florian Tennstedt*, Geschichte der Armenfürsorge in Deutschland, 1980.

"福利社会"政策的另一个起源是"劳工问题"。[11]18、19世纪的工人(20世纪的工人也常如此)生存在接纳与排斥的边缘地带。他们虽然有工作,可是工作既没保障,报酬又不充分,劳动条件常有损健康。"福利社会问题"在这里表现为某个特殊群体在社会中的地位问题,也即"阶级"问题。

"劳工问题"不过是一系列问题的前身。一旦关于接纳所有国民的法律为社会所认可,这些问题就会成为社会内部问题。[12]不平等问题的存在被认识到并指出来,不仅是在涉及越来越多的群体(如小农户、战争受害者、房屋租赁者、养育子女的妇女等)和地区、经济部门(如纺织工业)或者其他社会生活(如医疗与教育)时,而且首先还是在涉及个人状况(疾病、年老、残疾等)的情况下。[13]"福利社会问题"的历史[14]因此就是一个好–坏–比例的无止境增生史。"福利社会的"这个称呼因此走向其政治与法律上的否定。"贫民问题"和"劳工问题"这样的"福利社会问题"越是扩张与分化,"福利社会"就越是丧失其清晰性与自我完整性,越来越自我矛盾,政治性的定义与决策也就越来越具有可能性和必要性。[15]

尝试总结"福利社会"的最重要目标,会得出以下要求:[16]

- 全体成员有人类尊严的基本生存保障;
- 消除不平等;
- 针对生活变数的保障;
- 全体成员生活物品的增加和普遍参与。

这些目标的先后性及其实现的程度、方式与手段并不清晰,需要根据社会合意、政治意愿和法律决策而定。然而这并不妨碍把社会法理解为服务于上

---

[11] *Heinz Lampert*, Sozialpolitik, 1980, 37ff.

[12] *Niklas Luhmann*, Politische Theorie im Wohlfahrtsstaat, 1981, 25ff.

[13] *Lampert* (注11), 166ff.

[14] *Manfred Groser/Wolfgang W. Verders*, Die neue Soziale Frage, 1979.

[15] *Hans F. Zacher*, Was können wir über das Sozialstaatsprinzip wissen? in: Hamburg, Deutschland, Europa. Beiträge zum deutschen und europäischen Verfassungs-, Verwaltungs- und Wirtschaftsrecht. Festschrift für Hans Peter Ipsen zum 70. Geburtstag, 1977, 207ff.

[16] *Hans F. Zacher*, Sozialpolitik und Verfassung im ersten Jahrzehnt der Bundesrepublik Deutschland, 1980, 18ff., 676ff., 698f.

述目的的法律，而且社会法还是区分实现的先后性以及程度、方式和手段的最重要工具。

二、社会法的微观出发点

（一）社会福利待遇和社会福利风险的问题场

社会法发生发展自一个基本构想，即每个成年人都应具有通过（从属性的或自主的）**劳动获得自己与家人（配偶和子女）生存资料的机会**。[17] 这个基本构想是一个包含了可能性与现实中的偏差例外的规则，这个规则的要素：

- 劳动能力带来收入，
- 收入足以满足挣钱的人及其扶养单元的需要，

点明了三个中心的作用场与问题场：

（**1**）**劳动与收入**：劳动的社会组织，以及连接劳动与收入的社会组织。

这里当然也得提到令这一场景明显复杂化的**财产**因素。正资产可以补充和代替收入（进而令劳动成为多余），尤其可以减轻劳动能力降低和收入丧失带来的后果。负资产（比如负债）则会削弱正资产和收入，威胁到需求的满足和生存。

（**2**）**需求满足**：私有经济上的和行政管理上的、对用来满足需求的物品进行准备的社会组织。

（**3**）**扶养单元**：在这个单元中，收入转化为生活费用，需求则通过日常生活如扶养照顾等得到满足。

---

[17] *Hans F. Zacher*, Verrechtlichung im Bereich des Sozialrechts, in: *Friedrich Kübler* (Hrsg.), Verrechtlichung von Wirtschaft, Arbeit und sozialer Solidarität, 1984, 11ff, 23ff.

在劳动带来收入、收入满足扶养单元需要这个基本规则的执行过程中存在着风险（如在有危险的劳动中，在家庭义务未能完成的情况下及疾病治疗时），规则的实现因此遭到限制，出现了**社会福利赤字**（失业、伤残、养家者的死亡及"无力支付"治疗费用等）。风险与赤字是福利社会制度所面临的挑战和干预的对象。**社会法的目的就在于令这一规则确实得以实现、消除风险影响并平衡赤字。**

福利社会问题形成于上述三个场中，但却很少局限在各个场的内部。**大部分福利社会问题都产生于各个场的相互依存关系中，并至少从这种相互依存获得其特殊性。**（如：1. 劳动能力降低和收入减少意味着满足需求和扶养能力的降低。2. 扶养者的死亡切断了由他连接的劳动能力/收入场和扶养单元场之间的联系，由此而产生的扶养单元需求满足能力上的后果是显而易见的。）

然而，仅在问题产生的场中解决问题通常是不够的。譬如在现代国家，当某个残疾人持续失去工作能力，除了通过税收承担的社会福利措施替代其劳动收入，没有其他办法。在"先天"问题场中找出的解决方案往往得自于这些"先天"问题场之间的相互关联中，即那些尤其与社会福利赤字平衡和社会福利待遇相关之所在。除了采用**内化的解决方式**，还有**外化的解决方式**："内化"是指，根据福利社会目的，形成（或调整、修改）现有的生活规范如劳动组织、**住房政策和教育事业等**；"外化"的含义则是，社会修正由这种关联所触发，并且只被使用于某个特定层次。（例1：劳动保护和雇主的工伤责任形成了一个"劳动风险"问题的劳动法上的内化解决方式，工伤保险则是这个问题的一个外化解决途径。例2：把扶养义务扩展至放大的家庭范畴是解决扶养单元缺陷的一种内化方式，而儿童抚养津贴、养老金、遗属保障等则是外化方式。）

社会福利赤字及其消除因此形成了一个在两个维度间波动的群：关于问题场的归类和关于内化与外化解决方式之间的选择。**社会风险的位置是固定的**：在劳动生活、扶养单元和需求满足的**原始的作用与问题场**。但对赤字（如劳动能力、收入或生活费用的亏失，或者因生病等情况而导致需求增加）的**平衡则有多种可能性可供选择**：可在不同的问题场（劳动/收入、需求满足、扶养单元）或者在内化与外化方式之间予以解决。

（二）法律中的内化与外化方式

劳动与收入、需求满足与扶养单元的基本实质结构，以及由此产生的福利社会问题的内化与外化方式之间的选择，对应着两大法律关系：

- 一是关于（1）劳动、收入和财产、（2）所需物品的生产与分配、（3）扶养单元的法律，这是有关内化解决方式的法律。
- 二是关于社会福利待遇的法律，这是有关外化解决方式的法律。

在内化方式的范畴，法律的福利社会目的处于一个较大的关联中。例如劳动法可以这样体现"福利社会性"：它服务于"福利社会"目的，但仍是关于劳动与报酬之间交换的法律，是将劳动归入生产过程的法律等。

收入与家计由集体方式替代或补充，或者根据社会福利标准通过公共福利待遇直接予以满足，以这种方式充分平衡与修正在劳动/收入、需求满足和家计这一整体过程中的功能缺失，以及需求、收入和家计之间的不协调，则从**完全根本的意义上跨越了一个门槛**。问题的解决外化在**一般的**（国家、集体等）或**特殊的**（如社会保险经办机构）**社会联合体**层面，它们承担了平衡赤字的任务。这就是福利社会制度的范畴，也是社会福利法的范畴（如社会救助法、社会保险法等）。**由福利社会规范产生的社会福利法的首要任务是为福利社会目的服务**。即使它还具有与狭义福利社会目的相关的其他目的（如人口政策目的），但是福利社会目的始终是决定性的。

三、社会法的宏观条件

问题的解决方式要么（内化）在已有的法律领域里，要么（外化）在专门的福利社会制度中（或是在内化与外化方式的结合中）。对这种划分方式存在很多支持的理由，在此不予细述。有一个指标具有核心意义：建立在国家与社会的对立和福利社会组织及程序的自治性之上的政治性福利社会制度（我们将这些制度简化地称为"市场经济型制度"）和依赖于国家与社会的统一及对经济性福利社会组织及程序的整体政治操控的政治性福利社会制度（我们将这些制度称为"国家经济型制度")[18]之间的对照。在国家经济型制度中，外化的门槛较高；在市场经济型制度中，外化的门槛则较低。

市场经济型制度必须给进行物品生产与分配的组织及程序的自我作用留出空间。[19]要求企业承担无法被作为生产费用接受并正当化的福利社会责任（如雇用企业不需要的劳动力、以**家庭工资**代替**人头工资**、为以前的职工支付养老金等）破坏了决定市场经济中企业社会收益的法则（即以成本最低廉的企业进行生产与分配）。通过价格限制让人们较易得到所需物品（基本食品、住房），破坏了供需法则，会导致供需失衡，也常会导致那些因带有社会福利性质而被限制价格的物品不被或不能被充足供给。因此在市场经济型制度中以福利社会制度对劳动力赤字（失业、伤残、年老等）和个人购买社会生存必要物品（如基本食品、住房）能力的缺失外化地予以平衡（第一组中的例子如：失业金、伤残养老金、退休金；第二组中的例子如：社会救助、儿童抚养津贴）。这也可被称为**分配与再分配之间的任务分工**。[20]

与此相反，**国家经济型制度**可以内化到很高的程度。如果物资根据中央计划分配到企业，那么当然也可为了福利社会目的将与生产没有必然联系的物资指派到企业。如果通过行政或国家经济手段满足需求，那么，由于不需支付"费用"或者费用低廉，个人的"费用"支付能力就可以忽略。外化问题缩小为如何达到最佳的组织、计划和筹资的问题。因此可以理解，在国家经济型制度中，短期和中期收入问题（主要形式是疾病）与长期收入问题（主要形式是持续的伤残状况和年老）的对比具有根本意义。[21]在短期和中期问题情况下，相关者仍然留在企业体制中，只有在长期收入替代待遇问题上才会采用外化的解决方式。这种将准备与分配必要物品分离开来且不通过企业的方式更加合理。另外，如果物品保障不是根据供需法则而是根据计划制定，它就不会受价格限制的影响，最多只受计划或计划执行不充分的妨碍。我们可以将其

---

[18]　关于这个社会政策概念的论述见 *Günter Mantz/Gunnar Winkler*, Sozialpolitik, 1985, 10ff.

[19]　*Hans F. Zacher*, Sozialrecht und soziale Marktwirtschaft, in: Im Dienst des Sozialrechts. Festschrift für Georg Wannagat zum 65. Geburtstag, 1981, S. 715ff.

[20]　*Elisabeth Liefmann-Keil*, Ökonomische Theorie der Sozialpolitik, 1961, 尤其是第 119 页以下．

[21]　关于民主德国、苏联、捷克斯洛伐克、保加利亚、罗马尼亚和匈牙利的社会保险法和社会保障法见 Jahrbuch für Ostrecht, Bd. XXIII (1982), 1./2. Halbbd., S. 9ff., 245ff., 287.ff.

称为通过分配先行做到的再分配,它是**分配与再分配的统一**。[22]

这里不对这两种体系对比作出评价,也不详述它们以多少种形式与政治现实掺合在一起。这里只是想明确:政治-经济-福利社会的宏观制度,是**划分内化和外化解决方式的最重要标准**。

即使在市场经济型国家,为满足需求服务的一个领域,也正在逐渐整合入一般性国家行政制度,那就是**抚养与教育的组织化提供**。在这一范围内,仅在涉及社会参与的个人付费情况(基础教育与高等教育期的生活费用)时才有可能产生社会福利赤字。另一类似的制度是国家免费提供的**健康服务保障**。英国模式的国家健康保障把疾病的社会福利赤字限制在了收入与扶养费用的个人问题上。

四、狭义社会法("Sozialrecht")与广义社会法("soziales Recht")

法律普遍承担着福利社会任务。每个法律领域都要根据法律的结构和社会与政治的福利社会关系与标准,或多或少地体现出福利社会的要求并给出应答。在这层意义上,每一门法律内在都具有福利社会性质。因此在被认为是对社会进行统一操控的国家经济型制度中,实际上无法分离出特殊的"福利社会的法律",也即在那里不适用"社会法"这一划分方式。[23]

然而法律的某些部分由于具有直接而强烈的福利社会意义而采取了特殊方式,在市场经济型制度中尤为如此。典型例子如劳动法。那些表现出**特别浓厚的福利社会目的**的法律被称为"社会法"。但是法律的福利社会目的浓度是个非常难以确定的、依赖于主观感知与判断的标准。因此以福利社会目的

---

[22] Verhandlungen des XIX. Parteitags der Sozialistischen Einheitspartei Deutschlands, Bd. 2 (1976), S. 221ff., Ulrich Lohmann, Die Konzeption der Sozialpolitik im neugefassten Parteiprogramm der KpdSU, Sozialer Fortschritt 35. Jg. (1986), S. 157ff.

[23] 东欧各国的社会法概念及其理论发展大不相同。苏联把社会保险法当做劳动法的一部分,其他福利社会制度则在理论上不被承认。把各种福利社会制度理论上的整体当做"社会法"的当时有波兰、捷克斯洛伐克和匈牙利,其他国家则处于中间地带。

浓度来界定的社会法定义，在相当程度上是个开放性概念。

唯有在社会福利待遇制度中，福利社会目的才会独立地、至少是本质地体现出来，也只有在这里，"社会法"的名称才实至名归。因此，社会福利法（Sozialleistungsrecht）被视为真正的"福利社会法"，即狭义的社会法（**Sozialrecht**）。那些仅是受到福利社会目的影响的法律则被认为是广义的社会法，即"福利社会的法律（Soziales Recht）"。以下论述集中在"社会法（Sozialrecht）"（＝社会福利法＝通过外化方式平衡社会福利赤字的法律）上。

内化与外化解决方式的选择也表明了社会法（社会福利法）和其他福利社会法律（其他受福利社会事物影响的法律）可以具有类似功能。例如在倾向于市场经济的国家，由公法性质的社会福利法规定的老年保障与其他（劳动法性质的、保险法性质的、税法性质的）老年保障措施（企业年金、生活保险、雇员置产）是并存的。社会法（社会福利法）和其他福利社会法律（受福利社会事物影响的法律）的分离不能成为实现这种功能类似的障碍。

五、社会法决定要素的循环永动

无论是社会福利赤字还是其平衡的取舍与方式，都具有先验的、"天然的"成分，需要从政治上予以认知、评估、定义与权衡。政治决策反之又是它产生于其中的社会和法律制度的价值观、劳动经济与生活关系、利益群及权力关系的后果。首先，政治决策依赖于进入政治过程的解决方案的储备，福利社会问题及其解决方案互为条件。其次，解决方式对于问题的认知、评估与定义具有根本意义。

这一认识令社会法的决定要素问题就像是循环无休的永动机。如果没有贫困救济，那么什么是"贫困"？当分别处于具有或者欠缺完善的医疗系统、疾病保险、国家健康服务、劳动分工与劳动时间的规定、疾病期间的工资支付和疾病津贴的状况下，"疾病"又各是什么含义？如果那些有关福利社会问题的规定、制度与措施本不存在，"年老"又意味着什么？什么又是"残疾"？肯定从哪里产生出了要求，它需要一个应对。这个要求是否被认知，如何被认知，以及是否和如何得出一个应对，同样改变着要求自身及由此而产生的可能应对的态势。因此在进行社会法整体分析时，必须把从中推导出的社会福利赤字状况及其评估这一簇群和可能采取的平衡手段的标准与技术联系在一起，而学术上的讨论[24]目前离实现这一要求还差得很远。

因此有必要研究问题解决方案的内部结构和社会法本身的固有规律。但也不能忘记，这仅是一个入口，通往的是那些方案施行时的极端复杂现象，而这些现象的结构绝非看起来那样"理所当然"和"结构稳定"。

六、社会法的结构要件

（一）"福利社会"目标及其实现的基本途径选择

基本生存保障、平等、安全与共享富裕这些福利社会目标，看上去似乎和谐一致，然而细究下去就会发现，它们既含糊又矛盾。平等的含义是什么？是需求平等还是待遇平等？保障是不是也有保障不平等生活水准的意思？如果不是，它还能叫保障吗？假如不刺激个人所得以贡献社会，怎样才能促进共同富裕？社会法面临着抉择，要么抹平"福利社会"的各种矛盾面，消除"福利社会"的开放性，要么就是反过来，进一步发展它的各个维度。在现实生活中，采用国家经济型制度的国家，试图通过提高内化度，来缩小外化解决方式（以及我们这里所称的"社会法"）所承担的保障任务。

市场经济型制度则先天不具备此种能力。市场经济型制度的问题在于，它能不能同时实现"福利社会"的所有维度，以及怎样才能将已实现的目标联结起来。

这些抉择与社会法形式[25]的一些基本选择方案有着天然联系：

- 社会福利待遇应该与先期史（这超出了国家团结的最小值，如公

---

[24] *Theodor Tomandl*, Auf den Spuren der Evolution des Sozialrechts, VSSR Bd. 10 (1982), 213ff.

[25] 见 *Hans F. Zacher*, Zur Anatomie des Sozialrechts, Schweizerische Zeitschrift für Sozialversicherung und berufliche Vorsorge, BD. 27 (1983), 228ff, 243ff.

民身份和/或居留时间）相关，还是仅与某种状况相关？
- 社会福利待遇应该按法律确定的事实构成和/或法律规定的待遇水平（抽象的/固定的）提供，还是按个人的具体情况，尤其是贫困状况（具体的/按需的）提供？

这些选择方案与"福利社会"的各种目标具有某种程度的吻合，同时它们也构成了社会法的某些基本类型，因此这些基本类型亦与"福利社会"的各种目标相吻合。

（二）状况还是先期史？

可以根据某种社会福利状况的历史来划分社会法：社会预防的先期史或是责任的先期史。**社会预防的先期史**典型地反映在社会保险中。通过缴费产生待遇资格，一旦风险出现，待遇就会兑现。**责任的先期史**则出现在当集体对某种损失负有责任并且/或者法律规定集体要承担补偿损失的责任，典型例子是对战争受害者的补偿，近些年采取的主要形式则是对政治制度或者暴力犯罪受害者的补偿。

如果缺少社会预防或责任的先期史，社会法就只剩下与社会**状况**（如贫困状况、子女状况等）的联系了。一般性救济（社会救助）和与保险无关的家庭津贴都是这方面的例子。

（三）抽象－固定还是具体－按需

抽象型和具体型待遇确定的二分法有其**内在限制**。对待遇原因（如残疾的事实）的**抽象确定**不难做到，相反，对待遇内容与水平的抽象确定却不总是可能的。

收入替代性待遇（如养老金）原则上是抽象确定的。其他货币待遇（如一次性救济金）可以具体（按需）决定。服务待遇与实物待遇（如疾病治疗和护理）就其性质来说只能具体确定。而对**具体型待遇决定来说**则并不存在这些"先天"限制。

尽管存在上述限制,这种二分法仍有重要意义。[26] 抽象待遇确定在法律上让预期成为可能,避免了依赖性,限制了调查工作对相关者个人空间的入侵,并使其得到主体法律请求权和司法保护。具体待遇确定起作用的方式则相反。

从福利社会角度来看,抽象型制度保障了那些典型的应得待遇,却存在向上或向下漏掉某些具体应得的风险。具体型制度能使具体待遇成为可能,但却把一些可靠的预期保障排除在外,而这些预期确定可以通过抽象待遇实现。贫困调查也一直被认为是福利制度带来的高昂代价,因为它全面入侵了私人关系。

(四)社会法的类型

从上述要素中产生出了社会法(外化解决方式含义上的社会法)的各种类型,它们通过各自的特殊可能性和边界而表现出来。

1. 预防制度

预防制度建立在客观事实构成上,待遇根据原因抽象地与事实相联系。预防最终被引向这些待遇事实(如疾病、残疾、年老、遗属),因此待遇是在满足了事实构成后按照因果关系确定的。这解释了什么是预防以及预防如何运行。所以预防制度在采取某些特殊方式后也能适用于对各种不同生活标准的保障。预防局限于那些大致上有同等预防能力和预防需要的人,故它整体上是与群体相关的(选择性的)。它还能根据社会价值体系体现特别的群体内部团结。如果是针对雇员的预防,而雇主也参与其中,那么它也可以体现雇主与雇员之间的团结。它以预防缴费为先决条件,一般来说是被保障者自己或者某个保障人即雇主或赡养人缴费。预防制度因此可以建立在财务自主性上。由缴费支持的预防一般称为**社会保险**。[27]

预防制度的历史与针对特定"社会风险"的社会保障的历史密不可分。但

---

[26] *Hans F. Zacher*, Verrechtlichung usw. (注17), 64f.
[27] 德国社会法中主要指医疗、养老和失业保险。关于工伤保险的情况见本节2。

是针对特定"社会风险"的社会保障并不能完全通过社会保险这一预防形式实现。社会保险是针对社会风险的外化的、公法性质的预防。它通过在一种预防关系中建立待遇资格,当风险实化时从中产生出待遇关系而起作用。

除了社会保险这种基本类型,针对"社会风险"的社会保障还可采取其他平行的保障方式:

(1) 相对于外化的公法性质的社会预防(社会保险),还有外化的**私法性质的平行保障方式**:商业保险[28]和通过养老金机构或直接保险支付的企业养老金。这些私法性质的平行保障方式可以代替或补充社会法性质的社会预防,其典型表现形式是"多支柱"社会保障。

(2) 社会保险这种外化的预防也有**内化的平行保障方式**。它们可能具备 a) **公法性质**,如公务员、法官与军人公务关系框架内的公法性质的预防。[29] 它们也可能具备 b) **私法(劳动法)性质**,如由雇主直接给付的企业养老金。[30] 在这两种情况下,服务关系或劳动关系都既包括了预防关系也包括了待遇给付关系,与社会保险的不同之处是,预防关系并不是单独体现出来的。

(3) 另一种**完全不同的替代方式**是完全放弃预防,社会保障只与社会风险的实化相联系而不论是否有先期史。与历史相关的社会保障被**与状况相关的社会保障**代替。关于这种平行方式,后面[31]会单独论述。

预防制度的首要目的是保障社会安全。它与基本生存保障的关系比较微妙。一般来说,靠基本生存保障生活的人因为缺乏预防能力,无法进入预防体系。而具备预防能力的人则可以通过预防而避免堕入靠基本生存保障维生

---

[28] *Walter Leisner*, Sozialversicherung und Privatversicherung, Berlin 1974. *Josef Isensee*, Privatautonomie der Individualversicherung und soziale Selbstverwaltung, Köln 1980. *Horts Baumann*, Abgrenzung von Sozialversicherung und Privatversicherung in der sozialen Marktwirtschaft, De iustitia et iure, in: Festgabe für Ulrich von Lübtow, hrsg. v. Manfred Harder, Georg Thielmann, Berlin 1980, 667ff.

[29] 德国法中称为公务员、法官与职业军人保障。

[30] 津贴形式的企业养老保险处于内化与外化方式的过渡带上。

[31] 见本节 3.(1)。

的境地。预防体系可通过帮助预防能力较弱的人进入该体系而实现平等目的。除此之外，它与平等目的的关系颇为复杂。无论是以不同的待遇保障不同的生活水平，还是以同等待遇保障不同的生活水平，都可因观察方式不同而被认为符合或违背了平等原则。**共享富裕**这一目的原则上可以通过预防体系予以保证，但它并不会因此而得到提升。

2. 补偿制度

补偿制度（指为战争牺牲者、制度受害者或犯罪受害人建立的各种补偿制度）[32]建立在以下事实要件之上：个人因为应由集体负责的原因或者法律规定应由集体承担责任的原因而受到损害。补偿制度基本上抽象地将待遇（补偿待遇）与事实要件根据因果关系联系起来，根据损害以及承担损害的责任来决定补偿。补偿制度原则上体现的是国家内部团结，与此相适应，通过一般财政预算（税收）予以支持。根据其性质，补偿制度并不只针对某些特定公民群体（非选择性的），而是保护所有满足了责任前提的国家公民（居民及受保护者），也就是说它是普适的。由于对集体责任的承认与界定、对补偿待遇的确定和对待遇适当性的考量需要政治和法律上的决策，因此在其之上难免会附着特权或歧视，换句话说就是它有选择主义的倾向。

补偿制度在**私法**上的**平行方式**是私法性质的责任规定。[33] 这种方式可因**社会法**而得到提升。一个典型例子是**工伤保险**，它处于预防制度和补偿制度的交叉点：雇主应承担的工伤责任由于工伤预防制度而得以解除。[34] 随着制度的扩张，更多的工伤风险被纳入了预防和／或补偿制度。[35]

补偿制度可以划归**社会安全**的目的之下：至少是为那些处于相应特定危

---

[32] 德国的补偿制度包括战争受害者保障、因服兵役而遭受伤害者的保障、疫苗接种损害赔偿、犯罪受害人补偿、负担平衡(以税收对战时和战后财产受损者支付赔偿费)，以及纳粹罪行的赔偿。

[33] 见 *Bertram Schulin*, Soziale Entschädigung als Teilsystem kollktiven Schadenausgleichs. 1981.

[34] §§ 636ff. RVO.

[35] *Eike von Hippel*, Schadensausgleich bei Verkehrsunfällen, 1968；*Dieter Schäfer*, Soziale Schäden, soziale Kosten und soziale Sicherung, 1972；*John G. Fleming/Jan Hellner/Eike von Hippel* (Hrsg.), Haftungsersetzung durch Versicherungsschutz, 1980.

险之中者的安全。它也可以服务于**平等**目的：通过为公众补偿特定的单个受害者的方式。除此之外，补偿制度与平等的关系就如预防制度与平等的关系一样复杂：端视根据何种尺度衡量它对生活中各种损害的同等或不同补偿。补偿制度可以防止相关者的生活因损害的发生而低于最低生活水平线，它只在这个程度上服务于**基本生活保障**目的。至于**共享富裕**的目的，补偿制度通过保持已达到的富裕来提供保障，至于富裕的增长，只有通过特殊化的过度补偿才有可能。

3. 与状况相关的制度

与状况相关的制度不像社会预防和补偿制度那样能自然形成封闭的体系。总的来说，它们都具备普适特征（这种特征部分通过"居住地原则"，部分通过"国民保障"体现出来），[36] 都由税收提供财政支持（确切说是由一般财政预算资金）。它们可以分成以下几类：

(1) 与预防制度类似的制度

预防制度针对的是特殊的"生活变数"（"社会风险"），但它并不是唯一可以用来抵御"社会风险"的手段。同样可以通过由税收支持的、与"社会风险"（至少性质上如此）的实化相关的抽象待遇来实现保障（demogrants）[37]。由于国民保障并不与各种社会预防待遇相联系，而是体现普遍的社会团结，因此它不能根据已达到的收入或生活水平提供，它根据的是按统一的（最低的、平均的）需求制定的一般标准。

国民保障服务于**社会安全**的目的。它不能保障超出其保障水平的生活关系，因此得把它与那些能承担较高生活水平保障的社会预防制度（或者类似的

---

[36] 关于该制度的类型见 *Bernd Schulte*, Zu den Strukturen des Sozialrechts ausländischer Staaten: Sozialrecht in den EG-Ländern, Nachrichtendienst des Deutschen Vereins für öffentliche und private Fürsorge, 58. Jg. (1978), 203ff.

[37] *Albrecht Bossert/Hans Joachim Merk*, Die Systeme sozialer Sicherung in den OECD-Ländern, VSSR Bd. 9 (1981), 149ff.; Winfried Schmähl, Konzeptionen sozialer Sicherung: Versicherungs- und Steuer-Transfer-System, VSSR Bd. 10 (1982), 213ff. 这种与社会预防类似的制度类型迄今为止鲜见于德国法律和德国福利社会政策中，但是某些关于基本保障的理念与它是方向一致的．

私法上的保障制度）结合起来。国民保障与**平等**的关系十分清晰。它的核心是待遇平等，而非与被保障的生活水平的一致。它还具有将**基本生活保障**囊括进来的倾向，只不过通常是与预防制度和特殊救助制度共同实现这个目标。至于**共享富裕**，总体来说不属于国民保障的目的。

(2) 救助制度

一般性救助制度是为了满足用其他方式无法达到的紧急的必要需求的制度。采取的主要方式是**社会救助**。一般性救助制度首要承担的是**基本生存保障**任务，因此它倾向于采取按需的具体待遇。它不承担那些由不具备基本生存保障功能的抽象保障制度所承担的风险。仅是在这种完全不典型的间接意义上，救助制度也服务于**安全**、**平等**和**共享富裕**的目的。

有些**特殊的救助制度**[38]，如食物救助及收容救助，相对而言仅部分具备必要生存保障的特征，它们亦可与特定的事实条件相联系并提供统一的保障待遇。

(3) 促进制度

促进制度服务于改善个人、家庭或群体社会状况的目的（如教育促进，职业促进，对手工业者、小农户或渔民的促进措施等）[39]。

救助与**促进**措施有互相转移的可能性。家庭保障[40]或青少年[41]保障、满足住房需求的保障[42]等既可服务于基本生存保障，也可用于改善生活条件、提供发展机会。救助与促进措施的形式非常灵活，它既可以采取抽象－固定方式（主要是职业培训津贴或抚养子女津贴这种持续的收入替代待遇），也可以形成具体－按需方式（主要是服务待遇与实物待遇，即职业培训措施本身或者提供家庭帮助的各种制度）。

促进措施主要服务于**平等**目的：它能消除或减少社会不良因素，尤其能促进机会平等。它只在也能算作救助措施的时候才体现基本生存保障目的。制

---

[38] 德国法律中：失业救济、由于恶劣天气而停工的补助、短工补助；预支生活费用。
[39] 德国法律中：教育促进、工作促进、职业促进。
[40] 德国法律中：教育津贴、抚养子女津贴。
[41] 德国法律中：青少年救助。
[42] 德国法律中：住房津贴。

度的促进特征越清晰，对实现共享富裕的作用就越明显。至于**社会安全**，则不是它的直接目的。

（五）两个保留条件

1. 制度混合的可能性

以上所述仅是福利社会制度的基本类型，我们不能由此得出结论说：制度总是以这些纯粹形式出现的。社会政策并不排斥制度混合的可能性，因而针对社会风险的制度（如老年保障）可能同时由缴费和税收负担，纯粹的社会预防也能跟与状况相关的风险保障结合在一起。至于如何从法律和福利社会的角度评价这种基本类型的混合，在此不深入探讨。

2. 负纳税替代方案

特定范围内可以通过减轻纳税负担代替现金待遇。收入超过某个界限时征税，低于某个界限时则提供社会福利待遇（负所得税），也是一种可以考虑的方式。不过这里对这个问题也不深入，亦不讨论这种福利待遇与税收结合的优缺点。

七、社会法类型的多元化

没有哪种基本类型足以独立形成社会法制度，实际上各国都表现出多种基本类型互相联系、共同存在的整体趋势。

（1）差不多在所有国家都能看到**预防制度和与状况相关的保障制度**的并存。那些（与预防制度类似的、由税收支持的、普适的）与状况相关的社会保障制度的作用在许多国家越来越重要，而传统的、通过社会保险提供的（由缴费支持的、选择性的）社会预防则居于次要。然而与状况相关的社会保障必然会忽略共享富裕中的差异性个体保障。因此假如社会保险没有承担或具有补充保障功能的话，这种状况就会导致私法上的类似制度（企业保障、商业保险）的发展。由这种并生关系也可产生出普适性与选择性、税收支持和缴费支持并存。

多元化的另一面是一般收入保障和满足特殊需求制度的并存。依据预防制度所承担的角色，这种并存可以是预防、救助与促进制度的并存，或是与预防类似的制度及救助与促进制度的并存。

（2）**补偿制度**并非总是被认为达到了预防制度和纯粹与状况相关的制度那种程度的"福利社会性质的"制度。它常被认为只不过是政治性的和体现爱国主义的制度。虽然如此，它还是发展壮大了。

（3）差不多在所有国家都可以发现**抽象-固定型制度**和**具体-按需型制度**的并存——这些功能也总是被预防制度、补偿制度和与状况相关的制度承担。

虽然不能断言所有社会法基本类型都是并生的，也很难说清它们如何互为补充，但是考察之后可以确定，**基本类型的多元化是所有社会法的一个基本原则**。找出这种多元化中的协调性，对于社会法的理解、它的正确形成及其宪法上的评价十分重要。

八、对社会法基本类型多元化的解释

（一）历史原因

社会法基本类型的多元化首先有其历史原因。在此必须提到的是要求与应对的较力（见本章第五小节）。最先出现的要求及其应对，可以给制度打上深刻烙印并产生路径依赖[43]。此后的解决方案大多采取沿袭或补充旧方案的方式，而并非简单废除。

（二）财政原因

与其密切相关的是财政原因。措施越细化，越容易从政治上得到财政支持；反之，措施涉及范围越大，就越难筹措到资金。此外还有"透明性益处"的原

---

[43] 见 *Tomandl*，注 24.

因。当福利社会制度试图把一个整体性的封闭型保障措施建立在与之相适应的封闭型财政制度之上，这对于相关者来说似乎更容易估量其好处和坏处，因此政治上的争论与阻力就会增加。而制度的多元化则可以减轻这种冲突。

对于缴费支持的预防制度（社会保险）来说，由于它具备（潜在的）财政独立的优点，因此促进了各国对预防制度的接纳。但它同时也使得建立其他制度成为必要，因为预防制度只能解决有限范围内的福利社会问题。

（三）福利社会本质原因

关于基本生存保障、平等、安全与共享富裕这些福利社会基本目的究竟意味着什么，在所有社会都或多或少存在不同意见。**社会法基本类型的多元性使得这些目的既可同时实现，还能在相当程度上保持其含义的多重性并共同达到高度的福利社会作用**。换句话说：社会法基本类型的多元性类似于——可能有意或无意、清晰或隐蔽，但是莫不如此——"福利社会"的开放性。

至于福利社会影响究竟能达到什么程度，则由被采取的类型、它们的具体形式与结合方式所决定。类型的多元化同样也可导致社会政策的力不能及或社会不满。类型多元性的决定原因实际上是"福利社会"的开放性，也即福利社会目标的多重含义及其相互关系的不确定性。好的福利社会影响应该是类型多样化的目的与成就，但也并非必然如此。

正是在这种相互联系中产生了各种**政治与社会制度**的巨大差异。如同"福利社会"的多重含义及其开放性一样，社会法基本类型的多样性是与**自由和平等**之间经典的张力关系相联系的。政治与社会制度中对个人**自由**的评价越高，对福利社会制度的看法分歧就越大，在劳动/收入、扶养单元与满足需求的作用场中内化的福利社会功能就越少，因而社会法承担的将对福利社会制度的抵触降低到一个符合平等要求的程度的任务就愈显重要与复杂，社会法所必须考虑到的簇群也愈发多样。社会法一方面要将对福利社会制度的抵触情绪用社会平等予以控制，另一方面还要注意不去毁坏那些给予自由权空间并从自由权得到发展的社会关系的多样性而是去适应它。这一复杂任务只有在社会福利方案多样化的帮助下才能完成。

一个以平等为首要目的的政治社会制度所承认的不仅是平等的优先地位，

它还认为平等是由集体（即国家与法律）所决定的。因为对于什么是平等、什么是不平等有太多答案，不对这些五花八门的"平等"加以限定，就无法确立平等的优先地位。这与对劳动/收入、扶养单元和需求满足的转化过程的越来越集中的、有计划的操控是相对应的，也对应着这一过程中越来越多的福利社会问题的内化解决方式。最终这也对应了社会法（外化解决方式）的重要性不仅越来越小，而且它能预先设定的生活关系类型也越来越少。因此充分利用社会法基本类型多样性的可能性与必要性也降低了。同样这里也提出并产生了——虽然不太容易察觉——一个解决方式多元化的最低标准。

对社会法基本类型多元化的需要程度当然还依赖于一系列其他条件：社会发展状况、工业化与城市化程度、政治决策能力及国家行政执行能力，尤其是受经济困境或经济繁荣程度的限制。最能说明这一问题的是**发展中国家**在此领域面临的巨大困难及其与工业化国家的对比。这里只是略提一下。

（四）社会法与正义

社会法基本类型的多样性归根结底是正义思想的结果。正义从来不是一个单独的原则。正义总是必须在多种尺度上予以考量。这里我们首先采用经典的三重正义：分配正义（**iustita distributiva**），交换正义（**iustitia commutativa**）和法律正义（**iustitia legalis**）。

与状况相关的福利社会制度主要体现的是分配正义。**补偿制度**与交换正义相呼应。**预防制度**则介于中间：它拓宽了通往社会安全的道路（"分配"）并将待遇与预期待遇联系到一起（待遇与回报的"交换"）。通过抑强扶弱，也即是通过内部再分配，它还能强化自己的"分配"功能，弱化"交换"功能。通过把社会权确定为一项权利并予以保障，预防制度尤其体现出法律正义。

总体来说，法律正义和实质性的分配正义与交换正义的对立，和**抽象－固定型制度**与具体－按需型制度的张力关系类似。抽象－固定型制度虽然本质上体现实质正义，但采取的却是抽象手段，其结果是在具体情况下会产生疏漏。它所选择的是通过法律正义的价值与力量加强实质正义的作用。在这里，社会安全的福利社会价值与法律正义的尺度相遇了。

如果我们再往前一步，就会遇到**法律安全和正义之间**的传统张力关系。

"安全"价值的福利社会层次,如它在被普遍认可的形式"社会安全"中所表现的那样,在法律安全的价值中找到了法律上的对应。因此就像法律安全与实质性正义如今被理解为正义的互补性要素一样,社会安全的目的也与其他福利社会目的互为补充。正因如此,我们不能放弃社会法基本类型的多元化,因为它充实了社会正义完整标准的生成。

现在让我们考虑另外一个出发点。福利社会正义一直以来都是在三种形式下被提出与实现的:**需求正义、待遇正义、财产占有正义**。[44] 现代"福利社会"思想(见本章第一节)中确实注入了新的对需求正义的强调,但是将待遇正义纳入进来的各种理由也在迅速增多。财产占有正义一开始只是作为"福利社会"的抵抗力量出现,但在这一过程中也逐渐被纳入福利社会正义中。没有财产占有正义,"安全"无从言起。还有自由权问题,如果它不是被福利社会完全取消而是包容进来,那就同样要求一个尊重"财产占有"的基本尺度。它令自由成为可能,并因它的适用而产生出自由权。这种"正义"实现的自由也导致社会法基本类型的多样化。

需求正义首先是**与状况相关的福利社会制度**的任务。待遇正义与财产占有正义的成分在这一制度中并不太多,它们的作用空间更多是在**预防制度和补偿制度中**。当然,这些制度也要为需求正义服务。

最后让我们把这个问题放到罗尔斯提出的试验上:哪些规则,即使人们对自己因此会遭遇什么一无所知,也仍会认为它是公正的。[45] 这里无法展开讨论罗尔斯这一关于"**哪些蒙着'无知之幕'的规则仍被认为是公正的规则**"的理论,只需说明这种规则必须既给自由权以空间又保障平等权,而这只能通过一个对二者进行平衡的原则与规定的梯形体系才能做到。此外要指出的是,在自由与平等的交汇中,机会平等、保障义务和对弱势者的照顾具有特殊意义。如果将罗尔斯的理论运用到社会法形成上,它会使自主的社会进程(这里

---

[44] Walter Kerber/Claus Westermann/Bernhard Spörlein, Gerechtigkeit, in: Christlicher Glaube in moderner Gesellschaft, Teilband 17, 1981, S. 5ff. (44ff.).

[45] *John*, *Rawls*, Justice as Fairness, 1972, S. 11ff., 136ff. ("Eine Theorie der Gerechtigkeit" in der deutschen Übersetzung v. H. Vetter, Suhrkamp 1979); Krit. Dazu etwa *H.L.A Hart*, "Freiheit und ihre Priorität bei Rawls", in: Otfried Höffe (Hrsg.), Über John Rawls Theorie der Gerechtigkeit, 1977, S. 131 ff. (132f., 161).

称其为"市场经济制度")继续得以存在,但它也得面临一种平衡力量("外化解决方式")的存在与作用。这会带来大量的作用与平衡目标,但是它们并不能实现上面所说的基本类型,而只是在各种类型的交响中被实现。我们不能说罗尔斯的理论直接要求这里对社会法可能的类型作出理论分析。我们能够确定的只是:只有通过制度类型的多样化,才能实现原则的多样化。

如果我们从罗尔斯的制高点俯视各国社会法,就会发现对社会法复杂性的抱怨随处皆是。如同前面以"**透明度的益处**"所揭示的,这种复杂性就如"无知之幕"一样在起作用,罗尔斯把决定性的东西放在帷幕后面,然而观察方式却是反向的。社会法并不能做到满足相关者们对与其有关的社会正义的那些期待,相关者的状况与他们的评判标准千差万别。人们只能忍耐这种社会正义要求权的高度重要性与社会法的实际作用之间的矛盾,因为它是由于社会法的复杂性而不能被完全认知——因为"无知之幕"妨碍了人们对它的完全了解。社会法类型的多样只是这种复杂性的条件之一。它也是一种工具,让人们对社会正义进步的满足大于对社会正义实际并未实现的失望。

第三章
社会法教义学的发展[*]

一、社会法的开端及社会保险法教义学之花

"社会法"[1]这个名称,最早是在19世纪中期具有了实质性内容。[2]1800年前后,旧的政治及社会制度崩溃,德意志诸国以不同的决心和速度开始寻求建立现代的、公民社会的法治与宪政国家,"sozial"一词也由法语进入德语。这个词有三种基本含义,对它们的理解,部分是独立的,部分则是重叠和特殊的:第一,作为与社会普遍相关的;第二,作为集体的一般性义务的;第三,作为对不合理的生活水平差距的批判。最后一种就是"福利社会问题"所具有的含义。由于在很长时间内都对"福利社会问题"缺乏法律上的关键反应,因此当时也没有形成规范复合体意义上的、用来解决"福利社会问题"的"社会法"。虽然自19世纪末开始,贫困救济措施得到增强,但这主要是用来防范贫困,即防范因贫困而产生的社会风险。借助于社会保障(主要是通过救济机构)的组织化,有限的公共设施网开始变得稠密,然而在社会艰难时期,这种

---

[*] 本文最早收录于 *Fiat iustitia*, Recht als Aufgabe der Vernunft, Wallerath "Festschrift für Peter Krause zum 70. Geburtstag", 2006, Berlin.

[1] *Peter Krause* 对社会法教义学的发展作出了极为重要的贡献,因此在他七十岁生日之际谨以此文献上。为了体现出他在这方面的贡献,文中注释主要来自他的相关文章。其他参考文献仅限于少量关键提示。

[2] 见 *Stolleis*, Geschichte des Sozialrechts in Deutschland, 2003; *Tennsteht*, Geschichte des Sozialrechts, in: Baron von Maydell/Ruland (Hrsg.), Sozialrechtshandbuch, 3. Aufl. 2003, S.24ff.

保障即便不能说是无足轻重的，也仍然不够全面。

这跟它的第一种含义"与社会普遍相关的"已经大不相同。社会文明，首先是经济生活的变化已如此迅速，社会内部相互作用以及物品使用、生产与分配的发展速度也不遑多让，旧有的关于社会等级和个人特权的秩序工具不再适用。只有用法律和以法律为依据的行政实践，才能把社会自治和社会内部相互作用的复杂多样有效组织起来。公司法、商法、行业法、水法、矿山法、建筑法及信贷等方面的法律被制定出来，同时也有越来越多的领域，由于法律在其中对于社会整合发挥了特殊作用而被认定并称为"社会法"。Hermann Roesler[3] 和 Otto von Gierke[4] 所代表的就是这样一种倾向。但若按照这种观点，其实所有规范私人主体之间行为的法律都可被视为"社会法"。与其中包括的法律如股份法、行业法、合作社法、水法等所具有的特殊性相较，这些法律领域的"福利社会"共性其实较弱。至此，"社会法"所应承担的使命仍然只是一种设想，很难说对法律的发展产生了什么影响。

一直到俾斯麦执政时期，才因劳工保险的建立而首次产生了特殊的社会福利法。这种法律所具有的，是对不合理的生活水平差距予以批判的"福利社会"性质。它试图对福利社会问题给出一个直接回答：劳工也应该有机会获得社会保障，即便开始时只是一种最基本的保障。1883—1889年间，制定出了医疗保险、工伤保险、残疾与老年保险的基础法律。在这些法律产生的时期，不仅立法质量，而且法教义学上的解释与嵌入都达到了较高程度，因而迅速出现了有关新法律的关联性理解的学术文献。不过当时占主导的仍是各个特殊性发端，三种保险之间的界线泾渭分明。由于这些新保险只是针对劳工的保险，因而又产生了对劳工法律地位——这种法律地位因保险法的出现而显著地改变与延伸——的法教义学解释工作，以期达成一个统一的整体认识。此外，法典化也是当时的立法特征之一。通过法典化，立法者本身亦为实现各种关联之间的可跨越性和尽可能完整作出了努力。1911年，劳工保险法律以帝国保险法令的形式也被纳入了法典化原则，这决定性地促成了学术上把社会

---

[3] 关于 Hermann Roesler 见 *Rauscher*, Die soziale Rechtsidee und die Überwindung des wirtschaftsliberalen Denkens, 1969.

[4] 关于 Otto v. Gierke 见 *Thieme*, Gierke. In: Görres-Gesellschaft (Hrsg.), Staatslexikon, Bd. 2, 7. Aufl., 1986, Sp. 1063f.

保险法作为法教义学上的一个整体进行发展。但是混乱的是，在帝国保险法令之外还出现了其他社会保险法律：职员保险法（1911 年）、帝国矿工法（1933 年）和失业保险（劳动中介和失业保险法，1927 年）。有时学术文献是从范围广泛的事实出发，有时则是以相对比较狭窄的法典整体内容为依据。1883—1933 年这半个世纪中产生了高水平的社会保险法教义学，[5]众多对这一发展作出显著贡献的法学家中，要特别指出两个熠熠生辉的名字：Heinrich Rosin 和 Lutz Richter。

然而，社会保险法教义学与其他如今已被视为是"社会法"的福利制度早期形式的教义学之间的鸿沟也因此而加深了。社会保险法教义学与非社会保险法性质的"社会法"教义学并未统一。这首先表现在社会救助上。1924 年社会救助制度改革后，它主要被当做是**国家任务**，仅在例外情况下才涉及被救助人的权利。此外，作为"提升了的救助"，它还极端分散，就连青年救助也适用这种国家任务性质大于个人权利性质的特征。至于战争受害者保障，虽然有一部分被认定具有权利性质，但是只可通过一种特殊的法律方式主张，而其他部分作为"提升了的救助"，则被以一种与建立可用的、有意义的教义学解释的努力背道而驰的方式去进行规范和组织。上述举例已足以说明问题。1933 年，法治国家制度崩溃时，作为遗产留下来的，不仅有一个相当成熟的社会保险法教义学，还有一个所有其他社会法的法教义学的少量残留。此外，魏玛时期已产生影响的"社会法"的宽泛整体设计，也并未因当时的状况而改变：法律的核心倾向是关注雇佣劳动者的生活状况（*Nußbaum*，*Sinzheimer*）[6]，并要与后个人主义社会相适应，服务于人的自我发展与互相联系（*Radbruch*）。[7] 对于从中发展出一个细化的法教义学来说，这些设计的抽象程度已经足够高了。

---

[5]　*Mikesic*, Socialrecht als wissenschaftliche Disziplin, 2002.

[6]　*Clements Zacher*, Die Entstehung des Wirtschaftsrechts in Deutschland, 2002, S. 142 ff., 151 ff.

[7]　*Radbruch*, Vom individualistischen zum sozialen Recht. In: Gustav Radbruch, Gesamtausgabe, Bd. 2: Rechtsphilosophie II, bearbeitet von A. Kaufmann, 1993, S. 485 ff.

二、战后时期：从社会保险法到社会法

（一）初期：社会艰难与生存保障

在战后艰难时期[8]，福利保障并不能形成真正的法教义学。当时现实状况严峻，国民流离失所，物资十分匮乏。货币经济遭到破坏，能够提供的只有服务和实物保障待遇。即便物资分配仍然通过市场进行，也必须要对价格进行管制。社会福利不再局限于早先的"生存保障"形式，也不再仅是平等或不平等问题，而是涉及物资保障的普遍性。然而价格仍在原则上发挥作用，因此亦有必要对收入予以保障。当时需要的是在如此大的范围和如此严峻的条件下起作用的制度，而社会保险和社会救济都不是为此设计的。为了能给制度所覆盖的大量人群提供至少是最基本的保障，这两种制度都表现出了极大的弹性。在这一时期，社会保险的一个进步开始发端，而这个发展一直在不断地改变着社会保险法：社会保险向越来越多的先期史情况开放（通过对无缴费时间的考虑、通过与在西德之外发生的社会福利待遇建立衔接），国民也对社会保险提供的保障越来越接受与需要。传统的受保障人之间的界限被打破了。

此外，对被无辜牵连的情况予以考虑的要求也引起了关注：这指的是纳粹政权和战争造成的损害，以及导致这些损害的直接原因。当时对遭遇放逐的国民这种特殊受害者的补偿已有成文法规定，主要是以战争受害者保障的形式，包括了身体与生活上的损害。现在又加入了财产损害方面的内容，虽然程度上少得可怜。此外还有社会融入方面的损害：这指的是丧失了原有的社会环境、基本设施、职业及家庭等方面的条件，被驱逐到陌生的、排斥的和严苛的环境中。对于这种社会融入上的损害并没有直接的补偿（如货币待遇形式

---

[8] 关于这一时期可见：*Krause*, Gemeinsame Fragen der Organisation und des Rechts der sozialen Leistungen. In：Bundesministerium für Arbeit und Sozialordnung/Bundesarchiv (Hrsg.), Geschichte der Sozialpolitik in Deutschland seit 1945, Bd. 2/I 1945–1949：Die Zeit der Besatzungszonen. Bandherausgeber Udo Wengst, 2001, S. 341ff. 以下内容详见 *Zacher*, Grundlagen der Sozialpolitik in der Bundesrepublik Deutschland. In：In：Bundesministerium für Arbeit und Sozialordnung/Bundesarchiv (Hrsg.), Geschichte der Sozialpolitik in Deutschland seit 1945, Bd. I：Grundlagen der Sozialpolitik, 2001, S. 333ff.

的补偿)。至于对国家(以及纳粹成员和组织)的违法行为造成的损害予以赔偿,则完全是一个新的领域。当时国家违法损害赔偿只是在公务人员犯有过错,国家需为此承担"职务责任"的个别情况下才会发生,而现在所面临的是国家犯下普遍错误的状况,无论是正义观念还是政治良知都强烈要求对此予以补偿。作为对这种普遍性国家错误的应对,产生了战后的赔偿法。它与社会法的关系不太好确定。对违法行为不应该以社会福利待遇进行赔偿,赔偿法先天上也不具备社会法的资格。然而除了这些,若是从实质出发,两者无论是在形式上还是待遇的作用上都甚为相似。这使得特殊受害者补偿也放进了社会法。爱国主义的出发点(在其他国家,它往往非常强烈地影响了老兵、战争致残者和遗属的地位)曾为魏玛时期战争受害者保障法提供了支撑,如今在德国已被弃之不用。然而把主要由负担平衡法规定的财产损失赔偿也视为社会福利待遇的想法,仍然遇到重重障碍。

(二)联邦德国的第一个十年:发展与分化

1. 基本法确定的发展方向

基本法对社会法教义学发展的推动出自三个不同层次:第一,福利社会制度的实质性纲领;第二,福利联邦国家的权限规定;第三,产生自基本法其他内容(如基本权利)的非特殊性规定。

(1) 福利社会国家目的

实质性的纲领集中在福利社会的国家目的(das soziale Staatsziel)上(基本法第20条第1款,第28条第1款第1条)。[9]这个纲领性规定的普遍性和不确定性,使得它对法教义学的促进作用非常之弱。即便是关键词"sozial",在它最终被一致认定为是以最特定性的含义对"福利社会问题(soziale Frage)"的回答之前,也有一段时间不能确定在这里究竟指的是它几种基本含义中的哪一种。"福利社会问题"并非狭义地指"贫民问题"或"劳工问题",

---

[9] Zacher, Das soziale Staatsziel. In: Isensee/Kirchhof (Hrsg.), Handbuch des Staatsrechts, Bd. II 3. Aufl. 2004, S.659ff.

而是一个包括了对不合理生活水平差距的否定、对人身从属性的限制、对每个人有人类尊严的基本生存的保障以及保障社会安全的广义概念。这是所有法律（或多或少，至少潜在中具有）的任务，而这种任务存在于千差万别的簇群之中。

尽管如此，它仍然对社会法教义学具有重要意义。这可以从福利社会目的对于各个法律的重要性的落差上得到解释。在大部分法律领域，福利社会目的是与其他特定的或一般的目的（如税法中的收入目的，劳动法中雇主与雇员之间的劳动与报酬交换目的）结合起来的。私法性质的组织，即使负有很明显的福利社会目的任务，如慈善机构、非营利性企业及自助团体，也仍是服务于在其中作用的参与者的自由的实现。福利社会目的只是在有关国家负责的社会福利待遇的法律中才达到其最大浓度。当然，除了福利社会目的，公法性质的社会福利机构同时也要服务于其他目的（如医疗保险还有健康政策上的目的，许多福利社会措施具有家庭政策上的目的），但福利社会目的在其中占统治地位。换句话说：福利社会目的以完全特殊的形式统治了——也许还没这么确定——公法性质的社会福利法。这使得可用**社会福利法**来代替"**社会法**"，用**社会福利法教义学**来代替社会法教义学。

(2) 联邦国家的权限规定

联邦国家的权限划分则基本上是按照已经陈旧过时的看法对应着社会福利法的各个部分。这尤其表现在"劳动法（包括企业宪章法、劳动保护和劳动中介）"与"社会法（包括失业保险）"的共同权限规定（基本法第74条第12款 a. F.）以及"公共救济"权限（基本法第74条第7款 a. F.）。旧政权和战争后果的赔偿及相关者的特殊保障则是以一系列新确定的项目表述的（基本法第74条第6、9、10款 a. F.）。

这种权限规定的过时性最明显地表现在"公共救济"（基本法第74条第7款 a. F.）规定上。立法上的进步很快就超越了这一开端：基本法甫一生效，就通过法律判决去掉了救济法旧有的针对贫民的治安措施性质，而赋予贫困者对救助的要求权。十年的良好发展之后（1961年），社会救助（Sozialhilfe）替代了旧有的救济：它是一种对最低限度参与社会生活的可能性的全面保障。对儿童与青年的帮助措施也同时做了相应改进。此外还通过专门法律对一般性的由税收负担的待遇作了规定,如儿童抚养津贴、住房津贴等。只有高等教育促进的权限被单列了出来(基本法第74条第1款第13号 n. F.),其他待遇仍是以"公共救济"作为基础规定。与社会救助不同,在社会预防和权限规定之间存在着显然的不相称。基本法把社会保险和劳动规定放在一起,可是社会政策的发展已经突破了这个框架。社会保险扩张到越来越多的人群,如自雇者和学生等,社会预防制度的公共性因此越来越强烈。然而基本法对此的归类却十分分散:如公务员、法官与军人保障(第73条第8号,第75条第1号,第98条第3款 a. F.;第73条第1号,第74a条,第75条第1款第1号,第98条第3款 n. F.)、商业保险(第74条第11号 a. F.;第74条第1款第11号 n. F.),或者没有明确提到的:如企业养老保障,部长、议员和其他公务人员的保障。最后一种情况是权限属于各州的情况,如自由职业者的养老保障(基本法第30条,第70条)。至于各种社会补偿制度的公共性和对其的细化,也没有在基本法中得到体现,虽然在各个发展时期它都获得了丰富的意义。这种管辖权规定和社会法发展之间存在的不相称,在基本法仍然为联邦保留了相应立法权的问题上表现得尤为显著。虽然只是在例外情况下联邦才享有专属立法权限,但是竞合权限的空间已被旧的法律用尽(基本法第30、70、72、123—125条)。各州已被从制定更合适的社会福利法的竞争中排除在外,但是联邦也被限制在联邦专属权限的范围内。

这也就是说,联邦国家的权限规定对于法教义学只起到了一个混淆的作用。它完全以过去的历史经验为取向,束缚了福利联邦国家的权力集中前提——虽然乍看上去这并不容易察觉。它没有赋予中央政权合理设计制度的自由,反而把它限制在过去的老路上。在实践中产生出了一种妥协做法:由立法者对路径进行拓宽,联邦宪法法院则对此予以默认。

(3) 基本权利与宪法原则

如果不把社会化(第15条)和结社自由(第9条)也算进去的话,那么基本法对于福利社会的特殊表述就只有福利社会国家目的规定和权限规定。其他宪法规定,主要是基本权利与宪法原则(第20条、第28条第1款第1句),不具备特殊的福利社会性质。这些规定的主张权是最大化的(第1条第3款、第20条、第28条),它们对福利社会的实质性意义通常难以辨清,只在个别情况下才比较明确。基本权利和宪法原则不仅一直处于持续完善的过程中,连等级原则也是新的。社会法只有在与基本权利和宪法原则保持一致的前提下才能生效并适用,这在过去并未有传统,而现在已然确立。

这就把社会法教义学带入了一种尴尬境地。这种尴尬发生于两端之间:一端是普通法律。它具有文字能提供的所有确定性,也具有必须以现实的要求对文字进行解读所带来的所有不确定性,同时还具有以不成文法对成文法进行补充的可能性所引起的所有不确定性。另一端是宪法。它对社会法的干预是可以设想的,但也是难以预计的。它的社会法性质规定的具体化太需要创造性的过程,而且在联邦德国的早期历史中几乎是毫无例外地依赖于这种创造性过程。也就是说,社会法教义学必须充分考虑宪法的规定,但是这种考虑基本上只能从可能性出发,充其量不过是程度较大的可能性。只有通过最高级别的法官判案,尤其是联邦宪法法院的判决把可能性固定下来,确定性才会产生。

2. 基本法之下的发展

(1) 立法动力

随着立法组织和国家部门的建立,社会法的立法立刻呈现出一个重要特点:由法律的修改和新的立法机构所带来的迅速后果。既有的法律必须让自己适应新的现实状况、新的国家与法律框架和新的经济关系等等,还必须承担起战争与旧政权造成的后果。为此很快制定出了新的法律。社会福利法战后的发展最先表现在社会补偿法上:既有对特殊受害者的补偿和相关者的社会融入,也有针对纳粹罪行的赔偿。这之后就是对传统法律框架的根本改革:最突出的是养老金改革、建立农民社会保障以对社会保险加以补充、救济向社会救助的转变。不断有新的人群被纳入社会法的保障范围,不断有新的"福利社会状况"得到认识与承认,福利待遇也不断得到改善。最具根本意义的是,对参与文明社会的促进已经超越了基本生存保障,而更常以多样化的、普遍性的、由税收支持的福利待遇体系来承担。救济制度改革、儿童与青年帮助的建立以及劳动促进所体现的就是这一原则。由此产生了新的福利待遇种类:儿童抚养津贴、教育促进(主要是高等教育促进)、家计开支的预支、住房津贴。

当时并未能给这个持续迅速分化与扩张的社会福利法制定出形式上与运用上的共同原则。有时反而与此背道而驰,尤其是在法律保护领域。1953年按照基本法的预先规定设立了独立的社会法审判权[10],接替了旧有的处理社会保险、劳动促进和战争受害者保障的法院和类似于法院的机构的工作。然而它几乎没有与社会福利法的新分化和持续扩张俱进,因此由税收支持的一般性救助与促进制度仍然属于普通行政法院的管辖范围,只有儿童抚养津贴是个例外。同样分化得很剧烈的社会补偿制度,也只有在涉及特定受害者健康受损和扶养人死亡情况下的战争受害者保障时,才归社会法院管辖;特定受害者的财产损害和职业损害等(尤其是生活负担平衡和被逐出祖国者的社会融入)由行政法院管辖;对纳粹罪行的赔偿则基本上属于普通法院的管辖范围。最能清楚说明这种状况的是社会预防制度。有的社会预防制度由于与劳动法有特殊关联,因此归劳动法院管辖;有的出于与保险法的特殊关联而归普通法院管辖;还有的因为行政法上的关联而留在行政法院的管辖范围内。总之,对社会福利法缺乏一个共同的审判权限。显然,这对为它建立一个整体的法教义学不无迟滞的影响。[11]

(2) 学术进步

伴随动荡、混乱同时也充满活力的立法进程而来的是学术上的多方面发展。

第一个重要途径是**各个专门领域的评论与研究文献**。它的主要作用是把既有的法律接引入新的法律关系。这一努力在社会保险法中最为成功,因为该领域较早就形成了法律文化。在社会法的其他新领域也逐渐出现了卓有成效的工作。特点是:这些对法教义学的贡献分别发生在各个专门领域,即使在领域内部也大多带有选择性。但是有个例外来自行政行为形式学说。这一学说是战后在广泛的法律约束性和法官审查行政行为的压力下发展起来的,因此缺乏与具体立法的紧密联系,最初只是以不成文法的形式对成文法进行补充。

第二个学术途径是对当时迅速发展和持续扩张的**社会法素材**及"收录"这

---

[10] *Krause*, Sozialgerichtsbarkeit. In: Görres-Gesellschaft (Hrsg.), Staatslexikon, Bd. 4, 7. Aufl. 1988, Sp. 1293ff.

[11] 关于实际的情况可参见 *Krause*, Bundessozialgericht und allgemeines Verwaltungsrecht. In: Neue Juristische Wochenschrift 1979, S. 1007 ff.

些素材的立法整体工作进行体系化的解读与归类。这指的是辨清各种内容和功能的标准并以此把社会法和其他法律清楚地区分开。通过这一途径，所有那些只是受到某种福利社会目的影响的法律（其中也包括"内化的"法律解决方式，这种方式——如劳动法——是对既有的法律关联按照福利社会意图加以塑造）被正确理解为"广义的社会法"，同时"狭义社会法"的概念也被正确限制在那些唯一或主要被某个福利社会目的所决定的社会问题的法律解决方式上（换种说法就是：限制在那些把福利社会目的以一种特殊的法律关联"外化地"解决的方式上）。[12] 后一种情况下的社会法概念等同于社会福利法。这也是本文中所称的"社会法"的含义。

此外还要把各种最重要的共性与差异性区分开。自魏玛时期到战后早期，最初大致是根据现有的法律划分为社会保险、福利保障（指公务员保障和战争受害者保障）和社会救济。然而这种三分法对当前的各种复杂关系不再具有说服力，新颁布的许多社会福利法律需要新的归类方式。哪些法律领域是互相重叠的？哪些是互为补充的？怎样互为补充？什么是关键的，什么又是次要的？当时的社会法巨匠 Walter Bogs 对此提出了敏锐的、极具创造性的分析。[13] 从他的分析中产生出了预防（根据预防史确定福利待遇）、补偿（根据责任史确定福利待遇）、救助和促进（根据状况确定福利待遇）的三分法。

上述这些问题令法学进入了一个密集的多学科交流的广泛阵地。社会学家、经济学家、政治学家、神学家、哲学家和狭义社会学家（社会政策学家）认识到他们都有责任去归纳、认知、评价社会政策和社会法的发展，并将其引上正确的道路。同时也常有各学科或群体的专家应当政者之邀，提出各种分析与构想。因此很难把其他学科对社会法教义学所施加的影响分离出来。

当时由这一途径达到的最大法学成就，是 Georg Wannagat 1965 年贡献的《社会保险法教程》（第一卷）。这本书使得社会保险获得了社会法教义学上

---

[12] 关于"内化"与"外化"方式的概念见 Zacher, Grundtypen des Sozialrechts. In: Abhandlung zum Sozialrecht, 1993, S.257ff. (251f.).

[13] 关于 Walter Bogs 见 Zacher, Gratulation für Walter Bogs, Vierteljahresschrift für Sozialrecht Bd. II (1974), S.99ff.；及同一作者的 Walter Bogs – 90 Jahre alt, Zeischrift für ausländisches und internationales Arbeits- und Dozialrecht 1988, S.355ff. Bogs 对此的经典论述见 Grundfragen des Rechts der sozialen Sicherheit und seiner Reform, 1955.

的"长子权",但同时也把社会保险法放到了一个铺展得非常开的框架中。

另一个完全不同的途径是从**宪法**发展出来的社会法学说。如我们已经认识到的,宪法有对社会法进行承认、改变、预期和危及的势能。宪法和社会法之间这种令人兴奋的关系,促使德国法律人大会于 1960 年在其历史上第一次探讨社会法问题:"宪法规定对社会保障法的影响"(又是 Walter Bogs 做专题报告)。这之前若干年,Bogs 就已开始研究宪法、社会政策与社会法之间的关系,1961 年他取得大学执教资格论文的题目就是《国家社会干预宪法》。[14] 这期间澄清了许多问题,但是新问题仍然层出不穷。宪法对于社会法现状与发展意义的不确定性,成为社会法教义学上的一个特殊问题。

1965 年终于成立了德国社会法院联会(后改名为社会法联会)。联会的成立为社会法学与其他法律及非法律学科的对话与实践交流创造了一个广阔的平台。联会也致力于在大学中扩张社会法学并取得了成果。它的会议汇编[15]至今仍是记录社会法学主题性进展的核心文献。

(3) 政治与法典化——法教义学意义上令人失望的社会法典及挑战

早在 1949 年的一次社会救济会议上,就提出要进行整体性的"福利社会改革"。帝国瓦解后的历史清楚地表明,社会法需要新的核心构想和新的形式。上述多学科的共同努力所应对的就是这种挑战。政府与政党也经常请求学者或学者群体作出分析、解释原则和起草法律。与此相关,社会法的法典化也提上了日程。[16] 法典化一方面应该体现出社会法的新设想与新结构,另一方面还应该对社会福利待遇的发展予以控制。太多的新规定及其设定的待遇情况、待遇类型和待遇内容引起了疑虑:这很可能导致只该在一处提供的待遇在多处被重复提供。进行福利社会改革的想法和法典化的想法互为补充,就像秋

---

[14]　出版时的书名为:《联邦德国第一个十年中的社会政策与宪法》(1980)。

[15]　1966 第 1 卷开始名为德国社会法庭联会丛书,从第 23 卷(1982)开始称为德国社会法联会丛书。

[16]　*Krause*, Die Entwicklungsgeschichte des Sozialgesetzbuchs. In: Sozialgesetzbuch – Gemeinsame Vorschriften für die Sozialversicherung. Textausgabe mit zwölf einführenden Aufsätzen, 1977, S.1ff.; 同一作者, Die Entwicklung des deutschen Sozialrechts bis zum Sozialgesetzbuch. In: Der Präsident der Universität Trier (Hrsg.), Trierer Beiträge aus Forschung und Lehre an der Universität Trier, 1977, S.1ff.

千在两头之间荡来荡去。

1969 年，联邦总理勃兰特发布第一份政府声明，启动了社会法的法典化。法典化工作持续了很长时间。特殊的、按领域划分的社会法所具有的优势仍在发挥影响。构成法典分则部分的规范复合体——确切来说是存在于现行法律及其修改背后的各种利益——抗拒着法典风格的新形式。因此首先能确定下来的只是总则部分。1975—1982 年，陆续发布了总则第一部（I. Buch）、社会保险通则（IV. Buch）、行政程序[17]、社会福利信息保护和社会福利经办机构之间及与第三方之间的合作（X. Buch）。直到 1988 年，分则各部分（I., III., V.—IX., XII. Buch）才面世。

分则各部分原则上是对专门领域社会法的规定。然而社会法典从未能把根据规划该包括进来的所有法律[明确的是根据"福利社会法律"标准规定（§§ 2—9 SGB I）、指示性规定（§§18—29 SGB I）、收录条件规定（§§ 68 SGB I），含糊的是根据 § 1 SGB I 的序言]都收录进来，也常有某些特殊法律突破法典化的原则。法典化上的混乱使得法教义学一直难以明确与固定。跨领域的法教义学是总则各部分该承担的责任，因此这些部分所表现出的不足对法教义学尤为重要，而这种问题不仅很多，还相当严重。

这里只能略提一下总则中的不足[18]：

A. 法典内容规划的不一致导致混乱

首先是最普遍的混乱："社会福利法（Sozialleistungsrecht）"这一正确表述（§ 1 Abs.2 SGB I）和普遍采用的标题"社会法典（Sozialgesetzbuch）"之间的基本性矛盾；社会权利表述上令人困惑的不均衡结构（§§ 3—9 SGB I）；把编入法典的立法整体的描述性表述标为"权利"（§§ 3—9 SGB I）并且掩饰已超出所纳入规范对象的意图（§ 2 SGB I）；"社会权利"与"指向性规定（§§

---

[17] 关于行政程序可参考 *Peter Krause* 对社会法典第 10 部第 1 章所做的评述：*Krause/ von Mutius/ Schnapp/Siewert*, Gemeinschaftskommentar zum Sozialgesetzbuch. Verwaltungsverfahren, 1991. *Krause*, Das neue Sozialgesetzbuch: Verwaltungsverfahren. In: Neue Juristische Wochenschrift 1981, S.81ff.

[18] 关于 SGB I 和 SGB IV 的法律实践，*Peter Krause* 自 1979 年以来在《当代社会法年鉴》中逐期予以阐述。最早是在第 1 卷（1979），S.73ff. 自第 6 卷（1984）开始与 *Heinz-Jürgen Sattler* 合写。从第 21 卷（1999）期刊改名为《社会法年鉴》。

18—29 SGB I)"和（通过分则各部分或通过收纳条款§68 SGB I）被收入的立法整体之间的不一致。

B. 规范对象选择的偶然性

总则中对规范对象的选择也不合理。在自然人行为能力的问题上有关于未成年人处置能力的规定（§38 SGB I）。相关者对权利与义务的实现施加影响的能力的形成，不仅是规范－客体性的（normativ-objektiv，§36 Satz 1 SGB I），还要考虑对行为人意愿的尊重（§36 Satz 2 SGB I）、禁止对相关者不利的（！）私法性质的（！）约定（§32 SGB I）、放弃的可能性与限制（§46 SGB I），以及对公法性质契约的限制（§§53ff. SGB X）。同样琐碎的还有所谓的"社会福利待遇债法"：请求权的产生与到期（§§40, 41 SGB I）、义务客体或主体不确定时的暂时性待遇（§§42, 43 SGB I）、利息的支付（§44 SGB I）、履行方式与履行替代（§§47—52 SGB I）、债权的转移与抵押（§53 SGB I）、请求权中的权利继受（§§56—59 SGB I）。此外在程序法（非法所得待遇的退还：§50 SGB X）和待遇经办机构的合作（待遇的加快：§87 SGB X）中还有对于"社会福利待遇债法"的补充规定。与权利继受相关的有所谓的"社会法的继承法"（§§56—58 SGB I）；与扣押与抵押相关的有"社会法的执行法"（§§54 f SGB I）。

C. 规范集中于行政行为以及行政行为部分和需要规范的行为部分之间的不均衡[19]

由于程序完全集中在通过行政行为达到的关系的意定形成（§§1ff, SGB X 第一章），从而产生了巨大的漏洞。有四个领域因此没有得到调整：[20]

- 福利待遇经办机构与待遇提供方的非意定（真实的）行为，这主

---

[19] 详见 Peter Krause 的任教资格论文：Rechtsformen des Verwaltungshandelns, 1974, 及同一作者：Die Willenserklärung des Bürgers im Bereich des öffentlichen Rechts. In: Verwaltungsarchiv 61 (1970), S.289ff.; Formen des Verwaltungshandelns im Hinblick auf die Sozialversicherungsträger. In: Mitteilungen der Landesversicherungsanstalt Oberfranken und Mittelfranken 1980, S.373ff.

[20] Krause, Willensmängel bei mitwirkungsbedürftigen Verwaltungsakten und öffentlich-rechtlichen Verträgen. In: Juristische Schulung 1972, S.425ff.

要指的是实际行为。只有当这种行为之前或此时通过行政行为（或通过契约）形成，才会在社会法典中予以规定。
- 非行政主体的福利待遇提供方的意定行为。
- 相关个人的意定或非意定行为。例如社会预防的参加者（被保险人、想要或应该参加保险的人、曾参加保险的人等）；（潜在的）待遇资格人与受益人，等等。
- 法律之下的其他规范（集体合同、指令等）中近似的待遇规定。

D. 对服务与实物待遇及非官方性质待遇提供方的忽视

在服务与实物待遇方面，总则以另一种特别无药可救的方式表现出它的不完善。[21] 这些待遇属于法典规划的内容（§§ 1 Abs.1 Satz 1, 11 SGB I），但是总则部分对此的规定却只寥寥数语，很不充分："社会法典中的法律……也要为……上述任务的实现……作出贡献……及时充分地提供所需的服务与设施"（§ 1 Abs.2 SGB I）；待遇经办方必须负责"为及时充分地执行社会福利待遇提供必要的社会服务和设施"（§ 7 Abs.1 SGB I）。此外还有一些微细之处——如服务与实物待遇不可转让、抵押与扣押的规定（§§ 53 Abs.1, 54 Abs.1 SGB I）。关于福利待遇提供方，社会福利待遇在哪个范围内由公益或私人性质的经办方、经济实体、自由职业者、行医者[22]、类似专业人士和个人提供、组织与从事是很清楚的，但是法典只直接规定了社团、组织与行政机构（§ 12 SGB I），其他的则在总则部分很少提及。对此的主要规定是："在与公益和私人机构与组织的合作中，待遇经办方要努力做到使其工作和上述机

---

[21] *Krause*, Rechtsprobleme der Konkretisierung von Dienst- und Sachleistungen. In: Im Dienst des Sozialrechts Festschrift für Georg Wannagat zum 65 Geburtstag, 1981, S.249ff.; 同一作者, Die Bestimmung von sozialen Dienst- und Sachleistungen. In: Klages/Merten (Hrsg.), Sozialpolitik durch soziale Dienste. Schriftreihe der Hochsuchle Speyer Bd.82 (1981), S.67ff.; 同一作者, Die sozialen Dienste im System der Sozialversicherung, der sozialen Entschädigung und der Sozialhilfe. In: Zeitschrift für Sozialhilfe und Sozialgesetzbuch 1985, S.346ff.

[22] *Krause*, Das Gesundheitshandwerk zwischen Gewerbe-, Gesundheits-, Sozial- und Wettbewerbsrecht. In: Gewerbearchiv 1984, S.313ff.; Die Stellung der Gesundheitshandwerker und ihrer Verbände im Sozialgesetzbuch Fünftes Buch. In: Zeitschrift für Sozialhilfe und Sozialgesetzbuch 1989, S.416ff.

构与组织的工作切实成为待遇接收方福祉的补充。"(§ 17 Abs.2 Satz 1 SGB I)此外，得到任务委托的第三方必须提供"符合情况的、保障被涉及人权益的任务完成保证"(§ 97 Abs.1 SGB X)。

社会福利法作为其法律形成完全或主要由它的福利社会目的所决定的、有关外化的社会福利待遇的法律，一直都以一个潜在的整体而逐渐清晰和被认知。法典化就是要凸显出这种潜在的整体性(§ 1 SGB I)。跨领域的信息提供义务(§ 15 SGB I)、申请的接受(§ 16 SGB I, § 28 SGB X)、待遇的提供(§§ 43, 52 SGB I)和各经办方之间的待遇恢复原状(§§ 102ff. SGB X)的规定，就是向公民强调这种整体性。整体性的贯彻也要求经办方共同承担任务(§§ 86ff. SGBX)。现实问题使得这些规定不能完全实现，但并不会就此改变它们的根本重要性。法典化的纲领是：凸显整体性。立法者只部分实现了这个目的。这就给法教义学提出了要求，要分析法律的不完善，并把它的各种开端部分整合成一个完整的规范体系。

三、70年代以来：新的问题视角——学术上的进步

(一) 社会政策和社会法的发展

1. 整体发展

直到 70 年代，社会法在政治和立法上的发展都是以增长和分化为特征的。此后则逐渐表现出，福利状况并非总是处于持续改善中，它也可能会停滞甚至退步。福利国家的老化现象已经可以察觉：对于社会福利待遇在何种程度上可以服务于自由的增长、何种程度上以责任约束为前提的不确定在持续增长；劳动环境的变化及越来越顽固的失业问题；医疗费用的增加。同时，另一种完全不同的老化现象也逐渐显现并很快就变得越来越严重，那就是社会的老化。在很长一段时间里，这种发展都是以"进一步和退一步"，即扩张和收缩相交

替为特征。[23] 扩张的最后一大步是引入了护理保险（1994年）。[24] 此后，发展终于转向了解决代际契约和福利社会持续性的问题。[25]

2. 对福利社会待遇整体性的认识

这种发展发生在各种社会福利制度日益被理所当然地视为一个整体构造的氛围中，虽然这个整体构造的边缘和结构还不太清晰。编纂社会法典之前，人们就开始把社会政策和社会法放在一起进行介绍：从1960年开始，联邦劳动与社会事务部连续出版《联邦德国社会保障概览》，后来（1994年）改成《社会法概览》。1968年联邦政府开始制定"社会福利预算"，1970年之后定期发布《社会福利报告》。这些出版物只是在内容上进行添补，它们之间只存在实用上的区别。

新制定的法律同样表现出社会福利制度的整体性：

- 当政者与立法者越来越多地考虑新的局部关系：如康复适应法（1974年）、供养补偿法（1976年）、遗属金的新规定（1985年），以及长达十年之久的对老年收入征税的讨论（老年收入法，2004年）。
- 在这之前很久，各种社会福利制度之间的网络稠密化就已持续而缓慢地开始进行。这一过程是由"自我保障不能"这种"次位的

---

[23] *Krause*, Die Fortentwicklung des Rechts der sozialen Sicherheit zwischen Anpassungszwang und Bestandsschutz. In: Die öffentliche Verwaltung 1984, S. 740ff.；关于这段时期还可见 *Krause*, Gemeinsame Fragen der Organisation und des Rechts der sozialen Leistungen. In: Bundesministerium für Gesundheit und Soziale Sicherung/Bundesarchiv（编），Geschichte der Sozialpolitik in Deutschland seit 1945, Bd. 7：1982–1989 Bundesrepublik Deutschland. Finanzielle Konsolidierung und institutionelle Reform. Bandherausgeber：M.G. Schmidt. 2005, S. 289ff.

[24] *Krause*, Empfiehlt es sich, soziale Pflege- und Betreuungsverhältnisse gesetzlich zu regeln? 52. Deutscher Juristentag Bd. I：Gutachten, Teil E, 1978；Entwurf eines Gesetzes zur Absicherung des Pflegerisikos, Nachrichtendienst des Deutschen Vereins für öffentliche und private Fürsorge 1986, S. 419ff.

[25] *Zacher*, Gemeinsame Fragen der Organisation und des Rechts der sozialen Leistungen. In: Bundesministerium für Gesundheit und Soziale Sicherung/Bundesarchiv（编），Geschichte der Sozialpolitik in Deutschland seit 1945, Bd. 11. Bandherausgeber：G.A. Ritter.

社会风险"被发现所引起的。这一发现产生自一系列疑问：领取失业金或失业救助的失业者会因此失去医疗保险和养老保险吗？如果回答是否定的，那么是该由他自己承担缴费，还是该把缴费作为额外的收入替代待遇进行支付，或是该由医疗和养老被保险人群体为他支付？[26] 在"好年头"里，拿出的解决方案是由各社会保险统筹共同体承担。横向联系的网络由此发展起来，但也很快就被滥用，以至于出现了"调车场"现象。

整体来看越来越明确，既有的各种福利制度中所表现出的人员群体、"社会状况"、福利待遇、支付来源和组织的体制化归类并不具备天然的必要性，因此更需要对其进行批判性评价并予以修正。这一过程一直在持续，直到 2003 年，通过对待业者基本保障和社会救助的新规定（社会法典第 2 部和第 12 部），才算结出了重要成果。

除了适用于所有外化性社会福利待遇的法律和专门为单个福利待遇制度制定的法律所规范的领域，也出现了越来越多的把各种福利制度联结起来的局部性共同体和横向联系。与此同时，还出现了在功能上与外化的社会福利待遇等值，但是指向其他法律调整领域的新方式：

- 如社会保险这种外化方式与劳动法中的内化解决方式（病假期间工资持续发放和企业养老保障[27]），以及与公共服务和政府机构法中的内化解决方式（公务员、法官、军人、部长、议员和其他公务人员保障）[28] 的类比 [29]

---

[26] *Krause*, Einführung in das Sozialrecht der Bundesrepublik Deutschland. In: o.V., Sozialgesetze. Textausgabe mit einer Einführung von Professor Dr. Peter Krause, 3. Aufl. 1987, S. 19ff. (50ff.)

[27] 关于"普通的"企业养老保障和随后提到的公务员保障之间的模糊界线可见: *Krause*, Zur rechtlichen Einordnung der Zusatzversorgung im öffentlichen Dienst. In: Zeitschrift für Sozialreform 1971, S. 58ff.

[28] *Krause*, Die Versorgung der Amtsträger im Bund und in den Ländern. In: Battis (Hrsg.), Alterssicherungssysteme im Vergleich. Schriften des Wissenschaftlichen Instituts Öffentlicher Dienst, Bd. 8, 1988, S. 19ff.

[29] *Krause*, Die Vereinbarkeit der Vorschläge der Sachverständigenkommission "Alterssicherungssysteme"

- 或社会保险与商业保险的类比,[30]商业保险虽然是把保障目的外化在某种特定的法律类型中,但却并非以福利社会目的为首要目的。
- 社会福利缴费和税收、社会福利待遇(尤其是作为收入替代或收入补充)和税收(尤其是通过税率或税收减让令收入不减少)之间的多重等值性,直至通过减税与"负税收"(如 1996 年以来的儿童抚养津贴)来代替福利待遇。税法与商业保险法之间的一个特殊联系形式是"李斯特养老金"(2001 年)。

由此社会法证明了自己是一个常新的开放性整体,它的功能关联和体制结构一直处于发展中。

3. 欧洲一体化、全球化、德国统一——内国法与外部法

有两个进程,深刻地改变了社会关系状况。一个是**欧洲一体化**。超国家体的欧洲从根本上改变了社会法教义学的前提条件。很长一段时间内,欧洲法的作用主要在于为雇佣劳动者的自由迁徙提供社会福利上的支持。直到 80 年代,主要是在 90 年代,欧洲法的规范性要求才逐渐增加。一方面,附带着社会福利支持的自由迁徙人群大大增加,服务与商品交换的自由也逐渐应用在了社会福利待遇事务上。另一方面,这一时期人们还发现,社会福利待遇通常具有经济价值,所以欧洲关于保障市场与竞争的规定也可以适用于社会福利待遇事务。因此首先必须对把社会福利待遇组织化的各种构造持十分谨慎的态度。对于社会法教义学,欧洲法以一种十分特殊的方式体现其努力。欧洲法只在例外情况下才直接涉及各国社会法的形成。除了社会法上的非特殊性一般规定如歧视禁止外,欧洲社会法的目的主要是为了实现基本自由权和

---

zur Umgestaltung der Beamtenversorgung mit dem Grundgesetz. Verantwortung und Leistung. Schriftenreihe der Arbeitsgemeinschaft der Verbände des höheren Dienstes. Heft 10, 1984;同一作者, Landesbericht zur sozialen Sicherung im öffentlichen Dienst der Bundesrepublik Deutschland. In:Zacher/Bullinger/Igl (Hrsg.), Soziale Sicherung im öffentlichen Dienst, Schriftenreihe für internationales und vergleichendes Sozialrecht, 1982, S.19ff.

[30] *Krause*, Sozialversicherung durch Privatversicherung. In:Deutscher Verein für öffentliche und private Fürsorge (Hrsg.), Sozialpolitik und Wissenschaft. Positionen zur Theorie und Praxis der sozialen Hilfen, 1992, S.106ff.

共同市场。这就仿佛它是把光线斜斜打在各国社会法上。因此欧盟各机构尤其是欧洲法院也常弄不清楚,应该在什么程度上从欧洲社会一体化、从建立共同市场或从社会政策视角出发来证明其决定的正确性。欧洲法对于德国社会法教义学在隐藏条件和当前干预上的潜在能量,有时比德国宪法的作用还难以判断。

全球化现象则与此不在同一层次。全球化首先是一个有关实际状况的总概念。作为客观事实,它引起了经济生活和劳动关系的改变、资本与劳动的分离、劳动岗位的迁移,以及对德国社会法形成条件的侵蚀。它是对跨国界福利社会实践的一种强大推动力:在多个国家中生活与工作的同时性、家庭的分解、短期或长期迁徙、社会福利待遇的获得与携带。这些变迁,按照立法上的反应,并且以需要解答的法律解释和法律实施问题的形式对社会法教义学产生着影响。对于欧盟成员国及其公民(或居民)来说,这个问题早就属于欧洲法及其实践的责任,此外它还一直都是各个国家、各国法律及国际协定的责任。然而这涉及的不仅是社会法,对外国人来说,它首先涉及的是国籍与居留法及其实施。

最后,德国的统一是三个非常不同的历史进程中的一个复合转折点:

- 第一个历史进程是联邦德国的社会政策发展史。转折到来之前,它沿着上文提到的发展道路前进,在这一过程中出现了越来越多的触及制度整体的基本变化。这一发展史由于德国统一而有了"片刻"停顿。民主德国接受联邦德国福利社会制度的原则,在关于货币、经济与社会统一的国家协议中就已确定下来。除了这些过渡性文件,统一条约更为清晰明确地建立在以旧联邦德国的社会法为统一后德国的社会法的基础上。统一的德国以此巩固了德国社会法的体制,而统一的后果又加强了之前导致德国社会政策变化和新旧结构交替的因素。

- 第二个历史进程牵涉更广。自从德意志帝国瓦解,西方占领区,尤其是联邦德国,不仅是在此生活的人们的社会法意义上的祖国,还是所有具有德国国籍或德国血统、以被逐出祖国者或难民或类似身份进入联邦德国领地的人们(基本法第116条)的社会法意义上的庇护之地，这其中也包括了民主德国的公民。对此的决定性依据是德意志帝国国籍的延续和联邦德国与德意志帝国的部分同一性。这种双重属性由于那些作用于德国统一的国际公约而终止，自此之后，德国只是德国，类似于国籍性质的归属资格形式从此成为例外。

- 第三个历史进程汇入了以上两个进程，这就是在苏占区和民主德国生活的人们的历史。从 1945 年开始，尤其是 1949 年之后，"他们的"社会法脱离了德意志的共同传统，他们生活在民主德国的社会主义性质社会法中。当他们成功地加入联邦德国，他们的历史也汇入了上面两个历史进程。从 1990 年开始，他们依据联邦德国的社会法生活——自然，过渡法对此作出了不少改变。

德国社会法的各个特殊发展路径在所有这些历史中清晰地浮现出来，并可被划分成"内部的"和"外部的"路径：[31]

- 德国路径，确切说是德意志帝国／联邦德国／民主德国／统一后的德国的路径：它确定了联邦德国内部社会的归属资格，以及由于德意志帝国的身份归属而拥有的进入这个社会的可能性。
- 欧洲路径：它所确定的是欧洲的内部社会。作为欧洲内部社会的成员，德国人民参与到其他成员国内部社会的途径在持续扩大，其他成员国的人民参与德国内部社会的途径同样在扩大。因此社会法对此的保障所遵循的首先是欧洲法律，其次才是各国的法律。
- 国际路径：它以前确定的是哪些外国人具有进入联邦德国内部社会的途径，现在定义的则是哪些人具有进入统一后的德国的途径。这条线路部分遵循国际法（尤其是对难民的保护法），但是原则上须遵循德国法律。

出于下述原因：

---

[31] *Zacher*, Deutschland den Deutschen? In: Der Staat des Grundgesetzes – Kontinuität und Wandel, Festschrift für Peter Badura zum 70 Geburtstag, 2004, S.639ff.

- 由于对归属权和居留权，另一方面也是对参与权（指的是具有进入一般文明现实、就业可能和社会福利待遇）的限制，
- 由于存在不同层次：德国层次、欧洲层次和国际层次，
- 由于历史发生的顺序不同，
- 由于欧洲法和欧洲政策在认识上的困难性，
- 最后，由于国际路径在各国有不同的表现，

能够认清从各种路径中产生的规范已属不易，更重要的是还得从中提炼出核心部分。

4. 对法律的需求

上述所有这些发展已构成迫切并全力发展法教义学的充足理由：法律制度多重层次上和程序与表现多样性中的法律的所有改变与分化；上位法和次位法、早期法律和当前法律、德国法和外国法的同等重要性；有约束力的和无约束力的、一般的或个别的大量法律解释。此外还有现实状况：现实状况的持续变化、新现实状况带来的冲击、提出了新问题的现实状况、令改变成为必要的现实状况、令法律不再具有合法性的现实状况。

另一种法律需求的根源则完全不同：法律意识、法律缺陷的经历、法律漏洞的经历。联邦德国成立初期法律在许多领域中尚未表现出存在的必要性，在这一时期则成为必要。因为法律曾在生活中无处不在，因为理所当然性至此已经失去，曾经理所当然不需要规范的地方现在不再理所当然，曾经理所当然具有规范的地方现在也不再理所当然。法律成为必要，还因为以前不存在的冲突现在出现了，因为以前能够忍受的冲突现在不再能够忍受了。对法律、法律形成、法律认知、法律运用负有责任的人还会认识到另一种法律需求：缺乏对出现的冲突进行判决的法律，缺乏根据具体的社会优势和劣势力量建立的审判机构。

社会法中出现了许多法律需求的领域：

- 对行政行为规范功能的高估。[32] 行政行为是福利待遇经办方的一种行为。它发生在某种福利待遇事件的伊始，是对待遇接受方的

---

[32] *Krause*, Rechtsformen des Verwaltungshandelns（见注 19），以及注 19 和 20 中的引用．

待遇预期和待遇提供方提供的待遇予以合法化的行为。待遇事件可能会处于一种复杂的相互作用中。行政行为对不能也不曾被预期的变化能规定些什么呢？它能伴随着待遇事件一起发展吗？

- 待遇接受方和待遇提供方之间的合作。它就像是一个"不受社会法约束"的空间，既涉及参与者正在形成的决定，也涉及待遇的直接关联中的合作。
- 多个参与待遇提供方之间的关系。这适用于多个参与到某种待遇提供的参与者的情况：医院/职工、医生/助手、人事服务机构/教员或顾问，等等。这也适用于多个为待遇接受人而竞争的待遇提供方的情况。待遇提供方之间的竞争是个复杂的问题。
- 待遇经办方之间的竞争。最近这种竞争得到了鼓励。可是有对此的法律规定吗？

在针对上述关系的法律规定的问题上，人们总是爱提到私法上的规定。但是福利待遇的提供并非处于私法上的生活关联中。社会法的框架规定将福利待遇事件置于与围绕着私法义务关系的条件截然不同的条件之下。例如针对医疗关系的私法规范比社会法规范要狭窄得多。私法对合同当事人的所属人群作出规定了吗？对供应的保障呢？对已提供的或允许提供的待遇呢？对收入呢？对收入的获得呢？对于认识医疗关系中的问题和有效的解决方法，私法当然是一种很有用的方式，但是社会福利待遇的参与者身处的是一种特殊的价值关系。他们在非常广阔的福利社会体系中构造出了一个人类社会，没有这个社会，他们之间的关系便不复如当前所想。对法律的需求因此就是一种典型的对社会法的需求。这种需求必须由社会法来满足，当然为此也需要私法模式予以帮助。

（二）法教义学的发展

另一方面：70年代中期以来，社会法学在数量上和质量上都有长足发展。[33] 大量教科书、专著与论文问世，各种文集陆续出版并聚集了许多来自不

---

[33] 最生动的叙述可见 *Baron von Maydell/Ruland*, Sozialrechtshandbuch, 3. Aufl. 2003.

同领域的作者。社会法刊物的稿件涉及的范围越来越广,质量越来越好。以此为研究对象的博士论文和任教资格论文数量也颇可观。越来越多的大学定期举办"社会法研讨会"。保险经办机构也参与到这一学术大发展中,尤其是德国养老保险机构联合会(现在是德国养老保险联合会)。保险学与保险形式协会承担了一个出色的跨学科合作项目。马克斯·普朗克外国与国际社会法研究所成立。德国法律人大会在其议程中频繁加入社会法内容。联邦政府专家委员会也一直在尝试让福利社会的政治发展更具合理性。涉及面甚广的历史研究项目"1945 年以来的德国社会政策史"则提供了一个连贯的当代史基础。

即便是这一时期的发展,也仍然特别集中于社会保险领域。许多任教资格论文都是关于社会保险。Bertram Schulin 以其丛书《社会保险法手册》(分四册:医疗保险、工伤保险、养老保险和护理保险,1994—1999 年)把社会保险法教义学带到一个尽可能的最高水平。社会救助法研究也达到一个新高度,2003 年的改革(社会法第二部和第十二部)使其有了一个新起点。除此之外,对各种特殊社会福利领域的讨论和阐释的水平则十分参差不齐。

四、仍然欠缺:社会 – 法 – 教义学

(一)欠缺什么?

目前仍然欠缺的不仅是对社会法各部分的深度探讨和阐述,更缺乏对社会法整体性的阐述;[34] 一个对社会法所具有的普遍性的所有方面的体系化阐述;一个能够区分普遍性和特殊性并对特殊性进行归类的体系化纲要;[35] 一个

---

[34] 这方面目前最详尽的整体阐述见 *Bley/Kreikebohm/Marschner*, Sozialrecht, 8. Aufl. 2001; *Eichenhofer*, Sozialrecht, 5. Aufl. 2004.

[35] 作者早期的一些建议:*Zacher*, Die Rechtsdogmatik sozialer Umverteilung. In: Die öffentliche Verwaltung 1970, S. 3ff.; Die Anatomie des Sozialrechts. In: Die Sozialgerichtsbarkeit 1982, S. 329ff.; Der Sozialstaat als Aufgabe der Rechtswissenschaft. In: Rechtsvergleichung, Europarecht und Staatenintegration. Gedächtnisschrift für Léontin Jean Constantinesco, 1983, S. 953ff.; Verrechtlichung im Bereich des Sozialrechts. In: Kübler (Hrsg.), Verrechtlichung von Arbeit, Wirtschaft und sozialer Solidarität, 1984, S. 11ff.

能够识别成文法（及其解释）的漏洞并且通过（一个更为贴切的解释或者）不成文法对其加以弥补的体系化纲要；一个对各种意见的体系化规范和对这些意见的正确性及由此而产生的规范性建议的适用性的可靠评价。这就需要广泛搜寻那些将生活拉进法律的问题，需要对那些赋予法律以生命的问题的答案及产生这些答案的各种原则的完整的、有逻辑性的整理和关联性的、可靠的、条理清晰的表述。

（二）范畴

1. 整体

必须从共同任务出发考察社会福利法所包含的各种内容，这个共同任务就是通过外化的社会福利待遇来实现福利社会的国家目的。当通过外化的社会福利待遇这种方式来实现福利社会的国家目的时，福利社会的国家目的指的是对基本生存的保障及实现社会安全和"更多的平等"。这是个开放而矛盾的复杂目标设定，因此它的实现可能性总是大于能够具体实现的。社会福利法存在于局部性中。

2. 构成要素与体系

确定待遇体系的类型并将各种构成要素（"社会状况"、[36]受保护者的类型、

---

[36] 对此的深度分析见 *Krause*, Einführung in das Sozialrecht der Bundesrepublik Deutschland（注 26），S.31ff.；较早些的论述有 *Krause*, Die sozialen Risiken und Gefahrenlagen. Zuordnung zu den einzelnen Zweigen der sozialen Sicherheit. In: Zeitschrift für Sozialreform 1972, S.385ff., 509ff. 关于单个的风险和"社会状况"见 *Krause*, Das Risiko des Straßenverkehrsunfalles – Zuordnung und Absicherung. Gutachten erstattet im Auftrag des deutschen Sozialgerichtsverbandes. Schriftreihe des Deutschen Sozialgerichtsverbandes Bd.12, 1974; *Krause/Babel*, Der Arbeitsunfall – Seine Tatbestandsfeststellung und seine Beurteilung nach den Bestimmungen der RVO, der Rechtsprechung und dem Schrifttum, 1978, *Krause/Scholler*, Die Neukonzeption des Sozialhilferchts und die Situation blinder Menschen, 1978; *Krause*, Alterssicherung in der sozialen Marktwirtschaft. In: Zeitschrift für Sozialreform 1988, S.318ff.; *Krause*, Die verfassungsrechtliche Problematik der Alterssicherung im sozialen und wirtschaftlichen Wandel. In: Aktionsgemeinschaft soziale Marktwirtschaft e. V., Die Zukunft der Alterssicherung:

待遇事件、待遇、待遇经办方、待遇提供方、资金的筹措)相互联系起来,会对我们很有帮助。[37]

对不同体系的各种要素进行比较观察,可以充实对整个社会福利法及社会福利各个体系的总结、领会与阐述。

3. 微观领域：社会法关系 [38]

重要的是首先要对实现的过程进行规范。在这些过程中,各责任方共同扮演着协调一致发挥作用的角色,以把每个福利体系都化为现实。把这些微观领域确定为社会法关系是有道理的：确定为了让两个或更多参与者完成某个一定程度的规划而制定的互动计划,并在走错路时有替代措施供选择。它们构成了一个主体、对象和目的有限的秩序。在这个秩序中,主体、内容和目的须得彼此相称。通常这些社会法关系按顺序环环相扣,原因是：为了达到法律想要充分达到的目标,主体、内容和目的在同一个微观领域中可以结合成一个封闭的、作用充分的、稳定的秩序。然而这种包括了主体、内容和目的的簇群却不能任意形成,它们既不能被任意扩张,也不能被任意增加。为了完成从

Grundsicherung und private Vorsorge, 1988, S. 47ff.; *Krause*, Alterssicherung. In: Blüm/Zacher (Hrsg.), 40 Jahre Sozialstaat Bundesrupublik Deutschland, 1989, S. 431ff.

[37] *Krause*, Einführung in das Sozialrecht der Bundesrepublik Deutschland (注 26); Strukturprinzipien der Gesetzlichen Krankenversicherung – Finanzierungs-, Leistungs- und Gliederungsprobleme. In: Die Strukturreform der Krankenversicherung. Schriftreihe des Deutschen Sozialrechtsverbandes Bd. 30, 1987, S. 32ff.; Die teilweise Leistungsminderung als Grenzproblem der Arbeitslosen- und der Invaliditätssicherung in der Bundesdrepublik Deutschland. In: Ebsen (Hrsg.), Invalidität und Arbeitsmarkt, 1992, S. 189ff.; Instrumente risiko-, bedarfs- und systemgerechter Finanzierung von Sozialleistungen. In: Sozialfinanzverfasung. Schriftreihe des Deutschen Sozialrechtsverbandes Bd. 35, 1992, S. 41ff.

[38] *Krause*, Empfiehlt es sich, soziale Pflege- und Betrachtungsverhältnisse gesetzlich zu regeln? (注 24); Das öffentrechtliche Schuldverhältnis in der Rechtsprechung des Bundessozialgerichts. In: Blätter für Steuerrecht, Sozialversicherung und Arbeitsrecht 1979, S. 145ff.; Das Sozialrechtsverhältnis. In: Das Sozialrechtsverhältnis. Schriftreihe des Deutschen Sozialgerichtsverbandes Bd. 18, 1979, S. 12ff.; Rechtsverhältnisse in der Leistungsverwaltung. In: Veröffentlichungen der Vereinigung der Deutschen Staatsrechtslehrer Bd. 45, 1987, S. 212ff.

出发的实现到目的的实现这一历程，必须总有新的主体、内容与目的的统一体靠自身的各种规范形成。它们就如一根链子的各个环节一样环环相连。例如某种基本范式会将社会保险的预防体系与预防关系联结在一起，会在待遇给付时体现出待遇基本关系的特征，而这种待遇基本关系承诺则会在一种待遇提供关系中被予以实现。

这种基本模式可能会引发更大的复杂性。[39] 如在社会预防关系中，可能会有保证人（雇主对雇员的担保）或共同受保人（家庭成员）参加进来的情况；待遇提供方所起的作用[40] 可能会被其组织（如社会保险医生联合会中的医生[41]）所限制；或者多个待遇提供方（如就业促进中的联邦代办机构、人力服务代办机构、人力代办机构的"协助者"、借工的雇主）之间的"劳动分工"导致各种互为补充的局部性规范的松散混合状态（例如：联邦代办机构与失业者之间、联邦代办机构与人力服务代办机构之间、人力服务机构与失业者之间、借工的雇主与人力服务机构之间），这种松散状况自身就首先需要跨领域的规范。从这一复杂性中尤为迫切地产生出了对法教义学的要求，尤其是当立法者决定将各种具体关系托付给一个由协议构成的机制时。

4. 协作与行政行为

行政行为[42] 是社会福利待遇经办方用以履行它们的特殊职责的传统方式。然而社会法关系的实现是以更多的——法律行为的或现实的——共同作用为前提的，尤其是在服务与实物待遇的提供上。[43] 因此有必要对这些过程进行分析，将相应的法律行为的和非法律行为的行为形式确定类型并用适当方式整理归类。

---

[39] 关于服务与实物待遇的情况见注 21。

[40] *Krause*, Die Rechtsbeziehungen zwischen Kassenarzt und Kassenpatient. In: Die Sozialgerichtsbarkeit 1982, S. 425ff.

[41] *Krause*, Das Kassenarztrecht. In: Die Sozialgerichtsbarkeit 1981, S. 404ff.

[42] *Krause*, Rechtformen des Verwaltungshandelns (注 19).

[43] *Krause*, Wahlfreiheit des Leistungsempfängers und Bestimmungsrecht der Leistungsträger – am Beispiel der Therapieeinrichtungen für Suchtkranke. In: Zeitschrift für Sozialhilfe und Sozialgesetzbuch 1984, S. 51ff., 以及注 19–20。

5. 中层领域

在这些微观领域之上是福利待遇经办方的中层领域（如医疗保险机构或社区）。它们可以通过联合（如医疗保险联合会）形成大的构造。福利待遇经办方是行政责任的中心要素，也是社会参与的首要空间。[44]

在这一层活跃的任务与要素（"社会状况"、受保护者的类型等）的多样性常会导致不一致和断层。福利社会国家目标的开放性、多样性和矛盾性，与具体实现的部分性和片面性之间所存在的张力，在其中充分表现出来。[45]

再往上一级则是各种制度的中层领域，如法定医疗保险制度或社会救助制度。这些制度通过政治操控、跨领域法律与实践、资金流动等整合在一起。它们以此正面或负面地、直接或间接地决定着各个小的规范单元乃至各种社会法关系的作用条件和影响。其间各种权限与程序的集合制造出了共同操控的选择性单元（如护理保险经办方与待遇提供方之间的集体合同，通过这些合同规定了护理保险的要件；或者医疗保险机构委员会与医疗保险医生联合会之间的指令性规定，这些规定确定了医疗保险待遇的界限）。其他程序则贯穿了这些制度：如财政平衡，它对上述各种制度予以整合；或如财政桥梁，它在各制度之间，尤其是在为自我保障不能者建立的保障的基础上运行。这些选

---

[44] 关于社会保险机构的自治，可见 Peter Krause 在对 Gemeinsamen Vorschriften für die Sozialversicherung 第一章的评论部分的论述：Gleizte/Krause/von Maydell/Merten, Gemeinschaftskommentar zum Sozialgesetzbuch – Gemeinsame Vorschriften für die Sozialversicherung, 2. Aufl. 1992；以及 Krause, Die Selbstverwaltung der Sozialversicherungsträger in der Rechtsprechung des Reichsversicherungsamts und des Bundessozialgerichts. In: Duetscher Sozialrechtsverband (Hrsg.), Entwicklung des Sozialrechts Aufgabe der Rechtsprechung. Festgabe aus Anlass des 100jährigen Bestehens der sozialgerichtlichen Rechtsprechung, 1984, S. 575ff.；Selbstverwaltung als mittelbare Staatsverwaltung：ihre verfassungsrechtliche Problematik. In: Gäfgen (Hrsg.), Neokorporatismus und Gesundheitswesen. Gesundheitsökonomische Beiträge, 1988, S. 253ff. 专门的论述有：Krause, Möglichkeiten, Grenzen und Träger des autonomen Sozialrechts. In: Vierteljahresschrift für Sozialrecht 1990, S. 107ff. 对于另一个显著不同的方面的论述见 Krause, Das Paradoxon der Mitwirkung von passiv Sozialbetreuten. In: Braun u.a. (Hrsg.), Selbstverantwortung in der Solidargemeinschaft, 1981, S. 101ff.

[45] Krause, Rechtsgutachten zur Vereinbarkeit der gesetzlichen Bestimmungen über die Beitragssatzgestaltung der Krankenkassen, insofern diese unterschiedliche Beitragsbelastungen der Versicherten nicht verhindern, 1987.

择性中层领域的最大限度的延伸,形成了社会福利法宏观领域的景象。其中也仍然表现出福利社会国家目的的开放性、多样性和矛盾性与具体实现的部分性和片面性之间的张力。

6. 联邦与州

最后,联邦与各州通过它们的立法(直接的或监督性质的[46])、行政与政策责任,同时也通过社会福利待遇财政上的分工构建了一个整体框架。然而,另一方面,它们的意义却是非特定的。它们自身并非社会福利法的基本要素,也非构成单元。这种交织框架是社会法教义学困难性的最强烈表现。

7. 社会福利法、主要生活规范和补充性规范

社会福利法是与生活相伴随的法律。对"社会状况"、待遇情况与福利待遇的看待,不能脱离那些规范既有生活事实的法律:劳动法律[47]、规范其他职业行为的法律、家庭法、[48] 关于需求满足的法律(买卖、租赁等)、刑事法

---

[46] *Krause*, Aufsicht in der Sozialversicherung. In: Deutscher Sozialgerichtsverband (Hrsg.), Sozialrechtsprechung: Verantwortung für den sozialen Rechtsstaat. Festschrift zum 25jährigen Bestehen des Bundessozialgerichts, 1979, S. 185ff.

[47] Peter Krause 以名为《唯心论哲学中的劳动学说及其对劳动的意义》的哲学博士论文(Saarbrücken 1966)开始他的学术生涯。关于劳动法与社会法的关系见 *Krause*, Der Arbeitskampf in der Sozialversicherung. In: Der Betrieb 1974, Beilage Nr. 14.

[48] *Krause/Ruland*, Unvollständige Familie und Auflösung der Ehe im Sozialrecht. In: Zeitschrift für Sozialreform 1969, S. 129ff., 200ff., 260ff.; *Krause*, Ein neues Modell für den Familienlastenausgleich. In: Zeitschrift für das gesamte Familienrecht 1969, S. 617ff.; Fragen der sozialen Sicherung der geschiedenen Frau, In: Ewangelische Akademie Bad Boll (Hrsg.), Das Recht der verheirateten und geschiedenen Frau, 1971, S. 58ff.; Soziale Versicherung der Frau Risiken, Rechtslage, Reform. In: Politische Akademie Eichholz (Hrsg.), Probleme der Sicherung der Frau in unserer Industriegesellschaft, 1971, S. 18ff.; Die verfassungsrechtliche Zulässigkeit des Regierungsentwurfs eines Gesetzes zur Neuordnung der hinterbliebenenrenten sowie zur Anerkennung von Kindererziehungszeiten in der Gesetzlichen Rentenversicherung. In: Deutsche Rentenversicherung 1985, S. 254ff.; Die Familie in der Rentenversicherung 1986, S. 280ff.; Ehe und Familie im sozialen Sicherungssystem. In: Der Schutz von Ehe und Familie. Essener Gespräche zum Thema Staat und Kirche, Bd. 21, 1986, S. 45ff.; Familienlastenausleich und Sozialrecht. In: Bottke (Hrsg.), Familie als zentraler Grundwert

律[49]。社会法教义学必须找出理清关联的途径,令这些关联发挥作用并予以阐述。

8. 功能上的等值

有三个维度必须予以考虑。第一:社会福利法是外化的社会福利待遇,然而内化的解决方式(如劳动法或公务员法)有时也能承担类似的任务。第二:社会福利法是公法,然而私法解决方式(商业保险、需求满足的提供商之间的竞争)所表现出来的社会能量也可善加利用,以达到最佳的福利社会影响。第三:与税法的关系是一个非常复杂的领域,各种关键的和补充的功能在其中错综交织。对所有这些进行总结、理解与阐述,也是社会法教义学的任务。

9. 国家性、超国家性、跨国性

社会法是与生活伴生的法律。与其紧密相伴的生活,指的是在国家内的和跨国性的生活。在国内的生活主要由国内法进行规范,欧洲法与国际法亦可参与其中。超国家性的生活要视其是发生在欧盟内部还是欧盟之外。对于欧盟内生活的规范,欧洲法采取特定的方式,国家法作为补充,国际法只起边缘作用。在欧盟外的生活则由国内法和国际法规范。规范超国家生活,不仅要通过对国内社会法的补充与对接,还要通过涉及国籍、居留及对国家内各种生活可能性的普遍参与的法律。社会法教义学必须对这些关联加以整合。

(三)问题

法律制度的基本模式有纵向和横向两种。纵向:国家-公民-关系的法律制度。权限与责任"在上",自由与服从"在下"。横向:法律作为平等之下的规范和作为各种共同自主的规范;或者作为团结(家庭内部的团结、自由形

---

demokratischer Gesellschaften. Interdisziplinäre gesellschaftlcihe Gespräche an der Universität Augsburg Bd. 3, 1994, S. 185ff.

[49] Krause, Die Sozialversicherung – keine ergänzende Haftpflichtversicherung. In: Neue Juristische Wochenschrift 1982, S. 2293ff.; Reformbefürftigkeit § 116 Abs. 2 SGB X. In Zeitschrift für Sozialhilfe und Sozialgesetzbuch 1983, S. 1ff.

成的联合体或自由承担的行动中的团结）的规范。这种基本模式产生了变化。首先是平等之下的法律被改变了：一般是福利社会目的被引入一个规范关联中（如在劳动法中被引入一个横向规范关联，在公务员法中被引入一个纵向规范关联）。在这些情况中，规范关联的原始特征能否保持其操控能力，具有决定意义。

社会福利法摇摆于这两种基本模式之间。在横向维度中，社会福利法组织了团结共同体，在纵向维度中，它表现出的不仅有国家的责任与权威，还有个体的依赖与服从，以及个体的私人共同体。随之而来的是各种各样的目标，它们的多样性可能会升级为矛盾对立——目标的实际转化越具体，这种情况就越常见：基本生存保障；对不平等也加以保障的社会保障；对不合理的不平等的否定，在它的实践中暴露出各种平等与不平等、合理与不合理的簇群。社会福利法借助于对人群、"社会状况"和福利待遇的各种划分，亦借助于自由与约束、增负与减负之间的各种关系来实现这些目标。社会福利法就是以各种不平衡应对各种失衡的法律。比起被平衡了的失衡，这种不平衡的倾向是更好、更安全、更平等，但它始终仍是一种不平衡。社会福利法不是自成一体的封闭制度中的法律，而是终端开放的结构中的法律。在社会法中，法教义学始终能够找到可以自我支持的固有规律性，但也会不断发现荒谬、失衡、开放的端点。这个问题在大大小小的团结共同体为了实现"富人"与"穷人"之间的再分配、劣势与优势之间的平衡，以及付出与回报之间的交换而彼此联合时显得尤为突出。这些关联延伸的时间越长，问题就越突出。关于社会保险的"非保险待遇"[50]，"财产"法律形式[51]在社会福利法中的嵌入，以及代际契约、代际公正和代际团结观点的讨论，就是这一问题的重要例证。

正是由于存在这些困难，社会法教义学承担的任务非但没少，反而更多。它能够更充分地发挥出自我支持的固有规律性的潜能，能够让与自我支持的固有规律性的边缘相联结的风险显现出来，甚至可能开发出拓宽自我支持的固有规律性空间的道路。

---

[50] *Krause*, Fremdlasten der Sozialversicherung. In: Vierteljahresschrift für Sozialrecht 1980, S. 115ff.; dass., Bitburger Gespräche, Jahrbuch 1979/80, S. 249ff.

[51] *Krause*, Eigentum an subjektiven öffentlichen Rechten, 1982.

(四)法律的决定层面

在某个层面的法律中,政策一方面表现出确定的规范性,另一方面决定性地操纵着参与者的行为。社会法教义学的目的就是必须弄清与阐明这个法律层面。这就是国家制定的法律和对制定法予以补充的不成文法的层面。对法教义学来说,认真对待这一层面非常重要。归纳、领会与阐明它的固有规律性,是法教义学对于政策和法律使用者与相关者的意义所在。

预先性质的设定,如宪法与欧洲法中的相关规定,原则上规定了这个法律层次的适用条件,并且它们也是法律适用的合法性条件。将其吸收入法教义学的倾向,根据它们与事实和规范的关系的浓度而提高。然而不允许以此妨碍决定性层面的自我认知。

决定社会法的是前法律规范所具有的强大势能:公正、团结、参与、包容、互助、社会安全、基本生存保障。最普遍、最稳定、最有政治效果的词语是:否定不合理的不平等,创造"更多平等"。这种势能担负着并伴随着法律的政治形成及其解释与运用。它能强化法律及其运用,但也始终保持了多义性和开放性,以将批评、替代性建议和改变予以合法化。因此,社会法教义学与前法律规范的关系必须由区分的努力所决定。前法律规范的存在使得社会法与人道责任的联系变得明晰,然而它们的多义性和开放性也是制定法的教义学必须分头发展的原因。法教义学必须把现行法律容纳进来。

第四章
社会法领域的法律化 *

一、初步解释

（一）什么是社会法

1. 以德国式理解作为出发点

一份关于社会法领域法律化现象[1]的报告，其基本前提是首先得解释清楚什么是"社会法"。[2]在联邦德国，对社会法的理解已逐渐形成共识：社会法

---

* 本文最早收录于 *Friedrich Kübler* (Hrsg.), Verrechtlichung von Wirtschaft, Arbeit und sozialer Solidarität, Frankfurt a.M., 1985, S.11–72.

[1] 见 *Florian Tennstedt*, Zur Ökonomisierung und Verrechtlichung und Verrechtlichung in der Sozialpolitik, in: Axel Murswieck, Staatliche Politik im Sozialsektor, 1976, 139ff.; *Peter Widemeier*, Sozialpolitik im Wohlfahrtsstaat, 1976, 21ff., 101ff., 151; *Viola Grafin von Bethusi-Huc*, Das Sozialleistungssystem der Bundesrepublik Deutschland, 2. Aufl. 1976, 256ff); *Wilhelm Henke*, Die Sozialisierung des Rechts, Juristenzeitung, 35. Jg. (1980), 369ff.; *Rainer Pitschas*, Soziale Sicherung durch fortschreitende Verrechtlichung? – Staatliche Sozialpolitik im Dilemma von aktiver Sozialgestaltung und normativer Selbsbeschränkung. in: Rüdiger Voigt (Hrsg.), Verrechtlichung, 1980, 150ff.; *Eckart Reidegeld*, Vollzugsdefizite sozialer Leistungen: Verrechtlichung und Bürokratisierung als Grenzen der Sozialpolitik, ebda, 275ff.; *Jürgen Habermas*, Theorie des kommunikativen Handelns, 2 Bde., 1981, Bd. 2 522ff.; *Niklas Luhmann*, Politische Theorie im Wohlfahrtsstaat, 1981, 尤其是 94 页以下; *Renate Mayntz/Jürgen Flick*, Zur Diskussion um die Normenflut, Die Verwaltung, Bd. 15 (1982), 281ff.; *Rüdiger Voigt*, Gegentendenzen zur Verrechtlichung. Verrechtlichung und Entrechtlichung im Kontext der Diskussion um den Wohlfahrtsstaat. in: Rüdiger Voigt (Hrsg.), Gegentendenzen zur Verrechtlichung, 1983, 12ff.

[2] *Felix Schmid*, Sozialrecht und Recht der sozialen Sicherheit. Die Begriffsbildung in Deutschland, Frankreich und der Schweiz, 1981. 关于极其复杂的国际研究结果亦可见此文中所引用的较早文献.

是以它的福利社会政策目的为特征的法律。然而,福利社会目的在福利社会国家中是普遍存在的,其他所有法律也被它打上了烙印。同样显而易见的是,在不同的规范领域,福利社会目的表现出千差万别的浓度,对法律施加影响的方式与强度也千差万别。差不多可以说,法律受社会政策目的的影响越大,就具有越多的"社会法"资格,反之则越少。这样一个"开放的社会法概念"包含了一个清晰的核心地带,越往外延伸资格力就流失得越多。然而概念的形成就取决于这种资格力,因此自然需要进一步确定这个清晰的核心地带。困难之处在于,某些法律领域确实源自于社会政策(原生的福利社会法律),而其他的则是早于社会政策,是被其改变或以某种方式加以利用(次生的福利社会法律)。这一意义上的原生福利社会法律就是社会福利法(社会救助法、社会保险法等),[3]次生的有劳动法、"合理租赁法"等。然而除了原生的福利社会法律外,用以衡量法律所受到的福利社会影响或者是否具备福利社会特征的尺度却并不统一,且受到主观经验与评价的干扰,因此把法律划分为"福利社会的"或"非福利社会的"这样的明确"归类"是不可能的。考虑到这些因素,恰当的方式是把受社会政策影响的、无法再进行区分的法律(次生的福利社会法律)统称为"福利社会的法律"或"广义社会法",而把原生的社会福利法从"福利社会的法律"中拣选出来,称为"社会法"或含义更加浓厚一些的"狭义社会法"。[4]

以上所述须基于一个前提:"福利社会的(sozial)"和"福利社会政策的(sozialpolitisch)"词义本身不存在疑问。事实上,一般含义的"sozial"概念[等同于"gesellschaftlich(社会的)"或"gesellschaftsgebunden(与社会相关的)"][5]在这里并不适用。这里适用的是一个狭义的、社会批判性和政治性的"福利社会(das Soziale)"概念。它自19世纪随着"福利社会运动"的出

---

[3] 相关例子见 *Hans F. Zacher*, Einführung in das Sozialrecht der Bundesrepublik Deutschland, 1983, 9ff.

[4] 相关补充见 *Hans F. Zacher*, Zur Anatomie des Sozialrechts, Die Sozialgerichtsbarkeit, 29. Jg. (1982), 329ff.;及同一作者, Der Sozialstaat als Aufgabe der Rechtswissenschaft. Gedächtnisschrift für Leontin Constantinesco, 1983, 943ff. (尤其是953页以下)

[5] 更多例证见 *Hans F. Zacher*, Sozialpolitik und Verfassung im ersten Jahrzehnt der Bundesrepublik Deutschland. 1980, 18ff.

现开始使用，并在 20 世纪以"福利社会国家"原则上升到宪法中。[6] 由此衍生出的"社会政策（Sozialpolitik）"[7]最早是指对弱势群体的帮助，最典型的例子就是把"福利社会问题"与"劳工问题"等同起来。由于对这些群体的帮助不可能是无条件的而只能根据实际状况提供，所以社会政策是以状况为依据的，这些状况能把风险和可能的帮助同时以特殊方式表现出来。社会保险的各种基本风险（疾病、年老、伤残等）便是其典型类型。但是不断出现的新群体和新情况都在要求社会政策的介入，以至于它最终被理解为是对个人及其生存的社会群体的状况（首先是社会成员的经济状况）的一种全面关怀。[8] 同时也产生了有关干预的各种既含义复杂又彼此交错的原则：最基本的消除贫困原则（积极的说法：保障基本生存）、强调平等的减轻生活水平差异原则（通过取消、减轻或控制人身从属性，通过提供机会平等，通过再分配），以及社会安全原则（针对所谓"生活变数"的保障）。

虽然很容易举例说明什么是"福利社会"、福利社会的要求与结论也很明显，但是它的边缘地带却很广阔且没有清晰的边界。[9] 注意到这一点非常重要，因为出发点的多重性（群体与状况）和福利社会干预的最大化，很容易导致有些问题及问题的解决被认识到是"福利社会性质的"（或令其成为"福利社会性质的"），而另外一些类似的问题及其解决却没有被冠以"福利社会"之名。在历史事实中，对"福利社会问题"的挑选依赖于社会与政治关系的复杂簇群及其接合。"福利社会"不是一个自我封闭的特殊领域，而是一个所有福利社会问题及其解决的总括，它们被认识到并被称为"福利社会的"，经历了一个讨论和达成大致统一的过程。比如最初"劳工问题"被认定为是"福利社会问题"，可是其他许多社会问题并没有被这样认识并解决，或者它们根本不被视为是"福利社会的"。这种情况在今天仍是如此。虽然形势多变，"福利社会的"这个标签仍是国家政治和宪法上最令人印象深刻的标签之一。它不

---

[6] *Güter Dürig*, Verfassung und Verwaltung im Wohlfahrtsstaat, Juristenzeitung, 8. Jg. (1953), 193ff. (196)："基本法的决定是对整个福利社会运动的整体决定"。

[7] *Eckart Pankoke*, Sociale Bewegung, sociale Frage, sociale Politik：Grundfragen der deutschen "Sozialwissenschaft" im 19. Jahrhundert, 1970, 167ff.

[8] *Heinz Lampert*, Sozialpolitik, 1980, 166ff.："从按阶层的保障政策到共同的社会政策"。

[9] 见 *Luhmann* 的观察（注 1），7ff. 从特殊的"福利社会"倾向提升为普遍的"福利国家"。

仅被那些根据事实能够适用的情况使用着，也被那些出于历史原因"取得"此名或者具有自诩此名的政治能力的情况所占用，而有些应该得到此名的社会现象却一直徘徊在"福利社会的"称谓之外。[10]

这种"福利社会"概念的根本上的不确定，必然也包括了从法律的福利社会特征而推导出来的社会法概念的不确定，甚至是社会福利法这一范围较窄（狭义社会法）的概念的不确定。[11] 只有当关于集体出于福利社会目的提供给个人的货币、服务或实物待遇的法律，与那些仅是涉及福利社会变迁的法律（如住房法）[12] 被明显区分开来，这个概念才能清晰化。这种清晰化不可能通过明确定义什么是社会福利待遇什么不是而实现。例如，对疾病的治疗何时属于社会福利待遇何时又不是？答案取决于许许多多的规定、组织，以及社会和政治观点的具体情况。

2. 国家差异

因此可以理解，各国的社会法从概念到内容都大不相同。[13] 有时根本不能进行构词上的比较，有时在法律语言中只好姑且采用较晚出现且较为狭义的"社会保障"概念。在法国，虽然"droit social（社会法）"已在专业术语中有了稳定的一席之地，但它完全受到把劳工问题等同于福利社会问题的影响，被作为纯粹为雇员建立的福利制度与社会保障制度而在劳动法和社会保险领域使用着。在英国，则先天就很难给"social law（社会法）"这个构词设定一个含义。盎格鲁撒克森语言中的"welfare law（福利法）"或"social security legislation（社会保障法）"的含义最接近于德国所使用的"Sozialrecht（社会法）"。

从英语中出现的问题不难认识到，"社会 – 法"这个概念的两个要素，无论是自身还是其结合，都可能导致歧义。"social"并不能简单等同于

---

[10] *Manfred Groser/Wolfgang W. Veiders*, Die neue soziale Frage, 1979（其中有详细的参考书目），153ff.

[11] 原生的福利社会法律。

[12] 次位的福利社会法律。

[13] 见 *Schmid*（注 2）.

"sozial"。[14] "social policy（社会政策）"是一个较晚出现的概念。[15] "Sozialstaat（福利社会国家）"是"welfare state（福利国家）"中的一种，此外"welfare"这个词亦可是"social"的另一种说法。以上这些也决定了具体内容上的差异，因为内容十分依赖于意识与称谓。另一方面，并不是所有能被称为法律的规范与制度都以同样的方式服务于福利社会政策并受福利社会目的影响。在有些国家，比如英国，法律始终被认为是一个由规范与制度形成的、原则上自发发展的构造，它与那些受政治意愿决定的法律（所谓的"statute"）遥相对立。这些国家的法律制度内部存在着与各种福利社会功能相对应的角色分工。[16] 澄清一下：所有这些并不是说，在盎格鲁撒克逊国家就找不到这里所说的社会法。但它不会以同样的方式被命名、挑选、归纳、分类与体系化，而是很有可能采用其他方式被命名、界定和归类。

假如把这个话题再深入下去，只怕会离题过远。就目前的研究进展来说，也无法把它完全解释清楚。这里只能采取以下方法解决这个难题：下面的思考皆是从德国情况出发。也即这里所指的社会法领域是德国理解中的社会法，尤其是当涉及德国如何采用社会法的实质性[17]概念，[18]这个概念又如何在特殊尺度内通过普遍性与开放性凸显自己（虽然是以不确定性为代价）并令自己立足于最基本的功能性出发点，[19]且这个过程并不会导致对由概念不同所体现的内容差异的忽视。

---

[14] *Michael Zöller*, Welfare – Das amerikanische Wohlfahrtssystem, 1982, 7f.
[15] *Werner Cahnman*, *Carl M. Schmidt*, The Concept of Social Policy. Journal of Social Policy, vol. 8, 1979, 47ff.
[16] 见 *Rosalind Brooke*, Law, Justice and Social Policy, 1979；*D.G.T. Williams*, Judicial Restraint and judicial Review：The Role of the Courts in Welfare Law, in：Martin Partington and Geoffrey Jowell (ed.), Welfare Law and Policy, 1979, 101ff.
[17] 与形式性社会法概念相对应。形式性概念如：社会法是指社会法典中规定的法律。
[18] *Schmid*（注 2）.
[19] *Hans F. Zacher*, Was ist Sozialrecht? In：Sozialrecht in Wissenschaft und Praxis, Festschrift für Horst Schiekel, 1978, 371ff.

（二）关于社会法中的法律化问题

1. 总述

"法律化"问题[20]一般来说是个批判性问题。它的前提是：法律已经过分增生；它已经扩张到了它不能或不被允许扩张的对象；它的强化或分化已经超出了一个适当的限度。从不同的观察角度出发，这种增生还可能出现在当规范类型、法律机制、法律技术及法律的制定者与使用者偏离"自身"领域而侵入"他方"领域之时。"法律化"意味着法律相对于非法律（即完全不受规范约束的领域或者非法律性的规范体系）的一种杂交变异，或者是法律的种属（权威性、机制、技术）相对于其他法律种属的杂交变异。就这点而言，法律化的前提是存在一个"正确的法律"概念，但当谈到"法律化"时，不必把这个概念也解释一遍。关于"法律化"的讨论也可能是因为法律存在功能上的不协调，也即是一种综合性问题，它可能产生于对法律或法律种属所遭遇的社会关系缺乏评判，以及怀疑是否能通过法律的发展改变这种令人不满意的状况。

因此，对"法律化"的讨论充满了大量的不确定。归根结底，这种讨论是以——如前所述——一个"正确的法律"的概念，法律的"正确"发展，法律内部、法律与其他操纵机制之间、法律规范与其他规范之间的"正确"角色分工为前提的。这个概念从何而来？它是如何产生的？谁有资格定义它？如果讨论是从综合性问题、从令人不满意的社会关系状况出发，那么首先要回答的是对它们的评价标准问题，紧接着要回答这些令人不满意的社会关系是由法律的发展还是由于其他原因导致。因此对"法律化"的讨论在这种情况下同样很容易成为"冒险"。这种讨论无论如何都要面对复杂的关系，并可由千差万别的起点引发。

如果讨论发生在社会法领域，则遇到的困难会更多。社会法的"正确概念"从何而生？影响上面提到的社会法形成的困难，有它的不间断变迁导致的复杂性、它较晚产生的科学属性，以及正确的福利社会内涵和正确的法律形式之间的落差。如果讨论的是综合性问题，那么由于社会法——如同决定它

---

[20] *Voigt* (Hrsg.)（注1）；Habermas（注1）；*Joachim Schlicht*, Verrechtlichung der Gesetzgebung, 1982, *Rüdiger Voigt* (Hrsg.), Gegentendenzen zur Verrechtlichung. 1983.

的社会政策一样——是以那些所存在的令人不满意的关系作为调整对象，而且其目的与技术即便是在前法律范围也存在争议，因此先入之见是很难有说服力的。如果讨论的是社会法中的法律化，那么问题是：法律什么时候是适当的、什么时候是不适当的？要求什么时候是可能的、什么时候是不可能的？目标什么时候符合福利社会的实质、什么时候是错误的？

2. 国际方面

这些困难在进行国际比较时表现得更为明显。在联邦德国，有关社会法法律化的讨论是在三个前提下进行的：第一、福利社会国家制度的持续发展；第二、发展具有鲜明的法律形式，如社会法与法治国家原则的紧密联系所表现的；第三、未被满足的福利社会期望与现实政治可能性滞后于已被认可的"规范"之间的落差。这几个前提，尤其是前两个，在其他国家表现得非常不同。在有些国家社会政策并未得到充分发展，在另外一些国家则法律并未能扮演社会政策手段与工具的角色。在这些国家不存在法律化问题，因为要么那些只有通过法律的帮助才能达成的社会政策目标尚无法实现，要么只有很小一部分社会政策转化成了法律，或者这两种原因兼而有之。

把法律化的讨论引入一个至今尚未进行过这种讨论的外国社会法体系是不可行的。一上来就认定某个国家存在"正确的"法律并在此基础上考虑法律化问题，是不是太冒失了？怎样才能从外部来讨论某个法律是不是"正确的"？社会法的独特性已经使得说明什么是"正确的"社会法，以及把社会政策问题与法律问题分离开来都相当困难，因此，如果不对一国的社会法进行最彻底的研究，不把它的方方面面都弄清楚，就完全没有可能从外部对该国的社会法法律化进行研究。

（三）关于下面的讨论

因此下面的讨论中必须把"**社会法领域**"的内容按照**德国式**理解进行定义：广义的社会法指的是受社会政策影响的法律，狭义的社会法则是指社会福利法。讨论的重点放在**狭义社会法**即**社会福利法**上。其他法律制度中的概念及其决定因素这里不会涉及。对讨论具有决定意义的是，由于实体结构原因，社会政策和社会法的互动[21]中所产生的问题在各国都会出现。所以必须首先对**这些问题直接**进行分析与描述，外国社会法与比较法研究中得出的经验[22]会在其中起到作用。一上来就分别归纳与描述各国法律制度中"社会法领域的法律化"并在此基础上进行比较得出结论，是行不通的。

作者试图从这些问题开始，首先介绍可以用来研究社会法领域法律化的**多个角度**。法律化讨论容易犯的错误是只从个别角度片面进行研究而忽略了其他方面。即使从比较的角度来看也必须克服这个问题。然而对各个角度的每个方面都详加解释，尤其是对与各种法律制度的关系都予以阐述，也超出了本文的可能性。比如评价就是很次要的一个方面。上面曾提到："法律化"的讨论是由某种不协调状况引发的，它被引向的是一个症候群。无论是所提出的价值标准，还是应受标准检验的各种状况的要件，都没有也不可能得到充分的阐述与解释。在这种情况下，似乎有必要首先采取一个既宽泛又细致的问题视角。

从社会法问题出发的可能路径有两条，它们在对社会法领域法律化整体现象的把握中可以互为补充：

- 关于社会法"位置"的问题和社会法法律化"位置"的问题，
- 关于法律化表现形式的问题。

有必要同时采取这两种方式进行研究，虽然这样做可能会导致重复。最后会对各个方面进行简略评价。

---

[21] 在德国，对此问题的讨论除了注 1 中所引用的文章，还有 *Hans F. Zacher*, Das Sozialrecht im Wandel von Wirtschaft und Gesellschaft, Vierteljahresschrift für Sozialrecht, Bd. VII (1979), 145ff.；同一作者, Rechtswissenschaft und Sozialrecht, Die Sozialgerichtsbarkeit, 26. Jg (1979), 206ff.；同一作者, Sozialrecht und Soziale Marktwirtschaft, in: Im Dienst des Sozialrechts, Festschrift für Georg Wannagat, 1981, 175ff., 在此文中还可找到更多参考文献，尤其是关于外国的讨论情况可见 *Julius*, *Stone*, Social Dimension of Law and Justice, 1966, 151ff.；*Brooke*（注 16）；*Partington* and *Jowell* (Hrsg.)（注 16）.

[22] *Bernd Schulte*, *Hans F. Zacher*, Der Aufbau des Max-Planck-Institut für ausländisches und internationales Sozialrecht, Vierteljahresschrift für Sozialrecht, Bd. IX (1981), 165ff.；ergänzend Jahrbuch der Max-Planck-Gesellschaft, 1982, 765ff.

二、社会法和社会法中法律化的"位置"

（一）福利社会问题在法律中的内化与外化解决方式

社会法法律化的过程，是一个越来越多的法律由于福利社会理念而被修改——分化、充实、加强实施——的长期过程。出于福利社会目的，对现有的关于劳动、就业、财产、家计以及需求满足的方法与途径的法律不断进行补充，使得一个新的法律层次（社会福利法）得以持续发展。另一方面，这种发展也对既有法律产生了多方面影响，并赋予那些最初由既有法律调整的生活关系以"第二重秩序"。[23]

1. 福利待遇和风险的问题场

社会法发生发展自一个基本构想：每个成年人都应具有通过（从属性或自主性的）劳动获得自己与家人（配偶和子女）生存资料的机会。这个基本构想不仅是一个包含了可能与现实的偏差与例外的规则，它还允许把各种例外情况作为社会福利赤字进行接受与评估，并采取补救措施。社会法最初就是那些把成文法的例外情况定义为社会福利赤字并通过一种或多种方式予以平衡的法律的汇集。

这个规则的要素：

- 劳动能力带来收入，
- 收入足以满足挣得收入的人及其扶养单元的需要，

还点明了三个中心的作用与问题场：

（1）**劳动与收入**：劳动的社会组织，以及连接劳动与收入的介体。

这里当然也得提到令这幅图画明显变得复杂的**财产**因素。**正资产**可以补充和代替收入（进而令劳动成为多余），尤其可以减轻劳动能力降低和收入丧

---

[23] 见注4中的引用，以及 *Henke*（注1），*Zacher*, Sozialrecht und soziale Marktwirtschaft（注21），英语文献有 *Stone*（注21），144，152 及其中的引用．

失造成的后果。**负资产**（比如负债）则会削弱正资产和收入，威胁到需求的满足和生存。

（2）**需求满足**：通过私有经济性质的和行政性质的社会组织对用来满足需求的物品进行准备。

（3）**扶养单元**：在这个单元中，收入转化为生活费用，需求则通过日常生活如扶养照顾等得到满足。

在劳动带来收入、收入满足扶养单元需要这个基本准则的执行过程中存在着风险（例如在有危险的劳动中、在家庭义务未能完成的情况下、在疾病治疗时），规则的实现因此遭到限制，出现了社会福利赤字（失业、伤残、养家者死亡、"无力支付"治疗费用等）。风险与赤字就是福利社会所面临的挑战和干预的对象。

这些福利社会问题（福利社会风险与赤字）形成于上述三个场中（但却很少局限于场）的内部。**大部分福利社会问题都产生自各个场的相互依存关系中，并至少从这种相互依存中获得了它们的特殊性**。如：

（1）劳动能力的降低和收入的减少意味着满足需求和扶养能力的降低。

（2）扶养者的死亡切断了由他连接的劳动能力／收入场和扶养单元场之间的联系，由此而产生的扶养单元需求满足能力上的后果是显而易见的。

（3）需求问题，当随需求（如疾病治疗）而来的是劳动能力的缺乏，是一副面孔；当需求（如孩子患病）使得扶养者负担加重，则是另一副面孔。

2. 外化解决方式的必要性

但是，仅在问题产生的场中解决问题通常是不够的。譬如在现代国家，当某个残疾人持续失去工作能力，除了通过税收支持的社会福利措施替代其劳动收入，别无他法。在"先天"问题场中找出的解决方案往往得自于这些"先天"问题场之间的相互关联中，即那些尤其与社会福利赤字平衡和社会福利待遇相关之所在。除了采用**内化的解决方式**，还有**外化的解决方式**："内化"是指，现有的生活规则，如劳动组织、住房政策和教育事业等，是根据福利社会目的形成（或调整、修改）的；"外化"的含义则是，社会修正出自这种相互关联，并且仅作用于某一特定层次。如：

    （1）劳动保护和雇主的工伤责任形成了一个"劳动风险"问题的劳动法上的内化解决方式，工伤保险则是这个问题的一个外化解决途径。

    （2）把扶养义务扩展至更大的家庭范畴是解决扶养单元缺陷的一种内化方式，而儿童抚养津贴、养老金、遗属保障等则是外化方式。

    （3）免费大学教育是一种内化的需求解决方式，教育促进这种福利待遇则是与之相关的收入与生计问题的外化解决方式。

社会福利赤字及其消除因此形成了一个在两个维度间波动的群：关于问题场的归类和关于内化与外化解决方式之间的选择。由于具有依附性，社会风险的位置是固定的：在劳动生活、扶养单元和需求满足关系（如大学教育或护理关系）[24]之中，甚至也可能出现在福利社会制度自身之中。[25] 但对赤字（如劳动能力、收入或生活费用的缺失，或因生病等情况而导致需求增加）的**平衡则有多种可能性供选择**：可在不同的问题场（劳动/收入，需求满足，扶养单元）或在内化与外化方式之间予以解决。即便是外化解决方式，也得归类于已存在的问题场。社会政策的历史因此就是一部关于"正确"方案选择的"寻找与试错"史。

3. 法律中的内化和外化方式

劳动与收入、需求满足和扶养单元的基本实质结构，以及由此产生的福利社会问题的内化与外化方式之间的选择，对应着两大法律关系：

- 一方面是（1）劳动、收入和财产的**实体规范**，（2）所需物品的生产

---

[24] 不可忽视的是外化解决方式可以消除从属性。比如疾病津贴可以减轻由于雇员不能工作而产生的工作关系紧张，给予雇员更大的自由去承受他的不能工作。

[25] 例如社会福利待遇给付时的歧视和依附关系(尤其是在服务和实物待遇情况下)。

与分配，(3)扶养单元：内化解决方式的领域。
- 另一方面则是关于社会福利待遇的法律，即真正的社会法：外化解决方式的领域。

(1) 既有的实体规范

首先讨论实体规范。我们可以在以下场中发现：

A. "**劳动与收入**"场中是劳动法（为人身从属性劳动中劳动力的使用而制定）及其他与个人能力的自我实现有关的所有规定（劳务合同法、人合公司法、农业法、自由职业法、营利企业企业主法，等等）。

如果考虑到**财产**因素，就应把以下法律也包括进来：保证长期使用劳动收益的法律，如著作权法；允许收入积累和收益与财产投资的法律，如土地法、资合公司法、金融法、储蓄与置产法等。同样属于这里的还有关于责任和债务负担的规定（劳动法性质的对有危险的劳动、责任限定和扣押起点等的规定）。

这个领域最显著的特点是给我们提供了一个工作与收入法律的"总览"：劳动与收入的法律关系是"积极的收入法"，支出造成的收入减少是"消极的收入法"，通过社会福利待遇替代收入是"补偿的收入法"。而作为收入积累、以财产收益为收入来源、以财产消耗为收入替代、以责任为收入约束、以限制责任来保留维持生计和需求之收入的框架规定的财产法，也可归于其中。

B. 在"**需求与需求满足**"的场中，我们遇到的是由公法与私法共同构成的按等级划分的法律体系。从私法上的最基本的一般性规定直至职业法与消费者保护法中的特殊限制，共同构成了私有经济性质的有关食品、衣物、服务、住房等保障的框架。与其相伴生的则是国家责任始终占据较大比重的领域：提供抚养、教育和家庭之外的培养、疾病治疗和医疗机构护理等。我们所发现的一部分是具备较强公法形式的商业性供应（如各州的医生法，它们并非完全的"国家健康服务"），另一部分则是公法性质基本保障的机构化供应（如学校与国家健康服务），此外这一部分还包括许多福利社会性质不很典型的供应，如水供应、交通服务等。[26]

---

[26] 基本保障与福利社会干预之间的关系见：*Zacher*（注5），37ff. 这种干预从特殊性的"福利社会国家（Sozialstaat）"扩展到普遍性的"福利国家（Wohlfahrtsstaats）"，见 *Luhmann*（注1），7ff, 25ff. 在60和70年代，尤其是在关键词"生活质量"之下展开了对这种扩展的讨论。

C. 较为简单的是**扶养单元场**。这里主要由家庭法调整。

上述法律领域所面对的就是福利社会的使命，即通过一个本质公平的、有效率的和福利社会的形式来施加作用，尽可能满足劳动力、收入、需求、需求满足和家庭生计之间和谐化的基本设想，并加强个人克服生活变数的能力（如通过自我社会预防、通过扶养单元中的团结互助）。这一使命本身就会导致法律的修改、分化与强化，即会导致某种类型的法律化。

如果这里只描述法律的修改而不提新法律的制定，就无法说明伴随法律的福利社会发展而到来的革新程度。让我们回顾一下集体劳动法的情况：在这个领域，新的法律执行者和法律工具的创立（或者至少是认可）不仅是在企业层面，还出现在劳资协定自由的层面。这就可以用来在已给出的关联中对法律化的程度与方式进行说明。调整对象实际上还是原来的：劳动、收入及财产。法律化涉及的是克服制度内部存在的风险，以及抵御、消除与平衡原有作用场中各种社会福利赤字的程度与方式。

(2) 社会福利法

当劳动、收入与家庭生计这一基本单位中存在的缺失，以及需求、收入与家庭生计之间的不协调，只有通过由集体对收入与家庭生计予以替代或者适当进行补充才能充分平衡和修正，或者只有通过提供廉价乃至免费的公共待遇才能满足需求，就意味着从最根本的意义上跨过了一个门槛。一般性的（如国家、城市等）或特殊性的（如社会保险经办机构）社会团结联合体，承担了平衡社会福利赤字的工作。由此而能解决的就不仅是存在于既有场中的赤字了，还可以从社会整体利益角度出发通过一般性法律发现、定义和平衡新的赤字。在福利社会修正的这一"高层次"上，一切都可能无限，亦有可能有限。至于到底会发生什么则取决于决策，通常都是以法律形式出现的决策。

更具体地说：我们进入的是社会福利制度的领域（尤其是社会保障制度和社会促进制度），在法律制度中即是社会福利法，亦即狭义社会法。[27] 这在德国体系中指的是：社会保险法（医疗、养老、工伤与失业保险）、社会补偿法（战争受害者保障、犯罪受害人赔偿等）、特殊的救助与促进法（儿童津贴、生

---

[27] 见 A.I.1，注 4 之前。

活补助、青年福利、教育促进、就业促进与住房津贴),以及一般性的社会救助制度。[28] 重要的是要看到,这些制度是与各种千差万别的待遇类型联系在一起的,除了货币待遇,还有服务待遇和实物待遇。只要看看法律的状况,再进行一下国际比较就会发现,重要的并不仅是福利社会干预的"主题"(如疾病、年老,残疾),而是还有干预的内容与方式(如在货币待遇尤其是收入替代性待遇和服务与实物待遇的对比中所清晰呈现的)。[29]

还有两个同样既相似又不同的福利社会问题外化解决的法律部门:**商业保险法**和私人 [至少是自由的(非国家的)] **慈善法**。这里只是略提一下。

(3) 相关领域

并非所有与福利社会政策相关的重要法律都得具备以上要素。如**捐税法** [30] 的征收、免除和提供资金的功能在所有法律领域都起作用。不予征收是给予的另一种方式;[31] 征收则是为了能够给予。免除捐税可以增强自我保障能力;特殊形式的征收(缴费)则可以通往外化的社会预防。[32]

刑事法律 [33] 给上述所有法律以支撑,但无奈它自身也在造成社会损害。

然而在外化的社会政策解决方式与既有实体规范的对立中,这些相关的

---

[28] 详见 *Zacher* 的举例(注 3)。

[29] *Jacques Fournier* 和 *Nicole Questiaux* (Traite du Social,第 3 版,1980,76ff.,1091) 把福利社会干预分成三部分:(1) 对商业行为的规范,(2) 货币资源的转化,(3) 商品与服务的提供。在上文的意思中,对商业行为的规范意味着对既有法律领域的福利社会入侵,货币资源的转化和商品与服务的提供则对应社会福利法。

[30] 见 *Paul Kirchhof*, Steuergerechtigkeit und sozialstaatliche Geldleistungen, Juristenzeitung, 37. Jg. (1982), 305ff.

[31] 关于捐税负担的"消极收入法"和关于社会福利收入的"平衡收入法"之间的竞争问题因此而加剧了。在与之相对应的劳动收入负担和社会福利收入形式的问题上,社会福利收入可成为劳动收入的一个"有趣"的替代品。由此而产生了困难的协调问题。可参见 *Hermione Parker*, The Moral Hazard of Social Benefits, 1982, *Dieter Birk*, Steuergerechtigkeit und Transfergerechtigkeit, Zeitschrift für Rechtspolitik, 12. Jg. (1979), 221ff.

[32] 这方面的法律比较可参考 *Hans F. Zacher* (Hrsg.), Die Rolle des Beitrags in der sozialen Sicherung, 1980.

[33] *Michael Stolleis*, Strafrecht und Sozialrecht, in: *Klaus Lüderssen*, *Fritz Sack* (Hrsg.), Kriminalpolitik und Strafrecht, 1980, 125ff.

法律领域与实体规范的联合体要更强大些：不同于天然的社会法，这些法律首先具备的是一般性的、不受福利社会事物支配的目的与功能。

4. 法律化的位置、途径与层次

"福利社会法律"的这种状况表明，以"社会法的法律化"为命题的进程已经发生并且持续发生于各个千差万别的领域和环境中。在这一过程中，通过**内化解决方式**塑造福利社会形态的条件是由各个已存在的生活与规范领域（劳动与收入/需求满足/扶养单元）所决定的。在"内化解决方式"的情况下，简化到极点的描述就是：两种"法律化过程"汇合到了一起。一方面是规定了面临福利社会干预的生活领域的法律，它的进一步发展取决于社会关系的发展、生活领域的调整需要、法律制度的整体发展；另一方面是由于福利社会干预而特别产生的额外的"法律化"，如果这种干预是以法律为手段实施的话。当然，实际上各种发展过程十分复杂，尤其是法律在某个生活领域的福利社会干预有可能会使得这一领域必须有专门的法律规定。总的来说我们面对的是一个宽广的阶梯：在它的一头，我们发现的是个人生活世界，它处于与被或强或弱规范着的经济与社会制度的互动中；在另一头，我们发现的是对围绕着个人生活世界的经济与社会制度的最大限度的规范与调整，这一头的最末端则是法律，它越来越深入，越来越细化，越来越广泛地侵入个人生活世界。[34]

与此相反，**外化的解决方式**（即社会法本身）天生就是一种"人为的"方式，至少它必须有组织和机制上的准备。至于它对法律的需要程度如何，首先一方面涉及它的内容与形式，另一方面则取决于宪法和特定法律的框架条件。但即使是不必须用法律予以规定的地方，也仍然存在着指向法律规定的"事实上的约束"，即对法律的基本依赖。因此外化方式本质上就是法律化的一种表现形式。只有通过法律才可能构造出外化方式所采用的新的特殊团结共同体，并通过"社会保障"措施实现令生活更加有保障的期望。当然并非人人都同意这一点。外化解决方式既有规范性的一面（行为有计划、期望有依据、执行有保证），也有机制性的一面（有组织、有行动）。所凸显出的问题既涉及它的

---

[34] *Habermas*（注1），Bd. 2，471ff.，510ff.，关于提到的各种现象可参见 *Sandra Burman*，*Barbara Harrell-Bond*，The Imposition of Law, 1978.

形式，也涉及它的政治法律氛围。把规范性因素极端缩小，令机制和行动按照设想成为决定性因素，一直都是一种可考虑的方案。即便在今天的联邦德国，它也仍然还是通过社会工作实现福利社会干预的背景思想，甚至是实质性的核心理念。在法国，作为整体性社会行动（action sociale）[35]的社会工作和其他社会政策行动被认为是"以法律作为补充"——与法律相关，但是具备独立性，并不以法律来定义。在英语国家，今天占主导地位的福利社会制度术语仍然是"议程（programm）"和"服务（service）"，[36] 即便它们是由法律规定的。然而有一点始终未变：民主法治国家中[37]的外化解决方式必须通过法律才能合法化，也只有通过法律才能达到相当程度的普遍性和可靠性。大多数情况下，法律最后都会超出给出的最低限度，因为用来补充或替代天然生活环境的外化方式的人为性总会导致新的解释必要和新的改变要求，而最有效的工具就是法律。因此外化解决方式自身就会导致进行性的法律化。

这种与外化解决方式相关的法律化的扩散途径有很多种。[38]生活被重新类型化，原本存在于无数表现形式和簇群中的生活状况如疾病、年老、劳动能力减弱及失业等成了法律上的事实构成，在此基础上建立起了完整的社会福利制度、财政制度和组织机构。不仅如此，现在所有参与者都得在这些法律事实基础上行事。[39] 它们还对既有的法律规定及其所涉及的生活环境产生作用，

---

[35] *E. Alfandari*, Aide Sociale – Action Sociale, 1974；*Bernard Lory*, La Politique d'Action Sociale, 1975.

[36] 某一部分也会令人觉得，这是想把经典的"法"的概念(不可使用，只被一个有限的法官圈子所掌握)与福利社会政策分离开来，以便用新的由法院解释的工具性法律概念和章程代替它。见注 16。

[37] 这些国家也许这样自称，也可能不这么自称。

[38] *Jean-Jacques Dupeyroux*, Droit de la Sécurité Sociale, 8. Aufl., 1981, 264ff.；*Urs Ch. Nef*, Der Einfluss des Sozialversicherungsrechts auf das Privatrecht, Schweizerische Juristenzeitung, 77. Jg. (1981), 17ff.

[39] *Habermas*（注 1），532："日常状况的重新界定"。

比如令劳动法与社会保险法[40]、社会救助法与扶养法[41]、侵权行为法与社会福利法[42]之间形成了联系。随着教育促进、养老保障、遗属保障等措施的实行，家庭生活不再是以前的模式。[43]外化解决方式建立起来后，生活受到法律的"双重"规范：通过直接的实质性法律规定和通过相关的社会福利法。

此外，外化解决方式中还产生了福利社会相互作用的新领域，它们存在于组织内部和组织之间，以及组织与其"公众"之间。[44]这些新的领域被夹在彼此方向相逆的法律化过程中，一方面它们产生于法律的福利社会干预，另一方面，它们日益增长的对规范的需求又导致法律的增生。因此福利社会法律领域的法律化可被简化地区分成以下各个"阶段"：

- 劳动与收入、需求满足与扶养单元的生活环境被相应的法律规定渗透与包围。
- 这些法律有可能不依赖于任何福利社会干预而经历独立的内外发展过程，即是一个独立的法律化过程。然而国家与法律制度所承

---

[40] 见 *Martin Binder*, Das Zusammenspiel arbeits- und sozialrechtlicher Leistungsansprüche, 1980; *Konstantinos Kremalis*, I koinoniki asfalisi ton ergazomenon, Athen, 1982.

[41] 基本概述见 *Franz Ruland*, Familiärer Unterhalt und Leistungen der soizalen Sicherheit, 1973, *Wolfgang Gitter/Jutta Hahn-Kemmler*, Die Verdrängung des Zivilrechts durch das Sozialrecht – dargestellt am Unterhaltsrecht, Die Sozialgerichtsbarkeit, 26. Jg. (1979), 195ff.

[42] *Bernd von Maydell*, Der Wandel des Sozialversicherungsrechts im allgemeinen Rechtssystem in den letzten 100 Jahren. Die Sozialgerichtsbarkeit 28. Jg. (1981), 412ff.; *Urs Ch. Nef*, Der Einfluss des Sozialversicherungsrechts auf das Privatrecht, Schweizerische Juristenzeitung, 77. Jg. (1981), 17ff.

[43] *Franz-Xaver Kaufmann* (Hrsg.), Staatliche Sozialpolitik und Familie, 1982.

[44] 作为行政主体大量化后果的法律化的一个极端例子是德国救济法的发展史。直到二战后个人都尚未获得救济主体权，因此不可能从救济接受方的诉求中产生出对此的法律解释。然而救济承担方的责任限定以及非最终救济承担方针对最终承担方的追偿请求权导致救济承担方之间的法律纠纷，需要法官与学术界对此给出深度解释，而这种程度的解释在不存在主体权的情况下是不可能作出的。可在关于1870年《居住地支持法》和1924年《帝国救济责任条例》的学术文献中找到相关的大量证据。另一个发生在另一时期的其他国家，并且在实质上亦与上面的例子非常不同的作为组织分化后果的法律化例子是希腊的社会保险。根据Dr. Konstantinos Kremalis（雅典）的介绍，希腊的社会保险由376个经办机构分散承担，对这些机构的划分规定则十分欠缺，后果就是不仅在各机构之间，而且在经办机构与公民的关系中都存在大量关于划分的纠纷。

担的福利社会责任一定会导致新规范（也有可能是补充性规范）的产生，令有关劳动与收入、需求满足与扶养单元的法律多少开始分化并以"福利社会法律"的面目出现。既有法律的"福利社会化"[45]因此仍是一个法律化过程。

- 如果既有法律的修改仍不能满足福利社会目的，社会福利制度就会应运而生。通常社会福利制度是通过法律构建的。它们的"意定性"特征导致一个通过法律进行清晰化、分化与扩张的持续过程。社会法（狭义）因此本来——从先天与后果来看——就是法律化的一种现象。

- 这种通过社会福利法实现的法律化的影响导致生活环境的进一步法律化，并以既有法律（劳动法、需求满足关系的法律、扶养法等）为介体扩散开来。[46]

（二）社会法中的法律化落差

介绍完社会法法律化的现象，下面必须着手进行更细致的研究。首先要对法律对象和位置作进一步区分，然后将试图弄清法律形式与技术的分化问题。

1. 货币待遇和服务与实物待遇

法律化和货币化是社会政策中两个紧密联系的现象。[47]法律化更倾向于采取货币待遇，因为货币待遇比起服务与实物待遇更容易被规范化。所以以立法手段固定下来的社会政策也倾向于采取货币待遇（社会政策的"货币倾

---

[45] "socialisation of law"这个名词的含义（*Stone*，注 21, 23 及其附录）与"Sozialisierung des Rechts（法律的社会化）"（*Henke*，注 1）一样是广义的，包括了外化方式．

[46] *Habermas*（注 1），539；关于以上所描述的发展的结果及其意义和评价的更多有趣资料可见 *Manfred Rebbinder*, Wandlungen der Rechtskultur im Sozialstaat, in: Ernst E. Hirsch/Manfred Rebbinder (Hrsg.), Studien und Materialien zur Rechtssoziologie, 2. Aufl. 1971, 197ff.

[47] *Tennstedt*（注 1），*Luhmann*（注 1），尤其是第 31 页，注释 20, 94 页及 105 页以下．

向")。与之相反,服务与实物待遇则与规范化规定不甚相容。[48] 因此,把服务和实物待遇(如通过国家健康服务进行的医疗保障)放在中心地位的社会政策,自然会呈现出较低程度的法律化,当涉及服务与实物待遇时,法律会被限制在对资格和提供服务的机制条件的规定上。[49]

然而对于货币规范化使用的(典型德国式)迷信(联邦宪法法院以最高法官级别把社会法上的货币待遇请求权尤其是养老金请求权作为受宪法保护的财产权予以承认,从而确定了这种货币待遇的规范化[50])可以导致非常典型的问题:一旦国家兑现这种承诺的能力减弱,就会面临抉择:要么取消法律上的承诺,要么把法律条款的履行置于满足社会需求之前。[51]

2. 规范型与机制型

如上所述,在货币待遇和服务与实物待遇之间的规范落差中表现出法律化形式的区别,这种区别意义深远:它体现的是"规范型"与"机制型"社会政策之间的区别。所谓"规范型"福利政策指的是以法律直接对行为予以规定(如对养老金的承诺、最低工资规定等),"机制型"指的则是对某些福利社会

---

[48] *Peter Krause*, Rechtsprbleme einer Konkretisierung von Dienst- und Sachleistungen. in: Im Dienst des Sozialrechts, Festschrift für Georg Wannagat, 1981, 239ff.; *Franz-Xaver Kaufmann*, Elemente einer soziologischen Theorie sozialpolitischer Intervention, in: Kaufmann (Hrsg.), (注 43), 49ff.

[49] 在加拿大社会法中表现得特别明显(尤其是魁北克省的社会法),在那里,对健康与其他服务待遇的资格保障和满足因需要所产生费月的社会福利待遇之间的界线非常清晰。参见 *Andrée Lajoie*, *Patrick Molinari*, *Jean-Marie Auby*, Traité du Droit de la Santé et des Services Sociaux, 1981, 83ff., 97ff.

[50] *Peter Krause*, Eigentum an subjektivem öffentlichen Recht, 1982;Verfassungsrechtlicher Eigentumsschutz sozialer Rechtspositionen, 2. Sozialrechtslehrertagung, Schriftenreihe des Deutschen Sozialrechtsverbands, Bd. XXIII (1982). 还可参考 *Rolf Stober*, *Michael Stolleis*, *Franz-Xaver Kaufmann*, *Erich Streissler*, *Wolfgang Rüfner*, *Hans-Jürgen Papier*, *Friedrich Kübler*, *Dieter Grimm*, *Ortwin Martinek* 的相关著作。

[51] 关于这种两难境地可见 *Josef Isensee*, Der Sozialstaat un der Wirtschaftskrise. Der Kampf um die sozialen Besitzstände und die Normen der Verfassung, in:Demokratie in Anfechtung und Bewährung, Festschrift für Johannes Broermann, 1982, 365ff. 英国对于所取得之权利与实际需求之间冲突的看法见 *Robert Pinker*, Soziale Politik und soziale Gerechtigkeit, Archiv für Wissenschaft und Praxis der sozialen Arbeit, 6. Jg. (1975), 1 ff. (19ff.).

功能框架条件的准备（社会福利待遇的提供、既有实质性规范中的福利社会性质的限制等）。"规范型"社会政策自始就属于法律事务并因此而走在法律化的道路上。"机制型"社会政策究竟是以"规范型"福利政策为前提，还是需要通过法律制定有关"机制"的规范，则取决于法律制度尤其是宪法的预设。[52]对联邦德国来说，机制亦属于法律事务，[53]但在其他国家，"法律成分较少"的解决方式一直都是可以接受的。在这种前提下，"机制型"在极端情况下甚至会发展成社会政策上的"行动主义"。

然而，即便在"机制型"方式是法律必要任务的国家，"机制型"法律原则上也只是间接规定参与者的行为。更细致地分析下去，在这种"规范型"与"机制型"辩证的背后，是两种类型的相互依存与合成。"机制型"解决方式提出的问题是由什么规则来确定参与者的行为，即机制中该包括些什么、通过它们能做些什么。在法律没有对此作出规定的国家，提出的则是用以替代的操纵手段问题（如职业化的形式，这种形式如何作为行政管理体制来代替法律、占据法律空间并决定法律的具体实现）。还有一个不容忽视的问题是"规范型"方式是在哪些"机制型"条件下起作用的。[54]在社会法领域，关于法律的可掌握性、使用法律、行使法律的各种技巧的平衡等问题具有关键意义。[55]

3. 社会法法律关系中的结构

在社会法法律关系[56]（确切来说是诸多社会法法律关系）的法律形态中也

---

[52] 如希腊1975年宪法第22条第4款规定，社会保障的范围要通过法律予以确定。

[53] 见德国基本法第84条及以下。

[54] *Rainer Pitschas*, Formelles Sozialstaatsprinzip, materielle Grundrechtsverwirklichung und Organisation sozialer Dienstleistungen, Vierteljahresschrift für Sozialrecht, Bd. V (1977), 141ff.

[55] 见 *Gerhard Igl* 等著, Die Lage der Behinderten – Eine Aufgabe des Soziarechts, Zentralblatt für Sozialversicherung, Sozialhilfe und Versorgung, 35 Jg. (1981), 257ff. (尤其是259页以下 *Zacher* 的文章和274页以下 *Igl* 的文章), 以及 *Kaufmann* (注48), 75ff.

[56] 见 "Das Sozialrechtsverhältnis ", Erste Sozialrechtslehrertagung 1970, Schriftenreihe des Deutschen Sozialgerichtsverbands, Bd. XVIII 收录的 *Peter Krause*, *Peter Häberle*, *Theodor Tomandl*, *Dieter Schäfer* 的文章, 以及 *Paul Kirchhof*, *Alfred Maurer*, Schweizerisches Sozialversicherungsrecht, Bd. I, 1979, 254ff., *Heinz Krejci*, Das Versicherungsverhältnis, in: Theodor Tomandel (Hrsg.), System des österreichischen Sozialversicherungsrechts, Stand 1982.

能发现法律化的定位。社会法法律关系基本上可作如下区分：[57]

- 首先是社会预防关系与待遇给付关系之间的区分。**社会预防关系**只存在于社会预防制度（如社会保险），在这种制度中产生出了社会福利待遇候补资格权，例如缴费义务和社会保险组织参与权也包括在社会保险法的社会预防关系框架中。与此相反，**待遇给付关系**则存在于所有社会福利待遇制度中，它服务于待遇给付要求权的实现和社会福利经办机构的某些给付可能性。
- **待遇给付关系**可以分解成**基本关系和执行关系**。这主要出现在当社会福利经办机构（例如医疗保险机构）无法自己给付某种待遇（例如治疗），而要通过第三方（例如通过医生）提供的情况。被保险人的待遇给付要求权和社会福利经办机构的给付准备义务属于基本关系，准备与给付的过程则属于执行关系。基本关系和执行关系的区分，不适用于社会福利经办机构所提供的简单待遇（如咨询、货币待遇）。

基本上，社会福利待遇关系表现为若干程序，通过这些程序协调各参与方（待遇接受方：如被保险人、共享保险的家庭成员；保证责任人：如负缴费义务的雇主；待遇经办方：如医疗保险机构、地方社会保障行政部门；待遇提供方：如医生、医院）的行为。对这些程序的复杂性、相关性及可靠性要求的程度，是根据主体与内容的延伸以及主要是时间上的持续来调整的。从传统上最低限度的"施舍救济"到加入第三方责任（雇主缴费），如今又去掉了第一被保险人的遗属保障"长期项目"，各种程序的复杂程度也十分不同。社会法关系越复杂，关系主体、客体及时间上的延伸越广，越需要通过法律来调整。此外，其他已提到的落差（货币待遇与服务和实物待遇的对比，即"规范型"与"机制型"的差异）也在其中起着一定影响。

4. 插入补充：经济化、职业化、机构化和法律化

法律化、货币化、经济化、职业化和机构化应该是现代社会政策发展中主要的不平衡，至少在处于发展前列的德国是这样，其他国家也多少存在这种状

---

[57] *Zacher*, Einführung（注 3），25 ff.

况。法律化是本文的主题，货币化也已谈到，这里还得补充些有关经济化、职业化与机构化的内容。

首先是**经济化**。货币化是社会政策经济化的一个特殊表现。和货币化与法律化的密切联系相一致，经济化与法律化之间也存在着互相靠拢。[58] 通过法律规定，经济产品的使用以不同于非经济产品的其他方式进行，经济上的不利状况也能通过法律以不同于非经济缺陷的其他方式予以平衡。"那些以个体通过自我改变来互相合作为前提的任务，如儿童抚育、残疾康复、次级社会化、老年教育等等"，有可能会"因其特性而无法以法律和货币达成"。"这一工作领域所需的某些资源如员工使用、责任投入和互动灵活性是无法通过法律和货币提供的，因此也就不能集中供应和集中控制错误的发生。"[59] 但还不仅如此。在有些地方，对平等的渴求会遭遇先天的界限，即那些无法克服的矛盾，如健康与疾病、聪明与愚蠢、合群与孤僻、美丽与丑陋之间的对立。[60] 经济与法律对此都不起作用。如果人的不受支配性得到尊重，那它最终也会涉及人的自身利益。[61] 然而尴尬的是，那些能够以货币和法律为手段的福利国家比那些仅能以服务和人力的使用进行帮助的国家运行得更为有效。[62] 就这点而言，这里表现出的一方面是货币待遇与服务待遇之间的法律化落差，另一方面则是规范型与机制型方式之间的法律化落差。非经济原因的生活困境差不多可以完全用服务待遇予以帮助，这种服务待遇必须主要靠机制来提供。但在这两点之下，法律的因素都是有限的。

在法律与货币不起作用、必须通过国家机构或者通过保证享有社会内部待遇的资格[63]、靠服务提供来推行社会政策的领域，就会产生服务规范问题。任由服务提供者自己根据自身特征、教育水平、经历与任意判断来决定服务的情况很少见。从很多方面来看都有必要对他们进行类型确定，即予以"规范

---

[58] *Tennstedt*（注1）；*Luhmann*（注1），94ff.，107ff. 关于福利社会政策与社会法的经济倾斜亦可参见 *Zacher*, Sozialrecht und soziale Marktwirtschaft（注21），759ff.

[59] *Luhmann*（注1），109.

[60] *Luhmann*（注1），97："这里是社会接受的界限。个人必须改变自身，方可利用社会所提供的机会。"

[61] *Luhmann*（注1），97："改变个人原本就是政治所能为之最危险的目的。"

[62] *Zacher*, Sozialrecht und soziale Marktwirtschaft（注21），759ff.

[63] 关于资格保障和承担使用费用的财政能力之间的分离见注49。

化"。那么该怎么做？[64] 不太正式的方式是根据他们的教育、培训、经验和想法把相同者划为一类。正规的方式则是以专业守则中的行为规范、从业组织的章程及法律规定来确定。最终还得按这一工具主义的各个要素来进行角色分配，结果就是导致**职业化**。[65] 职业化与法律之间的互动非常复杂。职业化中的非正式要素既可以为法律减轻负担，同样也能违抗法律。如果它们的功能太弱，或者方向"走错"，就有必要通过正规手段，尤其是通过国家制定法律来予以修正。但是正规手段也有可能会被"滥用"。职业化因此可以视为一个法律化过程。然而，即使非正式手段也可能会导致职业行为的僵化，其所产生的危害并不见得比正规法律化的危害要少。因此职业化与法律化的关系就像两个互有重叠的圈子，在某些具体情况下，存在于重叠地带的关系亦有可能得到肯定评价。

机构化现象涉及的则更为广泛，[66] 机构化与法律化之间的关系也更为复杂。行政机构的产生是为了适用法律，为了对货币福利政策进行行政上的管理，也是为了解决法律工具不足及货币待遇不能满足目的的问题。在这种情况下，必须由机构提供服务与实物待遇。即便是那些倾向于采取个人资助和个人帮助方式的领域，员工的使用也很容易形成机构或者形成职业，或者两者兼具。机构一旦形成，规则也就同时形成。如果法律在开始时没有对某个机构予以规范和调整，那它只好要么听凭已形成的机构按其内部规则自然发展，要么想办法把机构置于自己的调整之下。因此机构化在最广义上也意味着法律化。需要回答的问题只是机构的规则如何产生、该怎么解释规则、怎样才能让行政机构的受众认识到它。

---

[64] 可参见 *Kaufmann*（注48），80ff.

[65] *Reidegeld*（注1）；*Erhard Blankenburg*, Recht als gradualisiertes Konzept. Begriffsdimensionen der Diskussion um Verrechtlichung und Entrechtlichung, Jahrbuch für Rechtssoziologie und Rechtstheorie, Bd.6 (1980), 83ff. (95).

[66] *Reidegeld*（注1）及其文中注释；*Habermas*（注1），尤其是470页以下；*Luhmann*（注1），103ff.

5. 法律化与规范等级

(1) 关于规范等级

成熟的法律会分化成若干规范等级。[67] 这些等级可以具有纯粹的质性（如宪法－法律－法律条例与规章），前提是它们以某个唯一的特定法律主体的权威性（主权性）为依据。规范等级也可用来解决多个法律主体（国家－超国家体；国家－国际法上的共同体；联邦成员国－联邦中央）之间的关系问题，并会因此而产生更多的互相交错的冲突解决原则。除了决定某个纯质性规范等级内部规则层次关系的公式（如某部法律与宪法的不一致是否会导致该法律的无效还是法律适用的撤销），还存在着解决不同法律规范之间冲突的公式（如违反国际法的内国法是否无效，联邦国家中的联邦法律是否压倒州法律）。所有可能的规范等级共同构成一个自我重叠的基本范式的复杂构造。如果考虑到冲突解决原则的多样性，则困难会更多：如某个违背了上位法的下位规范针对每个人甚至针对每个法官的无效性；审查权集中于某个唯一审级（宪法法院）；单纯的外部制裁（公法上的违反法律）或者无效性的内部影响等等。如果再考虑到由国家和国家所吸收的组织（社会团体、社会保险经办机构等）制定的法律和私法性质的经办机构（联合体、社团、企业、工厂、劳资协定双方、集体合同其他参与方等）制定的规则之间的对比，情况就更为复杂。而本文的任务并非弄清这个体系，何况这一目的也非能在本文范围内做到。这里我们只满足于证明：原则上所有规范都处于一个多层次规范等级的开放体系内。对社会法领域法律化的思考不应忽略的是，发生在这一规范等级的法律化在某些层次上浩大如江河，在另一些层次上又涓细如溪流，在有些较高的层次上则可能稀薄如浮云。试图将其同等具体和普遍适用地加以表述的努力，会因规范等级的多样性，尤其是国家内部各种关系的多样性而遭到挫败。这种多样性是双重的多样性：法律的多样性和社会政策即福利社会法律的内容与形式的多样性。

---

[67] 下面的内容可见 Hans F. Zacher, Einleitung horizontaler und vertikaler Sozialrechtsvergleich, in: Hans F. Zacher (Hrsg.), Sozialrechtsvergleich im Bezugsrahmen internationalen und supranationalen Rechts, 1978, 9ff. (21ff, 30ff.)

(2)"国家的法"与"社会的法"之间的界线

最后要特别一提的是**国家制定的法律与社会自身所具有的规范之间的分界**，这在制定法和团体协约的对比中表现得尤为典型。外化解决方式（福利社会制度）只供由国家制定的法律采用，团体协约在此处不得其门而入。团体协约的先验领地是劳动法的内化解决方式，外化的情况只有在朝向的是社会团体，或者针对商业保险、劳资协议双方的团结共同体及合同相关者才有可能，如朝向的是政治共同体（国家或由国家负责的地区性公法团体，如公法上的社会保险经办机构）则无可能。当然，可以经由国家法律对集体合同法的相应授权而在某种程度上打开一扇通往外化方式的大门（如集体合同法第4条第2款规定的共同机构），劳资协商自主权本身则对此无能为力。这一点在企业内部解决方式的问题上体现得尤为明显。也就是说，社会自身所具有的规范与国家法律的分界与内化和外化解决方式的划分之间有着相当大的关系。当然也不能忽略这只是单向适用的。国家法律可以制定内化解决方式，社会规范则本身不能创造外化解决方式。因此，集体合同法和企业劳资协议等规范中发生的法律化，基本上只是"福利社会法律"这一广义范围内的法律化，而非狭义的社会福利法中的法律化。

(3) 国家法律中的角色分派

如果我们把目光集中到**国家制定的法律**上，则会产生下述疑问：社会法中各个规范层次（如宪法–法律–法律之下的法规）之间的功能分配是否能充分进行？即它们之间的落差能被普遍认识到吗？对这个问题也没有一致的答案。由议会正式颁布的法律——或在各种宪法与法律秩序中与其相对应的法律——当然应被放在首要位置，尤其是当这些法律被作为法律制度发展与政治决策的核心手段，特别是立法者也负责安排财政预算之时。然而也存在许多令这一规则失效的原因。立法功能分裂为议会颁布法律（框架法律/授权法）与政府颁布"法律"（细则性的/被授权的行政规章）的情况越来越常见。[68] 在瑞士，

---

[68] 根据1958年法国宪法第34条第4款的规定，议会负责制定社会保障框架法律，具体实施则是部长与总统的责任（第13条第1款）。议会颁布的框架法律与总统和政府颁布的法令之间的互补也是希腊的最新发展趋势。德国社会法史中，魏玛时期的主要福利社会

社会政策的主要法律形式被分成"国民法"与"议会法"。[69]在东欧国家，相对于计划部门与工会作为国家授权的社会保险权力机构所能决策的内容，法律确实只能算是个框架。[70]但不管怎样，所有规范等级的确都在"从事"着社会政策任务，问题仅在于角色的分派及其相互关系——是一般性的还是特殊性的社会法规定。因此从规范等级中还产生出了对安排角色扮演的规范的需求，这也是"法律化"。关于这些问题，无论是一般性的还是专门针对社会法的研究，目前都处于比较研究阶段，这里继续深入似乎有些多余。下面只对社会法的"上位法规定不足"问题进一步加以说明。

(4) 上位法中福利社会规定的不足

这指的是宪法（或类似的国际法文件，如欧洲社会宪章、国际劳工组织公约、联合国公约）在对**社会法**有约束力地予以**纲领化**方面存在**困难**。一直以来都试图把上位法对下位法的操控作用由宪法[71]和国际法直接施加于社会法领域[72]，然而收效似乎甚微。预先规定的困难直接与显然存在于对福利社会宪法纲领（福利社会国家原则[73]、特殊纲领性规定、福利社会基本权利[74]、相应国

改革是由政府立法一力承担的，其中最完整的例子是1924年的帝国救济责任法令。这是个行政规章，其立法授权并非通过某个法律，而是在1924年第3号税收紧急法令中。

[69] 国民法是瑞士福利社会政策中一个非常独特的现象（见 *Alfred Maurer*, Landesbericht Schweiz, in: *Peter A. Köhler/Hans F. Zacher* (Hrsg.), Ein Jahrhundert Sozialversicherung, 1981, 731ff., 742ff., 823ff.）。然而相当迟缓的国民法立法过程也导致了立法行为分裂为国民法立法与议会和政府授权立法（*Alfred Maurer*, Schweizerisches Sozialversicherungsrecht, Bd. 1, 1979, 126ff.）。

[70] *Hans F. Zacher*, Sozialrecht in sozialistischen Ländern Osteuropas, Nachwort, Jahrbuch für Ostrecht, Bd. XXIII (1982), 331ff.

[71] *Zacher*（注6）。

[72] *Hans F. Zacher* (Hrsg.), Sozialrechtsvergleich im Bezugsrahmen internationalen und supranationalen Rechts, 1978.

[73] *Hans F. Zacher*, Was können wir über das Sozialstaatsprinzip wissen? in: Hamburg/Deutschland/Europa, Festschrift für hans-Peter Ipsen, 1977, 207ff.

[74] *Josef Isensee*, Verfassung ohne soziale Grundrechte, Der Staat, Bd. 19 (1980), 367ff.; *Jörg Lücke*, Soziale Grundrechte als Staatsziel, Bestimmungen und Gesetzgebungsaufträge, Archiv des öffentlichen Rechts, Bd. 107 (1982), 15ff.

际保证）的设定上，[75]也存在于经典宪法规定上，如在自由权问题上所表现出的。自由权可针对国家的直接侵犯发挥高保护功能，但它对于间接的、以福利社会干预出现的国家行为的防御作用则不那么确定。[76]即便是普遍平等原则，人们总认为是它唤起了社会政策中的平均主义色彩，但其实它的影响恐怕也不能贯穿整个社会法的发展，仅有某些反歧视规定会产生持续影响。[77]社会法"上位法规定不足"的原因是多样的，最普遍的原因是：作为以改变现实状况为目的的社会法存在原因的"现实状况"链及其发展；制定直接与确切的要求权（并非仅是裁量要求权或机构所提供待遇的要求资格）所必需的细节性规定；无止境的改善社会状况的愿望及最终决定其可行性的必要衡量；福利社会政策内部目标冲突（抵御困境还是共享繁荣，提高平等水平还是保持不同生活水准等）；既有的实质性规范与可能的外化解决方案之间，问题发现与解决的更替所导致的制度破坏（令平等原则失效）。至于自由权方面的不足，则是由福利社会自由权的实现所带来的自由增加和通过自由权实现的限制条件而达到的对自由权的控制之间的逆向运动所致。[78]

然而，尽管存在上位法规定的不足，却不能因此而忽略社会政策和社会法正是由这些预先规定所决定的。对社会政策的讨论必须把这些规定考虑进来，社会法也因之而具有了自身的道德约束力。由宪法法院对宪法条款予以认定

---

[75] 见注 72 及其中的注释。

[76] 见 *Luhmann*（注 1），第 37 页："具有等级政治结构的旧社会形态中，专制、独裁、权力滥用的危险导致政治危象环生，而在福利国家，引发问题的则是自我负责的劳动模式。权力滥用问题虽然并未因此而过时，由此而生的法治与宪政国家仍然必要，但是带着风险的结构发展中的消极因素已不能被这类形式完全解决，因此出现了方向迥异的发展特征。"关于宪法中的福利待遇要求权可参见 *Wolfgang Rüfner*, Grundrechtliche Leistungsansprüche, in: Im Dienst des Sozialrechts, Festschrift für Georg Wannagat, 1981, 379ff.

[77] *Hans F. Zacher*, Soziale Gleichheit, Archiv des öffentlichen Rechts, Bd. 93 (1968), 341ff.

[78] 关于"自由的占有与失去"的矛盾心理可参见 *Habermas*（注 1），531. 更细的分析见 *Hans F. Zacher*, Freiheit und Sozialrechte im modernen Verfassungsstaat, in: Stanis-Edmund Szydyik (Hrsg.), Christliches Gesellschaftsdenken im Umbruch, 1977, 75ff.

的行为也导致宪法法院对社会政策与社会法发展的介入。[79] 相比之下，国际劳工组织和欧洲委员会[80] 负责公约遵守状况监督的专家鉴定委员会的重要性就差得太多了。[81]

(5) 集中与分化

上述内容共同指向一个悖论：一方面，法律的分化使得所有层次的法律都涉及社会政策；另一方面，社会法也产生了一定程度的避免法律分化的倾向。[82] 社会法在寻找自己的重心，这个"中点"一直抵抗着来自"上层"的预先规定。而且由于它自己直接规范了许多内容，以至于"下层"法律摆脱不掉这个"预先规定"。它自己就是规则，而非预先规定。然而，虽然社会法存在这种"层次选择"，却不能以此就避免了法律分化。从社会法重要规范各层次的重叠与并立中产生出了很多额外的解释、适用、协作乃至冲突问题。因此，法律的分化（另一种表述是规范等级的存在），本身就是法律化的一个源头。

---

[79] 见 *Wolfgang Rüfner* 对德国情况的报告，Das Sozialrecht in der Rechtssprechung des Bundesverfassungsgerichts, Jahrbuch des Sozialrechts der Gegenwart. Bd. 1 (1979), 59ff.；(1980), 21ff.；Bd. 3 (1981), 33ff.；Bd. 4 (1982), 35fff.；Dietrich Katzenstern, Das Sozialrecht in der neueren Rechtsprechung des Bundesverfassungsgerichts, Vierteljahresschrift für Sozialrecht, Bd. X (1982), 167ff. 关于意大利的报告见 *Franco Angeli*, II lavoro nella giurisprudenza costituzionale, 1978. 奥地利宪法法院对此则持保留态度，见 *Theodor Tomandl*, Allgemeiner Teil (Ziff. 0.2.1), in: *Theodor Tomandl* (Hrsg.), System des österreichischen Sozialversicherungsrechts, Loseblatt Stand 1982, 3ff.

[80] 见注72。

[81] 欧洲法院的情况则与此相反，它发挥着广泛的作用（见 *Bernd Schulte/Hans F. Zacher*, Das Sozialrecht in der Rechtsprecung des Europäischen Gerichtshofs. Jahrbuch des Sozialrechts der Gegenwart, Bd. 1 (1979), 353ff.；Bd. 2 (1980), 359ff.；Bd. 3 (1981), 419ff.；Bd. 4 (1981), 439ff.）。欧洲法院较少以规定的形式，而是更多以针对（一般性的）内国社会法的（特殊的）欧洲社会法的实施行事。

[82] 见 *Zacher* (注67), 35, 39。这里还要提到一个现象作为补充，但是无法深入：联邦国家现象。中欧联邦国家(德国、奥地利、瑞士)由于具有全国统一的人民福利社会生活空间，因此福利社会立法倾向于在联邦一级集中。但是联邦国家的情况并非都是如此，如北美合众国家就是由成员国在社会政策上扮演主要角色，例如加拿大制定了一个联邦与省之间特殊的社会政策合作机制。但是目前缺乏对联邦国家社会政策权限分工的完整分析，所以这里只能点到为止。

三、法律化的表现形式

（一）法律的主题性扩张

1."自然"社会被社会法塑造的社会所替代

随着福利社会法律尤其是狭义社会法的发展，法律所覆盖的新调整对象也越来越多。以前不是法律对象或者至少不是直接法律对象的各种生活表现现在大量成为法律对象：疾病、年老、子女数量、住房开支、劳动力丧失、劳动力减弱、无就业能力、体能与精神的削弱，等等。最基本的生存基础之外，出现了替代性的社会福利待遇，用以代替劳动报酬和家计支出。法律也随之扩张，它以多种方式将社会生活整个重新进行归类，也改变着它的（潜在）受众的行为方式。原始的生活世界被破坏、改变、去功能化。随着社会关系的日益非自然化，法律的可能性与责任也在日益增长。[83] 但是不能因此就说：由国家所引起的社会关系的所有"被操控的"发展都受法律影响、被法律控制、由法律负责。政治并非不具备其他的可能手段去改变现状与施加强制力。统治机器如政党、群众组织或行政机构即便没有法律也可以运行。因此，通过法律产生的社会发展普遍被看成是一种"巧合"。

2. 社会法的增生

干预又导致新的干预。因此随着社会法的产生，形成了一个用以克服社会法所造成后果的法律新任务圈。社会法的这种"第二代法律化"大致可以分成两个范畴：社会法的内部整合与社会法的外部作用条件。

(1) 社会法的内部整合

社会法从一种对社会关系的修正手段到一种对社会关系的支撑机制（即从例外手段到常规手段）的发展越充分，它的内部整合任务就越明显。在修正阶段，减轻生活负担是主要任务，这一任务造就了社会法。在机制化也即普遍

---

[83] 见本文第二部分和注 1。

化阶段，社会不完善成为关注的重心。

- 社会不完善可能会以**尚未被消除的社会性困顿**面目出现。"边缘群体"成为任务主题是这一类型的典型表现之一。制度本身特有的缺陷也属于这一类型。比如，对于采取社会保险来说，个人具有自我保障和向社会保险缴费的能力是首要条件。当大家逐渐接受了社会保险，就能察觉出有人因无力参加保险和缴纳保险费而带来的不快。"自我保障不能"这一"次生的社会风险"问题因此而浮现出来，需以各种技术手段（如把失业期计入养老保险缴费时间或为领取失业金者缴纳养老保险费）予以解决。

- 随着社会法塑造的生活关系日益成型，**由社会法而产生的歧视**问题亦被觉察。社会保障中旨在确保男女平等的改革措施就是对此的一种常见反应。

- 尤其无法估量与无法穷尽的是那些对**社会法内部协调**的需要。这首先指的是福利社会制度内部的谬误之处[84]，它们部分产生自与其有关的错误假设、法律适用或关系的意外发展、非制度性变化，诸如此类。常会造成各个福利制度之间的不合理状况，即客观上不能被合法化的特权与歧视现象。因此而产生大量冲突问题，如待遇的重叠、人员与制度的归类及归类的变化、各种法律的碰撞等，然而最主要的还是内部发展速度不均匀带来的冲突。鉴于社会法所具有的灵活性，这个问题显得尤为关键。所有这些都得被弄清楚并予以解决。

- 更多的谬误则产生于被认为是"福利社会"事务的内部矛盾中：消除基本生活困顿与保障最低生存条件；争取更多平等、减少依赖关系、平衡生活条件差异；在生活遭遇所谓"变迁"时保证现有生活水准；通过货币的分配来行使自由权，以达到更多自由；最后是全体成员共享繁荣富裕。福利社会正义总是（虽然并非同时）表现为三种形式：需求正义、待遇正义和财产占有正义。福利国家

---

[84] 如 *Wolfgang Gitter* 一篇文章的标题，Zweckwidrige Vierfalt und Widersprüche im Recht der Sozialversicherung. Schriftenreihe des Deutschen Sozialgerichtsverbandes, Bd. VI (1969).

首先是因需求正义的目的而产生，然后接受了待遇正义，最终发展出财产占有正义。这三种"正义"之间的张力有目共睹。恰恰是在福利国家的产生可能性逐渐减少的时期[85]，需求正义与财产占有正义之间的冲突尤为显著。
- 最后，从社会法的经历中产生出秩序要求，导致程序性规定、监督机制、减轻诉诸法律之难度及其他等等。[86] 联邦德国关于社会法关系及社会护理与抚养关系的讨论[87]便是这些后续问题的例证。

"简化"社会法的呼声是对上述过多问题的一个普遍反应，然而迄今并未收到成效。

(2) 社会法的外部作用条件

社会法的这种"第二代法律化"中，那些被改变了的行为方式也在扮演中心角色。如果社会法产生发展的初始条件在于社会法救助的对象自己无力摆脱所面临的困境，需要以社会法来对损害进行抵御，对赤字予以补救，那么改变就此已然产生。其中最重要的是：
- 如果社会法的出发点首先是可把与补救措施相关的困顿状况的避免交由参与者自己进行，那么在补救措施准备就绪后，"无损害便无补救"和"有损害便有补救"的选择对参与者来说就是可以衡量与控制的。[88] 对"社会福利待遇滥用"的讨论[89]所指向的即是

---

[85] 见注 51.

[86] 见注 55.

[87] 如德国法律人协会对《对社会护理和抚养关系予以法律规定是否适当》这一议题的讨论．见 *Peter Krause* 的意见书, Verhandlungen des 52. Deutschen Juristentages, Wiesbaden 1978, Bd. I, Teil E; 以及对社会法部门的讨论: Verhandlung des 52. Deutschen Juristentages, Wiesbaden 1978, Bd. II, Sitzungsberichte, Teil N, 以及同期收录的 *Hans F. Zacher* 的总结报告, Teil O, 14ff. 较新的文章有 Gerhard Igl, Der Heimvertrag als Regelungsregenstand, Nachrichtendienst des Deutschen Vereins für öffentliche und private Fürsorge, 63. Jg. (1983), 110ff. 这篇文章中可找到更多注释．

[88] *Traugott Wulfhorst*, Leistungssteigerndes Verhalten der Berechtigten im Sozialrecht, Vierteljahresschrift für Sozialrecht, Bd. 10 (1982), 1ff.

[89] 参 见 *Eberhard Eichenhofer*, Mißbrach von Sozialleistungen, Die Sozialgerichtsbarkeit, 29. Jg. (1982), 137ff.

法律事实的广泛（技术上来说方式可以是无穷的）分化。

- 社会法补救措施的目的，除了实现更多的平等（如针对全体成员的健康保障），还有更多的自由（减轻损害健康行为的后果，不仅富人可以享有，也针对穷人）。由此而在团结共同体中产生了一个有关平等的新问题：对自由的需要不等，而承担的责任相同。就此而言，对社会福利待遇享有者"自我责任"的讨论[90]所指向的同样是法律事实的细化。

- 另一与此截然不同的变化是，"困难时的救助待遇"之外，出现了越来越多"主动提供的待遇"（教育促进、就业促进、康复措施的一部分、预防措施等）。在这里，社会法不再以前提条件的"可操作性"为其出发点，而是认为某些条件也可以任意形成（关键是：打算接受被提供的待遇）。对所有参与者（当政者、社会福利待遇经办方、接受方等）来说，很难区分"主动提供待遇"和"困难救助待遇"。这种困难导致混乱，其所造成的不调和也促成了法律的进一步解释与增生。

（二）制定法对既有规范和操纵机制的替代与瓦解

法律化的过程发生于多种重叠的关联中：

- 在从不可实行与未被实行的预设规范到实现福利社会操纵的转化过程[91]中，如通过教育、传授与灌输，

---

[90] 见 *Hans Braun* 等著, Selbstverantwortung in der Solidargemeinschaft. Das Recht der sozialen Sicherung und der Verantwortungswille des Bürgers, 1981；同一本书中所收录的 *Walther Ecker*, Das schadenstifende Verschulden gegen sich selbst und die soziale Sicherung, 55ff.；*Michael Faude*, Selbstverantwortung und Solidarverantwortung im Sozialrecht. Strukturen und Funktionen der sozialrechtlichen Relevanz des Selbstverschuldens des Leistungsberechtigten, 1983.

[91] 关于法律的角色见 *Niklas Luhmann*, Positivität des Rechts als Voraussetzung einer modernen Gesellschaft, in：Rüdiger Lautmann, Werner Maihofer, Helmut Schelsky (Hrsg.), Die Funktion des Rechts in der modernen Gesellschaft, Jahrbuch für Rechtssoziologie und Rechtstheorie, Bd. 1 (1970), 175ff.

- 通过为自主群体（家庭）、控制机制（市场）及替代性操纵机制（如学校）设立框架规则，
- 通过对这种如此"被包围"的规范与操纵机制越来越多的干预，
- 通过控制行为的法律、实质性法律（从经济刺激到直接指令），
- 最后通过社会福利法向福利社会赤字"开刀"。

福利社会法律首先是通过对框架规则（如劳动合同法）"实质化"与干预性的深化与补充并入到这一过程的。在这种"实质化"干预的增量过程之外，还出现了其他通过社会福利法（狭义社会法）影响生活构成的过程。社会法以此双重方式来缩小不可实行的规范的范围，并直接或间接（容忍与等待）改变那些不可实行的规范与自主领域。在这一过程中，两个基本转折最为重要：

- 从不可实行到可实行的进步（通过框架规定，通过干预，通过整体性的"实质化"）；
- 从完全内化式的修正型社会法形态这种单一基础性到由外化解决方式的发展带来的双重基础性的进步。

可以用来标明第一层转折的变化出现在当某个传统的、被承认的、未被实行且不可实行的家庭生活规范被成文制定规范所"包围"时。即便规范仍处于"包围"的形式，但它的可实行性问题一旦被意识到之后，即使框架规范的目的是为了保持现有状况，旧有的规范也不复从前了。第二层步骤的变化迹象则出现在当家庭生计可由教育促进和养老金等替代方式承担，扶养能力被儿童津贴与住房补贴待遇改变，扶养人的角色超出其自然持续时间地被遗属津贴替代等之时。

上述发展首先是法律史与福利社会史的现象。需要强调的是，这种发展是随着上面[92]所说的问题场的分化而出现的。在低级社会中只存在不可实行的预先规定，以及扶养单元、劳动就业单元和需求满足单元的混同体。这些领域的真正分化大致与相应法律的发展平行出现，最后一步就是外化的福利社会解决方式被加入到既有实质性规范的内化式修正中。

两个原因使得这种发展仍有现实意义。一方面，我们在发展中国家观察

---

[92] 见二、(1)。

到了这种不属于同一时期的发展在同时发生,也非常清晰地看到"较晚"时期对"较早"时期"残留"的改变(毋宁说是破坏)作用。[93]例如坦桑尼亚最近颁布了一部法规,规定"现代"的法官得对"前现代"的家庭扶养责任予以明确,如果其不再被承担会导致社会福利待遇要求的话。为何当前仍应重视这种发展的另一个理由是,即便在发达国家,社会福利法性质的替代措施对于基本实质性规定的反作用也一直还没被搞清楚。对此我们不再以家庭领域为例[94],而是举出因社会法对"健康市场"施加的影响而带来的无数变化,在这个市场中,自我调整的市场机制实际上几乎不复存在。[95]

另一个同样重要的问题是,法律究竟在何种程度上可以合理代替其他规范与操纵机制?个人化服务(如社会工作)基本不可能通过法律指令,而是通过其他操纵机制(教育、培训、艺术规则、职业道德)来控制。然而法律也并非就此多余。让法律靠边站的某些"教育干预"[96]并不能替代那些"未被实行"的规范。它只是"占据"了这些规范的位置,夺去了它们的表述。如果要把失去社会共识的地方重新理清,法律的作用仍然不可或缺,而具有决定性作用的则是所有"有职责的"操纵机制能够正确地共同作用。

(三)福利社会法律的形态变迁

最后我们来研究社会法中法律化的最显著表现:福利社会法律(广义社会法)的形态变迁。

---

[93] 见马普外国与国际社会法研究所举办的"发展中国家社会法与社会政策"讨论报告以及 *Maximilian Fuchs*, *Manfred Nichtsch*, *Detlef Zöllner* 等的相关文章, in: Vierteljahresschrift für Sozialrecht, Bd. II (1983), 5ff.

[94] 这方面的情况详见 *Kaufmann* (Hrsg.),(注 43)。

[95] *Peter Oberender*, Mehr Wettbewerb im Arzneimittelbereich der Gesetzlichen Krankenversicherung: Eine Alternative zum staatlichen Dirigismus. Medizin, Mensch, Gesellschaft (MMG), 1. Jg. (1983), 26ff.

[96] *Kaufmann* (注 43), 80ff.

1. 法律成文化

当未成文规范被制定的成文规范所替代，法律化已有可能发生。[97] 在这种意义上，社会救助机构工作人员行为守则的制定和医疗保险中治疗措施指令的颁布都应被看成是法律化。传统意义上不具备立法权的公法组织将法律意见写入决议或声明，以其作为"软法"来发挥作用[98]，在此意义上也算是法律化的一种。恰恰是因为人们不打算让此类"法律渊源"精确获得法律资格，规范制定所独有的意义才被凸显出来。当规范被成文化，法律适用、法律争执都会改变，甚至法律规避程序也会因此而变得不同。如果这一过程是从非法律到法律的过程，改变就会愈发显著。

在这一关联中，法典化的重要性问题[99]也被提了出来。它在法律化过程中的地位非常不同。狭义社会法多半是成文法。法典化要么是把成文法汇集起来（汇编），进行整理并补充调整（巩固加强），要么是从根本上给予社会法新的结构与内容（狭义法典化）。如果它很少或者没有改变法律化的状况（汇编），其目的就是为了克服社会法的增生（巩固），反之则法律内容会随时间而越来越丰富（狭义法典化）。私法传统法典化的意义与此则大不相同。通过对法律传统（法官法、学术观点）的采纳与调整，私法法典化不仅是把未成文法转化成成文法，还把法律发展的任务交给了法学，让法官成为正式的造法者，并在当前的判决中加入了长期发展的因素。这在今天的福利社会法律（广义社会法，如劳动法）中仍然适用，但对狭义社会法来说则不具有中心意义。

---

[97] *Habermas*（注1），Bd.2, 524: "'法律化'现象非常广泛地涉及了现代社会中可观察到的成文法增加的趋势."

[98] 可参考 *Bruno Simma*, Methodik und Bedeutung der Arbeit der Vereinten Nationen für die Fortentwicklung des Völkerrechts, in: Wilhelm Kewenig (Hrsg.), Die Vereinten Nationen im Wandel, 1975, 78ff.; *Jochen A. Frowein*, Der Beitrag der internatinalen Organisationen zur Entwicklung des Völkerrechts, Zeitschrift für ausländisches öffentliches Recht und Völkerrecht, Bd.36 (1976), 147ff.

[99] 见 *Hans F. Zacher*, Die Kodifikation des Sozialrechts im Ausland, Festschrift für Theodor Maunz zum 80. Geburtstag, 1981, 429ff. 这里还要补充一点: 825/81 号法律授权社会福利事务部依法将雇员保险编纂到一起．

法典化在狭义社会法中的作用主要是为了"扩充成文法"[100],[101]在社会法的法律化过程中,法典化尚不具备整体的与根本的意义。

2. 权限转移与程序复杂化

还有一种常被认为属于法律化的情况是,正式立法者和／或法官在某些他们原来不具权限的地方获得了权限。正式立法者获得权限首先意味着未成文法(充其量是已汇集起来但文本上尚未确定的法律)转化为了成文法。这可能是法律的发展从行政或从法官转移到了正式立法者,也可能是(相对于团体协约各方)国家把之前由社会力量行使的决定权收归己手。至于行政裁量空间被缩小到何种程度,则依赖于法律的内容。这是最常见的一种情况。法官获得权限的情况一般是由于行政必须把自己适用与解释法律的权限多少持续与法官分享。最高法院因此而获取了自己造法的功能并在其中与正式立法者竞争。上述这些已足以勾勒出大致的状况。至于具体的各种发生过程,则在形式和后果上都存在非常大的差别。

对于各国此种类型的法律化过程所具有的高度国家特征,一个令人印象深刻的例子是英国关于法律与"社会服务"的讨论。[102]在这里,法律被认为是传统的、普通人几乎不得其门而入而只有律师和法官这个"内部圈子"才能掌握的"law"。只有这种才是"法律",其他的都不算是。出于这一成见,法律在很长时间内都被要求止步于社会服务之外。因此英国走上了通过议会法律(statutes)及大量其他工具与特别法院(tribunals)法律保护的发展道路。[103]从大陆法系的视角来看,这自然只能算是"其他法律"的发展。[104]即便从英

---

[100] 见注97。

[101] 例如德国社会法典第1部与第5部中至今仍有未成为制定法或者仅以特殊方式形成的法律。

[102] 见注16。

[103] *Julian Fulbrook*, Administrative Justice and the Unemployed, 1978.

[104] 这里自然也可以看做是不同审判权之间的区别. 见 *Jacqueline Dotheil de la Rochére*, Social Security Law in France, Decision-Making and Judicial Control, in: Partington und Jowell (注16), 154ff. 还有并非鉴别诊断,但作为对特殊审判权方式的整体掌握也很有趣的文章: *Ursula Köbl*, Allgemeine Rechtstheorie, Aspekte der Gesetzesbindung, in: Sozialrechtsprechung – Verantwortung für den sozialen Rechtsstaat, Festschrift zum 25jährigen Bestehen des Bundessozialgerichts, Bd.2, 1979, 1005 ff.

国视角出发，也有必要缩小法律与法院之间，以及社会立法与特别法院之间所存在的人为鸿沟。

在联邦德国，则当然是通过社会法立法的持续扩张，以及越来越把法律作为合法行政行为前提条件的方式来实现法律化。[105]同时相对于行政机构来说，法官的审查权也被普遍化与最大化。[106]即使是立法者，也由于宪法法院尤其是联邦宪法法院的法律审查程序而要经受法官的审查。[107]在这之中自然可以觉察到通过立法的法律化与通过法官行使权限的法律化之间的鲜明区别。[108]在社会福利法中，同时也承担财政预算立法任务的正式立法者的活动空间与法官完全不同（虽然法官认为自己原则上有承担法律发展的职责）。比如，正式立法者曾屡次因为联邦社会法院的判决而必须把扩大了的福利待遇予以缩小。[109]另一区别是：社会法中的宪法"预先规定不足"也影响到了联邦宪法法院对社会法立法的干预。联邦宪法法院最早只有将法律解释为无效的权限，现在则已发展出了对被认为违宪的法律加以指摘并交由立法者进行修正，以使其符合宪法规定的手段。[110]联邦宪法法院交给立法者的社会政策性质的"作业"，因为得不到解决而积压得越来越多。

3. 规范稠密化、细化与强化意义中的法律化

以下现象亦可被认为是社会法领域的法律化：

---

[105] *Wilhelm Wertenbruch*, Gedanken zum Vorbehalt des Gesetzes (§ 31 SGB-AT) aus verfassungsrechtlicher Sicht, in: Sozialrecht in Wissenschaft und Praxis, Festschrift für Horst Schieckel, 1978, 537ff.

[106] 法官权限的扩大一方面是通过受到法律伤害时可根据"一般条款"向法院起诉（德国基本法第19条第4款），另一方面则是通过从宪法间接推导出的原则：建立在公共权力遵循涉及公民个人空间规定之上的法律制度也必须保障主体权利。

[107] 见注 79.

[108] *Zacher*, Sozialrecht und soziale Marktwirtschaft（注 21），732f, 以及其中的注释.

[109] *Hermann Rappe, Klaus-Peter Pohl*, Das Bundessozialgericht und die Arbeit des Bundestages, in: Sozialrechtsprechung, Verantwortung für den sozialen Rechtsstaat, Festschrift zum 25 Jährigen Bestehen des Bundessozialgerichts, 2 Bde, 1979, Bd. 1, 55ff.; 68ff.

[110] *Jörn Jpsen*, Nichtigerklärung oder "Verfassungswidrigerklärung" – zum Dilema der verfassungsgerichtlichen Normenkontrollpraxis, Juristenzeitung, 38 Jg. (1983), 41ff.

(1) 规范的细化与稠密化

规范构成的网络一直在被细化与稠密化。德国社会法正是这种细化与稠密化的一个典型例子。从国际层面来看，社会法的发展与规范极端细化之间并非必然存在联系，不过也有许多社会法文化以这种强化为特征。

必须说明的是，货币待遇和服务与实物待遇之间的法律落差，在这种细化中表现得最为极端。对于服务与实物待遇，占支配地位的是一种"机制型"方式，在货币待遇的领域中则培植出了"规范型"方式，它们之间的差距越来越大。[111]

(2) 裁量权的缩减

法律的稠密化使得行政部门的裁量空间缩小。[112] "较高层次的福利社会制度"（社会保险、国民保障等）天生就抵触行政裁量。它们"被创造"出来的原因就是要尽可能地让人不受行政机构裁量的约束。裁量在以前和现在都仍存在的领域是那些"简单的"、援助性质的福利制度（救助制度）。它的全面缩减是逐渐发生的。

以上所说其实是一个非常复杂的现象，只对具有正式法律形式的决定直接适用。当涉及的是（在某些关联中总是如此）服务与实物待遇，待遇提供者的专业性裁量乍看起来不可或缺，但仍需具体分析。属于这种情况的有教育标准、职业协议、服务指令及职业法律上的规定等。[113] 一个与此完全不同的问题是，当法律为法官对行政的审查权及其适用预留了空间，是否便能认为这其中存在着法律化。[114] 另一种情况是，当法律虽然排除了裁量的适用但是决定的作出与具体条件高度相关，因而可以观察到出现了与裁量情况下类似的

---

[111] 见 B.II.1,2.

[112] 整体论述见 *Michael Adler*, *Stewart Asquith* (Hrsg.), Discretion and Welfare, 1981; *Walter Bogs*, Von der Freiheit durch das Gesetz. Bemerkungen über Anspruchs- und Ermessensleistungen im Sozialrecht, in: Sozialpolitik und persönliche Existenz, Festschrift für Hans Achinger, 1969, 55ff.

[113] *Gilbert Smith*, Discretionally Decision-Making in Social Work, in: *Adler und Asquith* (注 112), 44ff.

[114] 关于法国法律中的这个问题见 *Dupeyroux* (注 38), 776f.

"无法估量性"和"依赖性"。实际上,具体需求审查(means test)和裁量决定之间的区别,充其量只是一种渐变。关于具体规定与抽象规定之间的这种对比,我们随后还会谈到。

(3) 操纵执行的工具

迄今所述皆以权力划分模式为前提:存在一个规范权和一个执行权,"法律化"就表现在规范权对执行权进行操纵的程度、类型与方式中(法官权则对法律予以强调,也或多或少进行补充)。但是现在执行权已有能力通过其自身所具有的工具实现自我操纵,而这些工具本身也具备了规范性特征,即"法律化"。对于行政的实现性来说,这种行政内部"法律化"的意义并不逊于法律自身的法律化。它们的区别是理论性的,不能完全从法律制度的立场辨析出,也并非每一点都很清晰。即便事实中存在这种区别并且客观上能被了解,民众还是会常常无法确定其自身利益究竟是直接受法律的规范还是涉及某种行政内部的操纵工具。在"规范化"这一含义中,法律规范和行政内部规范这两者都可算是"法律化"。

与此相关的表现形式非常丰富。"最接近于法律"的形式是中央领导部门(部一级行政机构、自治机构的领导组织)所发布的一般性行政规章。它们的结构与法律十分接近,所不同的仅是它们只能或者首先由行政领导权限证明其适用力。从这一核心特征出发,与法律的区别主要表现在三个方面:第一是技术性规范特征的减弱,部分表现为限制对某些单个问题的解释,部分则是由于陈述的不确定性(如一般性呼吁)。第二在于领导的特征次要于相同级别的管理机构之间(自治机构之间、联会之间、联邦成员州之间)进行协商的特征。首先,同级机构可以在管理实践中互相协调它们同时承担的并行任务,当各个领导组织之间取得一致,这些协作工具就可因其具有的领导权限而再"向下"发挥作用。此外,各同级责任机构亦可出于这种协作目的而组成联合会,德国社会保险经办机构就属于这种情况。表现出行政规章核心特征的第三个方面是,向相关者即民众征询意见的时候要远远多于向行政执行机构征询意见,主要是通过传单、宣传手册、申请帮助、申请表格等形式。

无论是对繁杂的形式进行体系化并予以证明,还是以下定义的方式来解释哪些现象可被冠以"法律化"之名、哪些又不能这样指称,都是不可能的。

然而必须指出的是，这种机制提供了一种平行于通过法律和类法律工具进行法律化的方式。同样必须指出的是，在缺乏法令公开性与普遍性中所表现出的法律制定特殊条件的情况下，怎样才能通过其他所有形式来影响法律的执行。这可能意味着法律的角色让位于这些行政手段的角色，甚至出现由形式上难以想象的思想灌输来代替"法律化"的反常现象。[115]

(4) 主体权利

法律化的另一种现象是通过主体法律权利对规范型福利项目和机制型行动任务（也即行政职权原则）予以补充。[116] 这一现象同样可以分成许多层次，例如基本立法思想与技术思想之间的区分。基本立法思想可以用来标明社会福利待遇作为待遇接受方的所有物[117]、财产[118]、"获得福利的权利"及其他类似权利的分类。至于技术思想，如果主体权一说适用于社会福利待遇，它的作用就在于通过法院保证待遇接受方始终受到法律保护。这两者会越来越接近于重叠，但可以确定的是，法院的法律保护是与主体权这个前提条件相分离的，只要具备申诉与诉讼的可能性肯定预期，就可满足法律保护所需的条件。[119] 另一个区分则在于，主体权究竟是朝向一个确定的立法项目的执行，还是它首先需要与待遇相关的裁量权的行使甚至物资、服务和机制的准备。

---

[115] 作者在苏联进行学术访问时深入考察了具体行政行为是如何在法律框架内（尤其是通过法律解释）被操纵的。在社会法的运用上主要有两种方式：第一，可在工会刊物中的提问与解答栏目里找到相应的材料；第二，相关机构的在职或名誉官员通过授课口头传授。

[116] *Habermas*（注 1），531；*Luhmann*（注 1），S. 103, *Niklaus Luhmann*, Subjektvie Rechte：Zum Umbau des Rechtsbewußtseins für die moderne Gesellschaft, in：Gesellschaftsstruktur und Semantik, 1981, Bd. 2, 45ff.

[117] 见注 50.

[118] *Charles Reich*, The New Property, Yale Law Journal, Bd. 73 (1964), 759ff.

[119] 见 *Maurer*（注 56），S. 273f. (以及该文脚注 668)："关于社会保险权到底是一个主体性的公法权利还是仅仅是一个客体性权利的反射作用的难题，这里不予讨论，尤其因为法律保护的良好发展，这个问题几乎不具有实际意义。"意大利宪法第 113 条第 1 款似乎也属于这种情况："普通民事法院和行政法院受理针对国家行政行为的保护合法权益案件。"仔细研究德国的制度，它所涉及的并非权利与非权利的两端，而是主体权利的两种类型。然而在这一点上，意大利的法律状况只是作为以上法律规定的一个证明，很难把实质性法律保障与形式上的法律保障分离开来。

主体权在这种情况下也是可能的,但它的作用极其不同。[120]

同样不能忽视的还有由那些用来履行主体权利的事物的功能所产生的错综复杂状况。例如德国社会法中就出现了一个有趣的发展:社会救助主体权已得到承认,但是同时行政职权原则也必须保留。这种机制性任务和主体权利的重叠不无问题。显然不可能要求同一行政职员既承担寻找权利人的任务又负责驳回非权利人。[121]因此产生了社会福利行政部门内部的"权限分工",行政管理决定限制在对提出的请求进行否定性筛选上,行政职权原则则交由社会工作者和社会福利联合体等去执行。[122]这里也表现出了社会法法律化的特殊道路问题。

(5) 法律化与抽象化

"具体"与"抽象"之间的对立,就像一条红线,贯穿了上述所有法律化现象。社会法所面对的始终是存在于具体性待遇的具体分配和普遍性待遇的普遍分配之间的选择问题。[123]这大致就是社会救助与社会保险之间的基本关系。社会救助所提供的是具体的必需待遇——不能再少也不会更多。这包含了对于什么是必需待遇的具体决定与持续控制。社会保险提供的则是养老金,提供的前提是特定条件已经满足(伤残、年老),并且待遇是(通过缴费)应得的,而不会考虑养老金是否足够或是否真正被需要。具体的待遇需求被忽略,影响决定的事实要件也较少,对待遇持续期不进行控制,或者只是间歇进行。

与此相近似的还有需求优先和安全优先之间的对立:安全首先是指对安全的期望,然后才是生活稳定含义中的安全(比如以养老金作为老年人生活规划的基础),然而这种安全只不过是允诺的安全,而非真正需求的满足。切实

---

[120] 参见 D. H. Marshall, The Right to Welfare and Other Essays, 1981, 关于福利主体权尤其见第 83 页以下; Amedée Thevenet, L'Aide Sociale d'Aujord'hui, 第 3 版, 1979, 179f.

[121] Stephen Leibfried, Amtpotential und Sozialhilfe in der Bundesrepublik, in: Kritische Justiz, Jg. 9 (1976), 377f.

[122] 把满足社会福利待遇请求的任务直接转移给社会工作者的困难见 M. Hill, Social Workers and the Delivery of Welfare Benefits, in: Partington und Jowell (注 16), 86ff.

[123] 参见 Hans F. Zacher, Gleiche Sicherung von Mann und Frau. Zur gesellschaftlichen Relevanz der Rentenversicherung. Deutsche Retenversicherung, 1977, 197ff, 214ff. 以及同一作者的 Zur Anatomie (注 4), 333f.

满足真正需求这一目的，是由于生活的不确定性，也即不安全性与不稳定性而产生的。

法律技术上与这种对立相对应的则是对事实要件和法律后果的细致规范与粗略规范（通过一般性条款、不明确的法律概念和裁量）之间的选择，以及直接"可实行"的主体权利和相关职责机构客观任务之间的选择，而主体权利与这种任务从来不能达到完全一致。抽象化即是"更多法律"、更多"法律化"。具体社会法意味着对于接受由人所作出的裁判的疑虑，抽象社会法则意味着对于一般法律规定和适用这些法律的关系之间差距的疑虑。[124]抽象化首先还得解决社会法中存在的问题，这些问题常在关于社会法规避、社会福利待遇滥用、自我责任降低的讨论中表现出来。[125]没准社会法领域法律化的最重要问题之一正是存在于具体和抽象法律形式的对立中。

4."法律涨潮"含义中的法律化

最后必须提出的是一种在表面上最强有力地推动了法律化讨论的现象："法律的涨潮"。[126]首先必须声明，这种现象不仅是指法律的增生（在本文中的含义是：可实行的法律、成文法、议会制定法、法官法等的增加），不仅是既有法律和与之互补的社会操控机制活动空间的被压缩，也不仅是指法律的日益

---

[124] 抽象化作为以法律进行福利社会干预的关键点的论述可见 *Dieter Nörr*, The Matrimonial Legislation of Augustus：An Early Instance of Social Engineering, The Irish Jurist, Bd. XVI (1981), 350ff., 359ff.

[125] 见注 88—90.

[126] 关于这个问题有大量的文章发表，如 *Georg Berner*, Inflation im Recht, Bayerische Verwaltungsblätter, 24. Jg. (1978), 617ff.；*Hermann Maassen*, Die Freiheit des Bürgers in einer Zeit ausufernder Gesetzgebung, NJW, 32. Jg. (1979), 1473ff.；*Hans-Jochen Vogel*, Die Diskussion um die Normflut, Juristenzeitung, 34, Jg. (1979), 321ff.；*Christian Stark*, Übermaß an Rechtsstaat? Zeitschrift für Rechtspolitik, 12. Jg. (1979), 227ff.；Gesetzflut - Gesetzesperfektionismus, Eine Problemdarstellung in Kurzreferanten, Schlußveranstaltung des 53. Deutschen Juristentages, Verhandlungen des 53. Deutschen Juristentages, Bd. II, Teil Q, 5ff, 其中收录了 *Erich Bülow*, *Hermann Maassen*, *Spiros Simitis*, *Dieter Simon*, *Helmut Simon* 的相关文章.

分化，更主要的还是指法律修改的增多。[127]"法律涨潮"既有同步性的一面，也有历时性的一面。关于同步性的一面，多少可用前文提及的大多数关键词来表述。而历时性的一面对于社会法同样具有重要意义，甚至至为关键。对此最主要的理由是：

- 社会法想要改变现实状况，操纵现实状况的改变。因此，它自身也必须不断适应现实状况的变化。
- 社会法建立在社会关系（如劳动生活关系、家庭关系等等）之上。它有时也想影响（支持、改变）社会关系。因此，社会法也需要适应社会关系的变化。
- 与关于劳动和就业、需求满足和家庭扶养单元的既有实体规定和外化社会法解决方式一样，内化解决方式的各个规则领域也是互相依存的。因此，现有法律中的任何改变都可能引起广泛的后果。
- 与赋予社会法以特征的社会政策一样，社会法（无论广义的还是狭义的）并没有能力创造出一个能"满足所有愿望"的理想福利社会状态。社会法越是试图直接实现一个"理想状态"，就越难成为一个完善的、圆满的规范。那些不完善之处总是在身后留下对于改善的期望。由于各种优缺点在不断地重新排列（优点必须尽可能明显，缺点则要尽量隐蔽），社会法规范的这种天生不足尚可令人忍受。在这种意义上，福利国家越是想变得完善，就越是处于一个不完善性的循环过程中。[128]

正是在社会法的"法律涨潮"问题上，各国表现出极大的差异。这可能与"规范型"和"机制型"之间的法律化落差，以及货币待遇和服务与实物待遇之间的落差相关，也与社会法所达到的分化程度相关，与机制框架条件相关，与一个社会将其规范的持续性（可能是表面的）在较高程度上向法律靠拢的

---

[127] *Hans F. Zacher*, Das Sozialrecht im Wandel von Wirtschaft und Gesellschaft, Vierteljahresschrift für Sozialrecht, Bd. VII (1979), 145ff.

[128] *Hans F. Zacher*, Der Sozialstaat als Prozeß, Zeitschrift für die gesamte Staatswissenschaft, Bd. 134 (1978), 16ff.

意愿更是强烈相关。[129]

四、评价的多个角度

(一) 无法作出结论

这里无法对社会法领域的法律化状况作出一个总体评价。首先是因为各国在这方面曾经和现在的发展状况差异太大。由于缺乏对足够多的国家国内状况的充分探讨,或者这种探讨最多不过是整体性研究的成果,无论在时间还是力度上都远远不够,因此不可能对它们的发展状况具有足够深入的认识。

本文前述内容所应该阐明的同时也希望是已经阐明的是:"法律化"是一个高度分化的现象,社会法领域的法律化同样如此。这首先适用于法律化现象本身,本文论述的重点就在于此。同时这也适用于对法律化现象的评价。

(二) 法律化的原因

这样一个评价充其量不过是浮光掠影。然而在迄今为止出现的构成整个"法律化"讨论前提的所有思考之后,必须予以强调的是:法律化的背后不仅有盲目甚至是坏的推动力,更存在良性的原因。通过法律进行的法律化是民主的工具。通过司法上的法律保护进行的法律化是分权的工具。没有法律,

---

[129] 瑞典社会法是一个主要的"安静"社会法的例子。其一般原因在于瑞典的立法程序,这种立法程序极其严格(见 Harald Kindermann, Aktuelle Probleme der Gesetzgebungslehre – ein Diskussionsbericht, in: Werner Naihofer 等, Theorie und Methode der Gesetzgebung, 1983, 87ff.)。此外还有社会法上的特殊原因。在斯堪的纳维亚国家,社会法法律主要被理解为福利待遇计划,它们不仅被如此看待而且被这样使用。它们不是冲突规范,更多是被执行而不是被解释。执行是出于需要,而不存在争执。从这一方面来看,像德国所典型表现出的那种令社会法不停修改的压力在这里并不存在。关于直接民主对瑞典立法程序的影响可见 65。关于法律涨潮对法律正确性造成损害的持续讨论主要发生在波兰。1972 年,波兰总理设立了一个特别立法委员会,其目的显然是为了改善立法质量。1979 年提出了一个立法法草案,但是该法律迄今尚未颁布。学术界的讨论还在继续。在此感谢 Dr. Herbert Szurgacz (Breslau) 提供了上述资料。

自由无从保障，平等无从实现。对于让期望成为可能，让可能的期望尽可能得以实现，法律当然不是充足的工具，但却是必要的工具。在一个成熟社会，没有法律安全的社会安全是不可想象的。

  法律是阐释政治合法意愿、公开政治决策过程结果的不可或缺的有效工具。法律为社会中的利益冲突提供了最理想的解决可能。这不仅适用于各种利益，也完全适用于各种不同意见并存的状况。[130] 社会越是缺乏一致，就越有必要通过法律消除那些令人难以忍受的冲突与矛盾。法律还会提供信息——至少"制定得好的"法律肯定能够提供信息。最后，法律中的主体权是把公民从客体提升为主体的经典工具。

  所有这些在社会政策领域也是必要的。在这一领域我们甚至还需要增加补充正确的法律化，例如关于社会护理关系[131]或社会工作[132]的正确的、集中于本质内容的规范。在法律化讨论中不可错误认识的是：法律化水平较低时，同一程度的社会政策也许不能揭露出而今称为"法律化"的那些缺陷，但是可以暴露出其他因为法律滞后于社会政策而产生的缺陷，而这些缺陷说不定更为严重。对于一个习惯了这种程度中在法律框架内占有、使用、生产和分配物资的社会来说，比如西方工业社会，不在法律框架内进行的其他方式的物资准备和分配，也即社会政策性质的再分配、提供与配给，将是不能接受的。如果这个社会不能在社会政策性质的再分配、提供与配给的领域中基于个人追求自身利益的法律能力重建主体权利，不能重现法律如何令行为变得可预测，不

---

[130] 以上所提到的功能，并不能像短期内被热烈期待的一样通过社会指标技术手段予以替代．见 *Hans F. Zacher*, Soziale Indikatoren als politisches und rechtliches Phänomen, Vierteljahresschrift für Sozialrecht. Bd. II (1974), 15ff.

[131] *Gerhard Igl*, Rechtliche Gestaltung sozialer Pflege- und Betreuungsverhältnisse, Vierteljahresschrift für Sozialrecht, Bd. VI (1978), 201ff.；Verhandlungen des 52. Deutschen Juristentages zu dem Thema: "Empfiehlt es sich, soziale Pflege- und Betreuungsverhältnisse gesetzlich zu regeln?" Gutachten von *Peter Krause* dass. Bd. I, Teil E；Sitzungsbericht (mit den Referaten von Josef Schmitz und Otto Ernst Krasney), Bd. II, Teil N. 专门关于正确法律化问题的有：*Hans F. Zacher*, ebd. (Band II, Teil N), 8ff., 121；Schlußsitzung Bd. II, Teil O, 14ff.

[132] *Armin Hörz*, Die Rechtsstellung des Sozialarbeiters in Frankreich, 1984；*Rolf Haberkorn*, Die Rechtsstellung des Sozialarbeiters in England, 1984；*Leila Schroeder*, The Legal Environment of Social Work, 1982. 德国这方面的研究至今尚不充分．

能重新从法律获取期望与得到保护,则将会造成深刻的破坏性断裂。即便公民从市场经济领域转移到了社会政策领域,法律也必须被作为福利社会气候的要素予以保留。社会政策、市场经济和作为其介体的法律的统一是一种必要,这同样也是为了市场经济的缘故。当社会政策中缺乏法律,为经济而制定的法律必然会令法律与经济都处于不健康状态。

法律化的另一个理由是:在法律产生发展的领域几乎没有其他选择能够替代法律。[133] 难道替代选择[134]就能给技术派带来更多行动空间?[135] 难道不正是技术家政治一直在对法律提出要求,针对技术派的强势地位对相关者进行保护?难道能够想象,把福利社会的必要事务全都托付给宗教的仁爱?[136] 对人的共同体进行强化,难道也算是一种替代选择?[137] 以人际团体及其内部互相作用为国家与法律减负,在实际生活中看起来确有必要,但是这一目标难道能够通过适当修改法律之外的其他途径实现?没有法律,社会互助团体和自助群体等无法健康发展,只有"正确的"法律才能让它们繁荣兴盛。[138]

---

[133] 关于对其他选择的寻找(此处不对此进一步论述与评价)见 *Rüdiger Voigt* (Hrsg.), Grundtendenzen zur Verrechtlichung, Jahrbuch für Rechtssoziologie und Rechtstheorie, Bd. 9 (1983).

[134] *Marc Galanter*, *Legality* and its Discontents: A Preliminary Assessment of Current Theories of Legalization and Delegalization, in: Erhard Blankenburg, Alternative Rechtsformen und Alternativen zum Recht, Jahrbuch für Rechtssoziologie und Rechtstheorie, Bd. 6 (1980), 11ff.; *Voigt* (Hrsg.), Gegentendenzen zur Verrechtlichung, 1983.

[135] 对此持批评态度的有 *Habermas* (注 1), 533f.

[136] 见注 83;有关护理与照料的"温和权力关系"可见 *Hans F. Zacher*, Grundfragen theoretischer und praktischer sozialrechtlicher Arbeit, Vierteljahresschrift für Sozialrecht, Bd. IV (1976), 1ff, 35.

[137] *Bernhard Badura*, *Christian von Ferber* (Hrsg.), Selbsthilfe und Selbstorganisation im Gesundheitswesen. Die Bedeutung nicht-professioneller Sozialsysteme, 1981; *Hans Nokielski*, *Eckart Pankoke*, Familiäre Eigenhilfe und situative Selbsthilfe, in: *Kaufmann* (注 43), 267ff.; Institut für soziale Arbeit e. V. Alternativbewegung, Jugendprotest, Selbsthilfe, Dokumente, Materialien und Kommentare, 1982.

[138] 关于以自治作为法律的替代选择,可参见 *Hansjürgen Garsta*, Automation rechtlicher Verfahren als Entrechtlichungsprozess, in: Organisation und Rechte, Jahrbuch für Rechtssoziologie und Rechtstheorie, Bd. 7 (1980), S. 233ff.; *Ulrich Horn*, Normvollzug in einer automatisierten Massenverwaltung, Ein empirischer Beitrag zur Rechtswirksamkeit in öffentlichen Organisationen, ebda. 242ff.

（三）法律化的风险

但是，当然也有顾虑存在。法律是可以制造的。通过法律实现社会变迁的可制造性，是政治所受的一大诱惑。[139] 国家自然会一再屈从于这种诱惑，制造出本不必要的社会政策（有些必要的社会政策却因为不那么有政治作用而被置之不理）。每个这样的干预自然又会诱发新的干预。法律提高了社会政策的诱惑力。

法律当然也可能会错失社会政策的实质内容。法律的稳定性来自于其抽象性，而将其正确地抽象化是一门技术。社会法一直得要面对新的领域。就像其所服务的社会政策一样，它旨在对人提供帮助。由于待遇被抽象化并且权利被置诸其上，待遇被提供给完全不需要帮助的人从而导致行动与目的相违的情况也并非少见。法律产生财产占有。通过对信任和法律和平的保护，法律服务于福利政策文化。但对权衡的必要性来说，法律也可能是盲目的。社会法的历史还太短，经历还太少，可以用来分析利用的经验和改善福利政策战术战略的学术力量还远远不够。因此，对社会政策来说，同样也存在法律化风险。

然而最大的风险还是法律自身。法律会过分增生，过分活跃。一俟法律被用来服务于社会政策，就会因社会法与现实状况和社会关系的接近，社会法与相关法律（劳动法、家庭法、税法等）的互相依存，以及社会政策要求的持续重新定位而不断被加以修改。这会危及法律的清晰与稳定。始终在分化与始终活跃的法律最终表现出的并非社会政策的改善而是状况的恶化。最严重的风险则在于，法律本身被要求提出期望，而这种期望是社会政策所不能实现的。这不仅是指无法通过福利措施筹措出养老金，还包括了更多：

"在当代德国，对法律的看法如今决定性地被打上期望的烙印：法律必须做到让人们的生活变得可以预期，即更少受到命运的威胁。人们希望国家承担起法律的责任，担负起消除命运不公的任务。对于我们称之为命运的反抗态度，在现代社会日益增加。由国家所管理的法律被认为应该是命运的对抗者。"

---

[139] *Luhmann*（注 1），121 ff.

关于对法律的看法，我们的国民如今倾向于认为，"国家与法律有义务对国民无过错而遭受的厄运予以补偿。惯常的表达是：当前的形势以竞选标语般的醒目程度将命运称为可诉的权利丧失。对以前的人来说，命运是一个必须用宗教或其他世界观加以解决的问题……而在今天，遭遇厄运的不幸者在寻找提出要求的对象，他所找到的就是国家……他对自己认为实属不公的命运提出补偿要求。这并非仅是一种含糊的情绪和怨怼，而是还包括了权利的观念。"

"不仅是命运的概念被法律思想所接纳。对法律的看法也越来越倾向于把追求生活的安定富裕包括进法律中来。"[140]

因此，关于社会法领域的法律化问题，并不存在一个简单笼统的答案。这并不是一个支持或反对法律化的问题。探讨的目的必须是为了"正确的"法律化。[141] 法律必须学会在稳定与自由之间保持中庸之道，社会法亦应如是。[142]

---

[140] *Fritz Werner*, Wandelt sich die Funktion des Rechts im sozialen Rechtsstaat? in: Die moderne Demokratie und ihr Recht, Festschrift für Gerhard Leibholz zum 65. Geburtstag, 1966, 153ff.

[141] 见 *Rüdiger Voigt* 的正文与注释（注 1），1983.

[142] 见 *Werner Maihofer*, Ideologie und Recht, in: *Werner Maihofer* (Hrsg.), Ideologie und Recht, 1969, 1ff. (9ff.); 以及同一作者的 Rechtsstaat und menschliche Würde, 1968, 44ff. (Teil B). *Eberhard Eichenhofer* (Soziales Recht und Sozialrecht, Vierteljahresschrift für Sozialrecht, Bd. XIX (1981), 19ff.) 的以下设想会让我们对困难有更清楚的认识："社会法的正义理想：消灭分配正义与交换正义的对立"——"社会法对于自由的理解：消灭权利与义务的对立"——"以社会法消除公法与私法的对立".

第二编

社会政策问题

第五章
福利国家的两难处境*

一、福利国家合理性问题

四分之一世纪以来,在我们国家,如在其他许多国家一样,关于"福利国家危机"的讨论一直都在持续。欧洲一体化和全球化又使得其中加入了"民族国家危机"的内容。福利国家制度有多显然地产生自民族国家,欧洲一体化和全球化就能有多对福利国家制度的未来造成恐惧:如果民族国家丧失了它对国家形态和作用条件的决定权,福利国家制度又会变成怎样?90年代出现的这种惊恐很快就让步于一种使人感到安慰的看法:在欧洲一体化和全球化的条件下,民族国家的福利社会使命比起以前是要困难些,不过国家政治的责任依然留存,无论是欧洲还是原本组织就不完备的全球性国家共同体,都不可能替代民族国家的福利国家制度载体角色。"福利国家危机"问题由此进入一个新阶段:"福利国家的终结"这个一方面令人忧心另一方面又充满希望地被发出的预言退了潮,然而同时出现了越来越多的关于"福利国家结构改造"的发问。可是,90年代后期和新世纪头几年接踵而至的改革相对于"改造"的要求来说不过是些边缘性举措,德国福利国家制度的深度改革设计尚未完成。

寻找设计方案的人,尤其是那些承担实现设计任务的人,首先必须回答,对于福利国家制度的合理性、它据以实施的法律的适度性和它所遵循的规范已了解多少。唯有如此才能有效分析各种问题,提出"改造"建议并对其负起责任。越是尽早严肃地探讨这个问题,越能看清对于了解福利国家制度来说

---

* 本文最早收录于 Thomas Rauscher (Hrsg.), "Festschrift für Werner Lorenz zum 80. Geburtstag", 2001。

最重要的认知。那就是：尚不具备关于福利国家制度的整体性与关联性认识；得出这种认识非常困难，似乎不可能实现；而且也没人想这么做——无论是社会整体的还是政治的。这是怎样的一个矛盾：一个社会，它是如此崇尚科学，如此强调合理性，却不想把这些应用到对它来说极其重要的事情，比如福利国家制度上。人们对福利国家的好情况与坏情况都做了准备，却不愿被方法性的和体系性的认识要求所困扰。

当然，关于福利国家的研究、论述与观点已有许多。然而学术工作目前所产生的只是些碎片式的和特定的、大多带有很多保留条件的、肯定不够完备的成果。学术研究既然是这样一种状况，实践也不会是另一番光景。学术研究用它对现实的认识和它的技术规则来影响现实，但是它的认识是断续的、选择性的、随意的并且总是有限的。仍然缺少通过跨领域的讨论接近可通用的结果和判断的尝试。我们可以把经济政策研究和社会政策研究的势能做个比较。**经济政策**这边：一方面有广泛扩张的大学学术研究及企业和各联会的专家，另一方面由联邦银行、经济整体发展评价委员会、一些"带头的"经济研究机构和联邦经济部学术研究委员会构成了一个高等级的一体化机制。而**社会政策**这边：严重不足的大学学术研究、一些高等专科学校、寥寥几个研究所、水平参差不齐的各种联会专业人员，缺乏高等级同时又具整体性任务的单独机制。这幅画面作为例子足以说明问题。

尽管如此，仍然产生了**一种具有有限合理性的特殊学术文化**：统计资料与政府报告、分析与建议、论文、专著、教科书，等等。最典型的是围绕着各国制度与成果的共性而展开研究的论文汇编。以这一有限的合理性，福利国家制度研究紧跟时代的合理性要求。有关福利国家的各种先见与评判、感觉与意见的生机勃勃的杂乱状况与这种有限合理性相一致。它很好地适应了个人和群体的利益与理想占支配地位的状况，前提是这些利益与理想的承载者足够有责任感和讲求实际，能够去探寻那些正确的、可能的、有意义的答案。他们还得足够聪明，能够用上那些对其目的有利用价值的，并把那些作用值得怀疑的推到一边去。

但也不能忘记**福利国家的共同合理性**。这不仅是因为它可能对利益与理想的自主性造成限制，也是出于需要一个更清白的、所有意图都易隐匿其后的理由。共同合理性如今已被**理所当然性**所替代。福利国家对我们来说越来越是个由其自身产生出来的理所当然：

- 来自于其历史发展，
- 来自于对福利国家进行规范的规则，如"正义"，
- 来自于宪政国家概念中的福利社会制度、民主法治国家制度、联邦国家制度。

在实践中，这些是理解福利国家制度的最重要途径，但是它们并未令福利国家制度的自身合理性问题成为多余，它们也没有对此给出答案。相反，这些途径自身又引起了对福利国家合理性的发问。对福利国家正确道路的怀疑、在福利国家中发现的危险，以及已经威胁到福利国家的危险是如此巨大，以至于福利国家制度似乎看起来会因此而终结。

二、插入

思考由此展开。最先要考察的是福利国家历史的、规范的、宪政国家的概念。必须要问，究竟得发生些什么，才能从这些概念中导出福利国家合理性问题。在此先对一个**术语问题**插句话。我们这里用的是"福利国家（**Wohlfahrtsstaat**）"。只有与宪政国家概念联系在一起才会采用"福利社会国家（**Sozialstaat**）"。这是什么意思？其实并没什么不同。在既往历史中，这两种表达之间的关系有些摇摆不定，在联邦德国的历史中便是如此。今天则可以说，它们的实质含义是一样的。当然，区别也还是有的。"Wohlfahrtsstaat"是一个前法律性质的、政治性的、国际性的概念，是"welfare state"的德语化。"Sozialstaat"是规范性的、适合于宪法的、因此也就是国家性的概念，它是德语的产物。除此之外，今天这两种表达之间的解释游戏并不比对其中某一个的解释宽泛多少。

三、历史发展的决定性与负面刺激作用

第一个问题是关于福利国家制度的历史本质。自 18 世纪晚期开始,福利国家制度有了它最初的足迹。它登上历史舞台绝非是一个先验设计。当时也许只有些个别的发端,并不具备真正的政治势能。一直到救济立法对贫民问题给出了最初的解决办法,劳工保护的开端和俾斯麦时代的社会保险对劳工问题给出了持续的应对,方可以觉察到国家获得了一种新的实质,而**福利国家制度各种发端的形态**就是因这种国家的"福利社会"实质而结合在一起的。

与此同时也可以预见到**法律的进一步发展**。已经产生的各种现实构成了一幅新的画面,政治在其中找到了路径。这就是晚些时候被人们称为路径依赖的开始。已实现的为应实现的提供了重要模式,哪怕是批评也只能通过对既有实现的超越来实现自身。如同国家的新实质一样,那些既有的实现从一开始就表现出不容撤销性。"福利社会成就"成为现实中最强有力的惯性标题。这一发展律是福利国家制度的核心要素。福利国家制度走上了自我扩张的不归路:无论是从已实现的发端的后续,还是从可替代的发端的批评性视角。而且它拒绝质疑自己正在落后的"成就"。因此在将近一个世纪的时间里,福利国家的发展表现为对已有解决方案的改善、扩张和补充。

实质上这些发端的必要性与当然性之间**界限狭窄**:它们涉及的只是些**例外情况**。福利国家制度帮助的是那些**处于不利境地**的人群,待遇提供遵循的是**低于正常水平原则**:作为生活低于正常水平时的帮助,或者作为防止生活低于正常水平的措施。从**第一次世界大战**开始,新的议题出现了:战争牺牲者、房屋租赁者、青年、带孩子的妇女,等等。但是福利国家制度仍然停留在它初期的规则中,也即只针对例外情况。直到 **1945 年**之后这种状况才开始松动,因为当时社会困顿的范围太大,波及许多新的群体,同时也变得更普遍,蔓延到了社会的所有传统阶层。

在**联邦德国**,福利国家制度旧有发端的调整最终扩大为一个完善的过程。不断有新的社会状况受到保障:如从教育促进到破产时的收入损失。不断有新的人群进入保障范围:如从农民到艺术工作者。不断有更多的待遇得到改善:如社会救助与劳动促进、病假工资与公务员保障。与此同时一种普遍的心

态也在增长,即要从福利国家制度获得凡所能从其获得的。由于福利国家制度越来越普遍化,它与低于正常水平原则的联系,即与帮助防止生活低于正常水平的联系也松动了。它发展出了**正常性原则**。政治及时对此作出了反应:康拉德·阿登纳与路德维希·艾尔哈特的口号是"福利为所有人",威利·格兰特则呼吁"更高的生活质量"。这一时期,福利国家制度陷入了"可能性的诱惑"中。50—70年代它进一步发展,史无先例的公共福利待遇产生,并被认为福利国家就应如此。公共福利的**存在**成为福利国家的**应当**,福利国家制度从此成为福利延续的保证。

福利国家制度历史画面上之前已有的**规范性指导功能**因而陷入了窘境。为了将福利国家合法化,原有的倾斜于身处困境的人群和防止生活低于正常水平的功能一点都不能减少,同时保障的持续扩张和正常性原则的持续改善亦成为其形态的一般模式。这种基于雇佣劳动者社会状况的发展以极端的方式进行,经济发展和劳动世界新工业化的典型条件对其十分有利。劳动要素获得了极为特殊的机会改善自身状况,资本要素也有理由和空间对此予以让步。所达到的成果成为劳动者对福利国家制度要求权的尺度标准。旧有的"劳工问题"的迫切性仍是福利国家的**基本理由**,同时,昨日的政治和经济成果水平亦成为福利国家明日必须超越的标准。

福利国家的**传统画面**因此而变得**矛盾且不再清晰**。但是只要福利国家的发展可能性仍在随政治与经济发展增长,这个问题就不会引起注意。直到70年代初期情况才有了变化。一方面,推动福利国家制度发展的议程由于时代的政治交替而变得更加强烈和分散;另一方面,经济增长变得脆弱了。这令在各目标间作出取舍的必要越来越频繁。福利国家制度的发展丧失了它曾有的理所当然性,关于"福利国家危机"的讨论开始了。

与此有关的理由在迅速增加,过去时代被认可的其他前提现在也遭到了怀疑。这些问题是如此有分量,使得我们无法再忽视,正是由福利国家制度造成了这些问题:

- **劳动世界的**变迁。与第一印象不同的是,它并非经济形势的后果,而主要是受技术发展的影响。同时,由此而产生的劳动要素的状况也与这种要素在福利国家条件下的价值评估与费用消耗有关。

- **医疗保障**越来越好，也越来越昂贵。**社会老化了**。这给福利国家带来了问题，不可避免地必须通过新的发展予以解决。
- **家庭生活模式**的改变。福利国家导致出现了一系列现象，**社会的个体化**正是其中之一。而这些现象同时又消融着那些作为福利国家基础的标准关系。

福利国家制度存在的时间越长，其自身产生的问题就越多。到最后，连自始以来被默认为福利国家根基的基本形式都会动摇：每个（**尚未衰老的、或被家庭劳动束缚的**）成年人都具备可能和责任，通过劳动获得收入，并以此满足自己及其扶养单元的需要。抵御在这一形式的执行中可能产生的风险，预防福利赤字的出现，以前和现在都是福利国家制度的使命。然而在此过程中它也制造出了不同于这一形式且对其形成挤占的空间范畴。这就触及了制度的根基。

90年代以来，福利国家制度终于要面对来自外部的问题的推动：德国统一、欧洲一体化和全球化。以下就简略描述一下这些根本性进程的复杂性和它们对于德国福利国家制度意义的复杂性：

- **德国统一**涉及一个社会主义国家到一个自由福利国家的过渡，携带着两种制度所有的全部相似性与不相似性；涉及从一种秩序到另一种秩序的真正转化；同时也涉及对历史的割裂性记忆。它还涉及分裂时期在此地和在彼处生活的人们之间深刻的社会福利差异，以及今天在"西部"和"东部"生活的人们之间的差异。
- **欧洲一体化**涉及十五个（也许很快会有更多）不同的福利国家；涉及克服因共同市场的要求而导致的德国福利国家制度的所有变化；涉及将各种福利国家制度联结起来所需的各种变化；涉及将各种福利国家制度在统一欧洲基础上重新调整的共同规范与政策。此外，也可在某种程度上把欧洲共同体理解为一个"欧洲福利国家"，它试图平衡成员国及各地区之间的福利水平差异。
- **全球化**主要涉及去边界化：资本、劳动、竞争等的去边界化。福利民族国家被卷入一场世界性的制度竞争，它们还得面对在国际福利社会规范中实现其价值观的挑战。

毋庸强调，这当然不是关于现状的一幅完整画面。对于必要程度的革新的要求也很明显。同样清楚的是，福利国家据以**继往开来**的**历史法则**正在面临着成为一个**发展陷阱**的危险。必须从历史过往中找出福利国家未来继续存**在的能力与必要**，也即把它的本质特征与非本质特征区分开。在这背后仍是旧有的发展法则在起作用：要有既有规模又有质量的增长。这一法则历经变迁，但是其中增长的含义始终未变。然后才是各种画面的汇总。关于未来继续存在的能力与必要，也即本质特征，并无这样的一幅画面。然而过往历史的画面具有强大的作用力，它所反映出的不仅是各种不同的时代与记忆，还有对于"更好的"福利国家制度的种种互相矛盾的设想。每种现有制度周围都聚集了阻力，而为那些**既有制度**辩护的则是反对"福利拆解"、"福利减少"的呼声。福利国家过往的历史并未就此不再是未来方向的源泉。如果不从历史出发，又怎能认知福利国家的本质与继续存在的能力？这一历史同时也转化成了刺激发展的潜能。

在上述福利国家发展道路的简述中所贯穿的，是认知、理解与合理评价的努力。然而在从问题到问题、从科目到科目、从机制到机制的研究中所出现的差异始终都很显著。**认识与合理性会因研究方式过于特定而缩减**：由于对费用支出数字的偏好和对作用分析的忽视；由于对待遇制度的偏好和对缴费与税收产生的负担的忽视；由于经济观察与非经济观察之间无法消除的距离；最主要还是由于对结余考虑，也即福利国家制度的全面收支平衡的实际否定。无人想知，何人因福利国家制度而确有所得或所失，以及通过何种方式。分配斗争指向的是待遇，至于"代价"几何，无人关心，至少关心不够，哪怕他自己也得为此付账。**整体性思考**在 50 年代盛行，到了 70 年代尚有表现，然而政治、社会与学术研究与其渐行渐远。然后它摇身一变成为关于"危机"的预言，今天又以"福利社会国家的改造"为名。但是，对于一个广泛的、连贯的理论与实践纲领的严峻考验尚未开始。

四、规则的引导与负面刺激

　　福利国家的发展当然要受规则的引导、推动与承担，规则以极大的权威性担负着这一责任。首当其冲的、既是原则同时又是追求的是"正义"。"福利社会（sozial）"一词所获得的内涵，必须首先经过正义原则的检验。随着时间推移，"团结"加入其中，较晚一些"援助"和"社会安全"、最近则是"参与"也加入进来。事实上，如果福利国家不是立足于正义、团结和参与的要求，如果福利国家不是按照援助原则形成，最后，如果不能确言福利国家也保障社会安全，那就可以确定，这不是真正的福利国家。

　　显然，所有这些概念都有助于理解福利国家。每个概念都能帮助我们认识到福利国家的实现所结出的果实是一个平衡的整体。从"社会正义"这个联邦宪法法院常用来指代福利社会国家任务的概念中能期待的是，自古以来"正义"一词被赋予的哲学内涵使得它可用于检验的目的。从"团结"概念能得出的是，它带给福利社会讨论的不仅是从"博爱"的温暖或"兄弟友爱"的热忱中获取的内容，还唤起了对人类共同体模式的记忆。在这些模式中，团结一再被强调。"**援助**"带给了福利国家在个人自我责任、人类共同体的私人空间以及社会力量的自由博弈中发挥作用的那些价值观。"**安全**"则是最古老的人类梦想之一，也是统治者最古老的承诺之一。"社会安全"把这两者都带入了福利国家制度。

　　然而，这些概念也是开放与多义的，无法从中得出其具体化：

- **正义**，从它进入人们的思考，就从来不只有一个正义，至少有分配的正义和平衡的正义，而且不断有新的正义形式被揭示出来。"福利社会正义"只有在需求正义、待遇正义、财产正义达到一个平衡的整体时才能实现。这种平衡意味着任务与责任，而非一个先天完备的、能自我履行的纲领。
- **团结**这个概念的开放性和多义性也不遑多让。它可指家庭内部、朋友、邻人之间的团结、合作组织或自助群体中的团结、给予帮助者与需要帮助者的团结，它还指团结的宽泛结构，如通过社会保险经办机构执行福利社会政策，或者通过集体与国家自身行事。

因此存在着各种小的与大的、私人的与公共的、社会的与国家的团结。作为补充还存在另一种区别：能力相当者之间的横向团结、较强者与较弱者之间的纵向团结、最弱者与其他人之间的团结。它理当与福利国家制度最为接近，然而实践却常与此不相吻合。社会保险实现了一种复杂的混合：首先是同等类型的保障需要者和具保障能力者之间的横向团结，在保险义务和权利的边界之内表现出来；然后是能力强的人与残疾人、老年人与遗属、或健康者与患病者的团结。但是把这定性为强者与弱者之间的团结是否恰当，尚值得推敲。（如在医疗保险中，完全靠工资生活的雇员其实补贴了除工资外还有其他不需缴费收入的雇员，收入低于缴费标准线的缴费人实际补贴了那些收入超出缴费标准线的人。）然而即便是由国家施行的团结措施亦仅能做到小范围的纵向团结：即社会全体与最弱者之间的团结，主要表现为社会救助。随着福利国家制度普遍化，它的分配能力越来越分散，二次分配越来越倾向于体现所有人之间的团结，哪怕是以对强者更有利为代价。这些主要概念的多义性不止一次表现出其中亦包含有批判性的任务。

再列举参与、安全、援助概念中的类似情况似已无必要。所有这些规则对于完整理解和执行福利国家的福利社会任务都很重要。它们的内在多样性在表现与实际作用上越是细化，任务就能完成得越多。然而，它们的外在简单性和内部多样性之间的张力关系，亦使得这些规则可能成为迷失与混乱的潜在源头。

导致**迷失**的原因是它们被减少了内部多样性：比如把需求正义等同于"福利社会正义"，或者把横向团结的要求隐藏到了纵向团结的表象之后。**混乱**产生的可能则在于规则的丰富内涵只有通过规则的实现才能进一步充分展示。因此才会有许多"公正的"、"团结的"社会和"公正的"、"团结的"国家，以及"公正的"劳动法、"团结的"残疾人法、包容性的而非排斥性的租赁法等诸如此类的近义表述。与其他可能性比起来，每一种选择可能性都揭示出某种"公正"、"团结"、"参与"的不足，然而就其自身而言却是"公正"、"团结"和"包容"的。如果有人因为差异的存在而试图在每种差异背后都发现一个"公正漏洞"，便会很容易淹没在"公正漏洞"的洪流中。但是关于福利社会政策的讨论中却充满了"不团结"、"排斥"和"不公正"的定罪。这会造成什么样的印象，更多取决于谁发出的声音大，而非取决于事实。

最终福利国家各种基本价值观的作用与历史的作用不无相似之处：目标与刺激共存，而刺激有可能令目标耗尽。

五、福利国家与政治制度

实现福利国家的责任由政治制度承担。基本法涉及这种关联但是没有作出解释。基本法第 20 条第 1 款规定："**德意志联邦共和国是民主的和福利社会的联邦国家**。"第 28 条第 1 款第 1 句规定："**各州宪法必须符合基本法中的共和、民主与福利社会的法治国家原则。**"因此，我们习惯于把我们的宪政国家制度理解为同时是民主国家、法治国家、联邦国家和福利社会国家制度。然而实际上有一条深刻的鸿沟横亘其间：一边是福利社会国家制度，另一边是民主、法治与联邦制度。民主、法治与联邦制度的概念描述的是由结构、程序和规则组成的机制构造，以福利社会国家命名的则是一个任务。这个任务必须通过民主的法治与联邦国家制度的机制构造来实现。以社会权利和国家目标来阐述福利社会任务与此并无实质不同。不少州的宪法中写入了很多福利社会纲领，并对如何实现作出了指示。其他国家的宪法中也常常出现福利社会的国家目标、福利社会的宪法纲领，或者至少会间接表达出建成福利国家的愿望。德国联邦宪法法院在很早的一个判决中就声称："只有立法者方能承担福利国家实现的关键任务。"

福利国家制度便是如此由民主的法治与联邦国家制度的合法存在承担起来。它受其价值观决定，这些价值观使得它成为自由主义的福利国家制度。它的存在源自于在这些制度中运转良好的各种能量，主要是民主充满活力的能量。在履行福利社会任务时，政治制度遵循的是自身的必然律。福利国家制度被要求在民主、法治国家和联邦国家的基础上发展，而民主制度、法治国家制度和联邦国家制度则是根据自身的特性并按其所能地发展福利国家制度，它们在各自的影响力上存在强弱之分。

最显著的影响来自于**民主制度**。普遍而平等的选举权是国家要对所有公民（包括受歧视者）负责任的最重要保证。福利国家制度与普遍而平等的选举权就是这样在历史中携手并进。但是社会的民主政治并非是一个不加划分的整体，它由各种部分、环节、多数派与少数派的相互作用构成。**民主的福利社会政策要与选民的多种划分方式相适应，因此它也要分成若干部分。**

- **社会福利的分配**（或**保留**）是**争取选民**的最有效手段。因此民主制度倾向于满足的利益诉求，是那些福利承担机构可预计选民对利益的满足或不满足作出的反应的诉求，难以明确作出应对的利益诉求就会受到冷落。故在这种游戏规则下，光束打在了企业宪章和病假工资的推广上，而家庭贫困、无家可归者、债务人咨询、家庭护理问题则被置于暗处。**比例选举权**使得政治要考虑的选民利益诉求增加，亦增加了特殊利益诉求得到承认的机会，并强化了对部分利益的重视超过普遍价值的倾向。在老年保障讨论中，把代际正义仅作为养老保险的内部问题而非涉及所有老年保障制度（从公务员养老保障到社会救助），作为只是缴费者的负担而非纳税人的负担（实际上税收不仅负担着公务员、法官、军人、政府部长和国会议员的养老保障支出、养老保险的联邦补贴，还要承担农民老年救助、养老保险缴费与待遇的税收优惠），就是民主的福利社会政策过于集中到日益细化的全体当事人中的某些典型例子。当政者不打算将社会保险改造成一个为所有劳动者的基本保障，则是另一个例子。

- 民主制度倾向于**中层的选民**：处于选民光谱中间的人具有最大的可能性，推动互相竞争的政党接受他们的利益诉求。**福利国家**（Wohlfahrtsstaat）到**富裕国家**（Wohlstandsstaat）的普遍化，正是从中获得了它的核心政治体制理由。

- **选举期**具有特别的影响。它斩断了政治的时间框架。因此当前利益诉求比长期和未来利益诉求获得实现的力量要大得多，尤其是，不同于联邦议会制的四年民主周期，联邦参议院的更迭及相应的州议会选举使得州议会选举间隔期只有数月甚至数周。刚过去的养老金改革就明确反映出联邦对 2001 年和 2002 年选民的考虑要优先于对那些迟些年才会被涉及者的考虑,同样明显反映出的还有让州议会选举承担这些极其重要的联邦政治决定的小心翼翼。

法治国家制度的作用方式较难把握,它比**联邦国家制度**的作用更不易捉摸。这里对此不能深入阐述。联邦国家制度、法治国家制度和民主制度在许多方面共同作用:在法律规范的优先地位和货币待遇相对于服务待遇的优先地位中;在正规形式相对于非正规形式的优先地位中。换句话说:在政治运行中,联邦法律对养老货币待遇的一点点增加,就比州和地方提供的良好福利服务待遇要重大得多。德国福利国家制度的典型特征(法律化、经济化、货币化、专业化)在政治制度中的根本源头就在于此。

当然这不只涉及宪法制度,它还涉及与宪法制度互相作用的**社会结构**。社会自身始终在组织着对价值观和利益诉求的校准、接合与执行工作。在福利国家,这些组织体系通常会得到提升,被委以更多任务,并以特殊方式整合入政治制度中。它有可能停留在社会自治组织那一边,如工会和雇主联合会,也有可能转移到国家组织内部,如社会保险经办机构。从中产生出各种强弱不等的势力,很显然,它们与其代表的各种诉求的社会紧迫性并无确定关系。国家势力寻求与这些社团势力达成协调一致,或是选择其中某些,政治发展的方向由此而被决定。那些被受到涉及的公民及其代表称为"福利社会倒退"的措施通常很难推行。这种情况下要与社团势力就新的社会政策方案进行协商,但要它们容忍现有福利的取消非常困难,一般来说不可能达到。

民主的、法治的、国家的与社会的制度后果中最重要的有三:

- 第一:相对于整体性观念——价值实现为的是其自身与大众,部分性的、主要是群体性的利益诉求占优势地位。
- 第二:相对于对福利要求紧迫性的实践调查,对其"协商一致性"的考虑占优势地位。"协商一致"指的是由来自政治势力和社会势力的有决定力的代表构成并因情况而变动的小圈子内部的非正式的协商一致。
- 第三:现有的相对于未来的、已据有的相对于必要的、今日受益者相对于日后受益者的优势地位。

分析这些年的政治决定，看看有没有哪些政策（包括政治行动与政治搁置）与此规律不相符，留给读者自己去做吧。这里只引用一句某位政治小品演员的短幽默："柏林总算有点动作，可是跟我没啥关系。"显然他所说的"柏林"是一个整体，而非某个政府或政党。肯定有很多该做而没做也不会去做的事情。风险不仅存在于福利社会国家制度，也存在于宪政国家制度中。不仅是民主的法治与联邦国家制度合法化了福利国家制度，福利国家制度的成功同样也合法化了民主的法治与联邦国家制度。然而我们不知道，将福利国家制度的失败去合法化的界线在哪里。

六、挑战

民族国家必须认识到这些。这涉及它的福利国家制度、它的宪政国家制度。民族国家必须主动想要获得更多的知识和理性。民族国家指的是国家、在此国家中负有责任之人民，以及在此国家中产生的社会。以自身是知识型社会而自豪的社会必须认识到，福利国家制度的实践也应如此。国家政治决策有责任给福利国家的合理自我发展提供新的空间。

为此的最重要伙伴就是学术研究。它必须让当政者和社会确信，该做的不仅是讨论福利国家制度的具体形式，更该被讨论的是体制。学术研究也必须提供给社会和当政者所需要的知识和理性。这就需要学术研究中有新的出发点——关于福利国家研究各种可能性与必要性的新思考、进行这种研究的新的能力与决心、尤其重要的是相关研究与教学的新浓厚度。在学术研究可以开展并被组织起来的所有地方，如大学、科学部、研究机构、基金会等，同样需要新的出发点。为了推动与建立合作（各学科之间的合作、理论与实践的合作、价值取向不同的研究者之间的合作），还需要新的观点与意见。只有这样，学术研究才有可能获得全面性的和关联性的成果。

然而单是这些还不够。作为自由学术力量和学术支持力量的对面，必须建立起一个机制，以特殊方式全面承担起这个任务及其实际履行。

- 这个机制的任务必须是从总体上去分析评价福利国家制度的状况

与影响，为其继续发展提出建议。它必须打破对部分性问题的孤立解决和部分性答案的孤立评价，在广泛的关联中进行描述、解释和评价。它还必须同样考虑到那些未被组织起来的要求、未得到政治与法律制度重视的要求。最主要的是，这个机制必须保证讨论的连续性，补救民主周期对福利社会政策的破坏。

- 这个机制必须公开福利国家制度的**规范性背景**，发展这种规范性背景的内部多样性与矛盾性并使其产生作用。
- 它应以适当的程序与相关者、外部专家、负政治责任者交换意见。
- 它须向当政者和公众汇报，提出有关未来政策的原则性建议。
- 它的合法化须通过一个特定的委任程序，其独立性必须得到保证。

这个机制不被允许先行处理涉及民主、法治与联邦国家制度的决定，但它能够并且必须帮助立法、行政与司法得出正确的决定。它也能够并且必须增强所有那些在政治与社会中对福利国家的形成和实践起作用的责任。这个机制以此填补了宪法的漏洞：宪法赋予了民主、法治与联邦国家制度以构造和地位，却把福利国家制度只作为客体托付给了它们。民主、法治与联邦制度因此更有能力履行其对福利国家制度的责任，福利国家制度获得了自己的地位，在这个问题上不够完整的宪法亦因此而得到了完整。最终的结果就是这个机制成了宪法上的组织。

这个机制需要一个宽广的、丰富的、活跃的学术环境，它自身不能代替这个环境。所有这些则需要社会与政治能够认识到：福利国家制度在它产生二百年后及战后新开端的五十年后，需要一个更为合理的制度作为它的支撑。

第六章
福利社会国家与繁荣*

一、问题

(一)"福利社会市场经济"的核心意义

基本法生效之时,市场经济在德国的成功历史已经起步。[1]它始于1948年的夏天,当时西方三占领国正主导着德国的货币改革,同时对西占区的管理工作也以国家经济操控的急剧减少而开始。自由福利社会国家的新开端则更早:二战刚结束就在各州宪法中体现出来。[2]它们对国家的福利社会任务的表述各有千秋。有的把福利社会国家目标与其他基本原则如法治国家和民主国家制度结合在一起,有的试图把国家的福利社会任务制定成较为详细的纲领,还有的两种方法兼而用之。但是任务实现的行动空间却是狭窄的。基本法采取的是第一种方式。它的表述是"民主的和福利社会的联邦国家"(Art.20 Abs.1 S. 1 GG)和"共和的、民主的、福利社会的法治国家"(Art.28 Abs.1. S. 1 GG)。此后,当政者继续致力于减少国家对经济的操控,经济持续复苏,虽然时有反复。社会政策的地平线也在持续扩张,在弥补战争与纳粹政权后果的工作之外,对和平社会所需的福利社会规范的要求也越来越多。基本法中

---

* 本文最早收录于: Wirtschaft im offenen Verfassungsstaat, Festschrift für Reiner Schmidt zum 70. Geburtstag, 2006, München.

[1] *Nörr*, Die Republik der Wirtschaft, Teil I, 1999.

[2] *Zacher*, Grundlagen der Sozialpolitik in der Bundesrepublik Deutschland, in: Bundesministerium für Arbeit und Sozialordnung/Bundesarchiv (Hrsg.), Grundlagen der Sozialpolitik, 2001, S.333 (435ff).

福利社会国家目标的纲领性开放恰好迎合了这种可能性与任务上的扩张。

市场经济与国家的社会政策之间的相互作用关系，很快就通过福利状况得到了证实。自由与平等达成了一种新的平衡。市场经济的成就使得社会政策可以把关注点从基本生存保障提升到参与社会繁荣的扩大上，社会政策的扩张也缓和了市场经济造成的风险。"福利社会的市场经济"这个双重性概念的成就如此迅速有力地强化了它自身的正确性，使得由它的正确性推导出的有效性判断显得理所应当。为此不仅有事实上的理由，还有规范上的依据。基本法中的自由权和福利社会国家目标由于各自的充分发展而处于一种既相符合又相矛盾的复杂关系中。"福利社会的市场经济"则通过发扬两者的一致、抑制不一致而使这种关系达到最佳状态。现在我们有充足理由把"福利社会的市场经济"视为一个不仅是正确的而且有规范约束力的概念。但是关于这个概念的确切含义问题会引发更多问题，对它们的回答，并不像给这个概念一个肯定那样容易。因此 Reiner Schmidt[3] 对它的规范约束力提出了疑问（与联邦宪法法院意见一致[4]，但与本文作者观点相左[5]）。然而他也不得不承认，不管现行宪法上是否有要求，政治实践如果想要同时发展自由权和福利社会国家目标，就必须找出一条"福利社会的市场经济"道路。

（二）论点

本文的主要目的并非重开关于经济宪法的争论，而是意欲揭示福利社会市场经济这一复合词所表现出的福利社会与经济的密切关系。**本文的出发点是：福利社会市场经济的复合已经超出了它自身所指向的含义。**福利社会市场经济一词的复合性让我们认识到，福利社会制度具有独特的但并非完全独立的性质。福利社会制度致力于人类生活条件应达到的状况。它虽不能独立完成这个任务，但是少了它这个目标就无法达成。福利社会制度的目的是在

---

[3] *Reiner Schmidt*, Verfassungsrechtliche Grundlagen, in: Reiner Schmidt/Vollmöller (Hrsg.), Kompendium öffentliches Wirtschaftsrecht, 2. Aufl. 2003, S. 49ff.

[4] BVerfGE 4, 7; 50, 290.

[5] *Zacher*, Das soziale Staatsziel, in: HStR, Bd. II, 3. Aufl. 2004, S. 659ff. Rn. 57ff.; *Rupp*, Die soziale Marktwirtschaft in ihrer Verfassungsbedeutung, in: HStR, Bd. IX, 1997, S. 129ff.

更平等（不是"平等"，而是"更多的平等"）、安全、保障基本生存的意义上对物品的分配进行修正与补充。市场经济关注的是物品生产，它以参与物品生产、分配与消费的形式，打开了自由权的主要行动空间并提供保证。由于自身的固有规律，它为个人对福利国家分配的依赖设置了界限。在界限之内，当这种固有规律导致不平等、无保障和生活困境，需要福利社会制度予以修正时，就会为了有人类尊严的生存可能和民主法治国家的内部整合而产生福利社会行动。

但是，福利社会市场经济所致力的生活条件的应然状况并非仅是经济状况和经济进程的产物，为此特别需要对某些物品进行筹划、准备与保障，而这些物品部分或者完全脱离了市场经济生产与分配的法则。有些基本置身于国家规范与组织之外，如社会捐助；有些只能由国家充分普遍和可靠地准备，如教育事业和基础设施中的大量要件；有些则直接是国家作为，如法律制度和内外安全。这些物品与福利社会处于一种相互关系中，它们的存在有助于平等与安全的实现，并可消除那些引起生存危机的赤字。它们的缺失所导致的不仅是不平等、不安全与困顿，更普遍的是，这种不由市场经济制造与分配的物品的缺失会造成一些与不平等、不安全和困顿伴生而且更为严重的负面问题，即会让麻烦变得更为"棘手"。

因此本文的论点是：自由福利社会国家制度比那些致力于"更平等"、社会安全、有人类尊严的基本生存保障的特殊机制所包含的内容更广泛。特殊性的福利机制并不足以整体性地对私有物与公共品的充分发展与最佳分配施加影响，"福利社会的市场经济"便是一个核心范例。自由福利社会国家制度所要求的是一个超出了"福利社会市场经济"的、将私有物与公共品的最佳发展和分配作为社会与国家共同任务的整体性考量。在这里，我们把私有物与公共品最佳发展与分配的目标称为"繁荣"。

二、靠拢

（一）社会福利国家的相对性

1. 社会福利支出：从量变到质变？

在社会政策和社会学研究中，社会福利待遇的数量规模（绝对支出数额及更重要的相对比例）扮演着十分突出的角色[6]，其水平高低被视为国家"福利社会"性质的证明。福利支出的"数字"越高，占国家支出和国民生产总值的比重越高，则福利社会国家的"福利社会性"就越高！这种看法流行于主流与非主流的各种政治力量的角逐中，流行于对历史经历的观察与评价中，尤其流行于国际比较中。然而对此仍有很多疑问。

这些疑问来自于决定福利支出社会效应的各种变量的宽广而又极为复杂的场中，依赖于如何制定待遇项目及如何执行。单是效率的缺乏就可以置"更多支出＝更强烈的福利社会关系"及"较少支出＝福利社会性质较弱、甚至非福利社会性质的关系"这种等式于疑问。但它们同样依赖于社会福利待遇形成所依据的尺度和执行所达到的作用程度，而这些标准中的每一种都指向无穷的可能性，从不会出现仅由待遇项目及其执行就能决定的情况。资金的筹措也是一个决定性因素。从"较弱的福利社会性质"到"更强的福利社会性质"的标杆，只有在摆脱了由支出与收缴（更确切说：收缴和免除）所定义的思维定式后才是适用的。那么这种情况下该如何对相关者进行互相比较？只是在偶然情况下，绝对或相对支出的多寡才与福利社会制度的成败相关。

2. 部分还是整体？

出自社会福利待遇（及税法的相应规定）作用状况中的各种疑问的范围则更大：法律上的与事实上的状况；个体的与整体的状况；国家的、社会的、公共的与私人的状况；作为社会福利待遇产生前提、存在环境和与其作用伴生的各种状况。社会福利待遇是对从这些状况中产生的各种（个体的和／或群体

---

[6] *Manfred G. Schmidt*, Sozialpolitik in Deutschland. Historische Entwicklung und internationaler Vergleich, 3. Aufl. 2005, S. 199ff.

的，尤其是家庭的）生活关系的回应。它们的目的在于把已存在的状况和所指向的生活关系发展成一个"福利社会性质的"、至少是"具有更多福利社会性质的"整体。在此过程中，社会福利待遇遵循着一个多层次的规范概念。

- 首先是一个**总体性规则**：原则上每个（未进入老年的）成年人都具有劳动能力（和/或财产），以获取收入并以此满足自己及依靠自己生活的家人的需要。为了实现这一角色，他们的各种状况**应当能够**满足规则的要求。然而现实是复杂的、无法控制和无法预计的，由此产生了各种风险与赤字。
- 因此这个总体性的规范概念要通过**两个互补的部分性规范概念**来完成：

其中一个是首位的。每个能自我负责的成年人都具有（其扶养单元的成员视情况亦具有）责任（法律上称之为：义务、承担），通过他的努力令总体性规范概念尽可能地进一步自我实现，亦即由其自己的力量最大限度地展现自身。

另一个是次位的，但是也很关键，这便是社会干预的概念。它以三种方式实现。第一，通过社会保护[7]：当特定的人身从属性危及规则的执行，便应由社会保护措施予以抵御（例如：以劳工保护抗衡劳动中的风险）。第二，通过社会福利待遇。当自我负责的成年人（及其扶养单元）无力满足总体性规则的要求，便应由社会福利待遇予以平衡（例如：医疗保险）。第三，通过对一般性社会关系的福利社会性质的改造，以降低某种不利状况的可能风险，或者减轻某种不利状况的后果（例如：提供信息与教育）。

为了让个人及其群体能从"非福利社会的"起点依序走向"福利社会的"终点——更贴切的说法是从"较弱福利社会性质的"范围走向"较强福利社会性质的"范围，须集合起各种社会关系并建立尺度标准。但将个人和群体引往设想版图中之某处的指示器显然有无尽的可能性，这一处也绝不会单独或主要由社会福利待遇决定。对此有三个主要原因。第一：社会干预形式的界限。

---

[7] 遗憾的是，在国际与欧洲（欧洲法、欧洲政治）语境中，"社会保护"概念通常被用来笼统指称这里提到的两个概念，这就使得缺乏关于控制从属性，抵御劳动、收入、需求满足和扶养单元的基本规则实现时产生的风险的特殊概念。

社会干预总是被要求类型化，有些情况未超出风险防御和平衡不利状况的具体要求，有些则超出了适当的界限。第二：社会干预的角色先天划分为社会保护措施、各种社会关系的整体性福利社会改造、通过社会福利待遇平衡赤字。第三：各种条件要素构成的极端复杂性。其中包括：法律与事实的，国家与社会的，公共与私人的，国家、超国家、跨国及国际的各种条件，它们制约着措施的实施，而其实施最终导致人们对福利社会的心态；与这些实施伴生的各种条件；与实施的影响相关的各种条件。

（二）社会干预：整合与异化

1. 外化干预与内化干预

"社会干预"通常指的是福利社会意图中机制与程序的形成。"社会干预"想要改变的是社会关系与社会进程，以令相关者的心态比干预之前呈现出"更多的福利社会性"。

(1) 外化解决方式：社会福利待遇

如果是通过**社会福利待遇**实现社会干预，就意味着把那些在福利社会目的中获得了合法性且由这目的决定了结构与纲领的特殊的法律和作用的关联单独分隔了出来。福利社会目的被**外化**在特殊的待遇规则中。一系列社会保险待遇（医疗、工伤、护理、失业与养老保险）伴随着劳动生活、家庭生活及需求满足过程。当对劳动、收入、需求满足和家计这些基本形式的规划不能或只能不充分地实施时，由它们减轻劳动、就业、家庭生活及需求满足的规则不可能做到或很难做到的责任。社会保险制度以由税收支持的救助与促进制度（儿童抚养津贴、少年与青年帮助、教育促进、住房津贴、就业促进、基本生存保障和救济）为补充。此外有些该由国家承担责任的损害（如服兵役造成的损害）因为不合常规而致使基本形式的规划无法实施，则由社会补偿制度平衡其后果。这并不是说在社会福利待遇规定的范围内仅有特定的福利社会状况才会实现。但是待遇接受者的范围（社会保险中还包括缴费义务人的范围及其缴费标准）是根据福利社会标准界定的，待遇的前提条件、内容和范围也是由福利社会标准所决定。因此，福利社会状况形成了独有的形式。

同时，通过社会福利待遇的规则，对其他劳动、就业、家庭生活和需求满足参与者的期待化为了现实性和合理性制约下的标准尺度，在实践中，部分也是在法律中，围绕着劳动、就业、家庭生活和需求满足画下了一条界线，其范围窄于参与者为他人的收入和需求满足而应承担的潜在义务的抽象范围。在这条界线之外，参与者与制度（劳动与就业生活、需求满足和扶养单元的参与者在其中共同作用的各种制度）因被保险人之间的社会团结或福利社会国家的整体团结而减轻了负担，并由此形成了劳动、就业、家庭生活及需求满足的持久形式。这些现实领域在它们的首位规范（劳动法、家庭法、职业法、经济法等）之外，还在社会福利法中有它们的次位形式。劳动生活、就业、家庭生活和需求满足的实现同时产生自这两种规范：首位的专门性法律和次位的社会法。这种双重性可以促成劳动与就业、家庭生活和需求满足的各种首位规范的整合，其实就是被社会福利法所补充。通过把参与相应法律关系的某些人的一定程度责任转移为超家庭团结体的责任，那些个体无法承担或很难承担的法律关系被消除了。但这种法律规范的双重性同样有可能导致异化。由首位规范调整的生活模式可能会与那些也由次位规范调整的模式割裂开来。也就是说：一种规范的效用会削弱另一种规范的效用。整合之后跟随着的是分裂。例如，社会福利待遇的去商品化[8]作用能使作为劳动关系主要内容的绩

---

[8]　对社会福利待遇与社会生活和经济生活既有合法性之间的关系进行描述的一个重要可能性是"去商品化"的论述。它由丹麦社会学家古斯塔·艾斯平－安德森提出（Asping-Andersen, The Three Worlds of Welfare Capitalism, 1990, S.22），其源头可追溯至马克思的学说：劳动不应被当成商品。指责劳动力成为商品这一规则的观点认为：不能提供劳动的人也就无法得到工资，然而负担家计的人所得到的薪水也不过是他靠日复一日"出卖"劳动力才能换来的那么一点。实际上，社会福利待遇的出现正是为了承担起削弱这一规则的任务。它一直在不断发展，也是为了消除这种关联。德语"商品（Ware）"一词在英语中的对应词是"commodity"，所以艾斯平－安德森把社会福利待遇的"去商品化"任务称为"Dekommodifizierung"。社会民主模式，尤其是斯堪的纳维亚国家的社会民主模式被认为是去商品化的典范，在世界上其他地区，这种趋势也或多或少在起作用。以前和现在都存在的一个重要差别在于小时工资的计时属性和报酬的按人头原则的分野是在何处开始：是在劳动关系中（一方面是通过延长薪金支付时间、病假工资的义务等，另一方面则是家庭工资、家庭津贴等），还是通过社会福利待遇制度（一方面是病假津贴，另一方面是儿童津贴、连带保险等）。在联邦德国，对此的态度并不确定。一种认为"去商品化"促进了自由，另一种则认为这会导致滥用。20世纪最后二十年发生的经济状况及私人和

效交换产生问题。由社会福利待遇所打开的行为空间可能会削弱家庭生活模式，而这种模式蕴含着重要的人文及社会价值。这指的不仅是采取了社会福利待遇的情况，也包括滥用福利待遇的情况。由于社会福利待遇制度的发展大大促进了个体化，所以个人主义的历史一方面是自由合理增长的历史，另一方面也可视为对必要的规则遵守的削弱甚至完全破坏。

(2) 内化解决方式：社会保护 [9]

与社会福利待遇并行的是社会保护。社会保护是通过那些基本由某个并不具备特定福利社会性质的目的所决定的关系与过程出于福利社会的意图而被改变、影响或控制而实现的。也即把特定的福利社会意图放入了一个基本是为其他目的制定的规范中。这一类型的社会干预将福利社会目的**内化**在了这种规范中。最重要的例子出现在劳动生活和需求满足领域。

劳动关系最初主要服务于雇主与劳动者之间的付出交换。然而在发展过程中它们越来越侧重于社会保护，对劳动者的社会保护越来越被认为是劳动关系的真正属性。考虑到19世纪工薪劳动困苦状况的扩大，这一路径同样是承载着雇员合法权益的劳动关系的整合道路上的关键进步。但最终它也是一条异化的路径，目前的劳动生活危机便是表现。因此问题在于：将来就业关系如何将付出交换、社会保护、社会平衡带入一个更适当的平衡中。

需求满足也到处带来了相应的严重危机。二战后的年代中，物资匮乏和货币供应过剩使得市场功能持续陷于瘫痪。为了确保最低限度的物资保障，采取了经济管制与价格控制作为权宜之计，但是物资供应仍然少得可怜。直到修正了货币供应量并把生产与分配的任务交还市场，繁荣才重新成为可能。然而市场经济方式在某些物品的提供上一直被证明不够充分，例如住房的提

社会生活的变迁为这期间"社会工资"与经济意义上的"自然工资"的日益分离设置了新的界线，尤其是在劳动关系框架内的(内化的)社会保护领域。它也涉及通过社会福利制度进行的(外化的)社会平衡，前提是这些福利制度塑造出了福利社会性质的扩张了的劳动关系。问题是，它们是否会(通过劳资协定或解雇保护)持续降低那些必须适应劳动市场和雇主赢利要求的工薪依赖者的负担。社会福利法正在尝试各种特定待遇关系的新的、独立的形式，"Hartz IV"（社会法典第二部规定的公共服务）就是一个例子。

[9] 见注7.

供。迄今仍然采取租赁者保护这种内化方式，协同其他住房保障政策对房屋租赁者提供社会保护。然而对租赁者保护及其他住房政策的疑问同时也越来越大：它们对租赁关系或其他有关住房需求规范的影响是一种整合的还是异化的影响？另一个例子是消费者保障，它涉及福利社会目的如何内化在由市场实现的法律关系中这一问题。

如今，禁止歧视规定基本上叠加到了所有法律关系之上。在性别和种族歧视问题上，它最直接关系到人的尊严。在有关政治、法律或性取向歧视的问题上，它首先关系到自由权。在出身歧视上，它关系到社会整合。当涉及的是个人由于天生缺陷而在自我发展与社会参与上很可能无法深入，只能尽量弥补，比如残疾人的情况，则尤其关系到福利社会意图。然而这些禁止的作用并不确定。它们进一步发扬了被叠加的原始规范的本意（如契约自由）吗？它们以整合的方式将自身所体现的价值与禁止歧视背后所具有的价值结合起来了吗？还是消除了那些被叠加的原始规范的本意？抑或对其有所削弱，但又无法弥补其失去的作用？[10]

2. 自由与富裕的前提

因此，通常情况下，福利社会制度的实现都会导致整合与异化之间的凹凸不平。这一定律同样需要一个宏观视角。福利社会制度的自我限制之处，也是其自我异化之处。福利社会制度本质上是一种干预，个人生活与社会生活是特定社会干预的前提与对象。因此，由关于自由的规范和具有共同文化与文明资源的组织所发展出的社会力量亦是福利社会的前提。换种说法：社会富裕的实在性，至少是它的可能性，是典型福利社会思想的前提。社会富裕构

---

[10] 当外化方式具有了通常由非特殊性福利社会规范调整的功能，负面刺激作用就会完全形成。最重要的例子出现在以法定医疗保险制度承担疾病治疗功能。产生困难的核心关键词在于实物待遇原则。集体性机制叠加在提供治疗待遇的社会环境的无尽多样性以及它们独有的各种法律规范之上，社会团结联合体的"福利社会"作用条件在其中与参与者的个人利益同样运行；它们还叠加在那些作为待遇提供框架条件的法律关系上。这种制度试图既整合福利社会事物，又顾及待遇提供者、需求者和接受者的利益并使其发挥良好作用。然而由此产生的复杂度严重妨碍了规范、行为和结果之间的互相作用。个人和集体的各种操纵动机之间互相联结、加强、削弱或消灭，其结果几乎或者完全不可预料。

筑了一个空间，在其中能够对"更多平等"、生活状况的相对稳定、有人类尊严的最低生存标准予以考虑。以最低标准为目标的战略保证不了最低标准的实现。所以赋予社会力量以发展空间的规范并非不如福利社会制度的特殊规范重要。它们亦是福利社会制度的必要条件。

对此可以举出一些历史性例证。例一：联邦德国的自由福利社会国家制度这一成果并非特殊福利社会制度的成果，它是"福利社会市场经济"的成果，它使得福利社会的发展成为可能。例二：当前的自由福利社会国家危机也并非主要是特殊福利社会制度自身的危机，它实质上是社会及其规范、经济和共同体的危机。例三：社会主义国家（或也可称为）"社会主义的福利社会国家"的失败并非是由于其特殊的福利社会制度，而是由于缺乏自由与富裕。

（三）平等性与普遍性

1. 公共服务

如果福利社会制度的实质目的是要达到"更多平等"，那么其实现的最简单原则就是物品分配的普遍性。如果一个社会中的物品分配不够充分——这指的是：物品稀缺而昂贵，或者不易获得（仅在特定地点、仅在特定时间、必须克服许多障碍），那么社会中的弱者克服障碍的难度原则上要大于那些非弱势的甚或具有有利条件的人。物品供应的不充分性因此意味着可感觉到的不平等，甚至这种感觉会十分强烈。因此，物品供应的普遍性是用以削弱直至彻底消除不平等的手段。

在文明发展的过程中，物品分配的普遍性成为一种公共责任，其范围越来越广，迫切性也越来越强。原因是多方面的。如居民的水供应不仅是一种消费品的提供，还涉及对国民健康的考虑，同样的还有公共浴池与排水设施的建造。尤具多重影响的是交通网络和传媒网络的扩建：邮政与电信、街道、铁路和航道。新的能源种类也对配套设施提出了要求，要保障煤气和电力的生产与分配。世界因进步而愈发令人讶异。这些物品供应上的问题对公共生活和个人生活都会造成敏感影响，而这是公共责任应承担的范围。法律上则表现为物品的共同消费或其准备与使用上的机构性。在私人主动权和私人资本占据优势地位的领域，集体责任亦可表现为相关企业的让步义务、对业务的相应调整以及对其的行政监督。这一发展也是为了实现平等。然而这种新的服务与应用是有代价的，这种代价对穷人来说比富人更容易感觉到。对弱者来说，如果他们（如残疾人）比其他人更需要这些服务和应用的话，会比那些非弱势者承受更大的负担。但尽管如此，进入不断提升的文明标准的普遍通道所能消除的不平等，还是要多于其所制造的新的不平等。

这与 19 世纪中期以后由劳动保护开端和俾斯麦时期社会法立法所产生的对不平等的削弱是同时发生的，魏玛时期从各个方面都加强了这一趋势。国家社会主义者赋予它一种新的含义，普遍性的服务与设施成为证明其合法性并加强其统治的工具。在这一时期，Ernst Forsthoff 把上述各种待遇冠以"公共服务（Daseinsvorsorge）"之名，[11] 并一直沿用至今。战后，"公共服务"以新的方式成为国家合法性的证明。在修正后的福利社会国家规范性纲领中，基本生存保障的重要程度首次全面超越了减轻不平等。看起来，国家合法性与公共服务在相当程度上融为了一体。

当从货币改革到市场经济的过程中开发出各种新的且意想不到的繁荣富裕的可能性，观念再次出现分化。在随后的发展中，对市场经济亦能保障待遇提供的普遍性与可靠性的信任增强，哪怕是在那些待遇安全性较为迫切的地方。国家降低其操纵与保障强度，"公共服务"持续"商业化"。这在过去和现在都并非总是成功的。全球资本主义化的现实促进了私有化倾向，这种全球资本主义化引起了资本管理层（和股份持有人）的注意及对已必须由企业接手照管但却疏忽于此的国内市场的兴趣。新的"公共服务"政策因此被严重关注。这种分歧在欧洲法中表现得尤为突出。欧共体条约第 86 条第 2 款第 1 句规定，即便提供"公共服务"的企业也基本由经济法调整：

"此条约的规定适用于受委托提供一般性经济利益服务的企业……尤其是关于竞争的规定，前提是这些规定的适用不会在法律上或实际上妨碍它们承担的特殊任务的履行。"

与此相反，条约第 16 条看上去还是想把"公共服务"的意义再往前放：

"在不损害第 73、86、87 条规定的前提下，并考虑到要在共同体共同价值观内进行一般性经济利益服务以及其在促进福利社会制度和区域稳定上所起

---

[11] *Forsthoff*, Die Verwaltung als Leistungsträger, 1938.

作用的重要意义,共同体和成员国在这一条约适用领域的各自权限框架内,在制定服务的原则与条件时,要充分考虑其履行任务的可能。"[12]

2. "公共服务"之外的重要物品的提供与调配

然而个体与群体生活的质量并不仅仅依赖于各种通常被认为是"公共服务"的预防措施和待遇。成功的个体及群体生活与太多因素相关,国家占据了相当重要且丰富的一部分。

核心例证是抚养与教育。与抚养和教育相关的是个人以此可以实现照顾自己和他人,并参与到社会与公共的共同作用尤其是参与到国家中来。个人如何实现劳动、收入、需求满足和家计的基本形式,以何种方式与何种程度参与福利社会事物,如何正确评价福利社会干预,都是由抚养与教育给出核心前提。抚养与教育还决定了,为了制造出个人所经历的开放或封闭的劳动机遇、充足或不足的收入或收入的缺少部分、需求满足的提供与实现、需求满足最大能力的达到或未达到、扶养单元、家计负担与家计负担的卸除等的关系,其他社会成员怎样共同作用,并导致什么结果。抚养与教育是家庭的核心责任,它们产生自日常生活中人与人之间的、社会的与公共的各种丰富经历与作用中。但除此之外还需要一种制度,根据公共责任项目的标准对这些作用加以补充。这种制度不必一定要由国家来实现,但原则上并且无论如何国家必须对其提供保证。

一个社会的各种生活可能性还依赖于科学与探索、文明价值的培养与灌输、文明积累的保持与维护、进入文明积累的通道、文明发展的持续。即使涉及抚养与教育之外的其他方式,国家在所有这些领域仍要承担重要责任。

有一个复杂且十分重要的基本价值:安全。安全是指对危险的防护。危险既可出自事物又可出自于人;既可由于天然又可由于技术;亦可源于疏忽、轻率及危害社会的犯罪。安全是有代价的:在发现危险、清楚正确地认识危险并先一步采取行动上会有损耗,首先是由于危险的发现和对危险的遏制使得自由受到限制。为了让安全的益处不致导致太大代价,适度性是一个重要原则。对危险的抵御和遏制尚不足以制造出安全。只有当把危险所可能出自的

---

[12] 亦见于《欧盟基本权利宪章》第 36 条。

人群融入社会，安全才会产生。对于国家中的生活来说，安全具有完全决定性的意义。它是国家最高程度的任务：是国家的一个非常敏感、非常多方面与多层次的任务。

内部安全之外还有外部安全，即对世界和平的考虑。这一观念扩展成了国际间的合作，它是国际与国家间责任的通常表现。它也决定着社会的重要生活可能性。

在这所有的背后是国家对于法律的责任：对于正确和恰当的、即既合乎实际又合乎人们的需要的、对社会状况的可信和有效的规范的责任；对于私人生活的规范责任，即对家庭和私人共同体及其相互作用的大量其他形式的责任；对于社会的相互作用、各种联合与机制的规范责任；对于政治共同体的结构、功能、程序及其内部参与的责任。但是法律不仅是抽象的规范，法律还指它自身实现的各种路径，即规范及其对象之间的介体。法律的含义不仅是认识法律与遵从法律，还包括批判法律与获得法律。法律指的是司法、法律适用的引导和行政上的实施。法律还指：所有与其相关者的法律意识；所有可能的社会成员，包括强者、弱者与中间阶层以及各种组织、机构、个体及小群体对其活动空间的利用和对其边界的维护。国家在其中的核心角色昭然可见。

所有这些只不过是对于由国家负责的各种个体与集体、私人、社会及公共生活的诸般条件的多样性与意义的例证——虽然是核心例证。这种责任性是"公共服务"和社会福利的前提，也是经济发展的前提。但是它们亦表明，即便与参与经济过程和经济收益无关，与参与"公共服务"所提供的文明水准无关，与"更多的平等"、生活条件的社会安全及福利国家基本生存保障的努力无关，国家还是得对人的状况及其发展机会承担何种责任。

比起那些把福利社会国家原则在宪法中孤立单列出来或者只把它与法治国家、民主、共和等扯上关系的宪法制定者，巴伐利亚宪法的制定者要更接近于真相。1946年，他们在宪法中写道："巴伐利亚是一个法治的、文明的、福利社会的国家。"[13]

---

[13]　Art. 3 S. 1 a.F., Art. 3 Abs. 1 S. 1 BV.

（四）国家与社会——福利国家与"福利社会"

1. 私人行动、社会－公共行动与国家行动的持续融合——不独具有福利社会性质的行动与目的明确的福利社会形式之间的持续融合——意图与作用的持续分化

对福利社会制度的观察、描述与设计，常会得出它仅是一种行动的看法：它被限制在目的明确的、按照福利社会要求所形成与修正的干预上。对福利社会制度的讨论，亦容易得出它的载体被限制于一个载体的看法：这个载体即是国家。相反，劳动、收入、需求满足与家计的基本模式则牵涉私人－社会－国家的实际生活与法律形成、分类与执行的整体事件，它牵涉众多定位与作用：牵涉那些不独具有福利社会性质的私人、社会和国家行动的"常态"，以及那些目的明确的福利社会形成与修正。这种形成与修正不单出现在国家领域，也出现在私人和社会领域。这一整体事件是一个持续的融合过程——持续的正反作用，持续的意图与作用的并立、共生与相互影响。它的任何一个要素都不能独立地完全等同于福利社会制度。这一整体事件始终都只是向着福利社会制度的一种靠拢——向着一个个人性的或集体性的、社会性的或政治性的"应然"福利社会制度的靠拢。

上述内容可用以下**图画**表达：在一个**辩证性**结构中，福利社会制度具有一种**三重构造**：其**正题**是指那些既有的、始终处于持续发展中的无限的私人、社会与国家关系。在这些关系中，福利社会性质的、非福利社会性质的、矛盾的及无关紧要的各种关系混杂在一起。各种具体状况决定着正题的福利社会性质的强弱。在合适的条件下，它可以提供相当多的福利待遇。一个"好的"社会和"好的"国家在福利社会修正实行之前就能为大多数人乃至几乎所有人提供许多平等、许多安全以及有人类尊严的基本生存保障。但是它们仍然始终需要通过反题来达到福利社会的增长。比起这些关系来，**反题**的福利社会性是通过直接指向福利社会的制造——一种"更加完善的"福利社会的制造获得的。这便是私人和社会尤其主要是国家及其政治、行政与法律的各种力量的作用方式。反题以正题为前提，并且只能通过与正题的结合而起作用。即便是反题也不可被等同于福利社会制度。**合题**则是由正题与反题的互相作用而产生的私人、社会和国家的关系。只有当正题的福利社会能量和反题的福利社会作用相碰撞并产生积极的共同作用,它才具有福利社会性。这便是"**混合福利产品(gemischte Wohlfahrtsproduktion)**"概念的含义,它把国家的社会政策与福利社会本身的彼此交错拆分开来并揭示出,只有始终把福利社会制度作为社会与国家的共同义务,对它的思考才是有意义的。

以把社会政策干预与福利社会制度视为一体的常见观点为基础的"理论上的"极端观点是这样的:合题具有福利社会性,因为反题把正题的非福利社会性质的各种关系转化成了合题的福利社会性质的关系。然而这是实践中对正题的低估和对反题的过高期许。**正题的福利社会性**产生于当其被放置在正题所生存的各种价值中和自我实现的各种构造中,但这并未得到保证。福利社会性并非**端是**正题的标准,甚至完全不是其目的。但是福利社会整体行为离不开正题所具有的势能。合题能够并且实际上具有怎样的福利社会性,主要取决于正题有怎样的福利社会性。与此相反,福利社会性却**正是反题的标准**——虽然是在一种不够完善的论辩性、批判性和修正性意义上。但在这种特殊意义上,福利社会制度成为反题的目的。**合题的福利社会性**最终具有双面性:它是一种应然,反题据此以改变正题的各种关系;它也是一种现实状况,通过始终向着这个标准靠拢而被认定具有福利社会的性质。

因此,**福利社会制度**并不是一般社会关系和可靠社会发展的一种先验的、**完整的**现象。福利社会亦不是现实与理想的一致。福利社会更像是一个进程,它产生与发展在有目的和无目的的各种经历中、在一致与分歧中、在张力与矛盾中。福利社会的这一辩证中包含着不完善性的风险。这便是令正题事件始终保持活力与创造力的代价,同样是以这种方式,福利社会问题在被解决着,用来解决福利社会问题的资源在被准备着。其后果就是,没有哪种福利社会形式(尤其是反题形式)的作用能被撇开不谈:它如何被理解、如何被使用与错用、如何改变着规范和现实。

福利社会的这一辩证模式**所描述的并不是**各种具备但又非仅具备福利社会性的事件发生,然后福利社会干预对其予以修正,最终福利社会制度作为可接受的现实产生的**时间节奏**。实际上所有现象始终交织在一起,每一种修正都在改变着既有事物。同样,福利社会的辩证模式也很少描述那些刻板的实质性区分,根据这些区分,既有事物发生在一个领域,社会干预发生在另一个领域，而福利社会则是在第三个领域作为可接受的现实而被接受。实际上，所有这一切都处于相互转化中。

2. 福利社会制度的辩证结构以及国家与社会的关系——自由福利社会国家

福利社会制度的辩证是自由福利国家的介体。希望社会和国家并存与交融的人，便会想要福利社会发生在这种辩证结构中。或者从另一端看：想要拥有福利社会制度但又不希望它消灭社会与国家的并存与交融的人，便会把目光放到这种辩证结构上。一个被决定为先天就该是完整的福利社会的社会，将不再是一个自由的社会。社会主义的伟大历史实践已经表明，福利社会制度的每一种设计都面临抉择，要么放弃先天完整性，要么放弃自由社会的价值观与活力。

给社会以空间意味着：就如给福利社会性质的事物以空间一样，也要给各种"非福利社会性质的"发展以空间。给社会以空间至少意味着：要给自由、责任、多样性和活力以空间。在社会中同样得给富裕以关键性的活动空间，因为它对"更多平等"、社会安全和最低生存保障的福利纲领的实现是必要的。然而虽然个体、私人和社会对于福利社会实现的意义如此明确，仍不可小视国家的任务与责任。只有国家与社会联手，才能恰当地作用于福利社会事物。它们互为制约。社会自身的发展需要国家的规范和唯有国家才能提供的公共品。只有当社会在繁荣与福利之路上渐行渐深，国家也才能够在参与繁荣与福利的任务上获得更大成就。

三、核心范例：福利社会的市场经济

（一）福利社会制度的经济本质

福利社会干预本质上具有经济性。它所针对的是各种**由经济状况决定的不平等**，即便这些不平等自身的本质并不是经济性的。所有由"少财产"、"少收入"、"少生活费用"导致的不利状况，都是"福利社会"所关切之事。健康与疾病现象本身不具备经济性，但是健康的促进与保持以及健康的损害，都可能有经济上的原因。疾病能否得到治疗通常依赖于是否具备相应的经济能力。对这些不平等予以平衡，便是福利社会制度的任务。与此相类似，由经济状况决定的不平等亦可表现在抚养和教育方面。另一方面，**非经济性的不平等也可导致经济性的后果，而这同样属于福利社会制度的责任**。军人或警察执行公务要拿健康甚至性命冒险，可能导致严重的身体伤害。这本身并不具备经济性质，但由治疗产生的经济负担必须有人承担，由伤害造成的收入损失必须得到补偿。不过，不平等并非总具备经济上的可承担性。除了那些由经济状况决定的不平等与困顿、由非经济性的不平等与困顿导致的经济后果外，尚有**这两种情况都不符合的、不具备经济性质的不利与困顿状况**。譬如由于相貌丑陋而导致的人生无趣，以及因缺乏建立和保持人际关系的能力而造成的孤独寂寞，就从原因到影响上都不具备经济性质。**对于这些本质上不具备经济性的不利与困顿状况**，福利社会措施恐怕力所不及，它们仅在某些例外情况下才会被视为"福利社会的"事务。

福利社会制度与经济的联系首先出自于历史原因。社会干预发生于贫民问题、劳工问题、战争特殊受害者问题、普遍的物资匮乏（尤其是住房）与个人生活物资匮乏的相互作用关系问题等之中。然而福利社会制度的经济联系同时还有自由与人类尊严上的原因。在资金收缴这一方面，货币再分配被委婉地当做是对个人非经济空间的入侵，相关者通常在资金征缴上能得到许多协商选择权。而拿走不可替代的物品则可能会对相关者的私人空间造成更为痛苦和暴力的入侵。通过改变个人特性来平衡差异，这种企图最终成为对个体性的深度侵犯，即便它是出于治疗与帮助的意图。在支出这一方面，比起直接的实物或服务待遇，货币给付原则上能使人获得更多自由。因此自由福利国家主要成了货币的分配者。不容低估的是，这种福利社会国家制度的货币化导致了令人忧虑的片面性。不仅如此，它还给了一种民主"腐化"（由选民造成的政治腐化与由政治造成的选民腐化）以空间，并令社会服务受到忽视。

福利社会国家制度的经济性最终体现于它受到经济前提的制约，以提供对其来说适当的福利待遇。最明显涉及的是经济干预（货币或有货币价值的物品的分配），并涉及服务待遇性质的干预（组织与服务的提供）、能力转给性质的干预（在遭遇不利、避免与战胜不利时仍能掌握自己生活的能力的转给)、环境形成性质的干预（供遭遇困境者使用或共同使用的设施及自然环境的形成，以使遭遇困境者的问题能被清除、补偿或减轻、至少不会再增生或恶化）。在这些情况下，即便干预自身被认为是非经济性的，仍会产生各种各样的费用。

最后，经济作为国家与社会之间的介体，丰富了各种战略与技术的总体，以令福利社会的价值观："更多平等"、安全和最低生存保障得以实现。投入、天赋、才能、运气可令经济上的不平等在私有经济关系中比通过国家再分配更有效地得到平衡。经济增长可导致平等的错觉，它发生在当明日所得总是超过昨日所有之时。但它并非全然是个错觉。它令今天的不平等已然变得更容易忍受，并触发了让明天变得确实"更平等"的能量。经济以其整体的多样性，也在补充着组织"更多平等"、建立社会安全和提供基本生存保障的各种可能性的总体。在特定的时代，比如当今，国家这种团结联合体通过现收现付制保障国民生活收入的模式已逾百年，由此而形成的界限目前已明确表现出来，私人形式的预防工具（财产形成与保险）重新获得重视。

（二）经济对于福利社会提升和跨越的重要意义

然而，经济并非仅是特殊性福利社会措施（对非福利社会性质的或福利社会性质不充分的事物的福利社会修正）的一个前提。它超出了对特殊性福利社会措施的意义，对社会及国家的形成亦十分重要。一方面，经济为个性和自由创造了空间，给予个人、私人团体至普罗大众以机会，使其不至于受到特殊性福利社会事物的干涉。它还令社会与国家能够扩大其文明和文化的标准，并能发展特殊福利社会价值之外的其他价值。换句话说：为了能够同时满足个人与其共同体的幸福，以及社会和国家的利益及价值的实现，繁荣的经济十分重要；对于借助特殊性的福利社会事物来保证整体的福利社会性，它亦十分重要。如果想要充分发挥社会与国家、非仅福利社会性的和福利社会性的事物这种双重辩证，经济是一个不可替代的、关键性的手段。

(三) 经济——市场经济——福利社会市场经济

也即是说，一个自由福利社会国家的经济必须在相当程度上发展成负有社会责任的经济。不仅是社会通过安置劳动要素而积极参与的部分，也不仅是社会通过其成员作为经济产品的需求与消费者而积极参与的部分。如果经济的相当一部分必须发展出社会属性，那么这同样适用于资本和组织经济活动的企业，尤其是对这些企业进行整合的管理层。

无论如何，这种负有社会责任的经济必须以市场经济方式运行。这指的是：分权性结构、企业形式的多样性、竞争、自由的价格形成、对产品需求与消费者的适当保护。国家通过法律制定和法律适用来保障市场及其功能，原则上它不被允许作出某种企业性质的决策（如制定价格、规定投资等），但是可以改变对企业行为、资本使用、知识、劳动、产品特性等的一般性要求 [通过法律、预算、税收和国家支出（关键词"宏观调控"）、机构与基础设施等]。与这种限制有关的许多开放性问题并非本文的议题，但是必须指出，以国家规范责任和分权经济方式的并存与交融为基础的市场模式是紧挨着工业品市场发展起来的，而且对许多特殊市场来说并非不可改变：如劳动市场（在这个市场中，在产品市场被禁止的、对竞争形成限制的各种团结体以工会、雇主联合会及其集体协约的形式被机构化）、交通市场、通讯市场、能源市场、农业市场等。因此，它在多大程度上为国家与市场关系提供了对立法者有约束力的一般性运作规范，这里尚不能定论。

说到这里，必须重提国家对大众的责任——不仅是公共服务意义上的，也指对大众福祉的整体性责任。如上所述，这一责任同样包括经济发展，尤其是市场经济成果的各种重要前提。

但是这篇文章首要强调的是：市场经济需要特殊的福利社会措施为补充。市场经济自身可以创造"更多平等"，但更加可能制造出更多不平等。它能开发出有关社会安全的许多策略与手段，但无疑也伴生了社会的不安全。它可令大多数人甚至几乎所有人的基本生存问题得到解决，但对如何保障个人有尊严的基本生存，它并无答案。所以，为了让市场经济与我们国家的各种基本价值观保持一致，特殊性的福利社会措施无可取代。当然也可以这么说：为了让福利社会的实现与我们国家的基本价值观保持一致，市场经济是必要的。

只有当社会具有一个相应的有序且支持竞争的市场经济，民主法治国家的基本法律秩序才算彻底完成。福利社会的国家目标不仅并未对其产生质疑，还强化了它。除此之外，福利社会国家目标虽然要求修正式的国家干预，但社会越是有能力自身产生"更多平等"和更多安全——或者社会成员越能以自主自由的决定接受所感受到的不平等与风险的所有可能后果，便越能达到更完整的福利社会国家目标。也只有在这一前提下，福利社会才会与民主法治国家的基本法律秩序共同实现。

这一宪法任务既宽泛又模糊，但同时也很迫切。[14] 所以人们该把它理解为操作性规范还是一个有约束力但具开放性的任务，还难下定论。目前其内容的不确定性又进一步增加了，因为劳动生活、欧洲一体化和全球化的变迁导致出现许多新情况。[15] 然而宪法的基本思想并未改变。因此需要作出新的努力去诠释"福利社会市场经济"。

（四）福利社会市场经济：以小见大——或是例证？

回到开头："福利社会市场经济"概念打满了历史的烙印。战后的社会困顿作为一种**经济性**困顿，被人们以一种完全特殊的方式所体验。当时无疑是个非常困苦的时期：丧失亲朋与健康、年华虚度、负债累累、被驱逐、失去家园、失去财产和工作。日常生活中处处捉襟见肘。但是后来发生了什么变化？许多困苦都已成为历史一去不返。当时的救助都是物资性的。不过个人与家庭能够摆脱昨日重负建立新生活的可能实也有赖于各种物资。然后便是1948年的转折点和"经济奇迹"之路——同时也建立起了多层次的社会保护和社会福利制度，而福利社会市场经济则是其基础。这一进程顺应了基本法的规定——自由民主的基本价值观和福利社会的国家目标。人们有何理由不认为，"福利社会市场经济"实际上就是自由福利国家的规范性纲领呢？

---

[14] 见注5.

[15] *Nörr* 在他的文章 "Sozialstaat und Wirtschaftsordnung" 中给出了一个激进的回答。In: Eckert (Hrsg.), Der praktische Nutzen der Rechtsgeschichte. Hans Hattenhauer zum 8. Dezember 2001, 2003, S.375ff. (384页："危机到来之时，从福利社会国家概念和基本法中的福利社会国家制度中再也汲不出蜜糖，蜜罐已空，眼前空余一段缄默无声的文字"）。

这一状况持续多年。虽然在 60、70 年代（其影响波及 80 年代）产生了许多非物质性的思想如对解放、自由和民主的考虑，但对福利社会制度的期望仍是物质性的。只有一个例外，那就是劳动世界。在一种双重运动中，一方面，劳动者与雇主之间的付出交换受到劳动法和社会福利待遇的去商品化趋势的限制；另一方面，通过企业宪章和共决权，劳动者及其工会的影响扩张到企业领导者的角色。但除此之外，福利社会措施总是被理所当然地等同于货币和具有货币价值的物资的分配与再分配。由于经济增长迎合了货币与具有货币价值的物资的分配与再分配，因此经济发展的责任被写入了福利社会国家的纲领。[16]

从 90 年代开始这一范式的藩篱才被打破。[17] 社会福利国家因个人化、去商品化、医疗费用的上涨和社会的老龄化而遇到越来越大的麻烦。欧洲一体化和全球化重新定义了资本、劳动和领导企业的角色。德国的劳动者震惊地发现自己面临着劳动需求和劳动供应的世界竞争。除此之外，创造"更多平等"这一福利社会任务亦因德国的统一而发展出了一种全新的维度。[18] 除了所有这些与福利社会相宜的繁荣，其他价值观亦表现出新的重要性：如内部安全、国家同质性、基础设施的持续进步、科学与研究等。如果过去的几十年使人们确信对个人生活的保障仍将是社会福利制度的任务，那么现在清楚的则是，个人自我生活保障能力的发展亦不可或缺——这比其他的甚至更为重要。由此产生出抚养和教育的新的重要地位，也产生出个人与全体之间——个人对福利待遇的获得预期和公共服务、文明与文化的普遍提供之间——新的直接性。

所有这些并未把经济、市场、增长等要素挤下福利社会制度的核心位置。然而同时不容忽视的是：为了能够产生各种"福利社会"关系，以福利社会为前提的繁荣远比单纯的"经济"要丰富和全面得多。

---

[16] "普遍富裕的提高与参与的扩大"，见作者：Das soziale Staatsziel, in: HStR, Bd. I, 1. Aufl. 1988, S. 1045ff. (1078ff, Rn. 48ff)．

[17] *Zacher*, Das soziale Staatsziel（注 5），S. 744ff. Rn. 129ff．

[18] 统一亦带来了"福利社会市场经济"的强化，它被认为是货币、经济和社会联合的重要基础之一：Art. 1 Abs. 3《两德货币、经济与社会联合条约》，1990.5.18 (BGBl. S. 537)。在 1990 年 8 月 31 日的统一条约中继续体现在 Art. 40 Abs. 1 (BGBl. II S. 889)．

四、结论

(一) 目标束：繁荣、自由、安全、平等、抵御困境

在德国，法律赋予福利社会制度整合与凝聚社会的重要意义。非常清楚的是，如果当政者不能继续提高甚或降低了社会保护和社会福利的标准，就会造成社会的裂变、分化和瓦解。实际上福利社会制度并非保持集体凝聚和同一性的唯一要素，对自由的保证、内部安全、法律与公共秩序、基础设施与通讯、文化与教育、环境保护、对欧洲与国际社会及其秩序的参与同福利社会制度一样，同属国家的重要职能。尽管如此，福利社会制度仍属于这个国家的核心意识与作用元之一。

只有当福利社会国家表现出多样性和开放性，它才能发挥这种整合的功能。福利社会的法律基础和作用方式在其中相遇——它们也必须在其中相遇。普遍共识所具有的内部多样性与开放性使其能够承担规定了这个共同体"福利社会"属性的基本规范。福利社会制度亦只有通过承认这种多样性和开放性方能促成社会的统一。所有关于福利社会政策的具体历史经验和所有法律朝向福利社会思想的靠拢都只能被理解为，这个社会所谋求的是**极大的一束目标：抵御困境、平等、安全、自由和繁荣**[19]。

---

[19] 作者首次在"Sozialrecht und soziale Marktwirtschaft"（in: Im Dienste des Sozialrechts. Festschrift für Georg Wannagat zum 65. Geburtstag, 1981, S. 751ff）一文中提出"富裕、自由、安全、平等和抵御困境"的目标束。此后在相关文章中进一步予以了阐发。虽然"富裕（Wohlstand）"这一概念的含义很广，但在之后的研究工作中认清，"富裕"所强调的，或者看来所强调的更多是物质上的。因此作者开始寻找一个更开放，更全面的概念。在他看来，"繁荣（Prosperität）"一词相对来说最为恰当。与此相关的其他研究成果如下：1："代际团结（Generationensolidarität）"（Kinder und Zukunft, in: Festschrift für A. Heldrich zum 70. Geburtstag, 2005, S. 1211ff.）。使用至今的"代际契约（Generationenvertrag）"概念因两个重要发展而受到损害。其一是由于一百年内可以充分预见的各种重大情况变化（尤其是人口和经济的发展情况）使得收费难以为继。其二是由于"代际契约"实际上是老一代与中间代的一种"交易"，而排斥了儿童及其父母。把由社会福利法组织的、目前是中间代与老一代之间的再分配问题解决办法转移到减轻父母负担、培养儿童能力上，方能找到可持续的解决办法。因此抚养、教育和健康事业等要扮演决定性角色。2：

然而，社会一致并不因此而意味着选择性与随意性，而是指**这个目标束的整体**。这些目标中的每一个都只有与其他所有基本价值观联系在一起才能构成福利社会制度的要素。因此某项用以整合社会的福利政策并不能只是用来实现所有这些目标，它还必须顾及**这些目标之间的内部关联**。整合作用的缺失，并非在它导致目标之间失衡甚至某些目标完全被忽视时才会被意识到，而是当各目标之间失去内部关联时便已显现。关键在于必须认识到**所有目标的相关性**。处于繁荣中之人亦应能体验到，国家针对困境风险的措施对于"他自身"繁荣的质量同样重要。处于困境中之人亦应能体验到，国家对自由的保障对他也同样重要。生活于自由中之人应能体验到，繁荣、安全、平等、抵御困境的目标对他也同样重要。如果一部分人只体验到繁荣，另一部分只体验到安全，一部分人体验到自由，而其他人只体验到抵御困境的价值，那么福利社会制度的整合能力就存在危险，甚至已然碎裂。

（二）尽管如此："福利社会市场经济"，一个核心例证

关于经济、市场经济、"福利社会市场经济"已经谈得够多了。这里还有一点需要补充。例证性存在于支持竞争的市场经济的内在规律性中。这一秩序自由主义的概念描绘出了一条由社会和国家共同提供最优的（当然只是相对而言）物质保障的道路。即便这一概念还不能形成成熟的政治纲领，尤其还

"福利社会的联邦国家（der soziale Bundesstaat）"（Der soziale Bundesstaat, in: Recht im Pluralismus. Festschrift für Walter Schmitt Glaeser zum 70. Geburtstag), 2003, S.199ff.）。德国联邦国家制度的畸形发展不仅表现为社会福利法上的过分强调民主，以及因此即便是在州议会选举中也存在向联邦政治倾斜的倾向(以越过联邦参议院对社会福利法的发展施加影响)，但是州最重要的职责在于一般生活质量领域(学校、教育、健康、环境等)、文明与文化品(基础设施、科学研究等)和"有序"的国家治理(行政、司法、内部安全等)。联邦各州间的南北差异明确表现为，繁荣对于福利社会制度面临的诸多挑战及福利社会的经济可能性亦起着多么决定性的作用。3："**接纳作为 19、20 世纪德国福利社会国家的问题**（Inklusion als Problem des deutschen Sozialstaates im 19. und 20. Jahrhundert）"（Deutschland den Deutschen?, in: Der Staat des Grundgesetzes. Festschrift für Peter Badura zum 70. Geburtstag, 2004, S.639ff.）。在德国现代联邦国家形成到重新统一的过程中，在极其多的各种簇群中，归属与排斥所涉及的一直都是内部文明的参与问题，但同样（也）涉及社会福利待遇的参与——社会福利待遇的参与是个边缘性的但又具典型性的问题。

不是成熟的立法纲领，但至少能够证明其意图所指向的正是发展的方向。这一概念向"福利社会市场经济"的演化亦是如此：一方面是对福利社会制度补充市场经济的必要性的认可，另一方面是福利社会政策的市场兼容性的需要。从价格政策中分离出福利社会政策[即从一种广泛的（虽然亦是临时救济性的）公共服务到收入政策的转变]便是一个关键性的证明。"福利社会市场经济"不只是一个理想。它的基本原则更像是一个发现：一个令国家与社会能共同实现繁荣、自由、安全、平等、抵御困境这一目标束的合法性发现。或许已是时候，在其他也应已形成繁荣的领域发现具有类似有效性的方案的各种关联、问题和规则。

第三编

社会保险特殊问题

第五編

徳山曹達株式会社

第七章
社会保险的发展之路 *

一、"社会保险百年史"研究计划中的国家分报告

　　一百年前，通过"社会保险"这种模式的发展、实现和扩张，社会政策获得了新的现代形式。自此之后，社会政策在世界上成为一种理所当然的制度。社会保险这个一百年前出现的对社会不协调进行修正的特殊机制，目前已被多种社会保障形式所构成的整体方案所代替。然而在世界范围内，社会保险仍是社会保障政策的一个重要组成部分。无论是发展中国家还是发达国家，当其他社会保障方式面临改革或补充的必要时，社会保险这种手段总是会被重新拿出来考虑。

　　德意志皇帝1881年11月17日颁布的诏书，开启了德意志帝国社会保险立法的先河。值此诏书颁布百年纪念之际，回顾社会保险的发展道路，应有助于更好地理解和评价其历史与现状，并为将来的发展提供经验教训。这便是"社会保险百年史：俾斯麦福利社会立法的欧洲比较"[1]这一研究项目的立意所在，也是本卷所收各个国家报告的框架条件。

　　但是没有人在筹划这个项目时抱有幻想，认为那些长期存在于学术讨论中的问题，就像这个研究项目本身一样，终于遇到了百年一遇的时机，一朝便

---

* 本文最早收录于 *Köhler, Peter/Zacher, Hans F.* (Hrsg.), Ein Jahrhundert Sozialversicherung in der Bundesrepublik Deutschland, Frankreich, Großbritannien, Österreich und der Schweiz. Bd. 6. Peter Köhler 是本文的共同作者．译本删掉了第一小节中与正文无关的一小段内容．

[1] 关于这个研究计划见 *Hans F. Zacher*, Einleitung zu Bd. 3 der Schriftenreihe für Internationales und Vergleichendes Sozialrecht: Bedingungen für die Entstehung und Entwicklung von Sozialversicherung, Berlin, 1979, S. 7 ff.

可得出答案。因此工作计划被设计成三个阶段。通过不同研究方式得出的各种细节结论及各个国家的经验与观点被分步筛选整理并互相印证，以求最后能够得出一个对"社会保险"这一现象的历史发展和当前的全球性作用的尽量完整的解释。

二、福利社会问题和社会保险的交替关系作为国家的可能应对

把五份国家报告联系起来，可以得出一个基本普遍适用的整体结论：虽然各国在具体细节上有很大区别，而且这些区别无疑成为各自从不同历史和法律角度进行叙述的动机，但是五份报告都证明了一个推测：当俾斯麦在德国开始其首次福利社会立法行动时，上述几国的经济、社会和政治环境其实趋于一致。[2] 这常被只鳞片爪般以一些关键词如"工业革命"、"资本主义经济方式的实行"、"城市化"或者最抽象的"现代化"所描述的环境，实为一个波及人类生活所有领域的大变革时代。[3] 这个整个欧洲无一国未受波及的现象的后果之一，就是从形形色色、界线模糊的生活状况如疾病、伤残、年老中凸显出了典型的"社会风险"。劳动生活的新形式、家庭的新结构、疾病治疗的新可能性，乃至如商业保险模式所体现的对救助的可信赖性要求，所有这些，使得由个人对自己生活负责的"常态"和由社会负责的"风险""例外"所构成的一种常态－例外关系变得清晰起来。获得社会关注的"社会风险"在法律中被典型化并与预防和救助措施建立起了联系。在"劳工问题"这一当时的典型"福利社会问题"下存在两种表现形式：劳动、劳动条件和劳动报酬问题；劳动能力、劳动和劳动报酬的缺乏问题。第二个问题所形成的便是"社会风险"。

这种生活方式的深刻震荡所影响的不仅是单个的人，它与技术经济革新的飞速进步、人口爆炸、无产阶级化等一起，波及越来越多的人群，最终与发

---

[2]　*Zacher*（注 1），S. 10.

[3]　见 *Wolfram Fischer* 和 *Erich Gruner* 的文章，收录于 Bd. 3 der Schriftenreihe für Internationales und Vergleichendes Sozialrecht, S. 91 ff., S. 103 ff.

展中的工业国家对社会新秩序的新生需要共同被承认为社会与国家的震荡。因此在所有这些国家,"福利社会问题"除了揭示出社会矛盾,还对国家提出了挑战,必须要找出超出短期救济措施的其他解决方式。这其中便蕴含了对国家这一概念的理解的转变。在福利社会国家获得这一名称之前,经历了漫长的孕育过程。这些变化最终导致的是,社会稳定目标的实现不再仅靠制定防范措施,而更侧重于缓和"社会风险",这被接受为国家的任务和"公共品"的提供。在这五个国家中,社会保险作为一个重要机制都得到了认可和采用。[4] 为抵御社会风险而提供的保护措施,也随着时间的推移,逐渐演变成更普遍、更广义的社会保障概念。

(一)开端状态的比较:各国的不同反应

19世纪下半叶,报告中的五个国家都出现了非常相似的社会、法律和政治上的复合问题,它们共同使得社会保险的产生成为必然。然而在社会保险的具体实施上,各国存在时间和顺序上的极大差异。所有国家的人们都花了很长时间才对社会现象即群体性现象的发生,以及过去一直被认为是个人和家庭问题的事故、疾病、残疾、年老等问题进入社会领域而造成的特殊而广泛的影响有了清楚的认识,而更漫长的是人们对这些问题的新形式与新含义所具有的社会约束性的接受。只有在这个困难阶段过去之后,保障方式的集体主义模式(社会风险的挑选与界定、针对社会风险的待遇、预防风险的规范与机制)的必要性才被认可,也才被当时人们的法制观念所接受。为保障**国家**稳定而采取的国家干预早被接受,为保障**社会**稳定而采取的干预手段仍需额外的合法性认定。这些过程并非在所有国家统一进行——并非对所有风险和在所有阶段都会采取同样的模式。大量的条件差异造成了过程差异。社会保险在上述各国曾经扮演和现在扮演的角色,是大量相互作用的后果,这些相互作用发生在:

---

[4] 关于社会法概念的产生与发展见 *Felix Schmid*, Sozialrecht und Recht der Sozialen Sicherheit. Die Begriffsbildung in Deutschland, Frankreich und der Schweiz, Bd. 5 der Schriftenreihe für Internationales und Vergleichendes Sozialrecht, Berlin, 1981.

- 认识到现代化的社会后果是产生了新的需要解决并可解决的福利社会问题的过程，
- 从而对国家产生坚决度不等的社会干预要求，以及国家准备将其作为合法和必要要求而接受
- 干预的不同步骤

之间的千差万别的政治、法律、经济、社会及其他条件的框架中。

（二）社会保障作为公共品

在当今经济学理论中，通过国家干预将社会保障合法化被作为一种"公共品"而得到承认。"公共品"是指一种事物……具有非专属和不可分割的特性。[5] 按照这个定义，"公共品"应被理解为一种不可把任一个体排除在外的事物，进一步说，如果利于所有人是其宗旨不可分割的一部分，那么社会保险作为一种把转化为整体社会风险的单个风险提升到公共－集体层次的制度，可被认为是"公共品"。这有助于解释上述五国社会保险产生发展过程中出现的那些必须被克服的困难。从"公共品"定义引出一个问题，该如何一方面应付个人的自然倾向以让福利待遇不要被过度提供，另一方面如何让人相信个人付出是必要的，虽然从"公共品"的定义来看所期待的结果明显只能从集体的整体付出中产生。因此，"公共品"决定了有约束力的规则（具体说就是法律）的嵌入。所以，国家是否应该积极行动的问题，不能与国家如何干预的问题割裂开来。

1. 国家干预的必要性

上述五国报告都证实了一个通常被称为"自由主义时代"的存在。自由主义及与其相关的突飞猛进的个人主义思想为国家干预的反对者（尤其是对国

---

[5] 见 *John A. C. Conybeare*, International Organization and the Theory of Property Rights, in：International Organization, Vol. 34, Nr. 3, Sommer 1980, S. 327. 关于社会政策讨论中的公共品理论，见 Die Rolle des Beitrags in der sozialen Sicherung, Bd. 4 der Schriftenreihe für Internationales und Vergleichendes Sozialrecht, Berlin, 1981, 尤其是 *Hedtkamp* 报告之后的讨论，S. 453.

家侵入社会领域中个人自由空间的反对者）提供了主要的政治论据。[6] 这些论据的持续影响，以及由此而生的抵抗（显然并非只来自于典型的"自由主义"群体，即市民阶层企业主和资本家，而是在所有阶层都扩散开来）体现出了自由主义的"欧洲时代精神"。这表现在个人主义性质的互助机构的顽强抵抗上：在法国是保险互助会，在英国是友谊社，在德国、奥地利和瑞士是早期的共济基金会。这还表现在 1880 年左右的普鲁士－德意志和奥地利的行政机构设置上[7]：在这两个体系中，对国家任务的自由主义理解都占了上风，从而产生了国家对社会状况的干预应尽可能最小化的原则，尤其当涉及的是有利于现代化的牺牲者的干预。结论是：自由主义的时代精神虽然是现代化尤其是工业化的推动力，却妨碍了以国家干预解决自我革新过程中不可避免地产生的福利社会问题。[8] 因此在所有国家都首先讨论了一个基本问题：**是否可以把对个人的社会保障视作国家的任务，以及是否能以此将国家干预合法化。**

没有哪个国家的自由主义思潮强大到足以完全阻止社会政策倾向的立法的开始，但是这个实际上涉及国家基本理念的问题也很少能在政策立法实践中得到一个与其意义相符的回答。也没有哪个国家只存在为这种情况负责的自由主义。自由主义在政治上的对抗力量（主要是工人运动、社会主义者、教会和保守派）在任何国家也都没有足够的意愿和影响力，给予福利社会立法以政治推动力，或者决定性地阻止国家逐渐掌控这种进程。德国和瑞士就是显著的例子。1900 年，瑞士工人联合会为全体国民建立一个免费医疗保险体系的提案遭到失败后，以全民公决成功对抗了福雷尔联邦参议院的立法提案。[9] 几乎是与此同时，俾斯麦历史性地在德国为第一部社会保险法铺平了道路，但

---

[6] *Saint-Jours/Ogus/Hofmeister*, in: Ein Jahrhundert Sozialversicherung in der Bundesrepublik Deutschland, Frankreich, Großbritannien, Österreich und der Schweiz, Berlin, 1981, S. 181 ff.; S. 269 ff.; S. 445 ff.

[7] *Zöllner/Hofmeister*, in: Ein Jahrhundert Sozialversicherung in der Bundesrepublik Deutschland, Frankreich, Großbritannien, Österreich und der Schweiz, S. 83, S. 474 ff.

[8] 通常对于由技术和经济革新带来的经济支持这种国家干预形式并没有什么反对意见. 见 Peter A. Köhler, Entstehung von Sozialversicherung. Ein Zwischenbericht, 见: Bedingungen für die Entstehung und Entwicklung von Sozialversicherung, S. 75 ff.

[9] *Maurer*, in: Ein Jahrhundert Sozialversicherung in der Bundesrepublik Deutschland, Frankreich, Großbritannien, Österreich und der Schweiz, S. 783 ff.

他同样也被迫因"众多社会圈子"的反对而作出巨大让步，认识到"社会领域的改革必须循序渐进"[10]，而非很快就能实现整个计划。

2. 对德国国家干预方式的不同借鉴

作为结果，可以看到，在所有国家，包括个人主义和市民法理念最根深蒂固的英国和法国[11]，基本上在大致相同的时间，伴随着或多或少的"沉重心情"，人们开始普遍接受了国家干预社会领域的必要性。自此以后，一种共识，即对社会稳定的保障必须通过立法者的行动来实现，方有可能在19世纪下半叶（也即第一部德国社会保险法产生的时间）在欧洲最重要的国家中达成。因此有以下问题：由这种认识而引发的最早的立法行为，即德国1880年代的社会保险立法，是如何影响其他国家的？所有国家报告都讨论了这个问题[12]，结论是：复制品在各国的作用大不相同。

很明显德国范例有特别的作用，因为人们在欧洲邻国中同样可以观察到国家干预的基本必要性。现在总算是第一次产生了一种可能，可以借助于别处的鲜活实践来对国家"如何"干预进行讨论。那些最初认为德国模式无法移植的国家的论据，实质上也并非完全针对国家干预这个事实，而是针对其方法方式，即针对以社会保险作为国家工具，通过保障社会安全来实现社会稳定的"公共品"方式。在所有这些国家中，经济、法律和行政状况的发展都达到了令商业保险这种现代方式能在所有经济领域成为一种有效预防机制的程度，而实际上也确实多有运用。但是，商业保险这种具有强烈私法渊源的、企业性质的或者自愿合作性质的方式看起来并不能胜任新的挑战。这种正题（保险）与反题（保险局限性）的经历并不必然导致社会保险这个合题。在自由主义历史性地发挥影响的同时，私法性质的保险技术的进步固然为社会保险提供了土壤，但同时也阻碍着商业保险这种方式向公法性质的国家机器的必要转化。

---

[10]　*Zöllner*, S. 91.

[11]　这在 *Saint-Jours* 和 *Ogus* 的报告中随处可见．

[12]　Ein Jahrhundert Sozialversicherung in der Bundesrepublik Deutschland, Frankreich, Großbritannien, Österreich und der Schweiz, 法国第189页，英国第313页以下，奥地利528页以下，瑞士第775页以下．

移植德国经验的主要障碍在于社会保险的两个特征，也正是这两个特征使得社会保险能在德国和奥地利施行：一是其中所包含的认识，一个社会政策意义上的社会群体的所有成员面临着共同的风险，单独的个体在这种风险状况下无法或者无法完全通过商业性保险得到预防（公共品理论术语中的"搭便车问题"）；二是通过（公法）强制力将这种理念加以实现的想法（社会保险术语中称之为"强制性"的公共品的"强迫共乘问题"）。

在德国对社会保险的批评中，两个问题已合为一谈。不仅社会保险的形式构成最终取决于此，而且即使社会保险已被承认为国家任务，但是国家补贴的削减和社会保险自治的特殊"合作型"组织结构让人联想到的总是"相关者"、"风险制造者"及"被保险人的自我责任"。[13] 不过，只有通过国家方能令所有这些得到有效保障的信念，使得"强制性"、保险义务、公法性质的组织及国家负责成为一致意见。在奥地利也出现了类似讨论。通过"道德"辩论，缴费形式顾及到了"搭便车问题"。[14] 国家的财政义务被当做"共产主义措施"而遭到反对。[15] 在按地区设立自治经办机构的问题上，同样出现了对有效的商业保险形式的援引，把"搭便车问题"的解决寄希望于被保险人的自治管理上。[16] 在奥地利，通过保险义务的确定来建立并实施社会保险这一社会政策的必然结果，比德国更早得到了甚至是自由主义者的支持。

而各种观点、经验及顾虑的混合却使瑞士产生了一条非常特殊的中间道路：[17] 由于一个覆盖范围较为广泛的商业保险系统的存在，对社会保险强制性的反感占了上风。这导致一揽子社会保险方案设计的"福雷尔法案"失败。只有在工伤和军人保险领域，由于其自身性质，"强迫共乘"实际上不被当做问题，强制性国家保险机构的设立才被接受。在旷日持久的回合之后，于1911年制定的联邦医疗和工伤保险法实质上是一个"双向妥协"[18]，这种特性至今在瑞士仍然基本存在。在这种机制中，虽然可以通过国家对保险机构的财政

---

[13]　*Zöllner*, S.83 ff.

[14]　*Hofmeister*, S.544ff.

[15]　*Hofmeister*, S.546–547.

[16]　*Hofmeister*, S.547 ff.

[17]　*Maurer*, S.784 ff.

[18]　*Maurer*, S.785.

支持免除强制缴费义务，但是国家也为这种支持设立了前提，一是要建立一个广泛的医疗保险制度，还要对令人不快的"搭便车"现象进行间接控制。工伤保险与德国一样引入了强制性，它主要是既有的赔偿责任法传统的延续。[19] 出于解决尚未被覆盖的企业的"搭便车"问题的考虑，这个社会保险险种的覆盖范围被设计得相当之广。

在英国和法国，通往国家型社会保险的道路经历了完全不同的过程。两份国家报告都提到了一长串影响因素，包括从国家历史中的特殊事件如1871年法国的战败以及与此有关的巴黎公社的失败[20]，到对民众的心理评估[21]。通过所有这些历史性转变和国家特征的叙述，至少可以确定的是：直至20世纪，个人主义思想仍在这两个国家具有压倒性的政治影响力。尽管如此，社会问题造成的压力是如此明显，同样形成了对国家的挑战，出现了转变的过程：在英国，"随着被认为是不可忍受的社会弊病的揭露……人们希望通过立法以适当的形式来解决问题"[22]。在法国，社会保险得以发展的决定性因素是，无论是自由主义还是社会主义思潮都认识到了国家在福利社会领域的角色问题。[23]

但是，已在德国和奥地利付诸实践的社会保险法并未如人所料，起到"扩散"作用或是出现一个国际性的"普及过程"[24]。国家干预社会领域的必要（这已被看成是不可避免的）通过对外国经验的讨论再次被搁置下来。并且引人注目的是，人们对公共品性质的社会保障的抗拒程度，小于对以社会保险来实现这种福利的抗拒程度。因为即便在英国和法国，预期的社会保险模式也同样只能以强制性为前提。对此的批评意见得到了个人主义思潮和为数众多的自愿互助性质的保险组织的支持。诸如"自由意志的神圣原则"、集权的危害或

---

[19] *Maurer*, 786.

[20] *Saint-Jours*, S. 201 ff.

[21] *Ogus*, S. 302 ff.

[22] *Ogus*, S. 293.

[23] *Saint-Jours*, S. 198–199.

[24] 相关代表性理论见 *Peter A. Köhler*, Entstehung von Sozialversicherung, ein Zwischenbericht, in: Bedingungen für die Entstehung und Entwicklung von Sozialversicherung, S. 72ff.；*Jens Alber*, Die Entwicklung sozialer Sicherungssysteme im Licht empirischer Analysen, 收录于同一本著作, S. 123 ff.

者官僚主义滋长的不可避免[25]等论调的出现进一步表明,主要是出于一种动机复杂的对有关"强迫共乘"问题的恐惧,社会保险在英国和法国最初遭遇到广泛的抵抗阵线,其后果不仅是实施时间大大推后,而且福利社会立法(以及犹豫不决的劳动保护立法)长期停留在对旧有自助组织的补贴和法律强化上。

3. 国家"是否"及"如何"干预的不同决定的长期影响

在社会保险等合理社会保障制度的建立(或者尽管问题就摆在面前却采取拖延或搁置不理态度)对各国产生的客观影响问题上,毋庸置疑,福利社会立法初始时的各种簇群在它的一百年发展历史中都留下了清晰的印迹。

这些印迹在所有国家分报告中随处可见。这里仅以几个特别突出的方面为例。

五国的情况都证实,社会保障组织遵循机构发展的普遍规律,自被创制出来后便开始发展出"独立的生命性",即一种"持续扩张的自我动力"。[26]在德国、奥地利和瑞士虽然存在差异,但共同的是,社会保险起步伊始便开始了它的制度扩张。这个过程基本上是通过制度内部促进力,即制度的自我完善和扩张压力推动的。另一方面,我们也看到了旧有制度的顽强生命力。在社会保险政策较晚出现的英国和法国,旧制度仍然存在了很长时间。由此至少可以部分解释,为什么各种与旧有观念息息相关的社会保障"特殊制度"在法国至今仍是一种顽固的反对力量,抗拒着所有试图将"sécurité sociale"普及推广的努力。[27]而那些在英国报告中反复被提及的顽固问题,尤其是社会保险在行政法上的实施以及请求权和缴费条件的法律形式问题,不仅是由于英国对其数百年历史的"济贫法"特殊传统的固守,也是由于社会保险理念仍与其19世纪末形成的法律传统相冲突。在这种传统下,"建立在契约之上的私法关系向公民与国家之间的公法关系的转化"[28]进行得相当艰难。

最后要提到的是,阿尔萨斯-洛林地区回归法国后,那里根据德国模式建立的社会保险制度不仅没有被取消,反而因为当地工人"与法国其他地区相比

---

[25] *Saint-Jours*, S. 199 ff.; *Ogus*, S. 312.
[26] 见 *Alber*, Die Entwicklung sozialer Sicherungssysteme im Licht empirischer Analysen, S. 129.
[27] *Saint-Jours*, S. 263.
[28] *Ogus*, S. 434–435.

受到更好的社会风险防护"而成为"社会保险在法国实施的一个促进因素"。[29]

然而,某一国较早选择由国家对社会领域进行干预并采取了社会保险这种手段的历史事实,其长期影响不仅在于这种起初作为特殊机制而创造的手段最终发展成为制度。如果将社会保险思想作为一种道路来理解,其中所寓含的本质含义是以社会保障作为公共品。如果我们再次用公共品理论解释社会保险在社会保障整体结构中的角色,必须考虑到,根据这种理论,对产业部门的国家干预同样必要,同时也要考虑到,有利于某个产业部门的国家行为可能会导致另一产业部门"福利流失"[30]。因此完全可以想象,创建社会保险这种在法律和政治上的极大冒险很可能占用太多的国家行动能力,以至于再无空间给其他社会政策。其次,社会保险制度的扩张及其获得的成就可能会将此后产生的福利社会问题排挤出人们的视野。再次,虽然福利社会问题过去和现在都大量存在,但是无法设想仅通过保险模式就能将其解决。最后,一种由现有的社会保险制度而直接导致的"福利流失"甚至也是可以想象的。

五国的比较显示,在社会保险创建初始阶段,它确实在取得成功的地区被认识到是巨大的社会进步,但是整体社会政策空间实际上也的确因此而被"挤占"了。然而不能就此得出结论说,放弃社会保险就会让更多其他类型的社会政策产生。相反,福雷尔法案这一宏大计划在瑞士的失败并未给其他相似的社会保障行动腾出空间,而只是导致1911年放弃整体性社会保险计划的艰难妥协。英国和法国的同期经历同样表明,实际上很大一部分社会政策的动力是被社会保险的反对方占去了,甚至多于放弃社会保险而采取的其他社会保障行动。最常用来为社会保险妨碍其他社会政策的产生这种想法提供论据的事实是,俾斯麦的社会保险政策在德国替代了同样必要的劳动保护立法。[31]然而瑞士尤其是奥地利的例子证明,这种结论并不具有绝对说服力。瑞士1877年就"以不可思议的速度"颁布了一部工厂法,这部法律与其他对自由劳动合同的明显干预措施一起,被视为"瑞士人永远在岗的工厂监督员"。也

---

[29] *Saint-Jours*, S. 226.

[30] *John A. C. Conybeare*, International Organization and the Theory of Property Rights, in: International Organization, Vol. 34, Nr. 3, Sommer 1980, S. 327.

[31] 见 *Lenoir* 报告后的讨论部分, in: Bedingungen für die Entstehung und Entwicklung von Sozialversicherung, S. 278 ff.

举行过一个反对这部法律的全民公决，但最终它还是在"激烈斗争"[32]后以微弱多数通过。这一事件与社会保险并无关联，也构不成社会保险替代措施的反对性论据。[33] 在通常总是追随德国的奥地利，即使建立了社会保险，"劳工保护措施仍然始终被看成是必要的、甚至是首要的社会政策"。[34]

甚难回答的问题是：社会保险在何种程度上造成了那些无法通过保险手段解决的社会问题的"福利流失"。最常见的观点是，社会保险待遇完全集中于货币支付，导致服务与实物福利待遇尤其是个人化服务（归根结底是人性化的帮助手段）被忽略的倾向。发展得越来越稠密的社会保险网络必定会排挤社会服务的想法，可以在法国的"Action social"等现象中得到支持论据[35]，或者被英国福利社会领域里的"personal services"制度[36]（与德国社会保险制度相比，它从未发展成一个僵化的封闭体系）常被认为太大了点而证实。社会保险到处都被视为整体社会政策的对立物。社会保险成了一个带来片面性的、激发调整行动的、总是还留有空间的辩证因素。[37] 但若所有国家都毫无疑问地存在大量福利社会问题（比如社会保险养老金无法完全解决的老年人孤独问题）急需解决，那这更多只是证明，尽管有了社会保险，这些问题仍然存在，而不是因为社会保险的存在而产生了这些问题。也许这些"不能通过保险解决的问题"（以及其再次因此而成为问题），正是由于可保险的社会风险通过社会保险逐步得到解决才能被人们看到。

---

[32] *Maurer*, S. 767.

[33] *Maurer*, S. 766–767.

[34] *Hofmeister*, S. 525.

[35] *Saint-Jours*, S. 258.

[36] 从 *Ogus* 的报告中只能间接得出这种结论，如从至今仍大量存在慈善机构这一事实中。关于个人化服务在英国的角色还可见 Kaim-Caudle 的报告及与此相关的讨论，in: Bedingungen für die Entstehung und Entwicklung von Sozialversicherung, S. 223 ff.

[37] *Zöllner*, S. 173 ff.

三、不同社会风险引起不同的国家应对

对不同社会风险的不同应对，可以被各种社会风险在社会保险发展过程中所经历的道路所印证。同样被证明的是，"可保险的社会风险"与那些不能以保险技术解决的福利社会问题之间很难通过经验区分，也几乎不能彻底区分开来。

（一）"第一种"社会风险：工伤

技术并非仅是生产方式的一种"中性"表现，它还体现出其所归属的经济、社会与文化结构。[38] 社会保险产生的事实，被工业社会发展中的持续技术进步打上了烙印。当时的技术骄傲是蒸汽动力的发明。由此而可支配的能量所产出的事物在其影响所及内造成的后果，是技术革新者当时无法预料到的。最先可被感受的影响便是工业伤害现象在质与量上的变化。自此之后，工伤在所有国家都不再被视为个人命运中可计算到的、个人能承担或预防的不幸事件，而是被视为包含在新技术的结构性变化中的"社会风险"。这种"社会风险"是对国家的新挑战。它像工业一样是一种新生事物，所以刚开始时对它缺乏适当的应对方法。起初人们试图以传统法律手段解决问题，出发点就是各国差异甚小的民事法律上的劳动合同规定。劳动保护和法律责任都要适应新的发展。1869年奥地利铁路赔偿责任法[39]、1871年德意志帝国赔偿责任法、1877年瑞士工厂法、1881年和1887年瑞士有关工厂企业赔偿责任的法律，不仅改变了民法中的举证责任条款，使其有利于受害工人，而且为蒸汽动力这种新的危险源规定了伤害责任。这促使企业为了避免新工业带来的风险而参加保险。[40] 工人不需经严格的过错责任举证即可因工伤获得损害赔偿这一法

---

[38] 如今联合国经常在"技术转移"的题目下讨论这个问题．见 *Johan Galtung*, Towards a New International Technological Order, in：Alternatives, Vol.4, No.3, 1979, 1, S.277 ff.

[39] *Hofmeister*, S.533.

[40] 详见 *Maurer*, in：Bedingungen für die Entstehung und Entwicklung von Sozialversicherung, S.359 页 ff.，*Benöhr* 报告，S.315 ff.

律思想，在1897、1906年英国的"工人赔偿金法案"中也得到了实践。[41]法国则走上了另一条道路。1898年法国成立了一个全国性的工伤保险机构，但是这种保险并非强制性的，而且几乎只有经济规模很大的工厂才会采用，传统的损害赔偿责任原则仍被遵循。[42]

然而在上述国家中，主要由企业责任解决这个新社会问题的尝试很快就显出了它的不足。德国和奥地利很快就以工伤保险法来处理工伤风险问题，瑞士则用1918年生效的医疗和工伤保险法替代了工厂赔偿责任法。这个过程在英国一直持续到1946年用来废除传统"工人赔偿金"法律的"国家保险（工业伤害）法案"。[43]而在法国，根据国家分报告，由于1898年法律中的妥协，至今没有一个完整的社会保险部门能完全覆盖工伤风险。[44]

我们的看法是：到目前为止，各国对工伤风险的不同应对反映出了各自出发点的不同。在德国、奥地利和瑞士，保险原则在社会保险的工伤保险分支里实现得最快最有持续性。英国劳工地位在民法里的逐步改善可被视为一种有意识的"自由主义"道路的例子。法国的特殊情况则是由于早期企业自愿保险机构的建立为"中间道路"的特殊传统提供了妥协的理由。

（二）疾病成为"社会"风险

工伤被认为是工业生产变化造成的后果，与此不同，每个人无时无刻不处于疾病威胁之下。然而新的技术发展也为这种古老风险从个人风险向社会风险的转变注入了必然性。作为社会结构变迁的一部分，越来越多的人口阶层绝对依赖于工作收入。因此疾病不仅危及身体健康，还进一步对生存构成了威胁，因为疾病现在意味着丧失工作收入，这越来越经常导致失去生存基础。"疾病"这个社会问题还因为科学技术的发展而扩大了外延，这种发展在经济领域里持续刺激付薪工作的增长，由此而产生的副作用如糟糕的劳动、食物和居住条件致使大量产业工人致病，最终导致医疗科学和实践的进步，以适应对

---

[41] *Ogus*, S. 277.

[42] *Saint-Jours*, S. 215.

[43] *Ogus*, S. 283.

[44] *Saint-Jours*, S. 263.

疾病治疗的现代化即合理化（投入更多、效果更好）的迫切要求。与此同时，家庭对于与生病相关的收入丧失、治疗开支和护理需要的应付能力也持续受到损害。

"疾病"问题被卷入"现代化"的过程在整个欧洲是一种普遍现象，但各国在时间上稍有差异。这里也相应回顾一下将疾病作为"社会风险"加以解决的尝试。

在德国，1883年医疗保险法制定时，各种地方性的、部分已强制化的医疗互助机构已经扩张开来，因此"通过法律创建新制度已经是不必要和不可能的，这部法律只不过是规则的法律化"[45]。1888年的奥地利工人医疗保险法与之非常相似，其主要立法目的是"保留已经存在的组织，适应新的立法目标，为尚未加入保险的人建立一个补充性机制"[46]。在瑞士，由于省一级的努力和保险业的高度发展，医疗与工伤保险法1914年1月1日生效之前，医疗保险机构也已长期存在。[47] 在这三个国家，从以创造性的工伤保险立法为背景的医疗保险传统中产生了延续至今的共同的社会保障体系特征：大量地区和私人性质的医疗保险机构的存在，医疗和工伤保险的分离——有各自的风险领域、受保人群、保险机构、通过社会保险解决工资损失和治疗护理需要的财政保障，同时又共同处于"健康医疗事业"的特殊结构下。

在英国，把疾病作为贫困问题置于"济贫法"框架内的悠久传统[48]则将医疗保险的发展引向了另外的方向。通过"互助会"这一组织产生了自愿保险的早期形式，世纪之交时已覆盖约一半的劳动人口。出于国情，这种形式对以国家社会保险消除疾病风险产生了不同影响。它主要通过与一个独立的医生联合会的合作提供医疗服务。因疾病失去收入的穷人要么按照济贫法得到恶劣的治疗，要么指望慈善团体的帮助。另外，维多利亚时代的清教徒传统（英国特别强大的个人主义的不利一面）也是一种不可低估的政治力量。这种力量与独立医生联合会和互助会一道，后来成为劳合·乔治以欧洲大陆经验为榜样建立医疗保险制度的努力的最大反对力量。1911年"国家保险法案"中最终

---

[45] *Zöllner*, S. 89.

[46] *Hofmeister*, S. 565.

[47] *Maurer*, S. 784 ff.

[48] *Ogus*, S. 337.

为医疗保险达成的妥协包含了所有这些因素，形成了一种完全独特的"强制保险与自愿社会保险"的混合，并且居然一直保持到1946年都基本没有什么变化。[49] 如果解释这种相对保守的对疾病风险的处置及随后几十年这个社会保险分支在英国的停滞不前[50]，那么财政原因的影响在这里是绝对无法否认的。通过比较各国报告而得出的一个观点得到了证实：在通过工伤领域的强制性社会保险实现了国家干预，也即实行法定工伤保险的国家，必定会为与劳动不相关的疾病建立一个对应的制度。因为相关者无法容忍以致病的原因来决定是否该得到社会保护。如果区别对待，会引发严重的法律、政治、管理技术问题。[51] 除此之外，国家是否和如何干预社会保障领域的最初的原则性决定对于社会保险在整个社会保障制度中的角色确实具有"百年影响"的观点也得到了印证。英国1911年的保守做法巩固了源自19世纪的疾病保险机构，以至于两次世界大战之间对改革的讨论都被这种传统和经济危机联手扼杀。但从长远看这也导致1946年彻底改革的绝对必要性。当时占主导地位的政治抉择认为，由缴费保险原则造成的缺陷只有通过国家健康制度才能快速有效地得到消除。[52]

　　上述两个观点在同时期的法国也基本得到了证实。在社会保险体系中植入一个防范疾病风险的强制性医疗保险的过程，在法国直到1930年方才完成。[53] 工伤保险尚未建成之前，医疗保险离一个切实能够解决福利社会问题的制度同样也还有很长一段距离。与英国类似的"互助会"和自由医生联合会的联盟令一个整体性的、能提供足够的实物、服务和货币福利待遇的医疗社会保险的萌芽萎缩成了一个仅提供费用报销的不充分系统。[54] 这方面的虚弱自然加强了补充型保险的必要，反过来也加强了导致此种状况的"互助会"组织。与英国不同，这种独特的相互关系最后还战胜了所有彻底改革的企图。根据法国分报告中的叙述，改革在1945年新历史起航之时确有可能。互助补充

---

[49]　*Ogus*, S. 339, 439.

[50]　*Ogus*, S. 347.

[51]　*Zöllner* 对此有类似的看法。见106页以下。

[52]　*Ogus*, S. 351 ff.

[53]　*Saint-Jours*, S. 228 ff.

[54]　*Saint-Jours*, S. 230.

险的参加率持续上升，如今这个系统在医疗网内提供免费服务。[55]

虽然存在制度差异，五国的医疗保险却都面临一个共同的发展问题：医疗与药物的进步是通过保险技术解决疾病风险的前提之一，但这个进步同时也包含了一个"因素"，令这种解决方案从长期来看在所有国家都面临一个严峻考验：不管选择了什么样的路径，不管是通过社会保险、通过附加了商业保险的社会保险还是通过国家医疗服务体系，如今由医疗技术发展引起的医疗费用剧涨在哪里都是疾病风险保障面临的主要问题。[56]

（三）缺乏老年保障成为"新的"社会风险

医疗进步和所有因技术结构变化而成为产业工人阶级一员的生活条件的整体改善，使得贫困阶层现在也开始"老龄化"。它的社会经济含义主要是：人们的寿命要长于其在工业经济领域有劳动能力的时间。[57] 类似于疾病的情况，由于年老而从工作线上被淘汰下来的人失去生活来源，生存受到威胁，从而成为社会问题。因此晚年生活保障制度被视为一个自由人生的理想和"年金收入者"社会的实现，成为千年之交时市民阶层的梦想。从五国的情况来看，上述想法看来起到了一种心理作用，使得解决越来越多国民缺乏老年保障这个无法回避的问题成为国家干预该领域的要求。

尽管一直有要求个人以储蓄方式为自己的养老承担责任的呼声，可是当时的状况也很清楚，仅能勉强糊口的产业工人存不下什么钱来。以物质保障为目的的社会政策只能通过为这种个人的无能为力建立代偿机制来解决这个问题，它不仅要令自我预防成为可能，同时还要避免产生一种个人通过这种代偿机制"受赠"的印象。因为比起疾病和工伤来，老年风险更加触动公民责任的理念，根据这种理念，"老去"和对这个人生阶段的未雨绸缪同样只是个人的事情。此外更加困难的是为缺乏保障的老年人找到一个切实可行的解决办法。不仅要找到一条能够保障现有劳动者将来生活的出路，更大的问题是要

---

[55] *Saint-Jours*, S.254–255.

[56] 这在所有国家分报告中都有体现。

[57] 详见 *Peter A. Köhler*, Entstehung von Sozialversicherung. Ein Zwischenbericht, 在 Bedingungen für die Entstehung und Entwicklung von Sozialversicherung, S.46.

减轻目前无收入的老年人的窘困。由于保险的基本技术原则（养老金的获得取决于参保时间）是一种只能非常缓慢地解决老年贫困问题的模式，因此在英国这成为认为开始阶段不能走社会保险道路的主要理由之一，因为人们不想通过国家干预来缩短缴费年限。[58]1908年开始的"老年金法案"与此想法并不冲突，养老金待遇一部分由国家财政承担，另一部分则来自贫民救济金。这说明，1908年的国家行动虽然也是一种干预，但却是在原有思想内的干预，建立的是一种"给很老、很贫困和很值得尊重之人的养老金"[59]。这与传统济贫法的联系是显而易见的。新的发展是：制度是以法律形式确定下来的，因此可以拿来与国家社会保险体制中的养老保险制度相对照。这在英国还是首次，因老年风险而产生了一种基于公法财政保障的**法律请求权**。[60]**这种方式通过个人被赋予的法律地位确保国家保障措施的实现，同样也是建立社会保险制度的主要依据。**

以市民法法治国家的全部威权赋予老年人经济保障以法律稳定性，这一表征此前在德国已通过用社会保险形式解决残疾和养老保障问题凸现出来。[61]通过强制性、雇主雇员各承担一半缴费义务及国家监督和补贴，个人的保障权和集体储蓄的必要性成功结合起来，制度施行之时那些对"预防"保障而言已经太老的成员的问题也得到了解决，新制度对他们也即时起作用。最后，以上两个成果都是在国家保证对整体成功极其重要的法律保障下完成的。

法国的失败尝试，即以私法性质的企业保险和类似形式为工人提供老年保障的完全破产[62]，以及由于实际执行上的缺陷而无甚作用的1910年工人与农民养老金法则说明了，要想以社会保险形式成功建立养老保障，必须引导各种作用方向不同的因素达成复杂的协调一致：从社会政策目的出发，以一个强制性制度激励微弱的个人保障的可能性，以令集体互助保障成为可能；国家财政上的行动，以令这种保障形式超出贫困救济的待遇水平；以及国家的法律保证，以保障上述行动的切实施行。法律上的保证因素对于养老制度有多重要，

---

[58] *Ogus*, S. 347.
[59] *Ogus*, S. 327.
[60] *Ogus*, S. 327.
[61] *Zöllner*, S. 96 ff.
[62] *Saint-Jours*, S. 223.

亦可由瑞士1929—1930年间的第一个强制性养老制度的失败所证实。在世界经济危机的动荡氛围下,"Schulthess法案"因为没能满足保障制度可信赖性这个主要前提,而遭到全民公决的否决。[63]

这种保证还包括了权利资格不会随货币贬值而贬值。这是新时期养老保障的主要问题,从五国的报告中都可得出这一判断。[64]

(四)制度扩张至失业风险

单是上述这些已知的社会风险就受到数不清的经济、技术、传统等因素的共同制约。在随后过程中显现出来的风险所受的制约也一点不比它们少。随着社会保险的发展,新风险的纳入并不会变得容易,反而会因范围扩大而变得更复杂。虽然第一个国家失业保险制度在英国未能被作为1911年"国家保险法案"的第二部分执行,因为当时"并未有主要的既有利益受到威胁"[65],然而在这社会保险制度扩张的开始,已经有了对失业社会风险的认识,这种认识阻止了以一般保险技术去解决这个问题。从保险数学上掌握这种因经济状况循环和结构性改变而生的风险是如此困难,以致在英国最初只有几个工业部门能够采取这种保险。除此之外,当时就已很清楚,光有保险是不够的。与其他国家一样,英国从一开始就把通过劳动中介机制的作用而把这种风险消除在萌芽作为首要任务。中介制度的实施也导致一系列能够反映当时法律传统的问题。在劳动中介和失业者待遇这种结合中设置审查机制,暴露出了英国源自济贫法的"less eligibility"原则。第二个失业保险法,即奥地利1920年制定的法律,同样可以追溯到源自古老救济原则的贫困归类。[66]较晚些,1927年在德国实施的失业保险则可追溯到扩张了的劳动中介传统。劳动介绍和失业保险在新的帝国体制中被作为两个互补基本机构固定下来,并在此后导致一个法律问题:何种人应该根据何种标准得到何种工作介绍。[67]

---

[63] Maurer, S.794.

[64] Zöllner, S.172; Ogus, S.442–443; Saint-Jours, S.265.

[65] Ogus, S.340.

[66] Hofmeister, S.635.

[67] Zöllner, S.156–157.

在 30 年代世界经济危机中，这三个失业保险制度都因劳动介绍不能再实行下去，保险也因此无法持续而陷于停顿。实际上是经济危机导致失业保险在德国和奥地利失去作用。这一事实和极其严重的经济衰退也导致法国[68]和瑞士[69]非常晚才开始用社会保险的方法解决失业问题。

四、社会保险制度的扩张

让我们总结一下社会保险这个 19 世纪后半叶的"发明"的基本模式：用来对抗工伤、疾病及老年风险的产业工人的保障。从这个核心出发，它进行着持续的扩张与完善。要让这个过程的次序和同期发生的事情同时清晰呈现，以历史比较的方法进行简短描述是完全做不到的。一般来说，较早的制度自然会早些开始自我发展的过程，但是晚些的制度同样脱胎于已有模式的概念空间中，它们因此在发生时已然受到较早制度发展经验的制约。它们甚至也许能从对较早制度不完善性的批评中吸收有益意见，使自己表现得更"现代"，比那些因已通过法律固定化而限制了发展的较早制度更完美。

制度扩张的趋势首先可以从受保障人群范围的扩张得到证实。[70]从一开始，只保障产业工人而不包括依赖其生活的人的制度就被认为是不充分的。由此产生了受保者死亡情况下的遗属保障，产生了收入替代待遇下（如养老金）对家计负担的考虑，还产生了家庭成员间的医疗保障共用。但是产业工人这个保险原始覆盖人群被证明还是太狭窄了，所以制度扩张到了所有雇佣劳动者。"边缘人群"（如家庭手工业者）与其他类似需要保障的人群（如小作坊从业者）也必须被保险体系覆盖。[71]更大的困难来自于自由农民的社会保障。越来越多的自由从业者（自由从业者团体或完全独立从业者）也应该和将要在发展过程中被吸收进社会保障组织中来。最终孕育出的是"全民保障"

---

[68] *Saint-Jours*, S. 256–257.

[69] *Maurer*, S. 812.

[70] 这一条适用于所有进行比较的国家 .*Zöllner*, S. 170f.；*Saint-Jours*, S. 265；*Ogus*, S. 436 ff.；*Hofmeister*, S. 724 ff.；*Maurer*, S. 827.

[71] *Zöllner*, S. 170.

（或称国民或居民保障）的理念。[72]

　　与此相类似，必须通过社会保障来化解的"风险"也在进一步发展。譬如那些并非由工伤导致的伤残问题也同样需要社会保险解决。老年风险与伤残风险的情况相似。至于失业风险，如上所述，涉及一个全新领域。差不多自失业保险产生起一百年后，企业破产而导致的收入丧失以一种最新社会保障"项目"的面目出现。[73]需要特别注意的是，它是如何紧挨着旧有的基本风险产生的。与工伤风险伴生的是职业病风险。扩张得更厉害的是疾病风险：怀孕、生育、流产、绝育、避孕都被包括了进来。[74]

　　同样在发展的还有保障待遇，它们得到了细化与完善。社会保险不仅要补偿损失，还要预防损害发生，这种思想在一些国家被普遍接受。工伤保险中很早就引入了工伤防护内容，[75]疾病和伤残保险中也越来越多地加入了疾病及身体能力下降等的早期诊断与预防措施。失业保险和劳动介绍（更普遍些：劳动促进）的关系密切化也同属这一发展趋势。[76]对于伤残问题，一种越来越扩大的观点认为，不仅要有治疗和收入替代保障，还要有康复措施，应让受害者尽可能地重返正常的劳动生活。[77]

五、社会保险——社会保障——社会促进

　　由以上描述可以确定的是，社会保险具有自我完善倾向，这种倾向超出了社会保险本身在技术上能够提供的可能性。作为最普遍的特性，社会保险的"核心"理念中被植入了可靠生活保障的思想，而它超出了社会"贫困线"。20世纪30年代以来，这种思想被以"社会保障"的概念表述出来。[78]60—70年代间，社会富裕和新的社会潮流又在这之上增添了以福利待遇促进机会平

---

[72] *Ogus*, S. 435 ff.; *Saint-Jours*, S. 266 ff.

[73] *Zöllner*, S. 157.

[74] 虽然这一阶段各国存在很大差异，然而社会保险覆盖风险的扩张仍是随处可见。

[75] *Hofmeister*, S. 556.; *Zöllner*, S. 87 ff.

[76] 见失业风险的扩张一节。

[77] 对此不同国家采取了不同措施，但是所有社会保障制度中的基本思想是一致的。

[78] *Felix Schmid*，注4。

等和共享富裕的思想。因此，基于社会风险的福利待遇在一些国家就显得不充分了。其他体现出社会不平等的社会状况也可以引发出社会福利措施来，比如就业促进措施。

在这个发展阶段，有必要再次明确一下社会保险的典型特征：

- 社会保险在特定风险情况（如疾病、生育、残疾等）下提供保障。
- 社会保险（完全或部分地）通过处于这种风险中并因社会保险而得到保护的个人的缴费筹措资金。

无论有多少社会政策上的叠加与连生，社会保险在这种意义上始终是"保险"，也即是通过面临共同风险威胁的人群的合理缴费，为将来可能发生并可估测的需要而提供的一种集体保障。这其中包含了社会保险的"制度自主性"，这种特性令社会保险在19世纪后半期完成了社会政策上的突破，也令社会保险今天在政治、行政、经济等制约条件内仍然是一种不可或缺的制度。如果社会保险的特性被完全发挥出来，它会是一种

- 由特殊的管理机构执行，
- 管理机构的财政来源是被保险人的缴费，
- 被保险人（以及其他缴费者，尤其是雇主）自治管理

的制度。这使得社会保障可以在不对原有的国家和集体的组织与财政结构占用、加重负担或者改变的情况下建立起来，例如社会保险在俾斯麦时期并未激起捍卫已有的联邦制国家的权限划分与财政制度的力量的抵抗。[79] 在这种意义上，社会保险并非必须财政自主和/或管理自主。无论是混合型财政（缴费与国家预算的混合）还是国家型管理（通过特殊或一般的国家机构）都是可以考虑的。不过即使在"混合结构"的情况下，某些社会保险的特殊结构因素仍能"不受制度约束"地起作用。尤其是缴费，它作为一种能从一般税收制度中

---

[79] *Michael Stolleis*, Die Sozialversicherung Bismarks. Politisch institutionelle Bedingungen ihrer Entstehung, in: Bedingungen für die Entstehung und Entwicklung von Sozialversicherung（注1），S. 387 ff.; *Zöllner*, S. 86 ff.

分离出来的社会保障财政方式，在其中扮演着一个重要角色。[80]

另一方面，社会保险技术也有**限度**，这个限度产生自两个基本要素，即典型化了的危险（社会风险）和受保护者的缴费的对应关系。一旦风险不再能被典型化，受风险威胁者的范围就无法确定，最后缴费责任者的范围也不再能统计出来。在一个大的范围内，过渡会是不明显的，但最终将会出现缴费义务的不可能实现（及不可被接受）的清晰界线。

这种界线不仅出现在风险的典型化性终止时，还出现在"风险"一词被弃之不用的情况下。例如**社会促进措施**，由于其所针对的并非遭受社会状况恶化威胁的个体，而是令个人得到社会机会或提高其对社会富裕的分享程度，因此必须由整个社会群体共同承担财政支出，而不能由某个被保险者群体或某个（类似于被保险人群体的）被促进者群体来承担。

再者，缴费义务的前提是具备缴费能力。这种"**预防能力**"从一开始就是社会保险的关键含义之一。[81] 因此社会保险不可能成为对贫困进行社会"吸收"的工具。社会保险只能防止不穷的人变穷，却不能将穷人从贫困中解脱出来。当然在这期间也发展出了某些手段，以在某些特殊情况下，令因负担不起缴费而不能参加社会保险的人与那些能够缴费的人得到同等待遇，如为不能负担社会保险费的残疾人代缴保险费。不过这种方式从制度上来说是有限度的。为所有缴费不能者进行替代缴费，将使社会保险的理念变得毫无意义。

因此，当一种社会保障政策

- 规定了社会福利待遇，但它无法通过社会保险实现，因为这种福利不能典型化或者不是"风险"，以及
- 社会福利待遇不是在特殊情况下而是普遍地涉及不具备缴费能力的人时，

便必须放弃社会保险模式。这种情况常导致社会保险被视为过时的制度。不处于缴费技术链条上的、较新的和更普遍的社会保障类型（更确切说，至少在

---

[80] 这能从英国分报告中对英国的特殊"混合"型社会保障制度的描述中得到证实. *Ogus*, S. 436 ff.

[81] *Peter A. Köhler*, Entstehung von Sozialversicherung. Ein Zwischenbericht, in: Bedingungen für die Entstehung und Entwicklung von Sozialversicherung, S. 33 ff.

德国，是指社会安全和社会促进类型）似乎在当下和将来都会越来越多。然而这种看法只是在当社会政策无法通过社会保险的特殊技术实现其一般性的、以基本生活保障为目的的保障措施时才是正确的。当一种现代社会政策应该并且想要提供超出基本生活保障的待遇，这种待遇可以或者也仅是可能按照社会保险以外的其他方式去实现，这种看法就不正确了。相反，一种成熟的社会政策应向**社会安全与社会促进**提供的，只有通过一个技术性的构造才有可能，在这种构造中，**社会保险像以前一样占据着一个重要的位置**，从世界角度来说则是一个必要的位置。

至于**社会保险的最佳位置**，当然是只有具体国家状况和历史状况才能决定的问题。我们希望，在这些国家报告的基础上进行的下一阶段研讨能够更好地回答这个问题。

第八章
社会保险与人权 *

一、历史语境中的主题

社会保险与人权[1]较晚方在历史上产生关联。二者都是欧美的现代产物，然而如我们今天所知，社会保险是一种获得社会安全的特殊手段，而人权则是关于个人、国家及社会间关系的成文规范。

（一）人权

我既不打算也不能够在此深入的问题是：迄今已经存在过哪些人权、在思想上出现过哪些人权、在现实中实现了哪些人权。当今，在非洲、亚洲及大洋洲的许多地方，人们宣称有着自己的人权传统。据称这种传统较少关注个人

---

* 本文最早收录于：*Ming-Cheng Kuo/Hans F. Zacher/Hou-Sheng Chan* (Hrsg.), Reform and perspectives on Social Insurance: Lessons from the East and West, Studies in Employment and Social Policy, 2002. 这篇文章是2000年察赫在台湾政治大学举办的"社会保险的改革与展望国际研讨会"上的演讲。台湾中译本见：郭明政(主编)，《社会保险之改革与展望》，2006，台北，第1—18页。

[1] 关于这个议题的国际文献很少。大多数出版物多冠以较为普遍采用的"社会安全"之称。见 *J. Doublet*, Human Rights and Social Security, in: International Social Security Review 21 (1968), pp. 483–496; *International Labor Office*, The ILO and Human Rights Report, Geneva 1968; *M. Novak, Y. Papaioannau*, Annotated Bibliography of Human Rights, in Labor and Society 10 (1985), pp. 105–114; *R. blanpain* (ed.), Human Rights and Social Security, XV, World Congress of Labor Law and Social Security, Leuven 1998; *International Labor Organization*, Second Report: International Labor Standards and Human Rights, Genva 1999.

而较多关注社会,既重视权利也重视义务。据称形式化的人权对于他们的文化来说是外来的东西。很有必要进一步探究这种说法的真相,因为在人权认识上的分歧有可能给人类带来危险并危及和平。[2] 由于时间所限,我对此不作赘述,仅以此略作提示。这里我们要讨论的是在欧洲中世纪已经成为实验的主题,在启蒙时代被深入思考,最终形成于《弗吉尼亚权利宣言》(1776)和法国《人权宣言》(1798)中的人权;如今已然是几乎所有现代宪法的经典要素的人权;[3] 被1948年联合国《世界人权宣言》所采纳以指引战后发展方向,并以1966年《公民权利与政治权利公约》和《经济、社会与文化权利公约》形成世界性约束力的人权。[4]

(二)社会保险

"社会保险"并未如基本公民权利一样成为人类历史的基本主题,然而它也同样经历了漫长的过程。[5] 早在古代欧洲,便已出现了共济基金会(gemeinsame Kassen),它是由个人组成的共济团体,以预防成员的不时之需。也许这种公共预防机制曾在世界上普遍存在过,但在那些货币经济得以充分发展并出现个人主义化现象(Individualisierung)的地方,原先承担救助贫困成员任务的自然团体(如部落、宗族、氏族及村落)便会衰落以至丧失其重要性。就我所知,迄今尚未有人撰写出一部"社会保险世界史",[6] 因此欧洲的发

---

[2] *D. Hollenbach*, Justice, Peace and Human Rights, New York 1990; *M. Stoel*, Peace and Stability through Human and Minority Rights, Baden-Baden 1999.

[3] 其历史见 *G. Oestreich*, Geschichte der Menschenrechte und Grundfreiheiten im Umriβ, 2nd edn., Berlin 1968; E.-W. Böckenförde and R. Spaemann (eds.), Menschenrechte und Menschenwürde, Stuttgart 1987.

[4] *F. Ermacora* (ed.), International Human Rights: Documents and Introductory Notes, Vienna 1993; Council of Europe Press, Human Rights in International Law: Basic Texts, 1995.

[5] *H. Peters*, Die Geschichte der sozialen Versicherung, 3rd edn., St. Augustin 1978.

[6] 最接近的是 *J. Alber*, Die Entwicklung sozialer Sicherungssysteme im Licht empirischer Analysen, in H. F. Zacher (ed.), Bedingungen für die Entstehung und Entwicklung von Sozialversicherung, Berlin 1979, pp.123–210.

展史在此表现出决定性意义。[7] 尤其值得注意的是，中世纪欧洲存在过许多共济组织（特别是手工业者及矿工的组织），其中有些组织的传统甚至延续到了19与20世纪。尽管如此，基于社会团结的集体预防制度直到19世纪方具有了广泛的重要意义。在封建时代，"福利社会问题"大体上等同于"农民问题"与"贫民问题"。[8] 而"贫民问题"则是福利社会问题最笼统的表述。除此以外还存在许多其他的"特殊福利社会问题"，其中有不少与雇佣劳动者的个人群体发生关联，它们随着工业化进展，演变成了广泛的"劳工问题"。[9] "劳工问题"之所以相较于其他"福利社会问题"最受瞩目，既是因为劳动人口的困境确实是当时最严重且最普遍的问题，也是由于"劳工问题"被最有效地表达了出来，且工人们最能够引起当局对其利益的关注。"贫民问题"的发生是由于穷人完全缺乏必要的生活物资，"劳工问题"的特征则是劳动者获得了生活物资但却不够充分，他们所获得的工资与其劳动付出及面临的风险之间缺乏合理的关系。

当政者有两种途径改善此种状况。[10] 其一是改变雇主与雇员之间的法律关系——换句话说就是，在既有法律关系中以内化方式来解决福利社会问题。其二是自始就在既有法律关系之外（特别是在雇主与雇员的关系之外）寻找解决方案，并将问题的解决转移到专门致力于这种福利社会目标的机制上。换言之，在既有法律关系之外以外化方式解决福利社会问题。对许多欧洲国家而言，19世纪是个伟大的探索时代，所探索的是在法律及政治上确实可行、有实际意义和成功希望的路径与方法。在这个过程中越来越明朗的是：有一系列风险不能藉由内化的劳动法方式，至少不能仅靠劳动法方式得到解决。这些风险指的是因疾病、工伤、残疾、老年与失业所产生的收入丧失风险；

---

[7] *H. F. Zacher*, Bedingungen；*P. A. Köhler/H. F. Zacher*, Ein Jahrhundert Sozialversicherung, Berlin 1981；*P. A. Köhler/H. F. Zacher/M. Partington*, The Evolution of Social Insurance 1881–1981, London 1982；*P. A. Köhler/H. F. Zacher*, Beiträge zur Geschichte und aktuellen Situation der Sozialversicherung, Berlin 1983.

[8] *E. g. M. Mollat*, Les Pauvres au Moyen Age, Paris 1978；Die Armen im Mittelater, München 1984；*B. Geremek*, Geschichte der Armut, München/Zürich 1988；Poverty, Oxford 1994.

[9] *H. Herkner*, Die Arbeiterfrage, 8th edn., Berlin/Leipzig 1992.

[10] *H. F. Zacher*, Juridification in the Field of Social Law, in: O. Teubner (ed.), Juridification of Social Spheres, Berlin/New York, 1987, pp.373–417, 尤其在379–387.

因负担家计者死亡所产生的生计维持风险；因疾病或意外事故所产生的医疗与护理风险。回顾历史，法国的互助会（mutualités）、英国的友谊社（friendly societies）及德国的共济基金会（Hilfskassen）就是以外化方式抵御风险的各种尝试。最终德国立法者于1880年代取得重大突破，创造了一个今天为欧洲多数国家乃至于整个世界仿效的制度。这就是社会保险。[11] 它提供给了雇佣劳动者一条预防生存风险的途径，其具体实现则因国家而异。譬如有些国家以失业保险的建立为社会保险政策的起点，有些国家则以失业保险作为完善社会保险政策的终点。另一方面，人们也发现社会保险模式并非仅适用于原先的"设定"，也即是由劳动关系所衍生的福利社会问题的外化解决。只要自雇者（如农民、渔民、商人等）也如雇佣劳动者一样，有预防风险的需求和以同样方式进行预防的能力，那么社会保险亦可适用于解决他们的福利社会问题。换言之，就如雇佣劳动者一样，端视自雇者是否依赖于受法律规制且由国家负责的行政体制提供的保障且能够承担缴费。

随着时间的推移，社会政策的发展远远超出了社会保险的框架。[12] 除了它的所有"社会"-"政策"性变化，社会保险依然受到保险原则的基本要素的约束，[13] 即存在缴费、被保险人以此在某种程度上避过风险、缴费与待遇之间的关联。由于具有在预防需求和预防能力之间建立关联的特殊标准，社会保险始终倾向于覆盖特定群体，虽然其范围未必一定等同于雇佣劳动者群体。然而福利国家制度的发展越来越倾向于给更广泛的人群提供社会保护。基于生活状况的保障，如教育和抚养，也越来越尊重当事人的自由意愿，越来越倾向于待遇水平的普遍化，即解除预防缴费和社会福利待遇之间的关联。这意味着从对个人的选择性保障转向普遍性保障；从由缴费支持转向由税收支持；从针对"社会风险"的保障转向针对"社会状况"的保障；从缴费与待遇的对等性转向待遇的社会公平性；从对个人生活水平的保障转向适当共享社会富裕的保障。作为后果，其他社会福利制度得到长足发展，构成了国家保险、国民保障和基于家计调查的待遇与服务体系。新的体系需要新的概念。1935年

---

[11] *J. Alber*, Die Entwicklung.

[12] *P. A. Köhler/H. F. Zacher* (eds.), Beiträge (注 7), esp. pp. 79–232.

[13] *G. Perrin*, L'assurance sociale, ses particularités etson rôle dans le passé, le présent et l'avenir", in: P. A. Köhler/H. F. Zacher (eds.), Beiträge (注 7), pp. 29–75

的美国《社会保障法案》[14]使得"社会保障"一词举世皆知,[15]但是这个概念因其与特定目标相关联而过于狭义,最终人们于1980年代采纳了"社会保护"的概念。[16]

尽管如此,在提供社会福利待遇的整个技术体系中,社会保险仍然据有特殊的地位。[17]它是人们因为积极参与劳动和经济生活而获得的社会保障,而非一种普遍的国民保障,因此不能仅根据国民资格以及国民资格所衍生的各种权利即可获得。劳动与经济生活的参与或许取决于国民资格,社会保险与劳动及经济生活的参与密切相关,但它越过了这个门槛,而以"风险"作为其基础。保险待遇的给付建立在预防先期史的基础上,这种前期预防的事实主要体现为缴费。预防能力与缴费之间的关系使得社会保险反映出预防先期史中个人对劳动和经济生活的参与,预防先期史和待遇之间的关系亦将个人过去对劳动和经济生活的参与反映在保险待遇上。社会保险建立起人们对待遇的预期,而这在法律上被承认为正当的权利。总而言之,社会保险使生产性活动与社会团结转化成为对个人的可预见的社会保护,并因此而激发了参与社会团结的动机。

---

[14] *E. Eichenhofer*, Fünfzig Jahre Social Security Act, in: Die Sozialgerichtsbarkeit 31 (1984), pp. 563–568.

[15] *F. Schmid*, Sozialrecht und Recht der sozialen Sicherheit, Berlin 1981, pp. 43–52.

[16] European Community key document the Council Recommendation of 27 July 1992 on the convergence of social protection objectives and policies (92/442/EWG), Official Journal No. L245/49.

[17] *H.F. Zacher/F. Kessler*, Die Rolle der öffentlichen Verwaltung und der privaten Tätigkeit in der sozialen Sicherheit. in: Zeitschrift für ausländisches und Internationales Arbeits- und Sozialrecht, 4 (1990), pp. 97–157; Rôle respectif du service public. et de l'initiative privée dans la politique de sécurité sociale, in: Revue internationale de droit comparé, Paris 1990, pp. 203–247; *H. F. Zacher*, Ziele der Alerssicherung und Formen ihrer Verwirklichung, in: H. F. Zacher (ed.), Alterssicherung im Rechtsvergleich, Baden-Baden, 1993, pp. 25–113.

二、福利国家制度与人权的交汇点

（一）社会保险权

直到第一次世界大战之后，社会保险与人权之间才产生了明确的关联。一些欧洲国家在1918年之后重新颁布的宪法中写入了社会保险原则，[18] 新成立的国际劳工组织则积极致力于构建社会保险的国际机制。[19] 然而，从1945年以后，社会保障原则取代了社会保险原则，1948年联合国大会通过的《世界人权宣言》中只提到了社会保障：

"每个人，作为社会的一员，有权享受社会保障，并有权享受他的个人尊严和人格自由发展所必需的经济、社会与文化方面的各种权利的实现，这种实现是通过国家努力和国际合作并依照各国的组织和资源情况。"

十八年后，《经济、社会与文化权利公约》对此有了更详尽的表述：

"本公约缔约各国承认人人有权享受社会保障，包括社会保险。"

绝大多数国际文件都遵循了《世界人权宣言》的模式，只有少数使用了社会保险概念。以1989年《国际儿童权利公约》为例，其措辞与《世界人权宣言》相近。不过1948年美洲国家组织在其章程中提到了发展有效的社会保险制度的必要性（1969年在哥斯达黎加圣荷西达成的《美洲国家人权公约》第二十六条沿袭了这一规定）。如果说人权当中应该述及社会保险，那么这种状况有些令人失望，然而实际情况还要更为复杂。

（二）福利国家与人权：工作、收入、家计维持与需求满足的基本规则

自由福利国家的基础是一个虽然没有形诸文字但却是所有自由福利国家共识的规则：每个成年人（除非年老或受到家庭劳动的束缚）都应具有通过劳

---

[18] Art. 141 der Weimarer Verfassung von 1919.

[19] M. Keiler, Die Tätigkeit der internationlaen Arbeitsorganisation auf dem Gebiete der Sozialversicherung, Berlin 1929; A. Otting, International Labour Standards, A Framework for Social Security, in: International Labour Review 132 (1993), pp. 163–171.

动获得收入以满足自己与家人需求的可能性并承担此种责任。[20] 这一规则有两个方面需要予以廓清：首先它以"小家庭"为前提。在这种家庭中，通常有一到两个负担家计者抚养他们的子女，特殊情况下也扶养其他不能独立的家庭成员。在不对养家者和被扶养者进行区分的古代社会，以及在许多养家者和被扶养者在大家庭集体中混居的传统社会，这一规则并不适用。其次，这一规则也不适用于解释那些能够赖其财产维生的人的社会角色。只有满足了上述前提条件，规则才能成立。让我复述一次：每个成年人（除非年老或受到家庭劳动的束缚）都应具有通过劳动获得收入以满足自己与家人需求的可能性并承担此种责任。

这一规则是自由权的表现，也必须是自由权的表现。因为如果没有自由，责任将无从想象。然而除此之外，它也是所有那些保证能够通过劳动获取收入的自由权的表现：受教育自由、择业自由、商业自由、选择工作类型与工作场所的自由，等等。它是所有那些使得收入成为可能的自由权的表现。首先这意味着它是财产自由的表现，是藉此而缔结婚姻组成家庭的自由的表现，是保障家庭自主权与隐私权的自由的表现，也是保障家庭中个人的自由的表现。最后，它是所有那些人类藉此将其需求合法化并加以界定的自由的表现，也是人类藉此满足其需求的自由的表现。需求的合法化、界定及满足因此而几乎涉及所有的权利与自由。这一规则同时还是平等权的表现。它的有效性来自于其适用于每一个人的事实。一旦这个规则导致特权或歧视，它就不能再作为国家与社会的基本程式。如果想让自由权与平等权具有实际上的重要意义，那么同样需要让个人能够捍卫其权利的规范与机制。这些规范与机制的有效性决定了一个国家是仅意在成为福利社会国家，还是成为法治的福利社会国家亦即自由福利国家。基本权利对国家的政治制度来说至关重要，基本规则的适用与特定国家的状况相关，至于个人如何经验这一规则，则取决于他归属的国家、进入的国家以及居留的国家。[21]

---

[20] H. F. Zacher, Juridification (注 10)．

[21] R. Cranston, Legal Foundations of the Welfare State, London 1985 (Civil Rights pp.16–26; Political Rights pp.26–29; Social Rights pp.29–44)．

（三）规则作为标准规范，例外作为社会挑战，社会干预作为应对

很显然，这个基本规则并不反映现实状况，它只是一个被许多例外所包围和渗透的规则。[22] 规则为规制例外提供了制度，然而例外情况都是些社会问题：譬如缺乏获得有偿劳动的机会、缺乏工作能力、收入太少或收入中断、家庭太庞大而养家者过少、家庭所需超出家庭成员所能给予、父母死亡或失去工作能力、父母未正常履行其义务、无法获得满足需求所需的物品（商品或服务）、物品过于昂贵、对某些特定物品的需求——如生病情况下——远远超出其能力范围，等等。显然例外远不止以上这些，能够让基本规则的预期落空的赤字情况实在是不胜枚举。

令基本规则的预期落空的并非只有这些直接的例外。基本规则的实施中所存在的缺陷、风险及妨碍也会使人难以对其预期保持乐观。实施规则并不能保证实现规则。对规则的预期同样也指向其实施的手段。即使并未发生绝对赤字，也并非每种实施手段都能令人满意。劳动世界便是存在不适当实施手段的典型领域：工作条件可能有损尊严或带有风险，提供的劳动和获得的工资之间的关系是如此不相称从而构成了剥削，等等。家庭中的情况也同样可能是有缺陷的、不公平的或有伤害性的：妇女可能受到剥削，儿童可能因被忽视而误入歧途或者遭到伤害与虐待。最后，需求满足的领域也是广泛存在不适当规则实施的领域，其中包括了所有的分享、剥夺、缺陷和错误，所有与衣食住行乃至娱乐休闲、教育培训、医疗服务、身心照料等相关的过高价格。

应对这些风险与赤字是国家的任务。[23] 它在许多方面都只是一般性责任问题，国家通常通过立法、行政与司法履行其职责。然而当涉及社会不公时——社会不公成为风险与赤字的原因，或者风险与赤字导致社会不公——便会成为国家的特殊社会任务，并产生对此进行社会干预的要求。这种社会干预面临着我们之前已经提到过的选择：在内化干预和外化干预之间的选择。

内化干预通过对规则实施中的关系与程序进行规制来避免或控制风险、

---

[22] H. F. Zacher, Der Sozialstaat als Aufgabe der Rechtswissenschaft, in: G. Lüze, G. Ress and M.R. Will (eds.), Rechtsvergleichung, Europarecht und Staatenintegration. Gedächtnisschrift für Leontin Constantinesco, Köln 1983, pp. 943–978, especially pp. 950–963.

[23] P. Krause, Sozialgesetze, 3rd edn., Neuwied/Darmstadt 1987, pp. 31–51.

消除赤字并最终以此来平衡赤字。劳动法中发展出了大量的内化解决方式，如劳动保护法规、雇佣关系法规、工厂与公司中的劳工团结与工会并以集体协约规制劳动生活。家庭也需要内化干预，方式是保障家庭中的男女平等权和保护儿童。需求满足关系的广泛范围对应着广泛的内化保护方式，如消费者保护、房屋租赁者保护等。

外化解决方式一方面关注于对收入与家计维持中的赤字进行平衡（如失业与伤残等状况下的收入替代、养家者死亡后的扶养替代）以及家庭收入的补贴（如儿童抚养津贴），另一方面也关注于服务保障（如为不能在家庭中成长的儿童提供教育、医疗和照料制度上的服务）。内化与外化方式之间的转换在任何情况下都是开放的，在两者之间进行选择则是社会干预的一项特殊任务。

人权与社会政策在此再次产生关联。随着时代发展，社会干预的焦点一再被确认为人权或者表述为在性质和任务上接近于人权的基本纲领。[24] 检视重要的国际性文件可以发现，它们不仅确认了上述基本规则，还要求国家负起以社会干预确保规则起效的责任。[25] 充分就业是其核心价值。个人既有工作的权利，也有以工作获取生活所需的义务。获得充分工作条件的努力则以许多种方式表现出来。工作所得应足以维持个人及其家庭适当的生活水平。收入上的性别平等被特别关注。家庭被认为既具有个人价值也具有社会价值，因此必须受到保护以避免负担过重。为儿童权利制定了特别公约。需求满足上的问题被以各种方式广泛提及：直接层面上如衣食提供和消费者保护；感性层面上常见的则有居住、教育和职业培训（包括基础培训和提升培训）、文化参与、医疗服务和健康促进等方面的"权利主张"。社会福利待遇的承诺涵盖了对生活来说至为关键的各个方面，与此相呼应的则有社会救助与社会服务

---

[24] 相关国际文件见注 4。关于欧共体及其成员国情况见 *L. Betten/D. Mac Devitt* (eds.), The Protection of Fundamental Social Rights in the European Union, The Hague/London/Boston 1996；*J.Iliopoulos-Strangas* (ed.), La protection des droits sociaux fondamentaux dans les Etats Membres de l'Union européenne, Baden-Baden 2000。关于世界范围内的情况见 *A. Eide/C.Krasuse/A. Rosas*, Economic, Social and Culture Rights, Dordrecht 1995.

[25] 对此的一个完整报告见 *H. F. Zacher*, Grundlagen der Sozialpolitik in der Bundesrepublik Deutschland, in：Bundesministerium für Arbeit und Sozialordnung und Bundesarchiv (ed.), Geschichte der Sozialpolitik in Deutschland seit 1945, Vol. I (Baden-Baden 2001), chapter II 1.5.2, 6.2.2, chapeter III 2.3.3.

上的权利。不过社会安全的计划性一面仍然占据主导地位。[26]

但是对这些"社会权"的重要性仍存在怀疑。原因很多：首先并非所有述及"社会权"的文件都是实在法，其中某些只具有政治和道德性质。那些具有法律性质的文件——如《经济、社会与文化权利国际公约》——也未被所有国家批准。即便"社会权"被赋予法律属性，实施这些权利的强制力也十分软弱。[27] 各国宪法只在某些情况下才包含社会权利的表述及其纲要。但即使在国家语境中，社会权成为可主张的权利也属于例外情况，且范围极其有限。[28] 总而言之，社会权及其纲要的重要性主要在于为政治家、司法与行政人员、舆论与利益集团追逐社会目标提供支持，赋予政策与法律解释合法性，并充当论据。对于阻止反福利社会的政策或帮助福利社会政策战胜反福利社会的政策，它们的力量尚微不足道。

那些经典人权之上则被附着了远为重要的意义。这些人权规定了公民及其团体的基本自由，保障其平等并保证其在司法和行政程序中的地位，确定其在国家政治生活中的成员资格以及进入一国国内社会并在此停留的权利。[29] 显然，它们通过不仅约束行政与司法还约束立法，并在此方面提供诉讼保护——尤其是宪法法院或国际法院的保护（如欧洲《人权与基本自由权保障公约》）而将自己的作用最大限度地发挥了出来。这些经典人权奠定了公民社会的基础，确定了个人的自由与责任。

---

[26] *G. Perrin*, The Recognition of the Right to Social Protection as a Human Right, in: Labour and Society 10 (1985), pp. 239–258.

[27] *B. Baron v. Maydell/A. Nußberger* (eds.), Social Protection by Way of International Law, Berlin, 1996.

[28] *D. Pieters*, Sociale grondrechten op prestaties in de grondwetten van de Europeesche Gemeenschap, Antwerpen 1985.

[29] *H.H. Ripp*, Die Unterscheidung von Staat und Gesellschaft, in: P. Kirchhof/J. Isensee (eds.), Handbuch des Staatsrechts, Bd. I. Heidelberg 1987, pp. 1187–1223 (especially to fundamental rights pp. 1206–1215); *G.B. Madison*, The Political Economy of Civil Society and Human Rights. London et. al. 1998.

（四）经典基本权利：福利国家与福利社会

为何有关自由、平等、程序正义和参与国家政治生活的经典基本权利在回答福利社会问题的语境中具有如此特别的重要性？对此有一个十分笼统但非常重要的回答：因为国家与社会的互补性对福利社会状况尤其具有重要意义。整个世界已经惯于谈论福利国家（welfare state）与福利社会国家（Sozialstaat），但人们却经常忽视了"福利国家设计"的成功同样也有赖于这种互补性的事实。完整的福利国家不能以福利政府的孤立形式存在，只有在福利国家制度与福利社会的互相作用中——福利国家制度与福利社会互相渗透，完整的福利国家才有可能存在。[30] 这一语境中的"福利社会"是个多义的概念。它与一个社会的"社会取向（soziale Zielrichtung）"基本无关。一般而言，它首先是个关于社会能否具备主动性、创造性和活力的问题。这适用于物质层面：在繁荣的经济中提出与解决福利社会问题是一回事，在效益低下的经济中提出与解决福利社会问题是另一回事。这也适用于思想领域：在活跃、多元与灵活多变的环境中提出与解决福利社会问题是一回事，在压抑、单调与凝滞的环境中解决福利社会问题又是另一回事。这也同样适用于社会发展的许多其他层面。一旦福利国家制度在其中取代或消灭了社会，它就再难有效缓解福利社会问题并促成其解决。因此这种福利国家所实践的不再是福利社会理念，而是福利社会意识形态。社会主义制度已经展示出，当福利国家制度宣称了自己的绝对性且将社会变成私领域，福利国家会走向何处。在社会主义制度下，经典基本权利只不过是一纸无意义的声明，社会权利也流于泛泛。[31]

上述思考是从基本规则出发进行的，但基本规则并未说明它的条件如何生成。它看上去无视于是由自由社会还是由国家创造出通过劳动获取收入的可能性；无视于何种程度上由自由社会制造和满足需求，还是由国家根据自己的判断供应民众所需；它看上去也无视于家庭是在自由社会的环境中继续存续，还是在被政治与国家控制的环境中成为私权的最后庇护所。然而，基本规

---

[30] *F.X. Kaufmann*, Sozialstaatlichkeit unter den Bedingungen moderner Wirtschaft. in: Korff. W. et al. (eds.), Handbuch der Wirtschaftsethik, Gütersloh 1999, pp. 800–830.

[31] *K.V. Beyme*, Sozialismus oder Wohlfahrtstaat, München 1977; *M. Kingsley*, Socialism and the Welfare State, Nendeln 1978.

则的真实状况在这两种情形下截然不同。

这并不是说,当福利社会与福利国家能够互为补充时,那些在基本规则的实现中无处不在的风险与伤害或那些在基本规则实现时威胁到人们生活的赤字就不会再发生。它们依然存在,甚至基本规则的例外情况可能会更为多样。无论如何,没有社会干预,即便是社会与国家的整体也不能有效管理。此种情况下社会干预并非只是国家的事务,它也是社会的事务。[32] 社会力量以社会理念的方式展现其影响,公共舆论可以自由形成并最终确保社会原则和社会要求获得政治认可。社会力量能够感知出利益究竟是这个特殊群体的利益(如工会)还是其他群体的利益(如人权团体或其他宣传性组织)。社会力量能够提供社会支助,或是以相似境况的人们的自助集体形式,或如福利机构那样以对他人提供无私帮助的形式。通过市场或非营利性企业的形式,社会力量能够满足需求。以从团体内部互助到保险公司的各种方式,社会力量能够提供社会安全。最后,社会力量还能对如何找出实现基本规则的路径并从干预网中获得最佳效益提供建议。规则的实现所导致的困难与片面性后果可以藉此获得平衡与缓和,国家干预所导致的困难与片面性后果也可以得到补充和修正。总之,这大大提升了人们在生活中避免损害、获得社会机会的可能性,并因不再只是保障的客体而是亦成为主体而获得了参与的满足。

(五)人权与国家的社会干预

有人或许会说,我所描述的只是人权对于福利国家的宏观重要意义。对法律人而言,其所侧重的则是完全不同的方面,也即人权与国家社会干预产生直接关联的途径。就如所有的国家行为一样,国家的社会干预也受到基本权

---

[32] *D.G. Green*, From Welfare State to Civil Society, Wellington 1996;*N. Rao*, Towards Welfare Pluralism, Aldershot et al. 1996;*A. Evers and Th. Olk* (eds.), Wohlfahrtspluralismus, Opladen 1996;*J.J. Rodger*, From a Welfare State to a Welfare Society, Basingstoke et al. 2000.

利的节制。[33] 在这一前提下，内化与外化干预之间明显存在显著区别。

如果国家通过改变既有的法律关系进行干预，如限制雇主或房东的契约自由，这就是一种基本权利被设计用来抵御的干预。国家在这里对自由权进行限制的行动空间，与国家在其他领域对公民权进行限制的行动空间并无太大差别。如果社会权被载入一国宪法，或一国法律制度允许社会权的国际保障对国内法的解释形成影响，那么社会权可能会导致法律解释对社会干预比对其他类型的国家干预更为有利。[34] 社会权也有可能通过例外的方式创造出一个相较于其他权利或自由来说更为特殊的空间。但是原则上，国家的社会干预仍如其他国家行为一样受到基本权利的约束。因此，社会干预可能会在某些地方让行动空间变得宽松些，但它仍然要通过以人权对自身进行合法化而获得正当性。

如果是运用人权进行外化干预，在国家责任的范畴内通过国家或某些机构的货币待遇方式或适当的社会服务方式解决福利社会问题，那么情况会更为复杂。外化干预并不直接介入相关者的法律行动空间，而是改变基本权利的实际影响。当养老待遇权被在离婚的配偶间进行分割，事实上就改变了离婚自由，也改变了婚姻纽带的真实范围。如果雇主和雇员通过行使其自由权终止劳动合同，就会导致失业保险基金对此的不同反应——要么拒绝提供失业待遇，要么设置其他经济补偿抵消失业待遇，等等。对于这种对相关者自由行动空间的间接影响，不能像对基本权利的直接限制那样进行衡量。平等权的情况与此相似。间接歧视比直接歧视要更难判断。当人权要求在法律面前获得承认，就有了进行创造性解释的需要，以将社会福利待遇和社会服务的间接影响纳入人权的适当控制之下。国际劳动法与社会保障协会在1997年布宜诺斯艾利斯的国际会议中讨论了"人权与社会保障"的议题，并列举了各国的

---

[33] 见注1. 关于社会干预的另一面，亦可见：Social Welfare and Human Rights, Proceedings of the XIV International Conference on Social Welfare, Helsinki, Finland, August 18–24, 1968. New York/London 1968；*Vereinte Nationen*, Menschenrechte und soziale Arbeit, New York, 1999.

[34] *R. Schuler*, The Consideration of Industrial Standards in National Legal Practice (Court Decisions), in：B. Baron v. Maydell/A. Nußberger, pp. 143–170.

丰富实践。[35] 细察之下不难发现，不仅存在社会福利待遇和社会服务形式上的差异和国家人权表现上的差异，在司法机构的态度上也存在相当大的差别。

在某一方面，人权对国家外化干预所行使的监督，实际上回指向它们如何被理解和操作的传统线索上，也即通过公民的缴费义务设置他们在社会预防机制（以商业保险、社会保险或国家保险的形式）中的参与责任的问题。必须说，如果基本人权试图对此进行阻止，就会导致一个没有福利国家的福利社会。它也不会比没有福利社会的福利国家更有能力解决福利社会问题。

三、社会保险与人权：特殊要素

这里所有关于福利国家、福利国家的社会干预、尤其是外化社会干预的论述也基本适用于社会保险。[36] 社会保险同样遵循前述基本规则，并通过对一系列在关键之处危及基本规则实现的赤字进行抵御来提供保障。它与基本规则齐头而进，并保障着基本规则——虽然程度有限——免受典型干扰的危险。换个角度看，社会保险在干扰可能会损害基本规则正常运行的现实情况下，在有限范围内创造出了一个不受干扰的、有针对性的程序构造。它以较高程度的待遇和服务的个人化实现了这一目的。就这方面而言，社会保险也接近了基本规则的真实过程，这一过程当然能够在工作、收入、家庭与需求等方面加入个人要素。它通过法律手段并在法律的保护下达到这一目的。通过社会保险获得的安全并不仅仅意味着社会安全，也意味着法律的确定性。社会保险中的个人化还暗含着一种主体权利。这就是社会保险的理念，在许多国家中它已经成为现实。在其他许多国家中，它遭到误解、限制、失败、歪曲、背叛或滥用，也是无法忽视的事实，然而它同时仍然是一个可能获得实现的理念。

这层意义中的社会保险首先是在社会保障"权利"的实现上与人权相契合。许多国际文件和国家宪法中都庄严宣告了社会保障权。社会保险并非就是社会保障本身，它有其内在局限性。它预先设定了有预防需要和预防能力

---

[35] 见注 1.

[36] *H. Bogs*, Die Sozialversicherung im Staat der Gegenwart, Berlin 1973；*F. Hase*, Versicherungsprinzip und sozialer Ausgleich, Tübingen 2000.

的个人群体，也预先或多或少地设定了"可预防的风险"。因此需要对其进行补充以顾及其他"社会状况"，尤其是那些社会预防难以预料到的状况。[37] 它也需要其他制度的补充，以为那些没有能力采取预防手段的人提供救助和补偿，亦即需要以税收支持的制度：国民基础保障、社会救助、公务服务，等等。然而在各种社会保护制度的协作中，社会保险扮演着最主要的角色。它将社会权的实现具体化为了社会安全保障，这不仅是指它提供了安全保障的事实结果，更是指其提供保障的方式。

此外，社会保险还容纳了存在于基本规则及用来补充基本规则的社会干预背后的大量自由权，它在自由权和社会安全目的之间进行协调，同时也顾及与这些自由权相对应的社会权，即与工作、收入、家庭、健康、居住、教育等相关的社会权。但不可否认的是它也因此而陷入了前面所提到的冲突，即自由权的行使与因社会福利待遇和社会服务的提供所导致的自由权限制之间的冲突。在这种情况下，有一个核心问题必须被强调，即通过社会保险缴费进行预防的义务和根据自己的选择进行预防的自由之间的冲突。[38] 这一冲突至为重要，因为当被确定下来并获得法律承诺的公共预防措施增加，自我预防的自由就会减少，个人的预防责任也会相应减少。这种作用可能会导致福利国家的负担过重而福利社会的功能弱化。

社会保险与平等权的关系则确然不同。社会保险为所有需要预防且有能力进行预防的人提供预防的机会，以此来服务于平等的实现。然而，当它扩大了个人生活与收入状况的范围并对社会风险进行了划分，也就巩固了生活状况的不平等。最后，社会保险和与禁止歧视或其他社会权（如妇女、残疾人、少数民族福利）相关的特殊"平等权"之间的关系是开放性的。社会保险可能会具有歧视性，可通过建构相关权利对此进行预防，亦可以此来平衡既有的不

---

[37] H. F. Zacher, Sozialversicherung, soziale Sicherheit, in Farny et al. (eds), Handwörterbuch der versicherung, Karlsruhe 1988, pp. 795–806.

[38] Freiheit und Bindung im Recht der sozialen Sicherheit. Schriftenreihe des Deutschen Sozialgerichtsverbandes, Bd. IX. Bonn/Bad Godesberg 1972; Individualverantwortung im Sozialversicherungsschutz, Schriftenreihe des Deutschen Sozialrechtsverbandes, Bd. 42. Wiesbaden 1997.

平等。[39]

前面已经提到，由于其内在本质，社会保险被设计或规范为程序与机制上的法律保障，它尤其被设计用来提升个人的法律地位。

最后：社会保险与国家政治参与权之间具有十分特殊的关系。[40] 与其他靠税收支持的社会保障制度不同，社会保险不受国籍或国内居留资格原则的约束，而是与对一国劳动与经济生活的积极参与相关。国家政治参与资格和一国社会成员资格可能会是这种参与的前提条件，但是社会保险并不直接与此相关，或至少不是必然与此相关。这为迁徙自由和禁止基于出身、种族或类似原因的歧视额外带来了社会重要性。

社会保险是一种在基本规则的实现和与基本规则并行的社会保障制度的建立之间走钢索的方式。它将这两端的价值观与功能连接起来，同时也在经典基本权利和社会权利之间建立了连接。但是这种不同领域的连接同样可能意味着风险——一旦成为走钢索的问题，有些问题可能就会变得常见。社会保险有可能会建立起某种不切实际的对保障程度的期待。社会保险所做的，是为那些有预防需要和预防能力的人提供一种能让他们免于私人保障体系中所存在的风险（如货币资产的贬值等）的手段。由公共、国家或保护体系所致的风险在这一过程中被推入后台，但是由国家建立的团结联合体所提供的保障自身也包含着风险。这就是近几十年来社会保险在许多国家所经历的——其影响及于被覆盖的人群、与其相关的政治家甚至广大民众。[41] 个人化、老龄社会、飞涨的医疗费、劳动生活的变迁与劳动力市场的衰退、资本从福利国家的逃离等等，皆使得社会团结曾经的计算基础失去平衡。当政者发现自己陷于必须寻找适当解决方案并在这一过程中令合法期待也不得不落空的尴尬境地。宪法加诸于政治的控制越完备，社会保险就越被理解和应用为提升个人法律地位的手段，越被认为是必须由基本权利的衡量标准进行评判且由宪

---

[39] 见注 36.

[40] *E. Eichenhofer*, Internationales Sozialrecht, München 1994, esp. Pp. 117–277.

[41] *International Social Security Association*, Concept of Acquired Rights in the Social Security Field in the Light of the Development of the Economic Situation, Geneva 1986.

法法院加以审查的过程。[42] 在这一过程中，它的独特一面也日渐清晰。审理此类案件的宪法法院认为：宪法，尤其是在基本权利中，应该蕴含有对此的解决之道。然而法院论据中所采用的各种基本权利和法律原则在性质上差异甚大——通常是财产权，也有平等原则（日渐趋向于平等权）以及法治原则与法律确定性原则。在某个案件中甚至采用了对工作报酬的社会权。这表明，这种新的挑战需要新的宪法答案，而这种答案在之前并未被主张为人权。

最后，让我们在结论中再次强调社会保险与人权的必要并行，即社会权与经典基本权利的并行。但是我们也要注意到，社会保险始终有个任务，要在社会干预手段之中，首先是在社会保障机制之中，在经典人权和典型社会权的氛围之中找到它自己的适当形式和适当位置。

---

[42] *Kjønstad, A.*, Constitutional Protection of Social Security Benefits, Oslo 1994；*S. van den Bogaert/Y. Jorens* (eds.), Social Security, Non-discrimination and Property, Antwerpen 1997.

第四编

德国与欧洲社会法

第九章
德国法与欧洲法中的"福利社会"概念*

一、福利社会与法律

"福利社会"(das Soziale)[1] 所指既可以是行为又可以是规范。行为之所

---

* 本文最早收录于 Das Soziale in der Alterssicherung: Jahrestagung 2005 des Forschungsnetzwerkes Alterssicherung (FNA), 2005.

[1] "sozial"一词最早在 18 世纪法国和英国的文献中发展出一般性含义:"status socialis"(Darjes, 1751), "social virtues"(*Hume* 1751), "social passions"(*A. Smith*, 1759), "contrat social"(*Rousseau*, 1763), "éconmie social"(*Graf de Buat*), "social operation of the mind"(*Reid*, 1785), 见 *Jürgen v Kempski*, Sozialwissenschaft. In: Handwörterbuch der Sozialwissenschaften Bd.9 (1976), 617。18 世纪中期至 19 世纪初,这个概念主要从法语进入德语。见 *L. H. Adolph Geck*, Das Aufkommen des Wortes "sozial" im Deutschen. In: Muttersprache, 71. Jhg. (1961), 294ff; 以及同一作者的 Über das Eindringen des Wortes "sozial" in die deutsche Sprache, 1963. 这个词的含义当时十分广泛。一般来说, "Sozial"指的是"gesellschaftlich (社会的)"(相对于个人,或许也相对于私人而言)。"Sozial"也可以被当做一个规范化了的概念使用。它的一般的、不特定的含义接近于"社会"(整体性、特定的"社会"统一、"社会"或团体的其他成员、"集体")或者指一种相应的义务。它也可以具有一种完全特定的含义:一种"正确的"社会理想及其国家组织、对于偏离这种理想的情形的否定以及对这种情形的补救措施。这便是"sozial"这个概念的政治论辩性含义。与之相一致的概念有"soziale Frage(福利社会问题)"、"Sozialpolitik(福利社会政策)"(*Franz-Xaver Kaufmann*, Der Begriff der Sozialpolitik und seine wissenschaftliche Deutung. In: Bundesministerium für Arbeit und Sozialordnung, Grundlagen der Sozialpolitik. 2001, 3ff.), 以及"Sozialstaat(福利社会国家)"(*Gehard A. Ritter*, Der Sozialstaat. Entstehung und Entwicklung im internationalen Vergleich, 第 2 版, 1991)。然而这个词的使用长期局限于一种非独立的状态。确切地说, "sozial"只是在作为一个主词的形容词(soziale Frage)或者为了将一个主词具体化而与其结合的状态下被使用(Soziapolitik, Sozialstaat)。将 sozial (das Soziale)作为一个名词来使用的情况并不常见。直到"sozialen(福利社会)"现象(思想、规范、措施、机制、历史等等)所交织成的网络日趋厚重,其中的关系对国家与社会越来越重要,使用一个合适的名词也越来越必要,"das Soziale(福利社会)"这个概念才普遍起来(*Kaufmann*, Der Begriff der

以是"福利社会"性质的,是因为其是由福利社会规范推动并决定。法律是针对行为的成文规范,它试图引导实现福利社会的参与行为。[2] 成文法意味着固定与明确,而某一社会中对福利社会进行预设的、活跃的、最终成为政治决策的规范则是开放的和不确定的,它们有可能不停地变化。它们是法律的前身,又与法律同在。它们提供了批判的空间,福利社会行为和制定出的法律在其中受到评价。作为法律概念的福利社会问题,只是在涉及可以并且应当由法律规定的福利社会行为时才具有充分意义。而福利社会行为作为一个难以描摹的整体现象,产生自无穷的可能性中,有些被法律所规定,有些则未进入法律范畴。每一点由某个人给予他人的帮助都可以是对福利社会的贡献,每一个企业决定、每一件艺术作品,都可以促成新的看法或感受,而法律也许不能或不被允许介入其中。但福利社会在其中得以自我实现的各种自由权利,是属于法律的责任范畴的。不过,本文提出的一些思考仅集中于福利社会的政治范畴内。

如果对固化为法律之前的福利社会规范追根溯源,则会遭遇下述历史画面:[3]

- 贫民救济是人人可享的基本生存保障的历史根源;
- 社会安全获得了社会保险这种形式(更早的是公务人员保障);
- 消除或控制人身依附关系的责任最早由劳动法承担;

Sozialpolitik; *Hans F. Zacher*, Grundlagen der Sozialpolitik in der Bundesrepublik Deutschland. In: *Bundesministerium fuer Arbeit und Sozialpolitik*, Grundlagen der Sozialpolitik, 2001, 333ff.)。

[2] *Hans F. Zacher*, Verrechtlichung im Bereich des Sozialrechts. In: *Friedrich Kühler* (Hrsg.), Verrechtlichung von Wirtschaft, Arbeit und sozialer Solidarität, 19&4, 11ff., *Franz-Xaver Kaufmann*, Stererung wohlfahtsstaatlicher Abläufe durch Recht. In: Gesetzgebungstheorie und Rechtspolitik. Jahrbuch für Rechtssoziologie und Rechtstheorie, 13 (1988), 65ff.

[3] *Michael Stolleis*, Historische Grundlagen. Sozialpolitik in Deutschland bis 1945. in: Bundesministerium für Arbeit und Sozialordnung/Bundesarchiv (编), Grundlagen der Sozialpolitik, 2001, 199ff., 以及同一作者 Geschichte des Sozialrechts in Deutschland. 2003–Zur Wahrnehmung im Sinne des Textes; *Zacher*, Grundlagen der Sozialpolitik, P. 347ff., 以及 Das soziale Staatsziel. In: *Josef Isensee/Paul Kirchhof*, Handbuch des Staatsrechts, 第 3 版第 2 卷: Verfassungsstaat, 2004, 659ff. Rz. 53–67.

- 国家负责的对牺牲者的补偿最早是针对战争牺牲者的补偿；
- 扩大社会参与的源头是社团基本保障。[4]

这些最初的画面得以实现并继续发展，无法通过其自身予以解释，而是要归因于那些引发并推动福利社会运动的基本原则，如公正和团结。它们的道德权威性及号召力为福利社会要素提供了源源不绝的动力，以克服障碍，在价值观与利益的角逐中自我实现。如社会保障概念[5]的发展所展示的，它们的总体亦随着福利社会制度的发展而自我扩张。而解决福利社会问题的经验反过来又会让人对如何发挥福利社会共同价值观的作用有更深的认识与理解。但是，没有哪一个原则自身就包含了行动纲领。整体来看，它们毋宁说是既复杂又矛盾。这一方面丰富了它们的内涵，另一方面却又令其容易被曲解和误用，也即被篡改。演说家、传媒或政客太容易倾向于只是操纵那些他们所需要的原则的影响力，而忽略其真实含义。尽管如此，这些基本原则仍是社会进步的力量源泉，也是最广泛的标准体系，必须通过这些标准让法律为福利社会制度的形成负起责任。

那么，这是一个关于什么的标准体系？[6]

- 关于正义。[7] 这个要求的重要性毋庸置疑。然而正义从来就不是只有一种：既有古典的交换正义（iustitia commutativa）与分配正义（iustitia distributiva）之间的互补，也有罗尔斯的关于人类在"无知之幕"下会如何选择的推测。"福利社会正义"具体还可分为需求正义、待遇正义、财产占有正义和机会正义。[8] 为了能对福利社会问题及其解决方案予以评价，最好通晓所有这些尺度。但

---

[4] 见 Zacher, Das soziale Staatsziel, Rz. 53–67.

[5] *Gerhard*, *Robbers*, Sicherheit als Menschenrecht, 1987.

[6] *Zacher*, Grundlagen der Sozialpolitik（注1），379ff., 以及同一作者的 Das soziale Staatsziel（注3），Rz. 186–169；*Stephan Lessenich* (Hrsg.), Wohlfahrtstaatliche Grundbegriffe, 2003.

[7] *Eberhard*, *Eichenhofer*, Sozialrecht und soziale Gerechtigkeit. In: Juristenzeitung 60. Jhg. (2005), 209ff.; *Michael Stolleis*, Die unvollendete Gerechtigkeit. Das Projekt Sozialstaat und seine Zukunft, 2005.

[8] *Hans F. Zacher*, Sozialrecht und Gerechtigkeit. In: Rechtsstaat und Menschenwürde. Festschrift für Werner Maihofer zum 70. Geburtstag, 1988, 669ff.

是如何才能在一个解决方案或多个方案的交响中同时恰当实现需求正义、待遇正义、财产占有正义和机会正义，这样的决定不是一个计算的结果，它从来都代表着责任和义务。

- 关于社会团结。[9] 对这个要求也毫无争议。但是它的范围太大，既涵盖了从家庭成员间的团结到所有人之间无边界的团结，也涵盖了从强者之间的团结或弱者之间的团结到强者与弱者之间的团结。
- 关于参与和接纳。[10] 然而，参与指的是有机会实现自我能力的参与、是对成就的参与和根据成就的参与还是对分担的参与？是成员之间的参与还是也包括了非成员的参与？甚或是通过将非成员吸收为成员而实现的参与？
- 关于援助。[11] 这个原则传统上发源于大与小、强与弱的群体之间的关系。它有着最长的历史发展过程。如今它的含义中也包含了个人与其生活的组织和集体的关系以及社会与国家的关系。不过援助原则也因此更像一个尚且存疑而非已经确定的原则。
- 关于社会安全。[12] 它的含义就像其表述一样一目了然。
- 最后是关于公共服务。[13] 它与福利社会事物并生，因为对必要生活物品的普遍保障可以提前解决福利社会问题。同时公共服务也

---

[9] *Manfred Prisching*, Solidarität：Der vielschichtige Kitt gesellschaftlichen Zusammenlebens. In：*Lessenich* (Hrsg.), Wohlfahrtstaatliche Grundbegriffe (注6), 457ff.；*Franz Ruland*, Das "Soziale" im Spannungsfeld von Solidarität und Subsidiarität, 53ff.

[10] *Armin*, *Nasschi*, Inklusion：Von der Anspruchbarkeit zur Anspruchsberechtigung. In：*Lessenich* (Hrsg.), Wohlfahrtstaatliche Grundbegriffe (注6), 331ff.；以及同一本书中所收录的 *Christian Lahusen/Carsten Stark*, Integration：Vom fördernden zum fordernden Wohlfahrtsstaat, 353ff., *Frank Nullmeier*, Anerkennung：Auf dem Weg zu einem kulturellen Sozialstaatsverständnis. 373ff.

[11] *Christoph Sachße*, Subsidiarität：Leitmaxime deutscher Wohlfahrtsstaatlichkeit. In：*Lessenich* (Hrsg.), Wohlfahrtsstaatliche Grundlage (注6), 191ff.；*Franz Ruland*, Das "Soziale" im Spannungsfeld von Solidarität und Subsidiarität, 53ff.

[12] *Franz-Xaver Kaufmann*, Sicherheit. Das Leitbild beherrschbarer Komplexität. In：*Lessenich* (Hrsg.), Wohlfahrtstaatliche Grundbegriffe (注6), 73ff.

[13] *Wolfgang Rüfner*, Daseinsvorsorge und soziale Sicherheit. In：*Josef Isensee/Paul Kirchhof* (Hrsg.), Handbuch des Staatsrechts, 第1版第3卷, 1988, 1073ff.

是福利社会制度的一个思想原则。[14]

所有这些动因的内容最终都可以归纳在普遍意志的一个基本形式中："福利社会"意味着"更多的平等"。[15] 换句话说："福利社会制度"对抗的是"不合理的不平等"。这并非"绝对的平等"，而是"不平等条件下的更多平等"。这是福利社会制度最有力的规范基础。它的合理性最终建立在我们最崇高的基本价值观之上，那就是人的尊严[16]——既在人的共性也在人的个性之上。然而顶着福利社会名称的不平等同样随处皆是，它们追随的是政治权力，而非客观事实。

现在我们尝试从成文法的角度考察福利社会制度与法律的关系。很明显，短时间内这只是一种选择性发生的现象。我们从三个方面来进行研究：

- 基本规范的成文化及其作为前法律的形式。
- 法律在社会干预中的比重。
- 福利社会制度作为社会繁荣不可或缺的要素。

二、德国法中的福利社会

（一）福利社会的国家目标

现代宪政国家早就尝试将福利社会规范体系及其政治和法律实现之间的相互作用纳入宪法文本，社会基本权的实践也由此而产生。[17] 在德国，这一实践在魏玛宪法中首次结出成果，二战后又获得进一步发展。当时的宪法赋予

---

[14] *Zacher*, Grundlagen der Sozialpolitik（注1），389f.；及同一作者的 Das soziale Staatsziel（注3），Rz. 64–67.

[15] 关于这个"福利社会＝更多平等"和"福利社会＝消除不合理的不平等"的规则见 *Zacher*, Grundlagen der Sozialpolitik（注1），345–347，360–363. 它与德国宪法第3条第1款中所指"平等"（尤其是法律面前的平等）并不是同一个含义。

[16] *Zacher*, Grundlagen der Sozialpolitik（注1），378；以及德国社会法典第1卷第1条.

[17] *Peter Krause*, Die Entwicklung der sozialen Grundrechte. In: *Günter Birtsch*, Grund- und Freiheitsrechte im Wandel von Gesellschaft und Geschichte, 1981, 402ff.

了国家广泛的福利社会使命[18]，西德许多州的宪法中都规定了福利社会的国家目标，它们被称为"福利社会国家原则"或"福利社会国家条款"。[19] 大部分的州宪法都将福利社会的国家目标通过一个详细的福利社会纲领予以细化。[20] 然而这些"社会权"基本上无甚意义，主要原因是：各州的政策因与联邦权限有重叠而被取代了。

在基本法中则不存在一个细划的纲领，福利社会的国家目标就代表了全部。作为法律前身的福利社会规则就这样被不加阐释地用一个整体性概念写进了宪法。然而这一概念并未涵盖所有可称为"福利社会"的内容。福利社会的国家目标不应被理解为一块由各种福利社会要求拼成的马赛克，而必须被视为一个整体。藉由这个整体，社会得以实现其自我整合。如国家法学者 Günter Dürig 所言："基本法的决定是一个为社会全体成员的共同福利社会运动而作的决定。"[21] 福利社会国家目标的设计必须与狭隘的地方主义划清界限，并体现与福利社会运动整体传统的一脉相承和即便不是完全的但至少是普遍的有效性。因此最后得出的是一个开放性要求，而非精确的纲领式规定。行动方式多样化的可能最大限度地利用了实现福利社会国家目标的各种因素。[22] 由于这些因素被划归于福利社会的和法治的国家制度之中，因此联邦宪法法院在其最早的判决中声称："实现福利社会国家的核心任务……只能是属于立法者的任务。"[23]

前法律规范的影响并不局限于对福利社会国家目标的诠释。对福利社会政策产生影响的人并不必须一定得从福利社会国家目标的法律规定中引申出其理由。构成前法律规范的整体（福利社会的历史状况及重要原则）对于所有促进社会政策形成的行为都是敞开的，原则上，它的每一部分对于合理的干预也是开放的。提出社会政策建议与要求的人也不用考虑法律解释者必须遵

---

[18] *Zacher*, Das soziale Staatsziel（注 3），Rz. 13–19.

[19] 上文 RZ. 12, 19.

[20] 上文 RZ. 13, 19.

[21] *Günter Dürig*, Verfassung und Verwaltung im Wohlfahrtstaat. In: Juristenzeitung 8. Jhg. (1953), 193f. (196).

[22] *Zacher*, Das soziale Staatsziel（注 3），Rz. 120–128.

[23] BVerfGE 1, 97 (105).

守的原则：结论的正当性必须面对所有传统的考验。

因此，前法律规范在开放的政治进程中就如同进一步发展的推进剂。宪法中的福利社会规定仅对指导福利社会实现中的法律任务分工（主要是对立法行为的司法审查）具有关键意义。[24]

（二）社会干预的范围

现在从第二个方向进行讨论：社会干预。"社会干预"指的是所有致力于改善单个或多个个体社会生存状态的措施、规定和部门。为了能从这个出发点深入，这里借用一下社会学家 Franz-Xaver Kaufmann 对社会干预体系的精彩描述。[25] 他将其划分为法律干预、经济干预、服务干预、教育干预和生态干预：

- 法律干预是指通过法律规定和法律的适用来抵消社会消极因素，保护受损害者。
- 经济干预指的是针对受损害者的经济财富的补偿性分配，尤其是货币上的分配。
- 服务干预指的是提供服务给有需要者的组织和机制。
- 教育干预是指提供知识和技能上的帮助，不仅是给受损害者，也包括他周围的人。我倾向于将这种干预称为能力传授干预。
- 最后，Franz-Xaver Kaufmann 将塑造或改变受损害者的外部生活条件称为生态干预，这种干预应该做到抵消或减轻所受损害的影响。例如建筑物和交通工具的建造及相应的交流手段的提供。我倾向于将其称为环境塑造上的干预。

法律干预发生在两种不同的基本关联中：一种发生于法律的内在关联——法律的自身当中，另一种则发生在与其他干预方式的关联中，也即通过经济的、服务的、能力传授性的、环境塑造上的干预的法律规定。在民主法治国家

---

[24]　另一个作用是当福利社会国家原则的特殊合法性影响相对于其他宪法规定需要确认时。*Zacher*, Das soziale Staatsziel（注 3），Rz. 113–225, 120–123.

[25]　*Franz-Xaver Kaufmann*, Elemente einer soziologischen Theorie sozialpolitischer Intervention. In：*Franz-Xaver Kaufmann*（Hrsg.），Sozialpolitik und Familie, 1982, 49ff.

的制度中，相对于其他干预方式，法律承担着最重要的任务。[26] 有时会被忽视的是，法律也可能会导致福利社会的不利情况，必须通过补救性规定予以消除。常见的情况是：一般性法律规定导致实际上的区别对待并引起法律上的不当影响。典型例子是有关行为能力的法律规定。当这种规定忽视了实际上的限制行为能力的不利影响，就会加深这种不利。以前的监护法和目前的照管法就是法律干预上的相应补救措施。

除了纯粹的法律干预与其他干预方式的法律形式之间的区别，法律和福利社会行为的实际实现比例的差别也是巨大的。货币形式的社会福利待遇在法律上总体来说规定得十分详细，然而在技术程序中基本上都会自我削减。服务和实物福利形式及环境塑造上的措施却在法律上规定得很少。虽然法治国家总会在法律中规定一个福利社会的最基本标准，至少是对权限和责任予以规定，然而到底是福利社会的哪些因素造就了这样一个最低标准？因此，法律与社会干预虽然彼此紧密联系，却在范围上并不等同。

再进一步，我们就会注意到一个倾向。福利社会制度有个核心领域，虽然它只是福利社会制度的一部分，却越来越被视作等同于福利社会制度：那就是社会福利法。它有两个显著特征。[27] 第一：社会福利待遇（货币、服务和实物待遇）是与其他法律关系分开来设计并规定的。社会保险、补偿、救助与促进制度就被规定在这里。第二：它们伴随着个人与家庭生活。[28] 社会法法典就以此原则为基础[29]，虽然它在任何方面都没有完全划出边界。[30]

如果我们遵循这个原则，就会把那些虽然也为福利社会目的服务但却在福利社会意图上明显不同的法律群体分隔开来。最典型的例子就是劳动法，公务员法也属于此列，房屋租赁法和用益租赁法过去很长一段时间深受福利社会因素的影响，最新的例子则是消费者保护法。这些法律关系也与生活密

---

[26] *Hans Peter Hull* Der Sozialstaat als Rechtsstaat. In: Zeitschrift für Sozialreform 34. Jhg. (1988), 13ff.; *Karl-Peter Sommermann*, Staatsziele und Staatszielbestimmungen, 1997, 171ff.

[27] *Zacher*, Das soziale Staatsziel（注 3），Rz. 77.

[28] *Zacher*, Grundlagen der Sozialpolitik（注 1），349ff.

[29] § 1 SGB I.

[30] 见社会法法典第六部关于私法关系框架中的残疾人保护（主要在劳动法中）。

切相关，但是福利社会目的在这些法律中总是居于其非福利社会性质的目的之后。原始目的和福利社会目的之间的法律关系可能会造成一种紧张，就如劳动关系历史所昭示的那样。[31] 还有一个很少被考虑到的例子是税法。[32] 制定税法的首要目的是培养国家的收入来源，但是由于其采用的方式，税法也可以服务于福利社会目的。

那些脱离了个人生活的事实则有些偏离这个原则。[33] 它们全都是针对某个特定群体的（多是地区性或行业性的）改善性的社会促进措施，也可能是混合型方案。很多政策的制定显然（也许不是那么明显）是为了消除现有的不平等现象。如与税收类似的地方和联邦的财政平衡措施[34]，它的作用是保证"联邦境内生活条件的一致性"（基本法第106条第3款第4句第2点）和"适当平衡各州的财力不均"（基本法第107条第2款第1句）。

结论：在法律中，福利社会的内容无法被单独挑拣出来，集中区域及福利社会目的独立化则是存在的，人们称其为社会法、社会福利法、社会保障法、社会福利行政法，等等。[35] 然而福利社会目的存在于整个法律制度中，即便是那些福利社会目的比较集中的区域，也无法想象仅靠福利社会内容就能形成法律关系。

---

[31] *Wolfgang Zöllner*, Der kritische Weg des Arbeitsrechts zwischen Privatkapitalismus und Sozialstaat. In: Neue Juristische Wochenschrift 43 Jhg. (1990) 1ff.; *Bemd Rüthers*, 35 Jahre Arbeitsrecht in Deutschland. In: Recht der Arbeit 46. Jhg. (1995), 326ff.; 同一作者, Beschäftigungskrise und Arbeitsrecht. Zur Arbeitsmarktpolitik der Arbeitsgerichtsbarkeit, 1996.

[32] Sozialrecht und Steuerrecht. Schriftreihe des Deutschen Sozialrechtsverbandes Bd. 32, 1988; *Moris*, *Lehner*, Einkommensteuerrecht und Sozialhilferecht, 1993; *Ulrich Becker/Wolfgang Schön* (Hrsg.), Steuer- und Sozialrecht im europäischen Systemwettbewerb, 2005.

[33] *Zacher*, Grundlagen der Sozialpolitik (注1), 355ff.

[34] 有关财政平衡措施的不同表现形式见 *Otto Depenheuer*, Das soziale Staatsziel und die Angleichung der Lebensverhältnisse in Ost und West. In: *Josef Isensee/Paul Kirchhof* (Hrsg.), Handbuch des Staatsrechts, 第1版第4卷: Die Einheit Deutschlands-Festigung und Übergang, 1997, 149ff.; 以及收录于同一卷中的 *Hartmut Bauer*, Die finanzverfassungsrechtliche Integration der neuen Länder, 259ff.

[35] *Bernd Baron von Maydell*, Zur Einführung: Das Sozialrecht und seine Stellung im Gesamtsystem unserer Wirtschafts- und Rechtsordnung. In: *Bernd Baron von Maydell/Franz Ruland* (Hrsg.), Sozialrechtshandbuch, 第3版, 1ff. Rz. 3–10.

(三) 福利社会制度的整体性

下面讨论第三个方面,福利社会与法律之间的互动关系。这个方面涉及福利社会存在的整体性。福利社会既非孤立存在,也不是能够孤立存在的现象。它是一个社会和国家整体整合过程中的完整现象。这种整合是由上面讨论过的对不合理的不平等现象予以否定的共同意志所承载的。同时承载它的还有合理平等参与的共同意志,这种参与指的是对繁荣富裕的共享。[36]对贫穷与困顿进行否定,并不只是因为有些人正在经受它们而其他人没有。普遍的贫穷与困顿同样应被否定。如果"更多平等"是这个社会及其全体成员的一个前法律基本价值观,"繁荣"就该是另一个。这个社会的理想并非"贫穷中的更多平等",这个社会的理想是"富裕中的更多平等"。福利社会制度自然也是这个蓝图的一部分。除非福利社会因素枯竭,否则便不能从这种联系中分割出来。

"福利社会的市场经济"是这个蓝图的一个迷人的称呼,[37]但它并不足以说明这个蓝图。繁荣的含义肯定不止于经济。繁荣必须是在一个广泛的含义上,包括了人道的、社会的、文明的和文化的内容。[38]这种繁荣不可能仅是国家的一个成就,它只是被作为国家和社会的一个成就来考虑。假如福利社会制度不被同样作为国家和社会的成就,繁荣也不可能实现。因此自由与家庭

---

[36] *Zacher*, Grundlagen der Sozialpolitik (注1), 372ff., 375ff., 390ff.;同一作者, Das soziale Staatsziel (注3), Rz.53–64, 68–71, 93f.

[37] *Zacher*, Grundlagen der Sozialpolitik (注1), 372ff., 375ff., 390ff.;同一作者, Das soziale Staatsziel (注3), Rz.55–63.

[38] 对此并不像对其变迁一样有十分清晰的阐述.见 *Hans F. Zacher*, Die Bundesrepublik Deutschland als Sozialstaat: eine Geschichte des sozialen Einschlusses im Zeichen von Nationalisierung und Internationalisierung. In: Zeitschrift für ausländisches und internationales Arbeits- und Sozialrecht 16. Jhg. (2002), 193ff.; *Zacher*, Deutschland den Deutschen? In: Der Staat des Grundgesetzes – Kontinuität und Wandel. Festschrift für *Peter Badura* zum 70. Geburtstag, 2004, 639ff. 另外一个可作为证明之处是"福利社会的联邦国家"。所有联邦法律规定的社会福利真正实现都依赖于文明与文化的关联,这一直是各州的负责范围。"福利社会"的最佳实现从来就不是只通过社会干预就能产生的。这需要相应的正面的人道、社会、文明和文化背景与环境。见 *Hans F. Zacher*, Der soziale Bundesstaat. In: Recht im Pluralismus. Festschrift für Walter Schmitt Glaeser zum 70. Geburtstag. 2004, 201ff.

就成为这个蓝图的重要组成部分。[39]

三、欧洲法中的福利社会

(一)"欧洲福利社会模式"

让我们把目光转向欧洲层面。欧洲福利社会传统曾长期受欧洲委员会左右。[40]1948年西欧联盟成立伊始便着手开展经济、文化和社会福利方面的合作[41],然而当时这不过是一项附属性工作。1949年欧洲委员会[42]成立,这是一个以合作为目的的价值观共同体,在成立大会的前言中就提到了"社会进步"。具有根本意义的事件是,1953年欧洲委员会首次尝试确认定居自由权,与这一权利伴随的是相关的社会福利措施。随后定居自由权通过欧洲经济共同体有关迁徙雇佣劳动者的规定进入实行阶段。1961年,《人权与基本自由权保障公约》制定十一年后,欧洲委员会又制定了《欧洲社会宪章》。虽然影响程度有限,但迄今它仍是共同福利社会蓝图的一个重要宣言。这期间,超国家形态欧洲的发展越过了欧洲煤钢共同体阶段,跨入了欧洲经济共同体的门槛。[43]

1957年签订欧共体条约时尚不可想象,在成员国之上的层次中,如德国基本法中那样,奠入福利社会共同体的基石。当时对各国福利社会政策传统

---

[39] *Gösta Esping-Andersen*, Die neue Gesellschaft und der neue Wohlfahrtsstaat. In: Zeitschrift für Sozialreform 50. Jhg. (2004), S. 189ff.

[40] *Zacher*, Grundlagen der Sozialpolitik (注1), 619ff.

[41] *Zacher*, Grundlagen der Sozialpolitik (注1), 632.

[42] *Rolf Schulter*, Das Internationale Sozialrecht der Bundesrepublik Deutschland, 1988, 344ff.; *Angelika Nußberger*, Das Sozialrecht der internationalen organisationen. In: *Baron von Maydell/Ruland* (Hrsg.), Sozialrechtshandbuch (注35), Rz. 1677ff.; 同一作者, Sozialstandards im Völkerrecht, 2005, 79ff.

[43] *Bernd Schulte*, Supranationales Recht. In: *Baron von Maydell/Ruland* (Hrsg.), Sozialrechtshandbuch (注35), 1610ff.

与发展是否具备共通性尚存怀疑。[44] 社会与政治可用以遵循的福利社会基本规范同样处于缺乏状态。而且没有人确切知道，在其他国家，有着怎样的如公正、团结和参与这样的词语组合。

欧共体条约要求"社会进步"、"改善生活与工作条件"、"缩小地区差异，改善落后地区状况"（前言）。但其重要实现手段却是共同市场和"成员国经济政策的逐渐接近"（Art.2, 117 EWGV）。条约的出发点是各成员国都具有"福利社会规定"（Art.117 Abs.2 EWGV），但是各"福利社会规定"之间的互相靠拢原则上应采用信息与合作的温和方式（Art.118 EWGV）。条约仅就男女同酬（Art.119 EWGV）、与自由迁徙权相关的雇员社会保障（Art.51 EWGV）和建立欧洲社会基金（Art.123 EWGV）作了规定。共同体的市场经济特征占主导地位，竞争性质的共同市场被奉为圭臬。这就降低了政治统一和政治决策的必要性。如此一来，对共同体的信任仅需一个政治上的最小量就够了。聪明的做法！

尽管如此，欧洲的"福利社会维度"问题还是被提了出来。[45] 通过各种方式，共同体不断促成着社会福利方面一个长期进程的落实：通过行动项目、通过委员会的实践、通过欧洲法院的判决、通过从单一欧洲议定书到尼斯条约的一系列公约。[46] 如果欧盟宪法条约能得以实现，将会继续推动这一进程。[47]

自90年代中期始，那些日益增多的对福利社会问题的回应，更多的还有

---

[44] 关于社会政策比较的发展与状况见 *Franz-Xaver Kaufmann*, Der deutsche Sozialstaat im internationalen Vergleich. In: Bundesministerium für Arbeit und Sozialordnung/Bundesarchiv (Hrsg.), Grundlagen der Sozialpolitik. 2001, 799ff.; *Josef Schmid*, Wohlfahrtsstaaten im Vergleich, 2002; *Manfred G. Schmidt*, Sozialpolitik in Deutschland. Historische Entwicklung und internationaler Vergleich, 2005.

[45] 欧洲煤钢共同体时期就已有此问: *Johannes Schregle*, Europäische Sozialpolitik, Erfolge und Möglichkeiten, 1954; *Gustav Hampel*, Die Bedeutung der Sozialpolitik für die Europäische Integration, 1955. 后续发展见 *Thorsten Kingreen*, Das Sozialstaatsprinzip im europäischen Verfassungsverbund, 2003, 285ff.

[46] *Thomas Oppermann*, Europarecht, 第2版, 1999, Rz.1631ff.; *Heinz-Dieter Steinmeyer*, Die geschichtliche Entwicklung, Die Rolle der Sozialpolitik im EGV nach dem Vertrag von Nizza. In: *Peter Hanau/Heinz-Dieter Steinmeyer/Rolf Wank*, Handbuch des europäischen Arbeits- und Sozialrechts, 2002, 262ff.

[47] 见下面有关欧洲宪法条约的注释。

福利社会问题的提出,有了一个规范性的表述:对"欧洲福利社会模式"的讨论。[48]然而其含义很不确定。2000年尼斯峰会的结束报告中,欧洲理事会轮值主席称,欧洲福利社会模式的特征是高水平的社会保护、社会对话的重要性、福利服务的普遍享有和促进团结的措施。[49]2002年巴塞罗那欧洲理事会则认为,经济发展和就业具有决定性意义,并总结道:欧洲福利社会模式建立在"良好的经济表现、高水平的社会保护、高标准的教育程度和社会对话"之上。[50]你看,"欧洲福利社会模式"就是这么的不确定,就像某个广告中所说:谁的配方能够振奋所有人?

(二)欧洲福利社会制度的特殊表现形式

1. 内容

不必为此惊讶。因为在认识持续深化的同时,新成员国的陆续加入[51]和某些国家福利社会政策的根本性改变[52]又在不断引发新的不确定性。然而在这个发展过程中,欧盟与欧共体条约已就什么是欧盟福利社会制度作了设定。这些内容有的写入总目标,有的在关于管辖权的规定里,有的是具体条款,还有的存在于至今尚不具备约束性的基本权利宪章(GRCh)中。[53]它们通常就

---

[48] *Friedrich Buttler/Ulrich Schoof/Ulrich Walwei*, Europäisches Sozialmodell: Vielfalt in der Einheit – Teil 1. In: Gesundheits- und Sozialpolitik 59. Jhg. (2005) Heft 7/8, 10ff.

[49] *Buttler/Schoof/Walwei*, Europäisches Sozialmodell (注 48), 11.

[50] *Buttler/Schoof/Walwei*, Europäisches Sozialmodell (注 48), 11. 关于欧洲理事会对欧洲福利社会模式的言论见 Georg Fischer, Das "Soziale" – Eine messbare Größe? 109ff.

[51] *Friedrich Buttler/Ulrich Schoof/Ulrich Walwei*, Europäisches Sozialmodell und Osterweiterung: Wer verändert wen? – Teil 2. In: Gesundheits - und Sozialpolitik 59. Jhg. (2005) Heft 9/10, 11ff.

[52] *Andreas Aust/Sigrid Leitner/Stephan Lessenich* (Hrsg.), Sozialmodell Europa. Konturen eines Phänomens, 2000; *Katrin Kraus/Thomas Geisen* (Hrsg.), Sozialstaat in Europa, 2001; *Hilmar Schneider* (Hrsg.), Europas Zukunft als Sozialstaat, 2000; *Barbara Krause/Rainer Krockauer/Andreas Reiners* (Hrsg.), Soziales und gerechtes Europa, 2001.

[53] Max-Planck-Institut für ausländisches und internationales Sozialrecht/Akademie der Diözese Rottenburg–Stuttgart (Hrsg.), Soziale Grundrechte in der Europäischen Union, 2000/2001; *Karl-Jürgen Bieback*, Die Bedeutung der sozialen Grundrechte für die Entwicklung der EU. In: ZtSH/SGB 42 Jhg. (2003), 579f.

是如此在多重关系中被表述出来。

德国用以构建福利社会制度的原则，在欧盟也同样适用：

- 最普遍的出发点是消除不平等（Art.3 Abs.2 EGV）。[54] 性别不平等被着重提出（Art.2，3 Abs.2，13 EGV，Art.23 GRCh）。[55] 残疾人融入社会的权利也属于这里（Art.26 GRCh）。[56] 所有这些，与禁止歧视的整体性纲领（Art.13 EGV，Art.21 GRCh）是一致的。[57]

- 首先是出于考虑成员国之间关系的原因，社会团结的重要性得到强调（Art.2 EGV）。[58] 在基本权利宣言中它成为社会权的基础（Art.27 GRCh 标题）。[59]

- 通过反对社会排斥（Art.136 Abs.1 EGV）[60] 体现社会参与和融合。作为基本自由权（Art.39ff. EGV）[61] 而受到保障的成员国之间开放就业通道和与之相伴的社会保障权（Art.47 EGV）是融合的一种特殊形式。[62] 较近的有关于欧盟公民自由迁徙权的规定（Art.17ff. EGV）。[63]

---

[54] 欧盟宪法条约已放弃了这个出发点，宪法草案中代之以一方面强调欧盟对于"平等"的责任（前言，I–2，I–45，II–80，III–292），另一方面强调消除歧视（I–2，I–3 第 3 款，I–4 第 2 款，II–81，III–118，III–123，III–167 第 2 款，III–214 第 2 款，III–321 第 2 款）。代表福利社会最普遍含义的"更多平等"在何种程度上被这些规定反映出来，必须仔细考察。如第 II–80 条就不具有这个含义。

[55] 宪法条约草案中也采纳了这种强调：Art. I–2，II–81，II–83，III–116，III–118，III–209，III–214。

[56] Art. II–86 EVV.

[57] Art. I–2, I–3 Abs. 3, I–4 Abs.2, II–81, III–118, III–123, III–124 Abs. 1, III–167 Abs. 2, III–321 Abs. 2 EW.

[58] Art. I–3 Abs. 3, I–40, III–257 Abs. 2, III–268, III–292 Abs. 1 EVV. 关于成员国与共同体之间的团结问题：Art. I–6 Abs. 2, I–40 Abs. 1, I–43 Abs. 1, III–294 Abs. 2, III–300 Abs. 1 EVV. 关于世界范围内人民与国家的团结见：Art. I–3 Abs. 4 EVV.

[59] Art. I–2, I–3 Abs. 3, Art. II–87 EVV.

[60] Art. I–3 Abs. 3, II–94 Abs. 3, III–117, III–209, III–210, Abs. 1 Buchst. J EVV.

[61] Art. III–130 ff. EVV.

[62] Art. III–141 EVV. 关于其形成见 *Schulte*, Supranationales Recht（注 43）.

[63] Art. I–10, III–123ff. EW. *Ulrich Becker*, Unionsbürgerschaft und soziale Rechte, ZESAR Jhg. 2002, S.8ff.；Nationale Sozialleistungssysteme im europäischen Systemwettbewerb. In：Becker/Schön (Hrsg.), Steuer- und Sozialstaat.（注 32），S. 1ff. (33ff.).

- 援助原则对于共同体实现其针对成员国的权限具有核心作用（Art.5 Abs.2 EGV）。[64] 成员国内部不同团体之间的援助关系则原则上不在此列。个人与生活集体之间的援助关系必须如社会与国家之间的援助[65]（就像在德国法律中一样）由基本权利推导出来（Art.6 Abs.2 EUV[66] 及基本权利宪章）。[67]
- 社会安全原则也被提及（Art.47，137 Abs.1 EGV, Art.34 GRCh）。[68]
- 公共服务原则上得到保证（Art.16，86 Abs.2 EGV，Art.36 GRCh）。[69]

迄今为止的条约中没有提到公正原则。宪法条约草案则既提到了公正[70]，也提及社会公正。[71]

欧洲国家共同的福利社会政治传统[72] 尤其可见于：

- 教育（Art.3 Abs.1q，149f EGV）[73] 和就业（Art.2，3 Abs.1i，125ff.，136 Abs.1 EGV）[74]，以及关于劳动生活（Art.136—140 EGV，Art.27—31 GRC）[75] 的规定；
- 有关家庭保护与促进的基本权利（Art.33 GRC）；[76]
- 社会保护的各种具体承诺（Art.2，136 Abs.1 EGV）：社会保护是

---

[64] Art. I–11, I–18 Abs.2, 第二部分的前言, Art. II–111 Abs.1, Art. III–259 EW.

[65] *Hans Heinrich Rupp*, Die Unterscheidung von Staat und Gesellschaft. In: Josef Isensee/Paul Kirchhof (Hrsg.), Handbuch des Staatsrechts, 第 3 版, Bd. II: Verfassungsstaat. 2004, S. 879ff. Rz. 51–53.

[66] Art. I–9 EW.

[67] Teil II EW.

[68] Art. II–94, III–125 Abs.2, III–210 Abs.1 Buchst. c EVV.

[69] Art. III–122, 111–166 Abs.2 EVV.

[70] 前言, Art. I–2, Art. I–3 Abs.3, II–91, II–101, III–268 EW.

[71] Art. I–3 Abs.3 EVV.

[72] *Schulte*, Supranationales Recht (注 43).

[73] Art. I–17 Buchst.e, II–74 Abs.1, III–117, III–203, III–213 Buchst.c, III–219 Abs.1, III–229 Buchst.a, III–282–283, III–313 Abs.3 Buchst.a, III–315 Abs.4 Buchst.b EVV.

[74] Art. I–12 Abs.3, I–15, I–48, III–133, 134, III–167 Abs.3 Buchst.a, III–203–208, III–209, III–229, III–231 Abs.4 Buchst. a EVV.

[75] Art. I–48, II–87–92, III–209–219 EVV.

[76] Art. II–67, II–69, II–93, III–267 Abs.2 Buchst.a EVV.

个在国际法和欧洲法中常用的总概念，除社会福利法之外，它还包括那些尽管有其他原始目的但同时也承担福利社会任务的法律关系，如劳动关系。[77]

- 最后，欧盟条约（前言）和共同体条约（Art.136 EGV）都提及欧洲社会宪章。欧洲社会宪章显然被看成是作为条约法基础的欧洲共同传统的最重要体现。[78]

一个特别的且对欧盟来说具有特殊重要性的尺度是共同体条约对经济和社会统一及减轻地区发展差异（Art.2，3 Abs.1k，154ff.；158ff.，266f. EGV）的坚定主张。[79]

尽管上述内容与德国福利社会制度核心内容具有相似性，欧洲概念中的福利社会制度却有根本上的不同。占据主导地位的是纲领性基本权利、共同体任务和管辖权等的特别定位，缺少的是一个既有相对性又有发散性、复合型的最高层次的宪法概念（如福利社会国家目标概念）。同样缺少的还有那些前法律要求，正是这些要求令上述原则进入了德国的法律生活。不像德国的政治和法律生活，欧洲并不存在一个统一的欧洲社会、一个欧洲公共舆论，以及一个令上述概念获得权威性的欧洲共同正义感。成员国的语言、法律和政治所表现出的至今尚不确定，共同体框架内通向法律或者政治实现的道路也仍然支离破碎。[80]

2. 欧洲社会法的作用

如果想要借助 Franz-Xaver Kaufmann 的理论[81]研究社会干预法律，一个多层次结构会比较合适。制定直接适用的规范是内国法的任务，欧洲法则通常与此保持距离。一般情况下，欧洲法以补充性原则（Subsidiaritätsprinzip）

---

[77] Art. I–3, II–93 Abs.1, III–117, III–125 Abs.2, III–210 Abs.1 Buchst.c, k, III–217 EVV.

[78] Art. III–209 EVV.

[79] Art. I–3, I–14 Abs.2 Buchst.c, I–22 Abs.2 Buchst.c, II–96, III–122, III–220–224, III–234 Abs.5 Buchst.b, III–247 Abs.1 Buchst.c, III–416 EVV.

[80] *Hans F, Zacher*, Wird es einen europäischen Sozialstaat geben? In：Europarecht 37 Jhg. (2002), 9ff.

[81] 注 25。

（Art.5 Abs.2 EGV）为指导[82]，个别情况下以管辖权的特殊形式为条件，通过直接规定或框架性规定来缩短与自己内国法的距离。[83] 此外，在信息、建议、中介等的程序过程中对内国法的发展施加影响，也是欧盟委员会和成员国常采用的方式。[84]

与此相反，共同体则是以相当大的力度执行着将成员国各自构建的领域整合为共同生存领域的权力与任务，同时欧洲法也沿着三条非常不同的道路发展：

（1）通过对经济行动和社会福利行动的严格区分整合共同经济领域。具体来说就是：社会福利机构通过对市场优先地位和国家补贴进行限制的规定参与对经济效应的控制（Art.81ff., 87ff. EGV）。[85]

（2）对共同经济领域进行社会福利法上的整合，作为共同的社会福利领域。[86] 首先是以基本自由权为依据对共同经济领域加以利用的人越来越多（Art.47 EGV）。[87] 然后从商品流通自由与劳务自由（Art.23ff., 49ff. EGV）[88] 扩大到社会福利待遇提供的自由。[89] 最后，创建欧盟公民身份（Art.17 EGV）[90] 和与之相应的自由迁徙保障（Art.18 EGV）[91]，进而延伸出对社会福利待遇的请求权。[92]

（3）欧盟内部促进经济社会联系的各种项目。所采取的手段从凝聚基金（Art.161 Abs.2, 162 EGV, Art.158, 161 Abs.1 Satz 2

---

[82] 注64.
[83] *Steinmeyer*, Das Sozialrecht im Gemeinschaftsrecht. In：*Hanau/Steinmeyer/Wank*, Handbuch（注46），931ff.；*Schulte*, Supranationales Recht（注43），Rz 7–23, 230–235.
[84] *Oppermann*, Europarecht（注46）.
[85] Art. III–161 至 169, III–424 EVV.
[86] *Becker*, Nationale Sozialleistungssysteme（注63），28ff.
[87] Art. III–141 EVV, 关于其实现见 *Heinz-Dieter Steinmeyer*, Die Freizügigkeit der Arbeitnehmer. In：*Hanau/Steinmeyer/Wank*, Handbuch（注46），391ff.
[88] Art. 151ff., 144 EVV.
[89] *Schulte*, Supranationales Recht（注43），Rz 104–173.
[90] Art. I–10 EW
[91] Art. I–10, III–125EVV.
[92] 见注63.

EGV）[93] 到一般预算（Art.272EGV），五花八门。[94] 这些项目一直保持着社会协作性质，不需要欧盟为此制定正式的法律。

总的来说，有关社会干预的欧盟法律以超国家性为特征。[95] 它并非是对消除社会不公的整体性制度的规定，而是遵循补充性原则，在成员国社会法上的协调与合作，以及在欧盟共同市场与内国社会福利机构经济效应和共同体内部转移支付的分离上发挥特殊的、有选择性的作用。

3. 福利社会制度的整体性

福利社会制度不可能孤立发生。比起德国社会法，这一条对欧洲法来说更为适用。欧盟条约反复强调，生活水平、生活条件和生活质量的提高有赖于经济发展（Art.2—4，136 EGV）。[96] 同样被强调的还有实现条约中规定的福利社会目标的重要意义。与其相应，则要求社会政策承担起"保持共同体经济竞争力"的任务（Art.136 Abs.2 EGV）。[97] 福利社会市场经济的概念就这样在欧洲法中形成。[98] 此后，欧盟宪法条约明确采用了"福利社会市场经济"的概念。[99]

欧盟至今尚不具备民族国家的繁荣目标中所体现出的整体性的文明与文化追求，然而它所承担的任务已经超出了福利社会市场经济的形态。[100] 因此，它和它的成员国们必须还在其中添上一笔：令公民享有福利社会的富裕生活。

---

[93] Art. III–221 至 224 EVV.

[94] Art. III–404 EVV.

[95] *Heinz-Dieter Steinmeyer*, Die geschichtliche Entwicklung, Die Rolle der Sozialpolitik im EGV nach dem Vertrag von Nizza. In: *Hanau/ Steinmeyer/ Wank*, Handbuch（注 46），294ff.

[96] Art. I–3, III–117, III–209 EVV.

[97] Art. III–209 EVV.

[98] *Wolf Schäfer*, Zukunftsperspektiven des europäischen Modells der sozialen Marktwirtschaft. In: List-Forum für Wirtschafts- und Finanzpolitik, Bd. 26 (2000), 121ff.; *Florian Rödl*, Europäisches Verfassungsziel "soziale Marktwirtschaft" – kritische Anmerkungen zu einem populären Modell. In: Integration, 28. Jhg. (2005), 150ff.

[99] Art. I–3 Abs. 3 EVV.

[100] 例如欧盟在自由、安全和法律方面的权限（Art. 29–42 EUV, Art. I–42, II–257–277 EVV）及在文化领域的权限（Art. 151 EGV, Art. III–280 EVV）。

第十章
欧洲的福利社会国家制度 *

一、"福利社会制度"的内容与结构

思考欧洲福利社会国家制度（Sozialstaat）的前提是，首先弄清被称为"Sozial"现象的各个维度。欧洲政治是一种多层政治。[1] 与"欧洲福利社会政策"、"欧洲社会法"或"欧洲福利社会国家"联系在一起的各种期待所指向的是欧洲的成员国、成员国的内部社会、欧盟及一个逐渐与欧盟地域重叠的欧洲社会的开端。国家与社会、联盟与成员国之间的互为补充和互相交错，与"福利社会"的各个维度紧密结合在一起，描绘出一幅"福利社会国家制度"的欧洲画卷。

（一）概念的维度

"Sozial"是一个开放性概念。[2] 它的各种含义环绕的是三个中心。[3]

---

* 本文最早收录于 Schweizerische Zeitschrift für Sozialversicherung und berufliche Vorsorge (SZS/RSAS), 2008.

[1] *Stephan Leibfried/Paul Person* (Hrsg.): Standort Europa. Europäische Sozialpolitik, 1995.

[2] *Franz-Xaver Kaufmann*: Die Begriff Sozialpolitik und seine wissenschaftliche Deutung. In: Bundesministerium für Arbeit und Sozialordnung/Bundesarchiv (Hrsg.), Grundlagen der Sozialpolitik; Bundesministerium für Arbeit und Sozialordnung/Bundesarchiv (Hrsg.), Geschichte der Sozialpolitik in Deutschland seit 1945, Bd.1), 2001, 3ff.; *Hans F. Zacher*: Das "Soziale" als Begriff des deutschen und des europäischen Rechts. In: Deutsche Rentenversicherung Bund (Hrsg.), Das Soziale in der Alterssicherung, 2005, 11 ff.

[3] *Hans F. Zacher*: Das soziale Staatsziel. In: Josef Isensee/Paul Kirchhof (Hrsg.), Handbuch des Staatsrechts, Bd. 3, 3.Aufl. 2004, 659ff., Rz. 21.

- 第一个中心:"Sozial"的意思是群体,人的群体,人们如何构建社会,人们如何在**国家**中生活。"Sozial"同时也可指群体中的关系,以及群体的目标、形态与规范。
- 另一个中心:"Sozial"是该群体的一种**理想**,不仅指群体的实际状况,还有它应该成为何种状况。这层意义上的"sozial"还指评判群体成员的状况、策略及行为的各种标尺,也许还包括了为实现理想而改变现状的各种手段。这层意义上的"sozial"是一个规范性、评价性、批判性的概念。如果在这层意义上使用"sozial",通常会采取狭义理解,带有特定的历史色彩。这种"sozial"概念指向的是某个作为设计或现实的群体的实然与应然状况。
- 第三个中心:指的是**群体的凝聚力**,成员如何被融入群体。这个概念仍是一个规范性与评价性的概念,但它并非指向政治上的倾向,而是指某个社会或国家的紧密程度、它的内部团结。常见的还有它的负面应用:"asozial(反社会的)"。

如果把"sozial"与政策(Sozialpolitik)或国家(Sozialstaat)结合在一起,那么处于中心地位的就是这个概念的第二种含义:服务于一种"sozial(福利社会)"的理想。然而另外两种含义也仍在使用。为"福利社会"理想的服务,必须关注实际的(数量的、天然的、历史的、思想的、文明的、文化的、经济的等等)社会状况,它们究竟是怎样的。对这个规范性与评价性"sozial"含义的干预,同样会改变这些状况——于是它也会跟着改变。最后,"sozial"概念的第三种凝聚力含义也一直在起作用。凝聚力欠缺可被视为一种挑战,需要用规范性–评价性的"sozial"概念予以应答。凝聚力良好则是实现规范性–评价性"sozial"概念的前提条件之一。

(二)着重说明:规范性–评价性的、历史的维度

由于规范性–评价性的"福利社会"概念自身表现出太多内容,因此"sozial"概念的复杂性又增加了。并不存在一个天生就正确且可实行的"福利社会"理想。规范性–评价性的"福利社会"概念是一个论辩性概念。它通常

是被社会不和谐所激发，并用来反对这种不和谐。用来修正或消除社会不和谐的纲领给这个"福利社会"概念注入了内容。处于劣势并多少应获得补偿的人群处于关注的中心。历史上这个过程的核心例证便是把"劳工问题"与"福利社会问题"相提并论。在这个纲领的实现过程中，已经采取的措施被作为"福利社会的成就"，也加入到了对"sozial"的定位中。出自俾斯麦之手的社会保险曾在很长时期内对"福利社会"的认知具有重要意义，然而到了20世纪30、40年代，随着"社会保障"这个新名词的出现和世界范围内对贝弗里奇报告的广泛接受，社会福利国家的发展开放出了更多的可能性。[4] 随后"社会福利待遇水平"（错误地）被作为"福利社会"的一个重要指示器而渗透了进来。[5]

无论如何，福利社会性质的政策的具体施行充实了"福利社会"的概念世界。个人或群体相关利益与期待引发了惯性能量，随后的发展便具有了"路径依赖"。[6] 这种"福利社会"的具体充实过程倾向于主要体现出"福利社会"的各种**典型**表现形式。改善了公众心态的一般性社会、政治和法律变迁，在影响普遍"福利社会"意识上，与特殊福利社会措施与规范所采取的方式是不同的。具体来说：对个人生活状况的有目的的"福利社会"修正，如通过劳动法的修改或"社会福利制度"的扩张所作出的，对"福利社会"规范形态的确定要远远多于对一般生活过程（如经济、基础设施、内部安全、教育等）的塑造。[7] "福利社会的市场经济"概念的主要功绩在于它至少让经济领域认识到了"福利社会"是如何从论辩性的特殊福利社会现象和较为一般性的社会富裕的辩证关系中产生出来的。[8]

虽然各国的发展受其具体历史条件的制约，"福利社会"的各种表现形式

---

[4] *Gerhard A. Ritter*：Der Sozialstaat. Entstehung und Entwicklung im internationalen Vergleich, 2. Aufl. 1991.

[5] *Manfred G. Schmidt*：Sozialpolitik in Deutschland. Historische Entwicklung und internationaler Vergleich, 3. Aufl. 2005, 199ff.

[6] *Ulrike Davy*：Pfadabhängigkeit in der Sozialen Sicherheit. In：Sozialrechtsgeltung in der Zeit. Schriftenreihe des Deutschen Sozialrechtsverbandes, Bd. 55, 2007. 103ff.

[7] *Schmidt*：Sozialpolitik, 177ff.

[8] *Hans F. Zacher*：Sozialstaat und Prosperität. In：Wirtschaft im offenen Verfassungsstaat. Festschrift für Reiner Schmidt zum 70. Geburtstag, 2006, 305ff.

仍然具有一个共同的基础:"更多平等"。[9]这并不是指绝对平等,而是指对不合理不平等的否定——是一种向平等的靠拢,因为付出甚至是运气的存在也为不平等保留了活动空间。"福利社会"的这一基本准则很少得到认识与承认,但当福利社会现象被阐释为对弱者的保护和对受损者的补偿,我们总能发现它的存在。一系列更为特殊的原则对它形成了补充,如正义、**参与和接纳、团结、安全与援助**。[10]它们带来了作用的更多方面,激发了更多人道的、社会的、政治的能量。但是所有这些原则都是极其不确定和开放的。它们可以在不同的历史、思想、经济、社会、政治条件下形成千差万别的表现。它们并不是在福利社会国家原则中,而是在许许多多的福利国家措施中展现出来。[11]

(三)福利社会制度的整体性

然而福利国家措施所能做的只是把社会状态的各种主要因素带入一种适当的关系中,在这种程度上努力去接近"福利社会国家"所应具有的"更多平等"、参与和接纳、团结、安全与援助的最佳状态。有三组要素处于中心地位:

- 第一:**经济生活条件和一般文明生活条件**。[12]以塑造这互相对立要素的准则中的两个为例:一个是与个性空间的关系,一个是规范工具的总体。与个性空间的关系:在保持一个最小限度距离的前提下,经济生活条件通常决定了个人的生活状况。"更多金钱"通常意味着"更多自由","较少金钱"则意味着"较少自由"。但一般来说,"较少金钱"并不意味着就要这样或那样行动的直接压力,更别说是对个人生活状况的直接干预。一般文明生活条件则

---

[9] *Hans F. Zacher*, Grundlagen der Sozialpolitik in der Bundesrepublik Deutschland. In: Bundesministerium für Arbeit und Sozialordnung/Bundesarchiv (Hrsg.), Grundlagen der Sozialpolitik, 2001, 333ff. (346f.).

[10] *Zacher*: Grundlagen, 378ff.; *Zacher*, Das "Soziale", 12f.

[11] *Franz Xaver Kaufmann*: Der deutsche Sozialstaat im internationalen Vergleich. In: Bundesministerium für Arbeit und Sozialordnung/Bundesarchiv (Hrsg.), Grundlagen der Sozialpolitik, 2001, 799ff.

[12] *Zacher*: Sozialstaat und Prosperität.

涉及抚养、教育、健康、照料等，与个人生活空间的关系要直接得多。规范工具的总体：可以而且应该把经济在竞争的市场经济形式中放任给一个独立自主的规则。一般文明生活条件（基础设施、内部安全和环境等也包括在内）则需要一个能够细分的形式和具体的管理。它们的发展必须由"人工操控"。

- 第二：**社会干预与繁荣**。[13] 福利社会制度实质上是一个特殊的社会干预制度（社会保护与福利社会待遇）。当既有的私人、社会和国家行动的整体不能满足福利社会的标准，便由这个特殊社会干预制度承担满足那些产生出了福利社会标准的规范的任务。然而同样重要的还有这私人、社会和国家行动整体的合乎规范性，它先天就为个人提供了生存机会的最佳可能。没有哪种特殊社会干预能够轻易弥补这种合乎规范性的缺失。对经济生活条件和非经济生活条件来说这同样适用。
- 第三：**国家与社会**。[14] 与福利社会**国家**（Sozialstaat）和福利**国家**（Wohlfahrtstaat）这种组合相反，无论是普遍的繁荣还是对社会不平等的修正，都不可能由国家单独完成。"福利社会国家"的含义，与其字面意义相反，指的是国家和社会的整体付出。

二、"欧洲"

（一）欧洲大陆

团结与接纳的要素始终存在于欧洲的国家、社会与统治结构中。[15] 但自 18 世纪末以来，随着所谓"民族国家"的主权与宪政国家的构建和从那时开始的巨大文明变迁，"福利社会"挑战彻底获得了新的意义、发现了新的责

---

[13] *Zacher*: Sozialstaat und Prosperität.
[14] *Zacher*: Grundlagen, 366ff., 375, 379.
[15] *Eberhard Einchenhofer*: Europäisierung des Sozialstaates.

任。[16]国家、社会与特殊的福利社会干预进入了一个整体性的目标 – 作用关联中,而且它还始终在继续发展与扩张。[17]

俄国革命使这种发展出现了分化。当在德国、奥地利、法国和大不列颠主要出现的是走上与民主和法治国家原则相关联的"自由福利社会国家"之路的征象,苏维埃却自此踏上了与专制和极权主义相关联的共产主义道路。之后出现法西斯专制政权也以"福利社会"措施来诱惑它们的"人民共同体"。[18]

二战之后,共产主义制度的影响范围扩张到了铁幕国家的领域。欧洲(除却当时处于后法西斯时期的西班牙[19]和葡萄牙)[20]被分割成"西方"民主国家和"社会主义"国家两部分。[21]

(二)"自由"欧洲的公法组织

二战结束后欧洲的一体化提上日程[22],显然这一进程也需要"福利社会制度"上的合法性证明。

---

[16] *Hans F. Zacher*:Deutschland den Deutschen? In:Der Staat des Grundgesetzes–Kontinuität und Wandel. Festschrift für Peter Badura zum siebzigsten Geburtstag, 2004, 639ff. (641ff.) .

[17] *Ilja Meick* (Hrsg.):Europäische Wirtschafts- und Sozialgeschichte von der Mitte des 17. Jahrhunderts bis zur Mitte des 19. Jahrhunderts (Handbuch der europäischen Wirtschafts- und Sozialgeschichte Bd.4), 1993; *Wolfram Fischer* (Hrsg.):Europäische Wirtschafts- und Sozialgeschichte von der Mitte des 19. Jahrhunderts bis zum 1. Weltkrieg (Handbuch der europäischen Wirtschafts- und Sozialgeschichte, Bd.5), 1985; *Wolfram Fischer* (Hrsg.):Europäische Wirtschafts- und Sozialgeschichte vom Ersten Weltkrieg bis zur Gegenwart (Handbuch der europäischen Wirtschafts- und Sozialgeschichte, Bd.6), 1987.

[18] *Fiorenzo Girott*:Welfare State. Storia, modelli e critica, 1998, 191 e.s.; *Aly Götz*:Hitlers Volksstaat, 2005.

[19] *Manuel Alonso Olea/José Luis Tortuero Plaza*:Institutiones de Seguridad Social, 26. Ed. 1998, 39 e.s.

[20] *Hans-Joachim Reinhard*:Das schnelle Altern eines jungen Wohlfahrtsstaates. In:Zeitschrift für ausländisches und internationales Arbeits- und Sozialrecht (ZIAS), 8. Jhg. (1994), 229ff. (230ff.) .

[21] *Béla Tomika*:Wohlfahrtsstaatliche Entwicklung in Ostmitteleuropa und das europäische Sozialmodell, 1945–1990. in:Harmut Kaelble/Günther Schmid (Hrsg.), Das europöische Sozialmodell. 2004, 107ff.

[22] *Thomas Oppermann*:Europarecht, 3. Aufl. 2005.

欧洲社会政策在公法上最重要的第一个步骤[23]是1950年**欧洲委员会**的成立。它是一个为"保护与促进作为所有成员国'共同财富'（欧洲委员会章程第1条第1款）的思想和原则"以及"经济和社会进步"而成立的价值观共同体。章程中还声明，每个成员国都"承认法律的统治地位，亦承认其治下民众应享有人权和基本自由权的原则"（第3条第1款）。**1950年《人权和基本自由权保障公约》**又极大地拓展了这一开端。因此，欧洲委员会凡与"福利社会"有关的作为，皆以权利和自由为表达。在公约成员国中，福利社会国家原则只能被理解为是"自由的福利社会国家原则"。在这一道路上向前推动的主要工具是1961年的**《欧洲社会宪章》**。[24]它要求宪章签署国制定整体性的社会保护与社会福利待遇纲领。[25]

90年代，欧洲委员会获得了新的发展动力。如果说自成立至80年代它是"自由"欧洲国家固有价值观共同体的代表，那么自共产主义在欧洲失败之后，它又成为许多后社会主义国家[26]进入欧洲价值观共同体的媒介。[27]

（三）超国家一体化的开始

1952年，随着**欧洲煤钢共同体**和**欧洲原子能共同体**的成立，欧洲一体化[28]跃上了一个新的台阶：[29]超国家层次。对"福利社会制度"来说，比较重

---

[23] 关于之前的进步可见 *Hans F. Zacher*: Internationales und Europäisches Sozialrecht, 1976, 407ff.

[24] 1996年5月3日通过的公约进一步扩展了《欧洲社会宪章》。联邦德国以及其他许多国家迄今尚未加入这一公约。见 *Angelika Nussberger*: Sozialstandards im Völkerrecht, 2005, 83ff.

[25] *Alexis von Komorowski*: Der Beitrag der Europäischen Sozialcharta zur europäischen Wertgemeinschaft. In: Dieter Blumenwitz/Gilbert H. Gornig/Dietrich Murswiek (Hrsg.), Die Europäische Union als Wertegemeinschaft, 2005, 99ff.

[26] *Bernd von Maydell/Angelika Nussberger*: Transformation von Systemen sozialer Sicherheit in Mittel- und Osteuropa, 2000.

[27] 关于陆续的加入情况见 Bundesgesetzblatt Teil II, Fundheft B, 2006, 341.

[28] 关于其发展可见 *Heinz-Dietrich Steinmeyer*: Die Entwicklung des Arbeits- und Sozialrechts der EG. In: Peter Hanau/Heinz-Dietrich Steinmeyer/Rolf Wank (Hrsg.), Handbuch des europäischen Arbeits- und Sozialrechts, 2002, 261ff.

[29] 关于欧洲煤钢共同体的情况见 *Zacher*: Internationales und Europäisches Sozialrecht, 595ff.；欧洲原则能共同体的介绍见同一著作609ff.

要的事件除了这一发展之外还有1957年**欧洲经济共同体**的成立。[30]一体化的范围扩张到了经济领域"自身"。由竞争主导的市场经济发展亦应服务于"经济与社会进步"和"生活与就业状况的改善"（《建立欧洲经济共同体条约（EWGV）》序言、第2条及第117条）。不过，典型的福利社会任务原则上仍属于成员国负责的范围（Art.117, 118 EWGV），尤其是当涉及各种非经济性质的生活条件时。以上发展出的各种标准表明：欧洲经济共同体承担欧洲福利社会国家制度任务的最主要方式是通过繁荣经济。条约中明确涉及典型福利社会任务之处只有关于男女同工同酬的规定（Art.119 EWGV）。与此相比不那么显眼但同样起作用的是关于通过财政预算政策和各种促进项目"缩小地区间差异和改善不发达地区落后状况"的大量可能性规定（序言，Art.123ff. EWGV）。在这个问题上，经济发展责任与社会福利责任结合了起来。共同体规定的基本自由权（Art.9ff. EWGV），尤其是雇佣劳动者的迁徙自由、居留自由和劳务自由（Art.48ff.），将经济生活的参与者引向了共同的经济领域。这就要求各国社会保障制度的互相衔接不应因自由权的行使而使本国社会保护体系遭到损害（Art.51 EWGV）。

尽管如此，关于欧洲"福利社会维度"的问题仍被提了出来。[31]一个长期的进程启动了，它通过各种途径利用和扩张着共同体的福利社会权限：[32]通过各种福利社会行动纲领、委员会实践活动、欧洲法院裁决，以及条约的递进：从《单一欧洲议定书》（1986/87年）到《马斯特里赫特条约》（1992/93年）、给欧共体套上欧盟罩子的《阿姆斯特丹条约》（1997/99年）[33]、直至《尼斯条

---

[30] 1957年《欧洲经济共同体成立条约》在本文中按照德语习惯缩写为"EWGV"。

[31] 欧洲煤钢共同体时代就已经提出：见 *Johannes Schregle*: Europäische Sozialpolitik. Erfolge und Möglichkeiten, 1954; *Gustav Hampel*: Die Bedeutung der Sozialpolitik für die Europäische Integration, 1955. 关于进一步的发展可见 *Thorsten Kingreen*: Das Sozialstaatsprinzip im europäischen Verfassungsverbund, 2003, 285ff.

[32] *Meinhard Heinze*: Entwicklung der europäischen Sozial- und Beschäftigungspolitik und ihrer Grundlagen. In: Europas universale rechtsordnungspolitische Aufgabe im Recht des dritten Jahrtausends. Festschrift für Alfred Söllner zum 70. Geburtstag, 2000, 423ff.; *Bernd Schulte*: Das "soziale Europa". Eine europäische Leitidee und ihre Konjunkturen im europäischen Einigungsprozess. In: Jahrbuch für christliche Sozialwissenschaften, Bd. 46, 2005, 235ff.

[33] 《欧盟条约》在本文中缩写为"EUV"。

约》(2000/2001 年)。[34] 作为补充,《欧洲基本权利宪章》(2000 年)[35] 对细化的规范性实质内容进行了表述。《欧盟宪法条约》(2004 年)[36] 生效后,将进一步推动这个进程。[37]

"福利社会"的场景也在发生变化。社会挑战的竞技场历经变迁,旧有的应对方式遇到问题,需要寻找新的措施。成员国的多样性和各国福利国家制度的多样性在加深,欧盟的规范和政策与之形成了交流。加入进来的除了北欧与地中海国家,还有东欧转型国家。也正因如此,给寻求共同解决方案一个规范性概念外表的需要也在增长:通过对"**欧洲福利社会模式**"的讨论。[38] 然而这个概念的含义到底是什么却不那么确定。如欧洲理事会的首脑们在尼斯峰会(2000 年)的决议中认为,"欧洲福利社会模式"的特征是高水平的社会保护、社会对话的重要性、普遍享有的社会服务,以及促进团结的措施。[39] 然而巴塞罗那欧洲理事会(2000 年)却认为经济发展和就业具有决定性意义并作出如下表述:欧洲福利社会模式建立在"良好的经济表现、高水平的社会保护、高标准的教育及社会对话"上。[40]

---

[34] *Bernd Schulte*: Die Entwicklung der Sozialpolitik der Europäischen Union und ihr Beitrag zur Konstituierung des Europäischen Sozialmodells. In: Hartmut Kaelble/Günther Schmid (Hrsg.), Das europäische Sozialmodell, 2004, 75ff.

[35] 本文中缩写为"GRCh"。*Teresa Winner*: Die europäische Grundrechtscharta und ihre soziale Dimension, 2005.

[36] 《欧盟宪法条约》草案在本文中缩写为"EVV"。(《欧盟宪法条约》亦即《里斯本条约》已于 2009 年 12 月 1 日生效。——译者注)

[37] *Ulrich Becker*: Die soziale Dimension des Binnenmarktes. In: Jürgen Schwarze (Hrsg.), Der Verfassungsentwurf des Europäischen Konvents, 2004, S. 201ff. 关于条约法通过宪法条约进一步发展的详细资料亦可见 *Zacher*: Das "Soziale".

[38] *Friedrich Buttler/Ulrich Schoof/Ulrich Walwei*: Europäisches Sozialmodell: Veilfalt in der Einheit, Teil 1. In: Gesundheits- und Sozialpolitik, 59. Jhg. (2005), Heft 7/8, 10ff.

[39] *Buttler/Schoof/Walwei*: Europäisches Sozialmodell, 11.

[40] *Buttler/Schoof/Walwei*: Europäisches Sozialmodell, 11; *Andreas Aust/Sigrid Leitner/Stephan Lessenich* (Redaktion): Sozialmodell Europa, 2001; *Hilmar Schneider* (Hrsg.): Europas Zukunft als Sozialstaat, 2000; *Barbara Krause/Rainer Krockauer/Andreas Reiners* (Hrsg.): Soziales und gerechtes Europa, 2001.

三、福利社会制度对欧盟的影响

（一）欧盟的任务

欧盟及欧共体条约都阐述了什么？[41]一个没有"分界栅栏"的欧洲应该建立起"通过共同行动保障各成员国经济与社会进步"（《欧共体条约》序言）和提高"生活水平和生活质量"（《欧共体条约》序言、第 2 条）的希望。[42]《欧盟宪法条约》草案以一个极其详细的愿望和展望的列表（序言，Art.I—2，I—3 EVV）将其概括为："欧盟的目的是……提高它的人民的福祉"（Art.I—3 Abs.1 EVV）。[43]

（二）经济一体化

达到上述目的的首要和最普遍的手段依然是发展经济。条约反复强调，生活水平、生活条件和生活质量的提高有赖于经济发展（Art.2—4，136 EGV）。[44]作为对应措施，社会政策被要求承担起"维护共同体经济竞争力"的任务（Art.136 Abs.2 EGV）。核心原则则是"奉行自由竞争的开放型市场

---

[41] 以下使用的欧盟概念中同样包括了欧共体。

[42] *Peter Hanau/Heinz-Dietrich Steinmeyer/Rolf Wank*（Hrsg.）：Handbuch des Europäischen Arbeits- und Sozialrechts，2002；*Bernd Schulte*：Supranationales Recht. In：Bernd Baron von Maydell/Franz Ruland（Hrsg.），Sozialrechtshandbuch，3. Aufl. 2003，1610 ff.；*Eberhard Eichenhofer*：Sozialrecht der Europäischen Union，3. Aufl. 2006；*Maximilian Fuchs/Franz Marhold*：Europäisches Arbeitsrecht，2. Aufl. 2006. 对有关政策的整体介绍见 *Roland Bieber/Astrid Epiney/Marcel Haag*（Hrsg.）：Die Europäische Union. Europarecht und Politik，7. Aufl. 2006. 关于特殊的政策可见 *Berndt Kellert*：Europäische Arbeits- und Sozialpolitik，2. Aufl. 2001.

[43] *Alexandra Baum-Ceisig/Anne Faber*（Hrsg.）：Soziales Europa? Perspektiven des Wohlfahrtsstaates im Kontext von Europäisierung und Globalisierung. Festschrift für Klaus Busch，2005；*Sabine Kropp/Ricardo Goméz*：Sozialraum Europa. Sozialpolitik in der erweiterten Europäischen Union，2006.

[44] 在欧盟宪法条约的一稿草案中对这种关联的强调程度与此有别：Art. III–3 Abs. 3，III–209 EVV.

经济"（Art.4. Abs.1，98 EGV）[45]，以期达到"资源的有效利用"（Art.98 Satz 2 EGV）。与此相伴生的是共同体成员国之间相互协调的经济政策（Art.4，98ff. EGV），其目的是明确经济要为普遍繁荣效力："经济生活的和谐、平衡及持续发展，高就业率，稳定适度的增长，高水平的竞争力……"（Art.2，4，98 EGV）

具有决定性的是这一政策遵循了其规范性政治任务（Art.4，81ff.；101ff.；105ff. EGV）的性质，要保证竞争与市场经济作为自我承担体系的特征，以此让经济为共同富裕作出贡献，而这种贡献是国家干预型或国家完全操控型经济很可能做不到的。这种严格做法同样否定了以社会政策为动机的操控。最大限度生产导向的经济制度与各国自己负责的福利社会规范和措施的结合，便是"福利社会市场经济"获得成功的奥秘。欧共体确定了这一方针，[46] 宪法条约草案也明确采纳了"福利社会市场经济"的概念。[47]

同样重要的是，个人和集体的社会力量能够凭借自身的自由权加入这个自承体系。经济整合因此就如在共同体条约中所规定的那样，不仅将共同体和成员国紧密结合在一起，还特别激发了共同体中的社会潜能，建立起了整个共同体社会中个人和集体力量之间的直接关系和共同体的各种作用机制。繁荣因此表现为国家和社会的共同成就，而这两个要素亦是根据一体化的程度而产生。

（三）对非经济性或非仅经济性利益的责任

然而福利社会的实现不仅只有经济前提。个人和社会的状态更多是与整体文明框架条件相关。对于繁荣的这一维度，欧盟只在某些条款当中予

---

[45] *Armin Hatje*：Wirtschaftsverfassung. In：Armin von Bogdandy（Hrsg.），Europäische Verfassungsrecht，2003，683ff.

[46] *Wolf Schäfer*：Zukunftsperspektiven des europäischen Modells der sozialen Marktwirtschaft. In：List-Forum für Wirtschafts- und Finanzpolitik，Bd. 26（2000），121 ff.；*Florian Rödl*：Europäisches Verfassungsziel "soziale Marktwirtschaft" – kritische Anmerkungen zu einem populären Modell. In：Integration，28. Jhg.（2005），150ff.

[47] Art. I–3 Abs. 3 EVV.

以了关注，如教育的多种方式[48]（Art.3. Abs.1 Buchst. q，149f. EGV）、[49]健康（Art.3. Abs.1 Buchst. p，152 EGV，Art.35 GRCh）、科学研究与技术发展（Art.3. Abs.1 Buchst. n，163ff. EGV）、交通与通讯（Art.3. Abs.1 Buchst. f，o EGV）、能源供应（Art.3. Abs.1 Buchst. u，175 Abs.2 EGV）、环境保护（Art.2，3. Abs.1 Buchst. l，6，174ff. EGV）、文化（Art.3. Abs.1 Buchst. q，30，87，Abs.3 Buchst. d，149，151 EGV）。范围最广的设计是自由、安全和法律的领域（Art.29 Abs.1 EUV）。欧盟和成员国必须在此基础上以多种方式作出进一步补充，在涉及各种非经济性条件时，同样应让公民能够享有福利社会性质的繁荣。各种文明前提条件和福利社会制度的建立也属于成员国的任务。此外，社会为相应价值观的发扬所做的贡献，原则上也要按照成员国事先规定的框架标准来实现。

（四）特殊"福利社会机制"

经济和非经济繁荣对"福利社会"设计的成功有多重要，通过特殊福利社会干预机制来应对个人或群体的不足状况就有多必要。

1. 规范背景

规范背景是清晰的。

"更多平等"这一基本规范并未被明确表达出来。它的前法律性质与它的定位看起来似乎也不够一致。尽管如此，它在这里仍能用来解释福利社会机制的规范性实质。[50]

- "在所有……日常工作中"，共同体条约如是规定，"共同体都致

---

[48] *Bieber/Epiney/Haag*：Die Europäische Union.

[49] 宪法条约草案中非常密集地提到这个问题：Art. I–17 Buchst. e，II–74 Abs.1，III–117，III–203，III–213 Buchst. c，III–219 Abs.1，III–229 Buchst. a，III–282–283，III–313 Abs.3 Buchst. a，III–315 Abs.4 Buchst. b EVV.

[50] *Martin Heidenreich* (Hrsg.)：Die Europäisierung sozialer Ungleichheit. Zur transnationalen Klassen- und Sozialstrukturanalyse, 2006.

力于**消除各种不平等**"（Art.3 Abs.2 EGV）。[51] 尤其强调了**性别不平等**问题（Art.2，3 Abs.2，13 EGV，Art.23 GRCh）。[52] 残疾人融入社会的权利（Art.26 GRCh）亦属此类。[53] 所有这些都呼应着一个**禁止歧视**的强烈纲领（Art.13 EGV，Art.21 GRCh）。[54] 从另一截然不同的角度来看，**公共服务**保障（Art.16，86 Abs.2 EGV，Art.36 GRCh）表明了存在的不平等问题。[55] 公共服务针对"通过平衡劣势实现平等"这一典型社会福利策略，提出了"通过普遍性实现平等"的策略。[56] 对欧盟来说尤其具有代表性的就是在共同体条约中强调要**缩小地区发展差距**（Art.2，3 Abs.1 Buchst. k，158ff. EGV）。[57]

- **参与和接纳**是通过消除排斥的任务表达出来的（Art.136 Abs.1 EGV）。[58] 在经济共同体的典型基本自由权规定中可以发现接纳的一个特殊形式：在各成员国从事劳动的许可，以及与这些自由权的行使相伴随的各成员国具互相关联性的社会保障制度

---

[51] 欧盟宪法条约放弃了这一提法，条约草案所强调的一方面是对"平等"的责任（Präambel, Art. I–2, I–45, II–80, III–292 EVV），另一方面则是消除歧视（Art. I–2, I–3 Abs.3, I–4 Abs.2, II–81, III–118, III–123, III–167 Abs.2, Buchst. a, Art. III–214 Abs.2, III–321 Abs.2 EVV）。至于其中在何种程度上(也)涉及到构成福利社会最普遍意义的"更多平等"原则，必须进行细化考察。无论如何，在 Art. II–80 中没有表现出来。

[52] 宪法条约草案中也采纳了这一强调提法：Art. I–2, II–81, II–83, III–116, III–118, III–209, III–214.

[53] Art. II–86 EVV.

[54] Art. I–2, I–3 Abs.3, I–4 Abs.2, II–81, III–118, III–123, III–124 Abs.1, III–167 Abs.2 Buchst. a, III–321 Abs.2 EVV.

[55] 关于现实发展状况的论述见 *Bernd Schulte*: Soziale Daseinsvorsorge und Europäisches Gemeinschaftsrecht – Teil 1. In: Sozialrecht in Deutschland und Europa–SGB, 2006, 719ff.; Teil 2, 2007, 13ff.

[56] Zacher, Sozialstaat und Prosperität.

[57] 在某一宪法条约草案中得到充分发展：Art. I–3, I–14 Abs.2 Buchst. c, I–22 Abs.2 Buchst. c, II–96, III–122, III–220–224, III–234 Abs.5 Buchst. b, III–247 Abs.1 Buchst. c, III–416 EVV.

[58] Art. I–3 Abs.3, II–94 Abs.3, III–117, III–209, III–210 Abs.1 Buchst. j EVV.

(Art. 42, 47 EGV)。[59] 随着时间推移，这种在整个共同体内的**福利社会**参与越来越多地被经济活动自由权的行使所消解。[60] 欧盟公民身份和欧盟公民的自由迁徙权 (Art. 17ff. EGV) 又加强了它。[61] 因此社会接纳原则上覆盖的是那些有成员国公民或居民资格的人。但社会接纳问题同样涉及一些"外人"：那些试图进入"自己人"圈子的；试图以其他方式参与到"自己人"生活可能性中的。条约在很多方面都提到了这种责任 (Art. 3. Abs. 1 Buchst. r, s, 61ff., 277ff., 181a, 182ff., 299 Abs. 2, 3 EGV)。

- 与**社会团结**相关的首先是关于成员国之间关系的规定 (Art. 2 EGV)。[62] 一个类似的要求是关于内部凝聚力的规定 (Art. 2, 158ff. EVG)。随着基本权利宪章的制定，出现了一种深刻变化：社会团结如今（同样）被认为是个人的福利社会权利的基础 (Art. 27 GRCh 标题)。

- **社会安全**原则是社会福利制度的核心基础 (Art. 47, 137 Abs. 1 Buchst. c EGV；Art. 34 GRCh)。然而作为基础的"社会安全"框架很多是由"社会保护" (Art. 2, 136 Abs. 1 EGV) 规定所搭建的：[63] 它是目前在国际法和欧洲法中常被使用的一个总概念，除了社会福利法之外，它还包括那些尽管有其他原始目的，但同时也承担福利社会任务的法律关系，如劳动关系 (Art. 136—140 EGV, Art. 27—31 GRCh)。[64]

---

[59] Art. III-141 EVV. 关于其形成见 *Schulte*, Supranationales Recht.

[60] 关于最新发展见 *Bernhard Spiegel*：Die neue europäische Sozialrechtskoordinierung. In：Zeitschrift für ausländisches und internationales Arbeits- und Sozialrecht (ZIAS), Jhg. 20 (2ß006), 85ff.

[61] Art. I–10, III–123 ff. EVV.–*Ulrich Becker*：Unionsbürgerschaft und soziale Rechte, ZESAR, 2002, 8ff.

[62] Art. I–3 Abs. 3, I–40, III–257 Abs. 2, III–268, III–292 Abs. 1 EVV. 关于成员国与共同体之间的团结问题：Art. I–6 Abs. 2, I–40 Abs. 1, I–43 Abs. 1, III–294 Abs. 2, III–300 Abs. 1 EVV. 关于世界范围内人民与国家的团结见：Art. I–3 Abs. 4 EVV.

[63] Art. I–3, II–93 Abs. 1, III–117, III–125 Abs. 2, III–210 Abs. 1 Buchst. c, k, III–217 EVV.

[64] Art. I–48, II–87–92, III–209–219 EVV.

- **援助**原则对于共同体实现其针对成员国的权限具有核心作用（Art.5 Abs.2 EGV）。[65]成员国内部不同团体之间的援助关系则原则上不在此列。个人相对于其生活的共同体和国家之间的援助关系，则必须如社会与国家关系之中的援助[66]（或如欧盟机制与社会的关系之中的援助一样）从基本权利，尤其是从自由权中推导出来（Art.6 Abs.2 EUV及基本权利宪章）。

关于**公正**原则，现有条约中没有提及。宪法条约草案中则既提到了公正[67]，也提到了社会公正。[68]

并不存在一个如成员国宪法中规定的福利社会国家目标一样的普遍基础。虽然谈到了共同体对于"社会福利政策和欧洲社会福利基金"的权责（Art.3 Abs.1 Buchst. j EGV）[69]，但从上下文（Art.2, 136ff. EGV）可知，其中并不包含一个整体性的福利社会政治任务。另一方面：欧盟条约（序言）和欧共体条约（Art.136 Abs.1 EGV）与欧洲社会宪章是有关联的。显然，欧洲社会宪章被认为是条约制定之前所达成的一致意见的最重要表现。

2. 实施途径

以上背景经由条约被具体化为一种试验性的**福利国家制度安排**，其实现是共同体和成员国的共同事务（Art.136 EGV）。中心议题是就业[70]、劳动条件[71]、社会保护和消除排斥（Art.236 Abs.1 EGV）。考虑到"各国自身习俗的

---

[65] 在一个宪法条约草案中更为深入：Art. I–11, I–18 Abs.2，第二部分的前言，Art. II–111 Abs.1, Art. III–259 EW.

[66] *Hans Heinrich Rupp*, Die Unterscheidung von Staat und Gesellschaft. In: Josef Isensee/Paul Kirchhof (Hrsg.), Handbuch des Staatsrechts, 3. Aufl., Bd. II: Verfassungsstaat. 2004, S.879ff. Rz.51–53.

[67] 前言, Art. I–2, Art. I–3 Abs.3, II–91, II–101, III–268 EW.

[68] Art. I–3 Abs.3 EVV.

[69] 宪法条约草案提到了"关于第三部分述及的各方面的福利社会政策"（Art. I–14 Abs.2 Buchst. b EVV）。

[70] 在宪法条约草案中表现得十分突出：Art. I–12 Abs.3, I–15, I–48, III–133, III–134, III–167 Abs.3 Buchst. a, III–203–208, III–219, III–229, III–231 Abs.4 Buchst. a EVV.

[71] Art. I–48, II–87–92, III–209–219 EVV.

多样性"（Art.136 Abs.2 EGV），援助原则（Art.5 Abs.2 EGV）被用来限制更进一步的具体化。欧盟进行**直接规定**是可能的(Art.137 EGV)。[72] "完善的"、可运行的社会福利项目和规范则属于成员国的事务。欧盟将自己的工作限制在对共同体最为重要的问题上[73]，为实现禁止歧视而进行的立法因此对其具有最重大的意义（Art.13 EGV）。[74]

然而共同体特殊的福利国家制度规划的任务是：超越共同市场和非经济性质的生活条件所设定的范围，把成员国各自建立的生活空间整合为共同生活空间。欧盟各个条约中为此而采取了两种截然不同的方式。

- **用社会福利法对共同经济空间进行整合，作为共同的福利社会空间。**[75] 首先是通过各成员国社会保障体系的衔接（"协调"）来保障那些在多个成员国内有工作经历的人（Art.47 EGV）。然后是将商品流通和服务提供的自由（Art.23ff., 49ff. EGV）扩大到社会福利待遇的提供上（Art.17 EGV）。[76] 最后是欧盟公民身份的设立（Art.17 EGV）、保障相应的自由迁徙权（Art.18 EGV），以及原则上开放获得社会福利待遇的通道（Art.12 EGV）。[77]
- **提高欧盟内部的经济和社会凝聚力。**为此而采取的手段可谓非常之多：从社会福利基金（Art.146ff. EGV）、其他各种基金（Art.158ff.

---

[72] *Heinz-Dietrich Steinmeyer*：Das Sozialrecht im Gemeinschaftsrecht. In：Hanau/Steinmeyer/Wank, Handbuch, 931ff.；*Schulte*：Supranationales Recht, Rz.7–23, 230–235.

[73] *Ulrich Becker*：Schutz und Implementierung von EU-Sozialstandards. In：Ulrich Becker/Bernd von Maydell/Angelika Nussberger（Hrsg.），Die Implementation internationaler Sozialstandards. Zur Durchsetzung und Herausbildung von Standards auf überstaatlicher Ebene, 2006, 139ff.

[74] *Ulrich Becker*：Die Bedeutung des gemeinschaftsrechtlichen Diskriminierungsverbots für die Gleichstellung von Sachverhalten im koordinierenden Sozialrecht. In：Vierteljahresschrift für Sozialrecht, 2000, 281ff.

[75] *Ulrich Becker*：Nationale Sozialleistungssysteme im europäischen Systemwettbewerb. In：Ulrich Becker/Wolfgang Schön（Hrsg.），Steuer- und Sozialstaat im europäischen Systemswettbewerb, 2005, 1ff.（28ff.）.

[76] *Schulte*：Supranationales Recht, Rz. 104–173.

[77] Art.18 Abs.3 EGV. – *Becker*：Unionsbürgerschaft.

EGV）[78] 直到整体预算（Art.268ff. EGV）。[79] 如果一切运行正常，预算能够根据给付能力标准来征缴税费，那么各种促进项目就可以根据社会贫困、社会平衡或社会促进标准进行给付。不过，如果能够按照地区、行业或其他因素恰当安排各种动机，那么其他支出项目同样也能用来服务于福利社会目的。

除此之外，欧盟内部社会政策的共同发展任务主要藉由知识的不断完善和全球制度竞争来承担。欧盟委员会和各成员国共同对这些发展与考察作出建设性的分析和利用（Art.136ff. EGV），为此承担核心角色的是**开放的协调方法**：[80] 这是一种把成员国、欧盟委员会和专家的经验、评价和项目结合起来作为欧盟和成员国制定政策基础的程序。欧盟让自己的影响力超越条约规定权限的其他途径还有政治宣言、报告、专家意见等等，发表不具约束力的社会政策纲领尤其是一个长期传统。[81] 与此相反，**社会**在此过程中几乎不扮演什么角色。但社会对话是个最重要的例外：社会伙伴被吸收了进来（Art.137ff. EGV）。家庭角色首次被提到是在基本权利宪章中（Art.33 GRCh）[82]，再次被提到则是在欧盟条约规定的基本权利保障中（Art.6 EUV）。

（五）整体的难以确定性

较为广义的福利社会制度和典型的、较为狭窄的福利社会制度深刻而紧密地交织在一起，不可分离。对欧盟及其成员国的职权与责任起着补充、影响作用但同时也对其产生限制的规范、机制和功能的复合体又极大地加深了这种

---

[78] *Karl Engelhard*: Fonds der Europäischen Union. In: Wolfgang W. Mickel/Jan M. Bergmann (Hrsg.), Handlexikon der Europäischen Union, 3. Aufl. 2005, 334ff.

[79] *Oppermann*: Europarecht: §11.

[80] Offene Methode der Koordination im Sozialrecht. Schriftreihe des Deutschen Sozialrechtsverbandes, Bd. 53, 2005.

[81] 案例汇编见 *Bieber/Epiney/Haag*: Die Europäische Union, § 22, Rz. 26–29. 欧洲宪法条约中包含了对此的明确合法性证明："欧盟可以在成员国社会政策协调问题上采取主动"（Art. I–15 EVV）.

[82] 宪法条约草案中对此予以了显著完善：Art. II–67, II–69, II–93, III–267 Abs. 2 Buchst. a EVV.

交织。欧盟方面的所为始终在改变着成员国方面行为的前提条件和产生的作用，而成员国方面所发生的亦在改变着欧盟和其他成员国行为的条件和作用。

此外还必须考虑到，"福利社会制度"始终都是国家与社会的共同责任：成员国及欧盟的超国家构造体是行动的一方，自始存在于国家中但逐渐向欧盟边界伸展并填满这个框架的复杂社会机体则为另一方。如果在各个自由民族国家中，国家与社会的互补关系是开放和难以确定的，那么在欧洲整合的各种前提条件下也同样如此。

"欧洲福利社会国家制度"究竟意味着什么，很难根据上述条件给其下一个定义。但无论如何，国家与社会共同作用的前提是保持社会的自主性和"不受确定性"。这是"自由福利社会国家"的标志。因此，倘使欧洲是一个"国家"，那它肯定是个"自由的福利社会国家"。这个信息虽然含糊，但它是个好的信息。

第五编

发展中国家与全球化

第十一章
全球社会政策——若干初步思考*

一、全球化：人类的自我发现

（一）"全球化"意味着人类的平等

随着全球化的发生，一个贯穿整个人类历史的进程走向了终点：对于人类是个统一整体的发现。[1] 自从人类开始进行自我组织，便意识到不仅有属于自己的群体、社会和国家的成员存在，同样也有其他人生活在其他群体、社会和国家中。对于这些人，人们不像对"自己人"那样了解，因此会拿自身与之进行比较，进而认为对方是具有其他特征的集合体。在这些人群背后尚存在无尽的未知空间。随着历史发展，与其他人群的交流逐渐加深与扩大，"未知世界"的范围逐渐缩小，"已知世界"逐渐扩张。这些彼此遭遇的"我们"和"他们"是如何互相看待的？有两种截然不同的模式：一种对"他们"平等视之，与之交往合作，也有可成为"平起平坐"的对手；一种认定"他们"是异类并要予以征服，如奴隶制、种族主义和帝国主义。

乍一看，"全球化"的意思似乎是指"已知世界"中共同生活的加深。但是"全球化"并不止于此。人与人之间互动的频密其实发生在整个"被发现的世界"中，基本上已不再有"未知的世界"。至于互动的频密与世界的完全"可知"之间是否存在因果关系，可以暂不讨论。把"全球化"等同于人群间的频密互动，无论如何只是种片面理解。"全球化"涉及的是一个基本"已知"的

---

* 本文最早收录于 Herzog Roman, "Festschrift Herzog", 2009.

[1] *Allot*, in: Glendon/Llach/Sorondo (Hrsg.), Charity and justice in the Relations among Peoples and Nations, Vatican City 2007, 41.

世界,虽然在对其真实状况各方面的认识上还存在许多不同看法。全球化的特殊之处也正在于:世界的"整体性"已经可以被觉察和认知了。

世界的整体性同样也是人类的整体性。在世界的某个"未知"的角落可能还有着"未知"的人群,然而这已不再那么重要。当下,人类已经成为一个整体。虽然人们仍属于某个特定的群体、社会、国家,但同时也被作为一个整体来看待与体验。个人更多是在与整个人类的关系中获得定位。"全球化"亦是盖在这一发展上的戳记。

因此,对人类存在差异的断言的信服力正在消失。作为整体的人类是如此复杂,以至于个别性标准不再能让人接受人类之间存在泾渭分明的绝对差异。经过数百年发展,人类的一个进步终于成为现实:基本上承认了人类的平等。这首先发生在基督教里,在欧洲启蒙运动中,最终则通过人权的现代发展而得以实现。当然,总会有各种企图,以存在根本的、绝对的差异为由来损害其他人群,但是这种企图已不再能改变良好的信念。

人类发现了自身是个平等的整体。全球化就是这种自我发现的手段与表现。

(二)平等的优先地位和人类平等的悖论

在人类平等普遍得到承认的同时,也普遍存在着所有人类社会的悖论:人虽然具有本质上的平等,但同样具有差别。他们有千差万别的特征,在千差万别的条件下生活,行为方式也千差万别。所以人类的平等必然表现在对其差别的考虑中,必须根据他们的差异性予以平等或不平等的对待。[2] 由此也就产生了平等的悖论。[3]

这个悖论对每个人类社会和国家来说都是一个核心挑战。并不存在普遍的标准答案,只有向理想的各种靠拢。靠拢的原则是:用社会与国家从差别中得出的结论来具体化平等的主要内容。这指的是通过对差别的整合来整合平等。然而这一理想不可能被普遍地、全部地、完整地实现,其中存在太多的可能性,对差别加以定义和评价,并从中得出结论。通常很少能对差别达成一致

---

[2] *Amartya Sen*, Inequality Reexamined, Cambridge 1992.

[3] *Zacher*, in: Glendon/Llach/Sorondo (Hrsg.), Charity and justice in the Relations among Peoples and Nations, Vatican City 2007, 49.

评价，而现实也从来不可能被完全控制在以平等为导向的差异整合上。它的发生总是选择性的：通过对批判性生活领域（如劳动和家庭）的识别，这些领域中的平等与差异被以特殊的方式分析、评估和构建；通过对专注于认识问题和实现问题解决方案的特定概念（如"社会状况"、"社会风险"）的识别。策略也总是选择性的：如通过平等的自由权实现平等（通过自由社会构成）；通过普遍性实现平等（通过对文明条件的普遍保障，如传统上被称之为"公共服务"的内容，但这有些过于狭窄）；通过对不合理优势的平衡（尤其是通过税收）和对不合理劣势的平衡（尤其是通过社会福利待遇）实现平等；保护弱者（典型的如在劳动关系中倾斜于雇佣劳动者）；通过禁止歧视保护外来者和少数群体。

无论如何，一个社会和国家的成功与否有赖于这一社会及国家如何对待人类的平等性和差异性。社会与国家（主要是国家）必须从中划出一条在重要和不重要的平等与不平等之间、在合理和不合理的平等与不平等之间的妥协线。然而由于这一妥协线很少与普遍意见相吻合，因此政治不得不一再对其进行完善。受损害者们对于在未来可以获得弥补的期望，成为一再寻求由差异向平等靠拢的进程的推动力量。[4] 政治制度能否获得合法化，端视政治是迎合还是错失了公民价值观和利益的难以衡量的无形整体。[5]

二、世界的结构

（一）区域的性质

人们自然是在某个区域生活。[6] 区域决定了他所经历的自己和他人的差异性，也即自然与社会的状况。用来认识和判断差异性的范本与价值观念所具有的也主要是区域性质。普适性的思想与规范能够补充和影响区域性的范本与价值观念，它们的影响有时会超过区域性观念和规范。但是普适观念的

---

[4] *Zacher*, Zeitschrift für die gesamte Staatswissenschaft (134) 1978, 1.

[5] *Zacher*, Das soziale Staatsziel, in: Isensee/Kirchhof, HStR3 Bd. II. 2004, 659 Rz. 24, 96, 101.

[6] 更多资料见 *Zacher*, in: ZIAS (21) 2007, 66.

影响力始终都只是特殊情况,对大多数人来说,完整的生活世界是区域性的。

这一含义中的区域指的是所有超个人的且非普适性的社会生活空间,在这些生活空间中,个人及其集体通过生活条件和行为规范上的某些共同之处结合在一起,其性质可能是家庭的、地区的、历史的、民族的或宗教的等等。在共性的程度(主要是那些将人们结合到一起的物品和规范)及团结的紧密度上可能会存在巨大差异。它们也许具有唯一性,或者与其他区域性有交叉和渗透。无论如何,人们在其中互动的共同性与差异性就如同他们关于平等和不平等的观念一样,多少都会受其生活的区域决定。平等的普适性规范的实现,仍需通过区域性规范与事实情况。没有区域生活世界的支持,它们不可能完成通过平等取向的整合实现平等的任务。然而在有关平等和差异关系的区域性和普适性观念及必要性之间,亦天生就存在潜在的张力。区域既可能支持也可能会反对人类整体的平等取向整合。

国家这一区域类型在其中扮演着决定性角色,尽管个人生活状况因与平等要求基本相符而形成的关系从不会只从国家规定的秩序中产生,也不会只从国家构思和实行的政策中产生。通常会存在一个人员与功能关联的深度等级化体系,个人和集体差异的社会重要性产生自其中,社会差异亦由此成为个人的生活条件。然而在所有这些中,国家起着最大的决定作用。因此,通过增加或降低差异性来实现的平等整合对于区域繁荣的依赖,在国家这一层面尤其明显。福利国家类型[7]就是个清晰的例子。是主要通过物品的平均分配实现平等还是主要通过平等获取物品的自由实现平等,是(如公共服务概念中)通过重要物品提供的普遍性策略还是(如社会保障待遇概念中)通过个人补偿策略来追求平等,平等的保障是对雇佣劳动者还是对家庭来说最为紧迫——所有这些都可以是极具标志性的分岔口。视政治治理的质量,即使出发点各不相同,仍有可能达到相似的高度平等整合。然而不能单纯以某个国家明确的社会政策纲领来对其作出判断。虽然福利国家通常都需要建立一个特殊的补偿、保护和救助干预制度,但是国家中的人群究竟处于何种状况却取决于太

---

[7] *F. X. Kaufmann*, Der deutsche Sozialstaat im internationalen Vergleich, in: Grundlagen der Sozialpolitik (Bundesministerium für Arbeit und Soziales/Bundesarchiv (Hrsg.), Geschichte der Sozialpolitik in Deutschland seit 1945, Bd. 1), 2001, 799.

多因素：经济资源、经济制度、公共资金的有效筹措与使用、非经济性质（或非仅经济性质）的公共品（文化机构、教育、抚育机构、医疗、交通、传媒系统、基础设施、内外安全、法律、议会与行政机器的权力和诚信）、社会的行动空间、个人及其集体的自由权。尤其还取决于人类的平等性和差异性之间究竟是何种关系。

（二）人类的平等性与区域的差异性

因此在发展本质性平等的道路上，区域是一个主要问题。区域（家庭、社区、民族与宗教团体，也许还包括阶层与阶级等等）对于发展本质性平等越重要，也就越有可能耽搁了这个任务的履行。在许多情况下区域性都有可能是反平等的差异性的源头——实际上它已成为反平等的差异性的源头。

当涉及的是**国家**的区域性时，这一矛盾会提升到最大。这首先与每个国家自身的重要性相关，但并不仅止于此。尤其相关的还有**国家共同体**对国际法与国际政治的操控。国家通过主权的防护罩隔离外来干涉。当国家实践的是对差异的平等取向整合的思想，而外来干涉会导致对差异的反平等做法，那么这对差异的平等取向整合是有益的。但是国家主权同样也可能成为对差异的反平等做法的保护罩。这不仅是指国家内部的反平等做法，也包括了国家可能会因其政策而对在国家中生活的人们产生不利：通过与其他国家公民的比较。而这必然会导致对相关者平等权的外来关注与国家主权的强烈冲突。

因此，国际社会政策任务的中心舞台是明确的。随着人类被认为是平等人类的自我发现，所有人对所有人的责任也昭然若揭。[8] 除了人类自身以外，通过整合差异实现平等整合没有其他的界限。全球化因此也意味着所有人对所有人的以差异为取向的平等的责任。看上去这像是个博爱主义的幻景，也许确是如此，但它仍不失为一个有着现实支撑的理性要求。最有力的论据是：所有人对所有人的平等取向的差异整合的责任所关系的不仅是富裕和贫困的选择，也关系到战争与和平的选择。

---

[8] 见教皇社会科学院的多方位研究：*Llach* (Hrsg.), Summary on Globalization. Main Outcomes of the Work of the Pontifical Academy of Social Sciences on Globalization. The Pontifical Academy of Social Sciences. Extra Series 12, 2008.

这是一个全球性挑战，需要一个全球性的应对，也即一个充分考虑到区域的重要性并给予其存在空间的普适性应对。单是这一点就显然已经极其困难了。谁能给出应对呢？从事态状况来看，是国家。国家构造了一个主要由领土决定的区域性的完全覆盖体系，平等与差异的关系很大程度上取决于各国自身的国家统治体制。但是"国家"应对网的完整程度又如何呢？国家并不能给出普适性应对，而只能由**国家共同体**形式给出，且必须经全体国家一致同意。然而，普适性应对并不能体现出应对的建议是以什么情况为前提，或者它是否包含了某种与国家认为不可放弃的内容相冲突的规范。就如在一国内部，普遍性问题的政治解决方案不能被设计成有赖于所有公民的同意一样，在国家共同体中，普遍性问题的解决方案也不能被设计成必须经所有人同意。国家共同体必须找到表现它"更好的自己"的代表途径。独立的法院系统会形成最重要的模式，如果判决的选择、对判决的规范性规定和程序的形式能给予差异的平等取向整合以良好机会的话。能够形成其他模式的还有实质性和功能性相结合的机构，如世界银行和国际货币基金组织。如果不能用可信的方式采取这种类型的路径，那么把通过差异整合实现平等整合作为共同关注的各国最好共同采取分别的路径，如签署公约以令共同价值观获得效力，以及成立实施机构。它们也许能为全球共同体的法律观念指明道路。世界贸易组织在这一方向上具有潜能。

（三）程序的复杂性

这个游戏中有极多的参与者。首先是个人：作为被动的、依附性的、接受方要素的个人，以及作为主动的、有行动能力的、给予方要素的个人；在同一区域的个人，以及在地理、经济、社会或其他方面彼此分隔的个人。每个人都对他人的心态、处境或状况有潜在影响。每个人也都对人类的共同意愿有潜在影响，也许是作为媒体、艺术、科学中的舆论形成因素，也许是作为某一社会运动的无名参与者。

另一极则由国家构成。每个国家针对内部构成一极，因为国家为其属民的生活现实状况是靠拢还是远离平等以及如何靠拢和远离平等设置了最重要和最普遍的条件。许多国家共同构成一极，因为它们凭借国家主权，有权商议共同政策,制定共同法律,建立成员国统一行动的共同机制,还有能力让多国的适当集合发挥良好作用。尤其是大陆及次大陆国家共同体越来越有影响力(如欧盟),共同的传统与经历会使得找到并走上对差异的平等取向整合的进路较为容易。如果能用这种方式从主权国家的多样性中抽取出共同的价值观与精神财富,那么为整个人类制定共同规范的可能性也是存在的。

然而国家还以一种强烈的方式构成了另外一极,它们可以通过共同体的形式制定全球性法律和全球性政策。换句话说:因为它们的共同体承担着把人类的平等或差异合法化的全球性法律和全球性政策的责任。

在这些极点之间,围绕着它们,存在着大量由国家派生的或类似于国家的国内和国际组织。此外还有无数私人与公共的、国内与跨国的参与者(个人、群体、企业、机构),它们(1)与国家在辩证互动中构造了国内社会,(2)跨越国家界限把各个国家和社会联系起来,(3)在与国家共同体及其国际机制的互动中构造"全球社会"的开端。跨国企业和活跃于全球的非政府组织以特别的方式参与了这种"全球社会"的塑造。人类平等性与差异性的对比状况便主要由这些社会力量所决定。它们的指导原则和利益需求同样深刻地影响了国家或国际对这种关系的修正所遵循的纲领。

至于是通过发展地域性还是通过控制其平等赤字和损害平等的作用来考虑平等与差异的范式,则是个大问题——甚至可以说是一个布满了很多大问题的天穹。

三、福利社会的结构

(一)福利社会:历史性的社会问题

当严重的差异性存在于某种经济不平等之中,或者经济不平等是其前提条件或后果,那么对平等的关怀,如上所述,指的就是"sozial"[9]。在学术研

---

[9] 见德国国家法学协会对"社会平等:宪法的前提还是任务"议题的讨论(Ulrike Davy 和 Peter Axer 作了评述)。2009 年发表于德国国家法学协会的出版物中(Bd.68)。国际方面的资料可见 Davy 的评述。以及 *Nußberger*, in: DVBI.2008, 1081。

究和通常用法中，它有很多表述方式和名称：社会公正、团结、参与、接纳、社会安全、援助。但是这些概念没有哪一个像"sozial"那样具有普遍的和典型的含义。在所有关于社会公正、团结、参与、接纳、社会安全和援助的问题的背后，都是对不合理差异的否定，这种不合理差异存在于经济不平等中，产生于经济不平等，或者导致经济不平等。[10]

自17、18世纪开始，"sozial"这个概念[11]在欧洲学术文献中（首先是在法国和英国的文献中）作为一般性的与社会相关事物的名称而得到使用。稍晚它发展出一种评价性含义，如今被称为"凝聚力（Kohäsion）"。在德国它最早使用在"反社会（asozial）"一词中。在19世纪，从中产生出了一种较为广义的批判性及论辩性含义。它成为对以"贫民问题"和"劳工问题"形式凸显的社会弊病进行批判的代名词。自此以后，"sozial"一词总是与对弱者、受损害者、"被剥夺权利者"、"被剥夺继承权者"等的保护相关。不合理的不平等与经济性内容、前提和后果的关联也更为显著，不过这较少被意识到。"福利社会制度"所应对的挑战也随时代变迁（尤其是自导致第一次世界大战的各种剧烈变革开始）超越了"劳工问题"和"贫民问题"，进一步扩张和普遍化，其原则也更为清晰。[12]

（二）德国的自有体系：社会法的基本模式

1. 明显的"福利社会"事物：社会福利待遇和"社会法"

德国的政治性讨论中所谈的"sozial"，指的是一种特殊组合形式。[13]在一般说法中，"sozial"政策指的是社会福利政策，即福利待遇政策，也许还包括了社会保护政策，如劳动法，其特殊功能是保护给付交换关系中弱势的一方。无论怎样划分，社会福利待遇都是其主要内容。"社会福利待遇给付率"是评价某个国家是否是"福利社会国家"时最常用的标准。

---

[10] 详见 *Zacher*, Das soziale Staatsziel（注5），Rz.35, 72, 87.

[11] *Zacher*, in：Abhandlungen zum Sozialrecht II, 2008, 241.

[12] 本节内容见 *Zacher*, in：ZIAS（22）2008, 1.

[13] *Zacher*, in：ZIAS（22）2008, 1（5–8）.

在法律语言中，所指则更为清晰。专为"福利社会的"目的而制定的法律被称为"社会法（Sozialrecht）"。没有哪门法律像社会福利法一样是明确为这一目的而制定：它是关于国家负责并予以规范的社会福利待遇，尤其是国家提供的福利待遇的法律。

2. 福利社会性质的法律：特殊"福利社会"事物的复杂性

"社会法"以其形成受到特定福利社会目的的深刻决定而确定了其"福利社会"性质。如果"社会法"被这样定义的话，社会福利法（如关于社会保险、社会救助、儿童与青年帮助、儿童抚育津贴、教育促进等的法律）便是其**典型范例**。在社会福利法中，**福利社会目的**的实现被从其他法律关联中分离出来，也即被"外化"了。

但是法律制度同样也在其他许多更为广泛的规范关联中追求福利社会目标的实现。这些规范被出于福利社会意图而修改，**福利社会目的**嵌入了这些更广泛的规范关联中，也即在其中被"**内化**"。最明显的例子是劳动法。19世纪中期劳动法调整的尚完全是付出交换关系，之后逐渐加入福利社会修正内容。这些内容在一战后愈发浓厚。在德国，福利社会目的在劳动关系中的"内化"过程持续加速，直至最终转化为一种社会保护和社会参与关系。许多制度的共同作用保障着对劳动者广泛的社会保护：规定在劳动法之内的、把福利社会目的"内化"的社会保护和社会参与机制（从不能劳动时的工资支付到辞退保护，从企业宪章到劳动斗争和集体协约）；以及劳动法之外的、把福利社会目的"外化"的社会保险和企业年金制度。

福利社会目的在既有法律中的"内化"是有限度的。既有法律原本所效力的目的可能会受到福利社会目的介入的损害，最终也会因此损害到福利社会意图。无论如何，对法律原有功能的妨碍存在着风险。例如，劳动市场所遭遇困难的原因有多种，过分强调针对劳动关系付出交换性质的保护与参与目的很有可能就是其中一种。房屋租赁市场和房屋租赁法是"内化的"社会政策限度的典型例子。住房需求、住房消费和收入之间关系的社会敏感性是清晰的。房屋租赁价格限制和承租人保护一直都是缓和市场失衡的手段，然而随着时间演变，它们对住房市场的损害却逐渐大于社会公正的获得。因此，住房津贴这种外化的解决方式被证明对于房屋市场运行和社会平衡之间的正常关系很有帮助。

我们便是如此，一方面得到社会福利法（特殊"社会法"）的外化性保护，同时也生活在体现其他价值观和利益多于特殊福利社会目的的法律规定的广阔领域中。这些法律规定本身同样受到"福利社会制度"的影响，并与特殊的"社会法"一起构成对差异的平等取向整合的有效整体。因此，"福利社会的法律"的整体是由外化的社会福利法（"社会法"）和内化的受福利社会目的影响的法律的共存与交融构成的。

由于现代法律技术的最普遍性原因，尤其是出于法治国家原则，这种基本模式对于社会生活的所有福利社会形式都有重要意义。但即便是在法律不占主要地位的领域，如由国家（广义上也包括国家加入的独立组织）设置服务、塑造环境或提供补贴以对社会力量加以操控的领域，也具有同样的结构：这些非法律性质的干预可能主要受某个福利社会目的的决定；也可能主要服务于某个非特殊"福利社会"目的，但其具体形式和作用同时也令"福利社会"目的有了行动空间。在这些领域，人们的"福利社会"状态也是由这两种模式共同决定的。

3. 福利社会事物：一般与特殊

(1) 特殊福利社会事物的部分性

这层含义中的社会法[14]只构成整个法律秩序的一部分。同样，社会政策也只是整体政策的一部分。所有在实际中被体验为福利社会现实的事物也只不过是远远超出了特殊福利社会事物的福利社会现实的一部分。换句话说，所有特殊的福利社会事物都只不过是最广义和最原始的社会及与社会相关事物这层含义中的福利社会事物的一部分。部分性当然与整体性相关。特殊福利社会事物是社会整体中不可或缺且原则上不可分割的一部分。

个人、社会和国家从来不会因制度对特殊的"福利社会"事物具有重要性且认识到了这种特性就产生出特殊含义中的"福利社会"状态。只有当整个社会状况呈"福利社会性质"之时，个人、社会和国家才会产生特殊含义中的"福利社会"状态。"福利社会市场经济"的概念和事实便是个恰当的例子。

---

[14] *Zacher*, in: ZIAS (22) 2008, 1 (8–12).

市场经济的概念要素指向的是各种非特殊福利社会性质的、经济性的社会状况，但是它们同样也可促进特殊福利社会状况的产生与存续。放弃市场经济要素同样也可能会危及特殊含义中的"福利社会"状态。另一方面，"特殊"含义中的福利社会状态从来不会只受市场经济的影响。对于某个社会或国家是否具有特殊含义中的"福利社会"性质的评判因此始终是与各种制度（规范和实施）相联系的，这些制度对特殊含义的福利社会状况的产生提供了保障。一般性和特殊性的福利社会事物便是如此交织在一起。

(2) 一般（常态）、特殊（"福利社会修正"）和整体（"福利社会状态"）的辩证关系

社会和国家最终所具有的"福利社会性质"产生于一种**辩证**事实：

- 生活状况和生活过程的非特殊福利社会性质的一般性构成了辩证结构的**正题**，这种一般性产生在"福利社会修正"之前。我们称其为"**常态**"。
- 构成**反题**的是各种特殊制度、规范和实践的整体，它们的功能是消除从常态中自然产生的社会状况和国家与社会所欠缺的特殊福利社会应然状况之间的差距。我们称这反题为"**修正**"。
- **合题**由从正题和反题中产生的社会状况构成。它是**从常态和修正的交织中产生出来的个人、社会与国家的状态**。合题是"福利社会"规范的真实目标值。

修正的范围与可见度通常被看成是福利社会标准的尺度[15]，然而实际上从常态和修正的作用关联中所产生的个人、社会和国家的状态才真正是"福利社会"的标准。

常态与修正并非是**在某种时间顺序中**依次作用，而是在一种复杂的并存交融中互相作用。对合题来说，常态的重要性并不比修正的重要性小。修正

---

[15] 最重要的例子是把"社会福利待遇率"等同于"福利社会"的指示器。见 *M. G. Schmidt*, *Sozialpolitik in Deutschland. Historische Entwicklung und internationaler Vergleich*, 2005, 199.

的必要性和有益性取决于常态。常态自身已经能够实现的福利社会理想（公平、团结、参与、接纳、安全和援助，所有包含在"更平等"思想中的内容）越多，要求进行修正的挑战就越小。常态自身所实现的福利社会理想越少，要求进行修正的挑战就越大，弥补赤字的修正就越困难，且修正完全没有能力完成目的在于合题的福利社会标准的风险就越大。政治、媒体、公共意见甚至学术研究都太过于经常和完全地把修正等同于福利社会事物，这作为观察来说是真实的，但对事实评价来说则是错误的——这实在是个不幸。

(3) 私人/公共/整体状态的辩证关系和社会/国家/整体状态的辩证关系

常态、修正与社会状态的辩证关系和另一种辩证关系相遇并互相渗透：社会与国家的辩证关系。造成福利社会事实状况的整体事件，便是**社会与国家的互相作用**：

- 社会的作用被作为国家的**反题**的**正题**，并最终进入整体状态的**合题**。
- 国家的作用被作为社会的**反题**的**正题**，最终亦进入整体状态的**合题**。

重新审视常态、修正与福利社会合题的辩证关系会发现，重要之处在于社会和国家在常态与修正情况下都同样具有可能性和责任。常态与修正的辩证涉及的不仅是国家，在"社会"的框架中已然有常态和修正的深刻互动：通过个人、家庭、邻里、朋友和朋友圈、利他性组织、经济机构、利益集团、市场参与者和公共意见因素。"**私人**"和"**公共**"的关键词同样也意味着社会因素互相作用的重要可能性。

那些与国家相关的也同样可被进行丰富的划分：从社区到欧盟、从社会保险经办机构到大学。所有这些因素都在常态与修正的发生中相遇和互补，因此最终私人/公共/整体状态和社会/国家/整体状态的双重辩证关系有可能结合在一起，而这总体来说意味着：常态、修正与状态的辩证关系的进行超越了无限多样的个人、集合、结构及其指数。

互动的作用空间可以形成在所有这些关联中，这指的是：某种"更具福利社会性"的整体成功产生的**区域**，以及福利社会措施遭到失败的**区域**。由这里出现了各种关联，从中产生了国家与社会的开放性整体的福利社会状态。而这一整体又形成一种潜势，个人的福利社会状态便产生于其中。

(4) 常态与修正、社会与国家："福利社会"的政治特征

从所有这些关联中产生出了赤字状况和要求补救的发展：劣势、损害、意外需求、过分需求、负担的不合理分摊等情况，它们要求解决的方案。家庭法中有把抚养义务扩大到关系较远亲属的规定；合同法中有解除责任和分摊损害赔偿责任的规定，合同的履行要与此相适应；公司法中有关于股东投入义务的规定；责任法与从引起损害和过错及造成危险中产生的损害赔偿责任相关；国家财政法除"一般"财政平衡之外还规定了联邦与州之间非经常性的互相担保责任。这些情况与发展并非先天就是"福利社会性质"的问题。相反，它们的完成属于社会生活的常态，它们的良好完成属于常态的成功，也即属于繁荣。[16]

损害与劣势何时成为典型的"福利社会风险"和"福利社会状况"，以及对这种风险的抵御和对劣势的平衡何时成为某个"福利社会"问题的"福利社会"解决方案，则是一个与决定相关的问题。当保护、帮助和平衡措施因为对社会公正、团结、参与和接纳、安全及援助原则的考虑而得到保证，它们就会导致福利社会问题的发现和福利社会问题责任的承担，并在新问题的定义及其解决方案的形成中表现出来。当涉及的是那些通过对差异的整合所实现的需要社会认知和积极塑造的平等整合，方是特殊的福利社会事物。这有可能会是一个社会决定：何时形成倡议和组织，以在赤字的典型状况下提供帮助。利他性的：通过慈善组织的帮助。集体性的：通过合作社内部的平衡。但国家的决定总是更为重要：要么国家规定公民的相应权利与义务，要么由它自己提供相应的权利保障和承担相应义务，或者成立或委托其他经办方承担起这个任务。

最终这会是一个**政治决定**：通过这个决定，国家自身被定义为"福利社会"国家。尤其是民主国家，会通过把某个问题接受为"福利社会"问题并予以解决而考虑接受约束，(不仅以"由人民统治"，而且还) 以"为人民而统治"实

---

[16] *Zacher*, in: Bauer/Czybulka/Kahl/Vosskuhle (Hrsg.), FS R. Schmidt, 2006, 305.

现自身的合法化。[17] 这固然亦可通过对运行良好的"常态"的保障与发展而实现[18]，但另一方面，民主国家也不能放弃，在合题的含义中，通过有意识且明显的对常态进行"修正"的"福利社会"措施证明自身的整体"福利社会"性质。

（三）全球性挑战：过多的变量

这个尝试是试图从德国的自有体系出发揭示福利社会结构。如果人们问这种结构是否也会出现在世界其他国家与社会中[19]，则会惊讶地发现大量簇群。不仅现在的簇群数量是如此之多，它们的发展历史[20]、它们藉以得到表达和理解的体制及其获得的称谓还要更多。[21]

1. 由法律自身的福利社会目的所决定的法律

尽管如此，国际法[22]已经制造出一种现象，把那些因其外化特征而明显属于社会福利法的法律视为"社会保障法"。反过来说："社会保障法"是有关社会福利待遇的法律（主要是指外化的社会福利待遇）的另一个名称。可它究竟指的什么？针对的社会风险和社会劣势情况？被平衡的社会劣势？采用的技术手段？财政支持方式？缴费的保险还是由税收支持？待遇给付是按照个人标准还是普遍标准？依据的是经历还是目前待遇状况？按照最低生活保障原则还是根据现有生活水平？怎么解决未获保障人群问题？

如果再考虑到对既有法律的福利社会性质的内化性修改，那么可能性的

---

[17] 见注 5.
[18] "福利社会市场经济"这种形式比较特殊，它指称的是一种"常态"和"修正"的联合。这个概念容忍了市场经济"常态"的不平等倾向始终在对"修正"的"更多平等"任务提出新的挑战。"常态"与"修正"的共同成果合法化了民主制度，虽然这种民主不是以"福利社会"干预，而是通过一般性规则操控市场经济。
[19] *Zacher*, in: ZIAS (22) 2008, 1 (18–38). 见其中的资料.
[20] *U. Davy*, in: Deutscher Sozialversicherungsband e.V. (Hrsg.), Sozialrechtsgeltung in der Zeit, Schriftenreihe des Deutschen Sozialrechtsverbandes Bd. 55, 2007, 103.
[21] *F. Schmid*, Sozialrecht und Recht der sozialen Sicherheit. Die Begrifflichkeit in Deutschland, Frankreich und der Schweiz, 1981.
[22] 国际劳工组织 1952 年第 102 号《社会保障最低标准公约》是基础.

复杂程度还要增加。哪些社会保护和社会平衡任务是由劳动法规定的？哪些没被规定？如何规范其他职业行为？如何才能把财产纳入福利社会责任中来？哪些需求满足过程要按照特殊福利社会的要求进行设计？普遍保障策略可以在什么地方替代个人保护与平衡策略——如在教育领域中通过免费学校教育，在医疗领域中通过国家健康服务？在德国，"**公共服务（Daseinsvorsorge）**"概念指的就是这种需求满足的普遍保障策略。[23]

2. 福利社会性的整体——整体性的福利社会

(1) 多样性的层次

如果有人对福利社会修正和先于修正的"常态"之间的关联进行思考，那么呈现在他面前的会是一幅更纷繁、更复杂的景象。这里不能也不必对发生（或可能或应该发生）在繁杂多样的世界政治、社会、经济、技术以及文明和文化状况中的常态与修正、私人与公共、社会与国家的辩证关系进行论述。能够肯定的是，从这种多样性中（带有福利社会性质的法律出现与形成的前提条件以及福利社会法律的后果的前提条件）产生出了在多样性上同样不遑多让的社会福利法和其他受福利社会目的影响的法律。没有哪种保证"社会保障"的国际方案能够有效促成它们的统一，对于涉及面更为广泛的带有福利社会性质的法律来说也同样如此。[24] 它们的实现所需要的不仅是"修正"（社会福利法和出于福利社会目的而对既有法律的修改与补充），也需要"常态"自身的相应进步。

(2) 共性与差异的隐性前提

"福利社会问题"及其应对是工业化的后果。它是社会福利法发展的核心基础。然而在工业化国家分化成了社会主义世界和"自由"世界之后，产生了非常显著的差异。自由的减少、公共社会的消灭、以中央集权经济取代市场、法律作用的降低是社会主义世界的标志；自由的发展、私人性和公共社会、市场的作用、法律的充分影响则是"自由"社会的标志。这边取得了经济成功，

---

[23] 欧洲法中称为"普遍性经济利益服务"：Art. 16, 86 Abs. 2 EGV；欧洲人权公约第36条。
[24] 见联合国《经济、社会与文化权利公约》（1966.12.19）。

那边的经济遭到失败。尽管如此，根本的共性仍然存在：正规的劳动世界、小型家庭占主导地位、职业劳动与需求满足的分离——概括来说就是功能的分化。[25]

然而如果想对地球上所有社会和国家开放，就必然要考虑这些模式的更深层次的前提，工业国家的常态与修正、私人性与公共性、社会与国家之间的辩证关系便产生自这些前提条件：法律的成文性与可行性、称职廉洁的行政部门、货币经济、细化的经济制度、进行劳动分工的职业生活与需求满足、小型家庭、正规的劳动世界。与此相对照的则是非正规的劳动世界，由大家庭构成——也包括大家庭集合，生产与需求满足在其中是统一的整体。劳动与需求满足不是在付出与报酬的意义中互相作用，而更多是独立地在天然角色分配中被确定。也不存在劳动与劳动收入相对应的时间节奏，劳动负担和需求满足长期由预先确定的社会角色来决定。在法律与自由形成张力之处，可以通过道德、宗教或流传下来的其他规范填补对生活空间和发展模式的决定的缺乏。社会（如果社会这一概念在具体情况下仍然有效的话）没有或很少分化。国家的角色（这里同样也要先做个限定：如果国家这一概念在具体情况下仍然有效的话）是不确定的甚至可能是边缘性的。极端情况下，无论是常态与修正的辩证还是社会与国家的辩证以及私人性与公共性的辩证，都难以察觉得到。在工业化世界中被证明是非常重要的历史联系，在这里却变得不太正常。自身的历史没能延续。由没有分化或分化程度很低的古代型社会与其他分化型社会结合而成的社会，会形成一种或可称为糟糕的选择：要么保持下去，要么进入导致分化型社会的发展中。然而它从工业化世界所接受的机制并非产生于自己的历史而是从外国历史中来。即便社会想保持其"原始状态"，仍会丧失这种"原始状态"，因为并无法保持。它丧失了自己的本体。

(3) 同质社会和国家中的福利社会差异

在工业化世界中，福利社会修正原则上是根据紧迫程度这一前提解决国家及其社会中存在的主要问题，因此可能会遗漏或忽略那些较难渗透的领域。但这并不一定会损害国家福利社会领域的整体统一。但在审视"同一世界"的

---

[25] 相关资料见：*Zacher*, in: ZIAS (22) 2008, 1 (23f.).

多样性时，这个问题也获得了新的重要性。在许多社会与国家中，人们的生活条件差异是如此之大，以至于无法通过同一的社会保护和社会平衡机制提供保障。这类国家与社会的数目相当之大。为人熟知的有澳大利亚原住民和加拿大因纽特人的问题。因此越来越多国家之下的（地区的、民族的、宗教的）地域性差异要求由不同的机制加以解决。

但是光建立各种机制还不够。难度更大的是对相关人群的行为和为其所建立的机制进行适当规范。[26] 如人们在家庭单元中以预定角色实现劳动与需求满足的古代型社会和进行正规劳动的城市社会之间来回流动的情况。正规劳动和非正规劳动的福利保障范围彼此互相渗透时也是如此，尤其是当旧式大家庭的家计期望与在以正规劳动和小型家庭为标志的城市环境中生活的家计承担者产生冲突时。或者当家计承担者年老时回到村庄，而他从城市劳动生活所全部带回的与他的旧式大家庭的期望和可能性有所不同。这些矛盾对旧式大家庭的非出于制定而是自然存在的老规则会如何产生影响？它们如何补充或者拖累城市社会的可能性与规范？在这种关系中，古代型社会和城市社会中的人们可能会对彼此做些什么？贫困人群和富有人群可能会对彼此做些什么？国家会为这一方或那一方做些什么？最后：不同的生活状况及其规范会触发什么样的张力与变化？

(4) 常态与修正的区分的政治特性

最后还有个例子，是关于从德国体系出发理解社会状况多样性的困难。上面提到，应对生活过程中出现的赤字有两种互补方式：对常态进行发展，以及"福利社会"性质的修正。在一定范围内它们可以互相替换。然而一旦超出范围，把特殊福利社会措施引进常态就会危害和毁坏常态的适当性。另一方面，对明确的特殊福利社会修正的放弃又会危害并最终削弱（在合题的意义上）作为整体福利社会的国家的合法性。从常态中区分出修正因此首先是一种政治决策：通过对问题的定义和解决方案的形成，对其的命名也包括在内。

---

[26] 关于机制多元化见 *Zacher*, in: ZIAS (22) 2008, 1 (20-24). 同期杂志收录的还有：*Saini*, in: ZIAS (22) 2008, 39；*Kaseke*, 64；*Leisering*, 74；*Midgley*, 104；*F. v. Benda-Beckmann*, 119；*K. v. Benda-Beckmann*, 174.

社会状况的分化程度越低（这可能是极权政治制度或者原始文明或两者兼有的表现），就越不太可能识别出这种区分：在常态与修正之间进行区分；认清特殊福利社会性质的意图。虽然文明发展到相当程度且极权特征尚不确定的后社会主义国家坚持认为创建了自成体系的"福利社会"常态，而"福利社会"修正（即社会政策与社会法）则是"非福利社会性质的"常态的表现，是典型的资本主义现象。[27]

在这些情况下，能够进行全球比较并内在具有国际性的社会法会被理解成什么？更进一步："社会法"在发展中国家意味着什么？

3. 历史性的和先验性的"福利社会问题"

到最后，一个迄今很少被讨论到的对立显现了出来：相对的、历史性的"福利社会问题"和绝对的、先验性的"福利社会问题"之间的对立。

(1) 历史性的"福利社会问题"

历史性福利社会问题的出发点是：在某个社会和国家中生活的人们可被区分为处于非劣势地位和劣势地位、较强势和较弱势的人群。"贫民问题"和"劳工问题"的提出便是如此。这种区分进一步发展，直到越来越多的群体被认为处于社会劣势状况：小农户和渔民、小工商业者；家庭、多子女家庭、抚养儿童的母亲、儿童与青年；残疾人、居无定所者——这仅是几个例子。如果把受损害者的类型分解成完全个人性的社会劣势情况，那么虽然人们同样也会遭遇这些情况，但只要很严重的风险如疾病、伤残、老年等没有发生，就不属于弱势者。但是平等观念始终存在，总会有一个关于差异的标准，超过了就会被认为是不平等，必须予以纠正。社会劣势和社会平衡的次序是决定性的——并非时间上的次序，而更多是一种逻辑上的次序：对前提条件的依赖。"通过平衡措施实现平等"的策略总是以社会状态的某种常态为前提，从这种常态中产生的既有差异性也有非差异性。这便是欧洲和北美福利国家的典型状况。

然而，即使在欧洲福利国家中也存在差别。另一种平等整合策略（"通过

---

[27] *Zacher*, Jahrbuch für Ostrecht, 1982, 331.

普遍性实现平等")的分布范围与斯堪的纳维亚社会和国家的平等思想高度一致。其发生的背景是：对常态的势能所进行的组织使得不合理不平等的空间被最小化。然而即便是对常态的最具平等倾向的组织化也不可能完全消除不合理不平等的风险。在平等倾向的"常态"之外，这些社会与国家不可避免地也得采取"通过社会平衡实现平等"的措施。它们也会有诸如穷人、残疾人和失业者，也得为这些人提供照料。它们也要针对典型的社会风险采取保护劳动者的措施。总的来说，**常态与修正的辩证关系**在所有情况下都会发生，而修正的"**福利社会**"特性也都产生自**政治决策**。

(2) 先验性的"福利社会问题"

全球化也使得越来越多完全以赤字为特征的社会浮现出来。极端情况下，有些社会完全或基本上显现不出国家的结构，政治对其只有微弱的或不完全的影响。这些社会的成员恐怕自身都没有意识到平等与不平等问题，至少这对他们意义不大。这种社会内部的平等与不平等仍然只是某种存在和现实。只有当开始与其他社会和国家的生活状况进行比较，平等与不平等的问题才会被提出。也许问题是由在分化程度不高的社会中生活的人们自己提出来的，但更可能是由从外面接触到这些社会的人指出。与发达社会及其历史性福利社会问题不同的是，它所涉及的并非常态和修正的关系，而是指常态本身以及在"更高级的"条件下常态与修正辩证的共同作用应达到而未达到所形成的赤字。应该进行的平等整合，主要是"通过普遍性实现平等"策略，也即对常态的提升。

(3) 两种"福利社会问题"的相互关系

如果从持续发展的过程进行观察，那么展现出来的是：社会与国家的分化程度越高，就越是主要是由上文所称的"常态"（与修正相对）和"普遍"（与福利社会"特殊事物"相对）来应对先验性福利社会问题。从许多不同发展水平的社会与国家同时并存这一角度进行观察，表现得也同样明显：发展水平越高，就越会通过"常态"和"普遍"应对先验性福利社会问题。这指的是让生存、社会与政治都成为可能，也包括了对特殊"福利社会事物"进行定义和解答的政治决策。这种"普遍"和"常态"同时也是差异性产生的一个重要条件，它有可能会在平等取向的整合中造成这种情况,制造出对平等不利的社会关系。无论如何,只有当"常态"通过"修正"得到了补充,才会达到平等取向的差异性的理想状态,但"常态"也是其中的重要条件之一。关键性认识是:如果把对"福利社会"的认识局限于特殊的"福利社会措施",局限于"修正",就会阻断通向对现实的合理分析与评价的道路。也是出于同样的理由,我们在相对的、历史性的福利社会问题之外,也必须要认真对待绝对的、先验性的福利社会问题。

四、结语

这种复杂状况深刻影响了制定全球社会政策的艰巨性。全球社会政策必须考虑到它所面临的各种法律、政治、经济、文明、文化、社会的差异。它必须是一种与国家共同制定、服务于国家又独立于国家的政策。它必须是站在大众一边的政策:借助于国家之力,但也要批判性地针对国家违反平等原则的作为。它还应充分考虑所有常见区域性中存在的矛盾:对人类发展的贡献及对人们进行歧视和限制所造成的风险。它必须是为人们提供保障的政策,但并不只是提供帮助,还要具有提升能力的作用。它强化了国家服务和所有对大众有利的区域性,也为大众指明了他们自身的道路:对自己和他人的责任。

如果全球社会政策局限于福利社会修正的内容,如社会福利待遇的保证、社会保护或社会再分配机制,那它不可能取得成功。全球社会政策必须找到对常态施加影响的路径。[28] 说得更明确些就是:对全球社会政策来说,关于基础设施、经济、国内安全、健康、通讯、抚养教育、法律、行政管理、当今所有与"好政府"相关事物的问题都与它属于同一个议题。所有这些的实现也都与特殊福利社会意图密切相关。这就像如果用社会权对自由权加以补充,就必

---

[28] *Köhler*, Sozialpolitik und sozialrechtliche Aktivitäten der Vereinten Nationen, 1987. 这方面还有联合国千年宣言(2000.9.8). 当前研究见 *Schlorlmer* (Hrsg.), Globale Probleme und Zukunftsaufgaben der Vereinten Nationen, ZfP Sonderband 1, 2006.

须把社会权[29]置于自由权的语境中,这对自由权是有益的。显然,与国家主权的冲突会因此而达到最大限度,但若全球社会政策不能解开主权之结,那它就不能胜任使命:既带给民众更多"社会公平",还要维护和平。

实现了平等取向差异化的整体社会状态,并不仅仅是从常态的正题和修正的反题中产生出的合题,而也是从社会福利待遇给付的正题和国家待遇给付的反题中产生的合题。这一原理是从国家及与国家融合在一起的社会的共同经历中得出的。把它运用到整个世界[30],困难之处不仅在于缺乏承担国家角色的构造,还在于缺少一个在国家与社会整体关联意义上的"世界社会"。[31]它会是填充在国际组织、国家和国内社会之间空间的跨国势力吗?是所有国内社会的总体?或是国内与跨国势力的总体?也许能从这个问题看到一丝希望。类似于市民法治国家,国际组织能够打开并保障自由的空间,社会力量藉此参与到激活平等取向的差异性中来,而国家之外的区域或许也能得到同样的发展。

全球社会政策是个乌托邦式的幻想。但它是个必要的幻想。对于有能力为此作出贡献的人来说,发现和实现其中的可能性,是一个最为紧迫的责任。

---

[29] *Giegerich/Zimmermann/Heinz* (Hrsg.), Wirtschaftliche, soziale und kulturelle Rechte im globalen Zeitalter, 2008.

[30] 关于存在的困难和可能性见 *Stichweh* (Hrsg.), Weltstaat und Weltstaatlichkeit, 2007; *Leisering*, ApuZ (21) 2008, 21.

[31] *Brunkhorst*, APuZ (21) 2008, 3; *Höffe*, Demokratie im Zeitalter der Globalisierung, 1999.

第十二章
传统社会团结与现代社会保障：
共存还是冲突？*

一、现代社会保障的基本模式

为了理解传统社会团结与现代社会保障之间的关系，首先有必要弄清支撑起现代社会保障的基本模式。[1]

首先是社会结构。人们基本生活在由父母和未成年子女、无子女夫妻、独自生活的人构成的小家庭中，家庭中的成年人通常靠工作获得收入以维持生计。如果有子女，那么成年人中的某个（传统上是妻子和母亲）会承担起照料任务并因此而放弃外出工作，从而不能获得收入。

然后是经济状况。现代经济制度的性质是"劳动分工性"。生产和分配功能被分散到各种经济单位（企业、手工作坊、农场等）。在这些经济单位中劳动又再次分配到员工。劳动分工以持续的交换过程为前提，以令生产和分配能够发挥其应有作用。在这一过程中，商品与服务为一方，货币为另一方进行交换（价格与工资）。

由此产生了现代社会保障的基本规则：[2] 每个成年人都应可以通过（从属性的或自主的）劳动获得自己和家人（孩子与配偶）的生活所需。这个规则的

---

* 本文最早收录于：*Von Benda-Beckmann, Casino, Hirtz, Woodman, Zacher (eds)*, Between Kinship and State, 1988.

[1] 对发展的阐述可见 *Peter A. Köhler*, Entstehung von Sozialversicherung. Ein Zwischenbericht, in: Hans F. Zacher (Hrsg.), Bedingungen für die Entstehung und Entwicklung von Sozialversicherung, 1979, S.19 ff.; *Peter A. Köhler/Hans F. Zacher*, Sozialversicherung: Pfade der Entwicklung, in: *Peter A. Köhler/Hans F. Zacher* (Hrsg.), Ein Jahrhundert Sozialversicherung, 1981, S.9 ff.

[2] *Hans F. Zacher*, Zur Anatomie des Sozialrechts, Die Sozialgerichtsbarkeit Jg.29 (1982), S.329 ff.

前提是：

- 劳动能力带来收入，
- 收入足以满足挣钱养家者及其家庭的需要。

由此可以认识到三个核心的问题场：

1. 劳动与收入的问题场：在这个问题场中，劳动被组织和管理起来并带来收入。如果个人有资产，也可以通过利用或消耗资产来替代收入。但靠财产生活的"资本家"现象不在这里讨论，它不属于大众遭遇的福利社会问题的解决方式。然而财产尤其是储蓄作为劳动收入不足或完全缺失时的补充或替代，从福利社会角度来看仍然十分重要。

2. 需求满足的问题场：在这个场中对人们需要的物品进行生产和分配上的组织，以满足在食物、衣服、住房、抚养、教育、护理等方面的需求。这可在"福利社会市场经济"或计划经济的框架下通过私人企业或是行政主体来完成。

3. 扶养单元的问题场：在这个单元中，人们为满足需求相互依赖，或依赖于单元中的某人。挣钱养家者的收入有时以货币形式，有时通过获得满足需求的必要物品，作为家计支出转移给家庭成员。需求满足也可能直接通过家庭成员的行为来完成，如母亲对孩子们的照料。

我们可以看到，个人对自己及家庭的社会责任规则是在塑造了三个问题场之间语境的动态过程中实现的。然而规则只是一个规则而已，它的现实性存在于它是有例外情况的，只有通过这些例外才能切实认识到规则。以下便是典型的福利社会赤字：

1. 在劳动与收入的问题场中，劳动能力有可能（由于疾病、残疾、年老等）完全或者部分、持续或者暂时丧失，或者（由于失业）不再能被使用。一旦失去或者不能使用劳动能力，收入也会跟着失去。

2. 当贫困阶层由于某些物品（住房、食物、医疗服务等）过于昂贵而被排斥在外，或者为此需要承担完全不成比例的负担，就会产生需求满足的福利社会赤字。其他贫困状态也有相似的影响。因此可能会出现由于发展状况、战争或自然灾害而导致某些物品在某些特定地区或某个特定时期完全无法获得的情况，或社会上某些受到（种族、宗教等原因）歧视的群体失去对于满足其需求来说甚为重要的物品的途径。这里毋需对此进一步区分。

3. 在扶养单元的问题场中，赤字的出现主要是由于"有用的成年人"（挣钱养家者或负责照顾孩子的母亲）缺位（如养家者死亡）或者不肯承担义务（如不负担家计支出）。扶养单元本身也可能成为入不敷出的原因，譬如家中（如孩子较多的家庭）有太多依赖性成员，而挣钱的人又太少。

这些赤字便是社会政策的核心任务场，而且它们很快就表现出，只在发生问题的场中解决问题往往是不够的。例如某个工人由于疾病而短期失去劳动能力时，可以通过在劳动法中规定雇主在此期间必须继续发放工资来解决。然而如果某个残疾人持续丧失劳动能力，劳动法就没有理由规定即使他不能再工作雇主也必须一直支付工资。任何想要公正践行其理念的福利国家，除了通过社会福利待遇替代他的劳动收入，没有其他解决办法。因此，对于我们称之为福利社会赤字的社会问题，可以从两个层面予以解决：

- 内化解决方式，在问题产生的场内解决问题；
- 外化解决方式，出现在与这个"天然"问题场有关的其他地方，它们把对社会劣势的补偿任务转移到了更广泛的团结集体中，其中有些已经存在（如社区和国家），还有些是专门为此成立的（如社会保险机构）。

例如：

1. 防范工人劳动风险的规范保留在劳动的问题场中，是劳动法的组成部分，它们具有天然的内化特征。而工伤的后果既可由内化方式也可由外化方式解决。雇主的赔偿责任是内化方式，雇员的工伤保险则是外化方式。

2. 在儿童教育领域，存在着父母有可能错误地不让孩子接受学校教育的风险。对此加以控制是家庭法的任务，此为扶养单元问题场中的天然的内化解决方式。另一方面也有可能存在教育机构建设中忽略了某些孩子（如在农村生活的孩子）的问题。更好地组织学校教育是需求满足问题场中的内化解决方式。通过国家或某些特殊机构提供社会福利待遇（家庭津贴、教育促进等），让父母或儿童能够或多或少地减轻教育费用的负担，则是外化的解决方式。

当我们谈到"社会保障"，基本上是指这些外化的解决方式。典型福利社会赤字的核心领域已经出现：疾病、生育、残疾、年老、遗属、工伤与职业病、失业与家庭抚养负担，现代社会保障为此寻找并找到了越来越多的解决方式。解决方式的实现采取了许多不同方法：

- 社会保险，
- 无需缴费（由税收支持）的社会保障（国民保障），
- 社会补偿（如给战争受害者的补偿），
- 社会促进项目（如家庭促进、教育促进、康复促进等），
- 贫民救济（现代表述：社会救助）。

如上文所指出，针对某些特定需求（如儿童、老人、药物成瘾者等的需求）的服务是处于外化与内化方式之间特殊地带的一部分。一方面它们具有外化特征如由国家负责实施，另一方面，由于这些典型的福利社会问题本就不可分割地存在于更大的关联场中，它们也具有内化解决方式的性质。

本语境中的这些概念曾在不同国家和不同时期中被非常模糊地使用过，这里不能对此进一步探讨，但有必要指出一些分类的模式。除了针对需求满足的行政性"内化"（如通过教育机构、普遍性国家健康服务），各制度的安排中还涉及以下特殊问题：

- 选择不同形式的服务还是现金形式的福利。
- 选择根据需求确定的个体性分配（贫民救济/社会救助；根据其内容亦可普遍与社会工作、护理、医疗服务等相关）还是基于整体确定的与个体需求脱离的标准进行分配：尤其是根据缴费标准（如

社会保险中的养老金)、根据最小化或典型化的需求(如固定费率,国民公共保障)。

- 选择以缴费支持的针对特定风险的基金来保障将来的待遇支出(社会保险),还是由税收支持的项目为全体公民、居民及类似群体在所有典型需求情况下提供服务与福利(国民公共保障,社会服务)。

为了达到社会安全目的,福利国家必须越来越多地把这些方式结合在一起。只用社会保险方式、只用贫民救济(社会救助)方式或只用普遍性国民保障方式不足以形成一个运行良好的社会保障整体制度。我们总能发现大量不同方式的组合:福利待遇的抽象类型化与必要项目的具体决策;根据反映在缴费和待遇上的收入标准制定的社会预防措施与根据典型状况标准(国民公共保障)制定的预防措施;由其福利社会目的所确定的目的性待遇与主要由(工伤、犯罪行为、战争等的受害者)损害赔偿责任导致的因果性待遇(如战争受害者保障、工伤保险)。遗憾的是"社会保障"常被认为只是这些方式中的某一个,这就掩埋了真相。

但是我们所发现的不仅是这些组合。我们必须再度思考内化解决方式和外化解决方式之间的相邻关系。对某个国家的社会保障整体图景来说,这种相邻性具有十分重要的意义。在内化与外化解决方式之间存在着选择的可能性(如已提到的工人患病情况下"内化的"雇主继续支付工资和"外化的"医疗保险机构疾病津贴之间的选择可能)。这两种方式可以次第结合(如某段时间内支付工资,之后给付疾病津贴),也可以同时使用。再举个例子:老年人的社会保险养老金是一种外化的解决方式,企业养老金则是一种内化的解决方式。当考虑到私法和劳动法中还存在着我们至今尚未讨论到的外化的解决方式,这种组合还能再进一步细化,如由雇主提供给雇员或由工会提供给会员的(养老)商业保险和预防措施。因此解决养老问题时可能会出现一种"三明治体系":税收支持的国民年金(如统一费率养老金)作为基础保障;其上是社会保险或私人保险或其他与收入相关的职业保障待遇;然后是企业津贴或个人商业保险,它们进一步补充了其他两类保障。

总之,"社会保障方式多元化"已经发展了起来:许多方法与制度互为补充，以达到社会、财政、行政和法律上的最佳结果。但我们也观察到市场经济导向国家和社会主义国家之间存在的差异。后者（除了给党内高级干部和受表彰的革命人士的特权之外）只存在统一的制度，其特征是福利社会问题内化在企业内部（及劳动法中）的做法占主导地位。[3] 市场经济国家则更倾向于解决方式的多元化。[4]

无论何种情况，社会安全机制都需要通过立法来加以组织和规范。[5] 为此立法者不得不对生活事实状况如疾病、残疾、年老等进行定义与分类。生活中的这些事实状态总是界线含糊。人们什么时候处于生病或无病状态？什么时候有劳动能力或无劳动能力？什么时候老了或不算老？然而社会福利制度倾向于给这些含糊的过渡段设定清晰的界线，社会生活因此而获得了全新的结构，个人的行为也获得了全新的定位。新的行为空间产生了。那么，那些"生了小病"的人应该继续劳动并获得工资收入吗？还是以疾病的事实构成为由获得疾病津贴？在劳动市场上没有找到中意工作岗位的人是应该接受不太喜欢的工作，还是成为"失业者"？

这种由福利社会立法进行的生活类型划分在婚姻与家庭方面表现得最为重要。然而社会福利制度不能把扶养单元的所有界线和所有角色分配都拉进来。因此诸如一对伴侣是否已婚，在家里生活的孩子是归谁的，老人是否在家庭中生活等问题有特殊意义。社会法也改变了家庭单元的状况。给孩子的教育补助会使得他们视具体情况或多或少地从家庭中分离出来，发放给家长的儿童抚养津贴则会加重孩子们对家庭的依赖性。总之我们可以确定，社会保障法律赋予了个人及其所属群体和社会全新的结构和行为标准。

---

[3] Jahrbuch für Ostrecht, Bd. 20 (1979); *Günter Manz/Gunnar Winkler*, Sozialpolitik, 1985.

[4] *Hans F. Zacher*, Sozialrecht und soziale Marktwirtschaft, in: Im Dienste des Sozialrechts. Festschrift für Georg Wannegat zum 85. Geburtstag, 1981, S. 715 ff.

[5] *Hans F. Zacher*, Verrechtlichung im Bereich des Sozialrechts, in: Friedrich Kübler (Hrsg.), Verrechtlichung von Wirtschaft, Arbeit und sozialer Solidarität, 1984, S. 11 ff.; *Ross Cranston*, Legal Foundations of the Welfare State, 1985.

二、传统社会团结

传统社会团结的构造与过程在所有重要方面都与现在的不同。[6]我们从它的极端状况出发：在古代家庭、村庄、家族、农庄集体，甚至在工业化之前的城市家庭集体中，劳动与收入、需求满足与扶养单元的问题场都是彼此重叠在一起的。挣钱养家者、照顾孩子的母亲、受扶养者的角色并不像在城市工业社会中那样泾渭分明，各个生活阶段同样不能彼此清楚隔开。儿童时期已经开始工作，老了仍在工作，所有正在劳动的成员都对家计作出了贡献。

因此一个集体在何种程度上自给自足，或者它与其他集体进行何种程度的交换，是与许多状况相关的：集体的形式与规模、经济制度的状况、贸易关系的发展、尤其是货币经济对自然经济的补充程度。文明的发展也扮演着重要角色。需求基于文明原因越是细化，能够满足需求的团结体就必然越是庞大。由此产生了这些单元的内部结构问题。这里无法对所有可能性进行分析：由统一的权威尽可能直接指定每个人位置的大单元体；通过统治与服从之间程度不等的尖锐对立解决问题的"阶级社会"；或者由较大单元（村庄、氏族）承担小单元（家庭、家族）不能提供的物品的互补性结构。无论如何，像当今国家这种规模的单元体对于古代社会的日常生活来说相对不那么重要。

古代社会中劳动、收入、需求满足和扶养单元的互相重叠并不意味着所有需求都会被满足、所有人都有同样的需求、所有人都通过劳动为满足自己和他人的需求作出了同等贡献。团结体的能力通常有限，而这种绝对界限无法通过今天我们称之为国内或国际再分配的手段予以补足。从权力关系中产生出了相对的内部差异化，历史证明，这种差异化会导致劳动分工和需求满足上尤其是劳动和需求满足之间的极端失衡。换句话说：古代社会单元未必是奉行平等主义的单元。根据其性质，在古代社会单元中也不能保障每个人都具有生存可能——这主要是指如今我们称之为"有人类尊严的"生存可能。

---

[6] 对社会团结概念的解释见 *Franz-Xaver Kaufmann*, Solidarität als Steuerungsform-Erklärungsansätze bei Adam Smith, in: *Franz-Xaver Kaufmann/Hans-Günter Krüsselberg* (Hrsg.), Markt, Staat und Solidarität bei Adam Smith, 1984, S. 158 ff. *Manfred Parsch*, Prinzipien und Formen sozialer Sicherung in nichtindustriellen Gesellschaften, 1983.

因此，把古代社会与工业社会区分开来的并非是对每个人平等生活需求的满足。古代社会相对于工业社会在这种关联中的区分，是获得正常完整的劳动角色的能力和为自己及他人必要需求的满足作出贡献的能力之间关联的缺失。在古代社会，劳动受到社会地位的决定，需求满足也受到社会地位的决定。工业时期的标志则是劳动、收入、扶养作为一方，无劳动能力、无收入和无满足需求能力作为另一方，直到社会保障出现才缓和了这种关系，古代社会则不存在这些。今天我们知道，付出与获得的法则在古代社会也是占支配地位的法则，可它在当时通常并不作用于工时、工作日、工作周或工作月这种小的时间段上，它的影响超出了生活各阶段。不承担其劳动角色的人从长期来看终会遭到惩罚，这种惩罚可能是对需求满足的削减，或是其他社会惩罚。但对某些人来说，譬如残疾人，虽然他们的需求总是比通过工作能够获得的要多，还是会被满足。儿童得到照料是因为未来能够工作，老年人则是由于其终身从事了劳动。

从上文为解释现代社会保障而采用的术语中我们可以得出：古代社会团结在福利社会问题上只采取了"内化的"解决方式。"内化"与"外化"解决方式之间的张力和相关的法律规范并非先天生成。我们还可以进一步说：当时这样的福利社会问题没有凸显，是因为劳动、需求满足和扶养的规则同时也是用来识别福利社会赤字的规则，而所有这些发生于其中的规则产生于漫长的历史变迁中，是由社会及其成员发现的规则，而非像现代社会福利立法一样是主动制定的法律。它们有可能会随着时代而改变，但并不存在有权修改这些规则的机构。除此之外，法律和道德很大程度上仍是个整体，规则往往还具宗教性质或受宗教动机左右。道德与宗教只能被历史发展所改变，而不是通过规范。

三、过渡与挑战

（一）社会状况的变迁

随着文明的发展，劳动与收入、需求满足和扶养单元问题场的分离日益显著。如今人们已在城市、工业或服务部门劳动并获得收入。需求的确定与满足部分发生在城市中，部分仍在村庄内，部分（如学校和医疗服务）通过公共行政部门。家庭扶养单元也许依然存在，也许被暂时分割，如家庭主体留在村庄，但有些家庭成员到城市工作赚钱。

当劳动与收入、需求满足和扶养单元的问题场开始彼此分离，前文中所提到的福利社会赤字便会出现。再次强调一下关键之处：无法劳动或没能找到工作位置的人会与他扶养的人一起堕入困境。需要被扶养（如儿童与老人）但是没人承担这个责任的，同样会陷入困境。因此，那些传统社会团结发挥功能的单元，如家庭和村庄等，受到了新的严峻挑战。它们对成员劳动和需求的决定权减少了，但是满足成员需求的责任仍在。某些成员在外面从事的劳动和获得的收入、单元中其他成员从事的劳动、单元内部与外部对需求的确定和满足必须得到平衡。文明发展所带来的新的生活要求以及满足这些新需求的途径也必须得到协调。文明的发展速度和团结共同体融入这种发展的速度越快，共同体承受的冲击就越深。由此社会结构出现了变化——譬如当村庄的重要性降低而家庭的重要性提高。这可能会解决一些问题，但同时也会造成新的问题。

还可以在规则的视角下考察这个问题。旧有的传统自然规则回答的是团结共同体内部如何对劳动与需求满足进行分配的问题，但没有回答如何在扶养单元内部分配与得到从其他地方获得的劳动收入和满足持续增长的需求的必要物品的问题。如果社会状况的改变比较缓慢，旧有规则的自我调整也许不易被察觉。可是社会状况的变化通常是如此之快，以至于原有规则不再能够应对现实挑战，不仅它们的力量减弱，甚至连在旧有规则的精神中寻找对新挑战的应对措施的努力都疲弱或失败了。这里要再次提醒：旧有的规则并非是通过某种积极的行动被设立，而是逐渐自发生成。因此，为了让对新挑战的新应对能够发挥作用，同样需要达成社会共识——也可以说是新的道德标准。是否能够及在何种程度上就此生成新的有效解决方式，取决于现实情况、文明发展特性、城乡关系、社会同质性或异质性的程度、社会中的权力状况、它们的创造能力、它们受到的外部影响等等。宗教背景往往也在其中扮演重要角色，旧有规则通常与宗教保持一致。在新的环境条件下宗教会提出什么要求？社会的世俗化倾向与宗教势力之间、政治与宗教代言人之间会出现竞争，会出现新的宗教，不同宗教之间也会出现竞争。

具体来说，旧有社会单元的圈子表现出想把新的可能性吸收进来。如农村家庭分享在城市工作者的收入；分享在城市中开发的需求满足的各种新可能性；分享在城市工作者获得的社会福利待遇；在城市工作者也享有既能在城市工作赚钱而又不必解除与农村家庭联系的机会，一旦城市不再为其提供生存可能，还能回到这个家庭的怀抱。

然而，从旧有规则的精神中创造新规则来解决问题的可能性十分有限。最终国家法律的介入会无可避免。[7] 有时国家立法的发展也成为社会规则的自我调整程序不再自发发生的原因之一，尤其是当国家试图以立法实现其现代化纲领或改变社会价值观时。[8] 如非洲国家通过立法干预来改善妇女地位。[9] 立法干预的原因也可能是：国家立法干预无论如何都会与社会规则的发展形成某种竞争关系。结果有可能是和谐的或冲突的、互为补充的或互为阻碍的。一般来说，即便国家试图将传统社会团结的内容保留下来（至少不予废除而是继续发扬），对整体发展所负的责任仍会越来越多地转移到国家立法、司法和行政上，规制技术也会越来越现代。

（二）现代社会保障面临的困难

但是并非只有旧的团结单元陷于危机。在这个发展时期，现代社会保障也面临巨大困难。[10] 它所面对的是生活形式的多样化，而它尚未将其纳入保障范围。小型家庭的完整性、小型家庭中角色分派的清晰性、挣钱养家者的全职工作等构成了现代社会保障的典型前提条件。然而随着传统社会团结解体或转变，出现了无数的新形式。困难尤其表现在以下问题上：从古代社会关系

---

[7] 见注 6.

[8] *Eugene Schaeffer*, Die Entwicklung des afrikanischen Rechts zwischen Tradition und Entfremdung, Jahrbuch für Afrikanisches Recht, Bd. 2 (1983), S. 107 ff.

[9] UN. Economic Commission for Africa, Repertoire des mecanismes nationaux, sous-regionaux et regionaux pour l'integration de la femme au developpement en Afrique, 1982.

[10] *Maximilian Fuchs*, Der Stand der Forschung auf dem Gebiet des Sozialrechts in den Entwicklungsländern, Vierteljahresbericht für Sozialrecht, Bd. 11 (1983), S. 5 ff.; Soziale Sicherheit in der Dritten Welt, zugleich eine Fallstudie Kenia, 1985; *Detlev Zöllner*, Sozialversicherung in den Ländern der Dritten Welt, Vierteljahresbericht für Sozialrecht, Bd. 11 (1983), S. 21.

和传统社会团结,到催生现代社会保障方式开端的现代城市工业社会,这种过渡始终与本国技术、经济和社会状况的平行性紧密联系在一起。然而现代社会保障是以生活状况一致性的最低标准为前提的。让我们为此再仔细回想一下现代社会保障的特征:

- 首先,社会保障的核心目标在于维持人们在社会常态中生活并防止其坠入亚常态。所有为疾病、生育、残疾、老年、工伤、职业病、失业、养家者死亡及子女过多所提供的社会保障,都是为了努力防止坠入亚常态,或者减轻由于以上风险而面临的丧失收入、无法负担医疗开支、家庭成员失去扶养、多子女家庭中收入与需求过于失衡的危险。
- 其次,贫民救济(社会救助)针对的是那些生活在亚常态中的人。它提供最低限度的生存保障,以防在亚常态中出现挨饿受冻等不幸状况。但是,贫民救济只在亚常态为例外而常态才是决定社会状况的准则的情况下,才会具有现代社会保障制度要素的特殊地位。
- 再次,在成熟的福利国家中,存在一些以保证进入常态和在常态中获得上升机会为目标的福利措施,主要是扶养、教育和职业培训上的帮助措施。然而,即便在这些领域,作为措施存在基础的社会常态的必要性也毋庸置疑。

因此,具有决定性意义的是社会常态的范围,借助于它才能界定社会赤字,才能对需求、预防能力、待遇水平等进行定义。常态是所有社会保障干预的标准。

当国家中的生活状况持续分化(如美国),即便在发达国家,这个前提都会给社会保障制度造成许多困难。而在社会经济条件刻度尺上存在大幅度落差的国家,既有古代集体性质的自给自足的乡村自然经济,也有国际比较上都毫不逊色的城市社会富裕状态,这个问题就更为根本。落差所涉及的不仅是劳动分工和劳动与收入的差异化,还有需求水平及需求满足的可能性,最终还涉及生活方式与生活标准。

因此,在劳动关系、扶养单元、需求及需求满足、尤其是劳动合同的问题上,并非只有一种"常态",而是存在许多"常态"。这种多样性可能会很具张力且十分明显，以至于无法为此建立某种现代社会保障制度。以现代社会保障制度的多样性来应对这种社会状况的多样性是行不通的。主要理由有二：第一，生活关系并未完全彼此分离。家庭单元及地域和社会流动性不停地把各种迥异的"常态"交织在一起。因此这些"常态"并非彼此独立的层次，能够允许为此建立彼此独立的社会保障制度。它们是互相交织作用的。第二，社会状况越是与古代劳动与需求满足集体的类型相近，就越与现代社会保障的特殊技术相悖。

此外还存在另一种困难。现代社会保障的前提是至少具备最低限度的经济活动空间。因此即便是社会状况上具备可能性的领域，如城市工业领域，经济上的状况也常有可能会给现代社会保障技术的应用造成困难。

四、解决方式

经验表明，在发展中国家，现代社会保障方式往往只能覆盖和保护相对较少的人口，而这一部分人群几乎不包括最贫困阶层。现代社会保障更像是（如在拉美）中间阶层的特权，他们的政治地位使其可以为自己建立社会保障制度，他们的经济地位使其有能力负担为他们制定的预防制度的缴费。[11] 因此，现代社会保障技术充其量只能被看成是适应具体社会状况而制定的整体社会保障战略中的一个要素，而这种战略必然是社会保障方式的多元主义。我们早已从工业化国家认识到了这种现象。在传统社会团结和现代社会保障的碰撞与过渡中，这种现象又获得了全新的维度。[12] 工业化国家的社会保障多元主义只活动于一个常态之中，而在这里则要考虑许多不同的常态。

战略的出发点必须是：社会政策必须以各种不同的解决方案应对常态的多样性。由于这些常态无法通过社会分层、地理划界等清晰稳定的界线划分开，社会保障方法的多元主义必须尝试从最基本的社会状况（个人的、家庭的、

---

[11] *Carlo Mesa-Lago*, Social Security in Latin America. Pressure Groups, Stratification and Inequality, 1978.

[12] *Albrecht Bossert*, Traditionelle und moderne Formen sozialer Sicherung in Tansania. Eine Untersuchung über Entwicklungsbedingungen, 1985.

家族的状况等）入手掌握其多样性。让我们回想一下用来解释现代社会保障的基本模式：外化与内化解决方式之间的选择。在这里，这种模式意味着，如果内化解决方式被认为是恰当的，那么在采取外化解决方式之前，必须充分利用内化方式解决问题。内化解决方式与个人及其最近亲属生活于其中的常态更为相关，而外化解决方式由于其所具有的普遍性，则更有可能忽略了决定个人生活的常态。

这种通过内化方式对社会保障方法加以区分和细化的战略具体意味着什么？首先它意味着，人们在其中共同劳动和满足需求的社会团结基本单元（家庭、村庄集体、家族集体等）必须得到强化和稳定化，它们的生计能力必须得到提升。视实际情况，有效措施可能包括农村改革、农业经济指导、农业歉收时提供种子、牲畜的替换等。除此之外还要多加注意，不要让决定劳动分配和需求满足的角色划分之间的开放且细化的共同作用受到类型化的干扰，这种类型化与现代社会保障紧密相关。有劳动能力的人和老人、有劳动能力的人和病人、有劳动能力的人和残疾人之间的类型化对立在现代社会保障中司空见惯，但若把这些放进原始的劳动与需求满足集体中，并通过社会福利待遇平衡劳动角色的退化，则有可能是一种干扰。

然而仅靠保障与促进这些集体的生存能力仍然不够，还有必要帮助它们找到并实现不断变化的条件下的规则。它们必须能够适应经济和社会状况的变迁，尤其是寻找与发现自身经济单元之外的劳动与收入的可能性，以及获得消费、教育、医疗等方面的新的文明与文化可能性。同时它们还要适应社会价值观的转变，如妇女的平等地位和个体解放等。国家法律与司法为此的主要任务是找到或帮助找到能够尽可能保持旧有单元本质的新规则，同时还要承担起针对那些由于个人现在被赋予了自由流动性从而想要逃离出去的人执行新规则的任务。习惯法院常常会成为这些问题的标志，同时也是解决这些问题的一个重要手段。在非洲国家，它们一再被用来明确妇女、儿童、残疾人和老人在始终变化的集体中的地位。[13]

---

[13] *Maurice Doumble-Moulongo*, Les coutumes et le droit au Cameroun, 1972；*Alain Migonot*, La justice traditonelle, une justice paralléle, l'exemple du Sud-Togo, Recueil Penant, 1982, S. 5 e. S.；*M. P. Meyer*, La structure dualiste du droit au Burkina；Problémes et perspectives, Recueil Penant,, 1986, S. 77 e. S.

在现代劳动生活（以及劳动与需求满足的分离）产生的地方，就有必要建立现代社会保障。由疾病、残疾和老年导致的社会赤字，在现代劳动生活中有其特殊的形式与范围。即便家庭或村庄集体的背景仍然存在，这些风险也不能且不应继续由其承担。[14]

对雇佣劳动者社会保障来说，外化解决方式当然是可能的和必要的。然而发展表明，有些内化解决方式仍有特殊重要性。劳动者生活其中的常态太多取决于他的劳动关系，为公职人员、军人和类似群体建立的特殊保障制度一向都是证明。但在发展中国家，即便是在私人产业部门，都盛行着由企业举办或出资的企业养老金、病假工资、医疗保障，远比在工业化国家要普遍得多。[15]一旦外化解决方式得以施行，由缴费负担且与收入相关的社会保险所具有的与被保险人本人特殊常态相衔接的优势就会十分明显。

在某些需求的满足上，大部分人天然不具备足够的能力，这在中小学教育和医疗保障领域尤为突出。把这些待遇适当地纳入个人的"常态"并与其家庭的常态相协调，通常只有通过行政机构和行政行为才能做到，尤其是当涉及的是由核心机构计划的、但各种分支机构可以尽量根据它们所作用的生活状况进行调整的待遇的细化问题。以医院为中心，在其外围设立人员受过简单培训的卫生站这种医疗服务的"集中式"安排就是一个例证。这种解决问题的方式仍可称为"内化"——虽然不是在劳动环境和生存集体中，而是在行政组织中的内化。学校教育和医疗保障获得上的社会不平等，只有通过国家提供待遇才有可能得以克服。

上述考虑构成了一幅农村自然经济和城市劳动分工式经济之间两极化的图景，（教育和医疗上的）行政服务则将这两极连接了起来。这幅图景既是正确的又是错误的，正确之处在于它的基本发展倾向，错误之处则在于它忽略了两极之间生活状况的规模及其在两极之间游移的程度。正是在这种现象中存在着社会保障方式多元化的自身挑战，而战胜这种困难可能需要非正规社

---

[14] 见注 10.

[15] *Tharcisse Nkanagu*, Die afrikanische Erfahrung in Krankenversicherung und Gesundheitsschutz im Rahmen der sozialen Sicherheit, Internationale Revue für Soziale Sicherheit XXXVIII. Jg. (1985), S.131 ff.

过程。[16] 譬如，当社会保障不足以满足某个残疾人或老人脱离劳动生活后在城市生活的需要时，他可能会回到以前为了在城市工作而离开的农村生存集体，在那里，社会保障的货币待遇也许够用一些。一系列非正规社会过程维持着这些连接，当劳动生活把两极分隔开时，仍然存在双向的流动和沟通。这些后果单独看来具有偶然性，然而整体过程却完全可以证明其自身是一种行之有效的平衡：现代社会保障待遇能力和缺陷之间以及农村生存集体待遇能力和缺陷之间的平衡。在这里，国家制定的规范是否比社会的游戏规则和参与者的自身利益更起作用，是值得怀疑的，虽然在正规制度和传统社会团结非正规制度之间更简捷地建立联系的尝试也是值得重视的。这里必须提一下在许多发展中国家老年保障上占主导地位的公积金制度。[17] 它是一种强制储蓄机制，所提供的老年或残疾社会保障来自于从储蓄中的支付。它把最小化的外化解决方式和最小化的内化解决方式结合在了一起。从劳动生活中退出的人们靠这点钱，有了小小的机会重新回到他的生存集体，或者想办法获得其他最低程度保障（通过获得住处和牲畜；通过简单手工劳动维生所需的基本物资等）。无须掩饰，对政治来说，公积金既是一种省钱的制度，也是一种容易被滥用的解决方式，尽管它所开辟的劳动生活和生存之间的弹性边界亦指出了事物的性质。

医疗保障的行政体系则常以完全不同的方式与传统社会团结的特殊性结合起来。如在坦桑尼亚存在着由政府组织的健康服务体系，但它不承担从村庄到卫生站的交通费用，而是由村庄集体负责。村庄一级明显十分适合对交通费用报销的必要性进行评判。[18]

墨西哥提供了行政性质的健康保障和传统社会团结之间结合的很有意思的例子。疾病状况下的社会保障原则上是在医疗保险框架内提供并由缴费支持。但在自然经济地区这是不可行的，因此缴费被地方卫生站的服务待遇所替代，也由地方卫生站决定谁可以享受到什么服务。[19] 这里无法对制度的实

---

[16] 见注12。

[17] 见注10，*Fuchs*, Soziale Sicherheit in der dritten Welt, S.27 ff.

[18] 见注12，*Bossert*, S.274.

[19] *Ignacio Morones Prieto*, Betrachtungen über den Umfang der sozialen Sicherheit in Mexiko, Internationale Revue für soziale Sicherheit, Bd. XXII (1969), S.220 ff. (229).

际运行作出评判,但无论如何这都是一种连接传统社会团结和现代社会保障的值得关注的尝试。

这种战略的一个明显问题是,有些人的社会保障既不是通过生存集体也不是通过劳动生活实现的,如城市失业者、无人照料的残疾人、流浪儿童、贫民窟居民等。显然,社会只能通过把他们送进劳动生活、自然经济体或两者结合来解决问题。[20] 因此除了财政问题,对失业社会保障还存在其他疑虑。实际上,作为社会保障一个部门的失业保障对于发展中国家仍属陌生。然而总得克服人们的生活困境,所以只要国家有足够的经济和行政管理能力,就得采取工业化国家用来帮助亚常态状况人群的社会保障技术:贫民救济(社会救助)。同时还要考虑到,许多国家中所存在的并非所谓的"亚常态",而是"贫困的常态"。这就要求寻找自身的特殊解决方式。在这个问题上,仍然是行政性服务比货币待遇更为适合改善这种"亚常态的常态",而不会妨碍到劳动生活、自然经济等的其他"常态"。

五、结语

发展中国家在社会保障领域同样承担着独有的任务。现代社会保障技术的纯粹拿来主义已被证明是错误的做法。这些技术手段对社会的某一部分人群是有用的和必要的,但这部分人的处境相对其他人来说已经算不错了。相关者的社会处境越好,社会保障整体上给他们带来的好处就越明显。但是更为复杂全面的社会政策要面对的是社会状况多样性的困难,这些社会状况很难达到完全令人满意的和谐。也没有办法为社会中的各种常态都找出相应的社会保障方法,这只不过是一种可能性。

工业化国家并不能为发展中国家提供可以直接拿来就用的模式。即便是内化与外化方式的并行使用——这对发展中国家十分重要,也更多是工业化国家社会政策所内生的,而非公共意识中所认识的那样。我的建议是,在外化

---

[20] National Center für Social and Criminological Research, Cairo, Development Potential and Low Levels of Living. A Pilot Study, 1982.

与内化方式的互补性中寻找一个讨论的平台，工业化国家和发展中国家可以藉此把它们的经验以最有利的方式互相结合起来。

今天我们并不清楚，是欧洲传统社会团结的瓦解使得社会保障制度的建立成为必要，还是社会保障制度使得传统社会团结瓦解，抑或是某种与之截然不同的社会发展潮流造成了这两者的发生。[21]但是我们知道，现代社会保障制度从来就不能完全替代传统社会团结的功能。如今工业化国家做了很多努力，要恢复自发的社会团结，或者建立某种替代机制。这真是太重要了。发展中国家是否有机会更好地把传统社会团结和现代社会保障结合在一起呢？

---

[21] *Köhler*, (注1), S. 46 ff.

第十三章
全球视角中的劳动、失业与社会福利制度 *

一、劳动——社会干预——失业

（一）劳动

失业指的是：某个想劳动的人没有获得劳动的机会。他不用承担**劳动的负累**，但也无法获得**与劳动联系在一起的价值**。[1] 失业的含义因此就是由这种价值展示出来的。[2] 处于中心地位的要素是**就业**：以就业获得收入并满足收入者自己及依赖他生活的人的需求。劳动也意味着作用：既是自我实现的可能，同时也是给世界（也许是物质世界，也许涉及自己或他人的状态）造成某些改变的可能。一般来说劳动最终意味着与社会结合——令自身处于**社会关联**之中，即交往、互动、互相评价与社会作用的关联。[3] 在劳动意义的这些维度中，**就业维度**占据支配地位。**作用维度**和**社会结合维度**与就业的分离导致人类生活方式的各种可能性，同时也导致各种问题，如家庭劳动和**为他人和大众服务的义务劳动**问题就是一个最重要的范例。

此外劳动还是一种付出，作用以此得以发挥，社会关联以此得以开拓，收入以此得以获得。最后，在劳动中（这指的是在劳动机会、劳动履行和劳动收

---

* 本文最早收录于 *Wolfgang Gitter* (Hrsg.), "Festschrift für Otto Ernst Krasney zum 65. Geburtstag", 1997.

[1] *Adrian Sinfield*, What unemployment means, 1981.

[2] *Severin Müller* u.a., Art "Arbeit", Staatslexikon, 7. Aufl., 1. Bd. 1985, Sp. 198ff.

[3] *Bedrich Vymetalik*, Employment and the Quality of Human Relationships at Work, Pontifical Academy of Social Sciences, Plenary Meeting 1996.

获中）还存在着责任：对劳动所能发挥的作用的责任；对劳动发生于其中的社会交往的责任；尤其是对通过劳动满足自身和家庭生活需要的责任。

劳动的意义以自由为前提：自由地接受工作；劳动中也存在一定程度的自由。没有自由，与劳动相关的责任无从想象。但是，这种自由与让劳动成为可能的社会条件处于一种张力关系之中。

职业劳动可以是自主提供的劳动：由除了自身劳动力之外基本不占有其他的**小自营者**（如医生和律师等）通过自由职业行为提供的自主给付，通常他们还得靠其他劳动力的帮助来使用自己的特殊专业技能；由必须达到资本最低标准的**小企业**所提供的给付；直至把他人的劳动、资本和土地组织起来以提供给付并获取利润的**典型企业**。劳动也可以发生在合作社中：如农民或手工业者之间的合作组织（也可在精神团体中，如修行会、教会等）。然而**大部分劳动都是从属性劳动**。雇主决定劳动的内容和条件，所支付的工资就是劳动带来的收入。在现代工业化社会中，"**雇佣**"是所有职业劳动的常规。

（二）社会干预——社会保护——社会保障——社会救助

1. 社会干预

当分工劳动的现代工业社会在中世纪逐渐形成，许多社会性困境也与这种发展同时出现。但除了某些空想的、激进的、革命的要求外，劳动在现代社会生活中的核心地位问题仍然没有表现出其重要性。当时还未能对劳动（也包括从属性劳动）的问题进行思辨，必须首先解决许多与其相关的问题。每个成年人都应该具有和承担通过（从属性或自主性）劳动满足自己及其家庭生计的可能性，这种常态成为一种思考模式，并以此把个人的福利社会责任和国家的福利社会责任分离了开来。[4] 越来越清晰的是，个人在实现各种常规时会遭遇各种风险，且常规的实现是有限度的，于是便产生了赤字。这种社会风险和社会赤字被认为是对终归由国家采取社会干预的要求与挑战。

---

[4] *Hans F. Zacher*, Das soziale Staatsziel, in: *Josof Isensee/Paul Kirchhof*, Handbuch des Staatsrechts der Bundesrepublik Deutschland Bd. 1 1987, S.1045 (1063 ff.) = *Hans F. Zacher*, Abhandlungen zum Sozialrecht, 1993, S. 3ff. (21ff.).

有三个核心的作用与问题场：[5] (1) **劳动与收入**：劳动的社会组织和通过劳动获得收入的介体。(2) **需求满足**：对用来满足需求的物品进行私有经济性质的和行政性质的供给。(3) **扶养单元**：在这个单元中，不仅收入转化为生活费用，还会提供情感、精神和实际上的食物、衣服、住所、抚养、照料、资助等"服务"。随着时间推移，这些作用和问题场中以及它们之间会出现越来越浓密的涉及要害问题的后果，必须用其他人、社会、主要是国家的福利社会责任对其进行干预。

这其中存在一种基本的可选择性。[6] 国家可以在社会保护的意义上，通过改变劳动、社会、需求满足和家庭生计的常态发生于其中的生活与法律状况来进行干预。换种说法就是：国家把福利社会问题的解决方案内化进了这些生活与法律状况之中。国家也可以通过提供社会福利待遇和服务（通过自己承担此任务、转移任务给其他公共管理机构、成立特殊任务机构等），从问题产生于其中的既有生活与法律关系中把福利社会问题的解决方案挑选出来：它们**外化**了。在(1) **劳动与收入**的作用和问题场中，风险被通过劳动法**内化**地加以解决，劳动法为劳动条件的形成设置了大致的界线（通过最低工资规定、劳动时间规定、健康保护和工伤预防规定与机制、解雇保护等）。而当雇主失去支付能力时（破产），当找不到雇主时（失业），当劳动力部分或完全地、暂时或长期地处于受限或不可使用状态时（疾病、残疾、年老等），原则上适用**外化的**解决方式。在(2) **需求满足**的作用与问题场中，**内化的**解决方式主要出现在价格形成以及租赁者与消费者保护规定等形式中（主要涉及房屋和基本食物等）。而**外化**解决方式则出现在由特殊的公共制度提供与支付待遇之处（如疾病的治疗与护理）。在(3) **扶养单元**的作用与问题场中，**内化**解决方式所主导的主要是家计承担者是否有能力满足家庭成员的物质与非物质需要。而家庭福利待遇制度采取外化解决方式针对的是养家者的物质付出能力和抚养子女的数目及其需求之间的不相称，教育帮助服务所针对的是家计承担者的非物质付出能力和子女教育权之间的不相称，遗属的生活费用替代待遇（养

---

[5] *Hans F. Zacher*, Verrechtlichung im Bereich des Sozialrechts, in: *Friedrich Kübler* (Hrsg.), Verrechtlichung von Wirtschaft, Arbeit und soziale Solidarität, 1984, S. 11 ff. (23ff.).

[6] *Zacher*, 见注 5, S. 25ff., = pp. 381 e.s.

老金)针对的则是由于养家者的死亡而给家庭造成的丧失扶养的基本赤字。

当人们(主要是在 19 世纪)意识到这种社会问题时,已有许多为**贫民**提供基本救助的社会福利制度存在。它们通常带有歧视性,有时还与限制个人自由和强迫劳动等措施结合在一起。"劳工问题"相对于"贫民问题"的特殊性表现在:只要劳工们能够获得适当的工资,就有可能自我抵御威胁到他们生活的社会赤字。然而商业保险的苛刻规则不能适应劳动者的社会条件和需求。必须在**商业保险**之外采取**社会保险**的手段[7],它应针对特殊的社会风险(疾病、工伤、残疾、年老、遗属)保护那些靠从属性劳动收入生活的人。此后,商业保险因素显得越来越不重要,而针对特殊社会风险的保护却一直存在。"**社会保障**"这个一般性概念便出自于此。[8]

20 世纪的福利国家自然不能再停留在这种初期社会保护、从属性劳动者社会保障和传统贫民救济最低标准。**总有新的不平等**在对政治提出挑战,要通过对社会保护的调节、社会福利待遇和社会服务对其进行干预:**个人状况的不平等**(儿童、青年、父母、多子女家庭、残疾人等)、**与特殊需求相关的不平等**(住房、教育、健康等)、**与不同人群相关的不平等**(小农、渔民等),等等。干预的网络越来越细化,越来越稠密。[9]与此同时,贫民救济发展成了常规的最低生活保障措施[10],它和(1)**与个人就业史相关的社会安全体系**、(2)与国家或个人(如雇主对工伤的责任)**损害赔偿责任相关的社会补偿体系**、(3)与**状况相关的**[与特殊需求(国民保障)或可具体调查需求(mean-tested)相关

---

[7] *Hans F. Zacher* (Hg.), Bedingungen für die Entstehung und Entwicklung von Sozialversicherung, Schriftreihe für Internatioales und Vergleichendes Sozialrechts Bd. 8, 1979, *Peter A. Köhler/ Hans F. Zacher* (Hg.), Ein Jahrhundert Sozialversicherung, Schriftenreihe für Internationales und Vergleichendes Sozialrechts, Bd. 6, 1981.

[8] *Felix Schmid*, Sozialrecht und Recht der sozialen Sicherheit, Schriftenreihe für Internationales und Vergleichendes Sozialrechts, Bd. 5, 1981, S. 43ff.

[9] *Zacher*, 见注 4, S. 24f.

[10] *Tony Eardley/Jonathan Breadshaw/John Ditch/Ian Gough/Peter Whiteford*, Social Assistance in OECD-Countries, Vol. I, Synthesis Report, Department of Social Security Research Report No 46, 1996.

的] **社会福利待遇复合体系**共同构成了福利社会国家制度。[11]

在每个国家层面,这个由内化的社会保护和外化的社会安全、促进与救助制度所构成的**整体**的发展,在比重分配、结构、技术和水平上表现出**高度的国家特色**。福利国家制度对于某个人、某个群体、某个问题等来说究竟意味着什么,只能根据具体情况进行确定与评价。

2. 对于劳动的意义

一般来说,职业劳动者,尤其是从属性职业劳动者生活状况的改善并非仅靠社会安全和社会补偿制度,它还有赖于社会促进和社会救助这种与状况相关的制度。"正常状态"的"原本"含义:每个成年人都应具有通过劳动为自己和家人解决生计的可能性,因此而被**整体地和多方面地修改**了。它被放进了政治责任之中。被考虑的不仅是那些**必然性事件**(如某个家庭中父亲死亡,通过遗属养老金补偿其家计需要),更多则是产生出了**新的自由权行动空间**,也即在三个问题场:劳动与收入、需求满足、扶养单元中的行为可选择性。首先是接受或不接受某种工作的自由权扩大了。[12]

这一发展的开端是针对工人的社会保障,之后受保护者的范围逐渐扩大到**所有从属性就业者**(主要是职员),以及自营从业者(主要是小自营者、小企业主、小农等)。在自营从业者保护上各国一直存在很大差异,但**从属性就**

---

[11] 见 Hans F. Zacher, Grundtypen des Sozialrechts, in: Hans F. Zacher, Abhandlungen zum Sozialrecht, 1993, S.257ff.; Hans F. Zacher/Francis Kessler, Die Rolle der öffentlichen Verantwortung und der privaten Träger in der sozialen Sicherheit, Zeitschrift für ausländisches und internationales Arbeits- und Sozialrecht, 4. Jg. (1990), S.97ff. 但是缺乏对各国制度进行总体划分的国际整体比较和描述。大多数对**社会保障待遇制度**的描述(如 US-Department of Health and Human Services, Social Security Programs throughout the World -1993)建立在国际劳工组织 1952 年 6 月 28 日颁布的第 102 号公约——《社会保障最低标准公约》——中的社会保障概念上,其中对各国通常最重要的待遇类型做了归纳:医疗待遇、疾病津贴、失业待遇、老年待遇、工伤和职业病待遇、家庭保障待遇、生育待遇、残疾待遇、遗属待遇。

[12] Gösta Esping-Andersen, The Three World of Welfare Capitalism, 1990, Esping-Andersen 为此创造了一个词"去商品化(Dekommodifizierung)"。这个词——也许是由于它的难听——很快就被广泛接受。它的含义是:由(内化的)社会保护和(外化的)福利国家的社会福利制度所带来的额外的自由权符合了"人类劳动不是商品"的要求。

业者保护已成为一个普遍原则。[13]国家与社会承担了完善其生活状况的任务，而并未给予其他群体以同等的普遍保障。这一状况对于"劳动社会"[14]的发展具有重要意义。一方面，社会保护的扩张主要是通过劳动法进行的，与从属性劳动相关的劣势越来越减少，虽然在程度上还存在很大差异；另一方面，从属性劳动与相比较来说程度较高的社会保障联系在一起这一优势也越来越凸显。

尤其是**工资**具有了完全**崭新的含义**。通过缴费义务，它创造了一个通往社会保障的入口。而且由于工资与缴费之间的比例关系，它确定了社会保障待遇（如疾病津贴、伤残与老年养老金、失业金等）的收入替代水平。另一方面，涉及工伤和职业病的养老金也由于对损害赔偿的考虑而反映出工资减少的水平。社会保障以此而相对调整了发生某种社会风险的时期内由工资决定的生活水平——因为在这一时期内是没有工资收入的。因此，对**劳动的含义**必须进行补充：劳动不仅意味着职业活动、自我实现和社会融入，视社会保障制度的发展程度，劳动还使得**保护由就业带来的生活水平标准成为可能**。

最后，社会干预的意义也不止于针对职业劳动。（外化的）社会福利制度对于非职业劳动（尤其是**家庭劳动和社会目的劳动**）在社会中的真实形态与含义也具有更为重要的意义。

（三）失业

1. 失业现象

最广义的失业概念指的是：完全没有工作机会，不管是职业劳动还是非职业劳动，是自主劳动还是从属劳动。然而这一含义中的失业是一种太过于广泛且含糊的现象。

福利国家的结构为我们展示的是一种狭义的失业概念。让我们再次以基本常态为出发点：每个人都应具有通过劳动获取收入并以此满足自己和家庭

---

[13] 关于福利国家制度的这一重要部分见 *Gerhard A. Ritter*, Der Sozialstaat. Entstehung und Entwicklung im internationalen Vergleich, 2. Aufl. 1991. 关于福利社会政策的重点见 *Heinz Lampen*, Lehrbuch der Sozialpolitik, 4. Aufl. 1996.

[14] *Thomas Zuleger*, Hat die Arbeitsgesellschaft noch eine Chance? 1985, S. 17ff.

需要的能力并承担这样的责任。**失业便是这种常态的一种例外情况,在这种情况下,不存在劳动和以此获得收入的可能性**。这一赤字就是福利国家制度中失业概念所指的问题,也即是说,**失业是职业劳动的对立面**。[15] 失业状况因此而被定义为:应该转变成职业劳动状况的状况。当然,自主性职业劳动的目的和从属性职业劳动的目的不应被同等看待。自主性职业劳动是出于自由选择,同时从业者也要承担较高的风险。而国家为从属性劳动承担了越来越多的责任,因此个人也出于责任原因而同样具有**承担从属性劳动的某种特殊义务**。失业概念便是以这种方式**被引入了福利国家的从属性劳动问题、从属性劳动者的社会保护和针对与从属性劳动相关的社会风险的保障措施的集合中**。

在这种被限定了的含义中,失业指的是一种普遍现象,同时也是一种个人现象。作为**普遍现象**,失业是想要或应该通过劳动加入职业生活的(较大数目)人口数(职业人口)与能够从事某种职业活动的(较小数目)人口数之间的**不协调关系**。这种差异产生自一系列宏观条件:自主性和从属性就业位置的数目,这些就业位置造就了政治管理制度、社会结构、尤其是经济状况;由劳动生活的形成要素所决定的劳动条件和劳动费用;具备职业劳动能力者的数目和因从事非职业劳动(家庭中的劳动或其他无报酬劳动)而不计入职业参与者的人的数目;职业参与者的身体和心理等素质、他们的职业灵活性和空间流动性以及职位的供给之间的相称性。作为**个人现象**,失业产生于个人接受职业活动的兴趣与可能性的关系中,以及个人以自己的兴趣和可能性(从积极意义上说)适应职业劳动岗位的机会和准备。很明显,这两种现象在以一种不可估测的方式互相影响着。

2. 失业与社会干预

在这种关联中,国家的社会干预扮演着什么样的**角色**?在社会干预的(1)非特殊作用和(2)特殊作用之间可以进行大致的区分:

(1)社会干预非特殊作用的最广范围是:**社会保护的所有调整措施和社会保障、促进与救助的所有制度**,通过让所有人都具有通过劳动获得收入以满足

---

[15] *Bernhard Külp/Hans Peters*, Art. "Arbietslosigkeit", Staatslexikon, 7. Aufl., 1. Bd., 1985, Sp. 274 ff.

自己及家庭需求的可能性并为此承担责任，而改变了常态的现实。其后果能够（视实际情况而定）降低与劳动、收入、需求满足和扶养单元这一基本规则相关联的**职业劳动负担**，也同样能够满足缓解职业劳动和家庭劳动间冲突的意图。它的作用能够（当然也得视实际情况而定，如以社会福利待遇补充劳动收入）对通过**接受劳动**而满足常态的基本规则予以促进，然而**哪些作用与失业和丧失工作收入相关**，也首先取决于干预的整体。

某些社会福利制度对于**失业的普遍性和个人性现象**的现实状况具有特殊意义。（内化的）劳动法性质的社会保护预防措施规范着劳动关系的建立、存续和终止状况，而（外化的）社会福利待遇也不可忽视。如各种教育促进制度，它们决定着个体劳动力和社会劳动供给的质量。**健康的保护与恢复制度**有相似的作用，并以此服务于劳动力的生产（尤其是医疗保障制度、工伤与职业病劳动力的治疗恢复制度、针对伤残风险的康复措施）。在其他方面也存在着各种通过社会福利待遇替代劳动收入的制度：**教育促进待遇、患病时的收入替代待遇、残疾与老年状况时的养老金待遇**。尤其是残疾养老金[16]和老年养老金[17]，它们以具针对性的制度形式或者某种类似的实践措施，减轻了失业的普遍现象，并为个人提供了一种针对劳动负担与／或失业的替代选择（确认残疾时要考虑劳动市场；灵活的退休年龄，尤其是确定养老金时要考虑个人的失业情况）。

（2）与以上不同，某些外化的社会福利制度与失业有直接关系。

- **积极就业政策**提供的待遇：[18]就业咨询和劳动中介服务、劳动能力培养与更新措施、失业者的再就业帮助（对雇主或雇员的激励措施）。这些待遇主要针对失业的个人现象，但与致力于解决失业普遍现象的政策（结构性、地区性、总体性经济政策）有互补

---

[16] *Angelika Pflüger-Demann*, Soziale Sicherung bei Invalidität in rechtsvergleichender und europarechtlicher Sicht, Studien aus dem Max-Planck-Institut für ausländisches und internationales Sozialrecht, Bd. 13, 1991, S. 77, 176ff., 259.

[17] *Winfried Schmähl* (Hrsg.), Verkürzung oder Verlängerung der Erwerbsphase, 1988, S. 15ff.

[18] 如：OECD, Employment Outlook 1988, pp. 53 e.s.

性。[19]
- **消极就业政策**提供的待遇：失业时的收入替代待遇、短期就业时的收入补充待遇，等等。

消极就业政策[20]的各种待遇（通常是**失业保险**）面临着特殊问题。一方面它们必须考虑到，劳动以自由权为基础，福利国家制度即便不能扩大这种自由，保障这种自由仍属于它的任务；另一方面，个人也有通过劳动为自己和家人负责的义务。为此需要通过确定待遇获得条件而进行特殊划界：由自身过错导致的失去劳动岗位通常不在待遇给付的范围；可以拒绝"无法胜任的"工作，这不会导致负面后果，但对"能够胜任的"工作则不行。待遇持续过程中还存在另一种保障：失业金的短期和中期持续发放不需要进行贫困程度审查（mean-test），但较长期的待遇给付还是需要进行审查。在单个情况下，通过失业待遇替代劳动收入的水平，尤其是家庭承担家计的能力差别很大。[21]通常起决定作用的是失业保险缴费和由其反映出的劳动收入水平，只在例外情况下，才会按照统一标准给付（统一费率）。如果不（再）存在失业保险请求权，就可能（视各国状况）采取**由税收支持**的社会救助制度。它有可能是以社会保险为普遍形式的社会保障制度的一个组成部分，也有可能以社会救助制度的形式出现。常见的情况是社会救助措施作为社会保险的后续（补充性的由税收支持的社会保障）出现，一般采取中等级别的贫困状况审查。待遇通常按审查级别一级级降低，社会救助制度原则上倾向于是一种单纯的基本生存保障，它所提供的是最低程度的收入替代和家计保障。

这种从积极的劳动生活到收入替代待遇（要么是失业金，要么是社会救助待遇）的转变有可能令失业者陷入其中无法自拔（或不欲自拔），对此的忧虑正在扩大并得到了证实。为此人们寻求将"消极就业政策"和"积极就业政

---

[19]　见 *Stefan Huckemann*, Beschäftigungspolitik im internationalen Vergleich：Länder ranking 1980–1993. Eine Studie der Bertelsmann Stiftung, 1994.

[20]　*Stefan Huckemann*, Beschäftigungspolitik im internationalen Vergleich：Länder ranking 1980–1993. Eine Studie der Bertelsmann Stiftung, 1994.

[21]　见 *Colin Gillion*, Labour market changes and social security Western Europe, 1975 to 1995, European Institute of Social Security, Yearbook 1996, 1997, pp. 213 e.s.

策"的技术手段结合起来,既要避免失业,也要尽快结束失业状态。[22] 社会救助待遇因此也得服从于专门用于(重新)进入劳动市场的措施。而在社会救助的框架内,通过单纯对是否处于准备劳动状态的检查,劳动的义务更多被认为是平衡正义的必要手段:靠大家养活的人应该为大家工作,至少不该以游手好闲作为回报。[23]

二、不平等的旧秩序——从二战结束到80年代

(一)普遍基础:共性与差异

二战即将结束时,世界开始建立新的秩序。一种巨大的共性表现了出来:所有政策都带上了福利社会的维度。各国开始以成为福利国家来进行自身的合法化。劳动、社会保障和社会救助亦成为国际政治的重要议题。一些关键性的一致意见得到了表述:**劳动的权利**(1948年联合国大会《世界人权宣言》第23条);[24] **充分就业**的政治目标(如1944年国际劳工组织费城宣言第三章、1945年联合国宪章第55条);[25] **社会保障权**,尤其是失业保障和社会救助权(联合国人权宣言第22、25条)。[26] 然而与此同时世界也开始分裂为:继续依靠**市场经济制度**发展经济并把政治制度建立在**法治国家和民主制度**之上的工

---

[22] 关于积极就业政策与消极就业政策的关系,见 *Günther Schmidt*, Unemployment insurance and active labour market policy: An international comparison of financing systems, 1992.

[23] Eardly, Social Assistance in OECD-Countries (注10), pp. 140 e.s.

[24] 劳动的权利亦被写入:1966年《经济、社会与文化权利国际公约》第6条第1款;1961年《欧洲社会宪章》第1条。1989年《雇员的社会基本权利共同宣言》中涉及的则是自由择业与从业权(第4条)。

[25] 关于促进充分、有创造性和自由选择的就业目标,还可见国际劳工组织1964年《就业政策公约》第1条第1款;就业目标规定还有1960年《关于经济合作与发展组织公约》第1条。关于稳定、增长与充分就业目标见1974年欧共体74/121号指令。

[26] 社会保障与社会保险权规定见1966年《经济、社会与文化权利国际公约》第9条;社会保障与社会救济权规定见1961年《欧洲人权宪章》第12、13条;关于社会保护与社会保障权的规定见1989年《雇员社会基本权利共同宣言》第10条。对社会保障权利的基本规定是国际劳工组织1951年第102号公约。

业化国家、处于苏联势力范围之内的**社会主义国家**，以及**发展中国家**。尽管它们之间在历史、经济、社会文化和政治上差异极大，但这及不上它们所面临的特殊困难的共同性。三个世界的划分在随后几十年中主宰着政治与社会状况，劳动、社会保障和失业对于人们究竟意味着什么，要视第一、第二、第三世界自身所特有的条件而定。[27] 然而这并未减弱民族国家的特殊意义。相反，尽管存在所有这些国际合作与团体的形成、欧洲一体化的努力，以及苏联对东欧与中欧的控制，民族国家的存在意义仍在这一时期显得比以前还重要。无论是以"西方"的自由福利社会国家制度，还是以东欧模式的社会主义国家制度，抑或是以其他制度形式，国家都在以社会政策为统治手段，通过之前不被人们所了解的方式决定着人们的生活条件。

（二）"西方"工业化市场经济国家中的发展

在第一世界国家中，前述的劳动与社会保障构造以典型方式获得实现。这些国家追求的目标是为尽可能广泛的公民阶层提供尽可能高的物质与非物质生活水平。市场经济制度与相应的政治与社会框架条件共同使得这一追求成为现实成果。**个人参与这一成果的最重要方式便是职业劳动**。他由此能够获得的不仅是收入、自我实现和社会接纳，还有全面的存在合理性所带来的好处。**从属性劳动**在其中扮演着**越来越重要的角色**。一方面，从属性劳动广泛存在于日益扩张的企业、公共管理和社会机构的劳动组织中，另一方面，雇佣劳动者的双重集体力量（一是与雇主及其集体力量共同作用于规范的形成，二是以持续壮大的选民能量对民主政治产生巨大影响）使得适当的劳动条件"规范化"（尤其是劳动时间和稳定劳动关系）成为可能。此外，（外化的）社会保障也主要针对从属性劳动。作为一种使得从属性劳动的优势与劣势处于平衡状态的相对最佳选择，**正规劳动关系**发展了起来。[28] 其特征是对日、周和年工作时间进行规定要遵循社会习惯，既要充**分发挥**雇佣劳动者的**劳动潜力**，但

---

[27] International Labour Office, World Labour Report, Vol.1, 1984, Vol.4, 1989.

[28] 关于正规劳动关系的普遍性见：*Ulrich Mückenberger*, Die Krise des Normalarbeitsverhältnisses – Hat das Arbeitsrecht noch eine Zukunft? Zeitschrift für Sozialreform, 31. Jg. (1985), S.415ff., 457ff.

通常情况下也不可过度使用。正规劳动关系的另一特点是建立在**稳定性**基础之上——法律规定：雇主如果要在任意时间解除劳动合同，则需特定的合法性理由。正规劳动关系也是**采取社会保障技术的基础条件**：[29] 就像正规劳动关系的工资应能成为劳动者（及其家庭）的基本生活条件一样，对社会保障的工资替代待遇的测算也应考虑到生活负担和生活标准的保障，要能够替代与正规劳动关系相一致的基本生活条件。

这一制度给劳动者带来的好处随着时间而增加。劳动关系中已得到改善的（内化）**劳动保护**，尤其是劳动时间的缩短，使得个人自由增大[30]，而劳动力（尤其是高素质劳动力）参与福利生活的比例也增加了。与此同时，**外化的社会福利制度也在持续扩张**。[31] 越来越多的人群（农民、中小学生、大学生）被吸纳进来，越来越多的生活状况（如抚养儿童的家计支出、父母缺乏养育子女经费和家庭破产）被认为应属于受保障的范围。对已有福利待遇的规定也越来越完善。个人能够决定拒绝或放弃某些工作机会的**自由度因此也得到了提升**。通过个人化，人们具有了越来越多在生活常态中克服常态的自由。[32]

50年代和60年代的标志是**充分就业和低水平的失业率**。然而从1973年"石油危机"开始，OECD国家的**失业率几乎是不间断地节节攀升**，直到80年代前半期达到了第一个高峰。制度在80年代再次进入恢复期，1990年（犹如是对一个时代的告别）失业率从1981年的平均水平开始下降。[33]

波动的原因在于经济增长总趋势的起落、结构性变迁（特别是生产力进

---

[29] *Gerhard Bäcker*, Normalarbeitserhältnis und soziale Sicherung：Sozialversicherung und/oder Grundsicherung? Zeitschrift für Sozialreform, 34 Jg.（1988），S.495ff.

[30] International Labour Office, World Labour Report, Vol.1, 1984, Vol.2, 1985, Vol.3, 1987, Vol.4, 1989.

[31] *Peter Flora* (Hg.), Growth to Limits, The Western European Welfare States since World War II, Vol.4, 1986/87. OECD, Social Expenditure 1960–1990. Problems of growth and control, 1985.

[32] *Wolfgang Zapf*, Individualisierung und Sicherheit, 1987；*Hans-Joachim Hoffmann-Nowotny*, Gesamtgesellschaftliche Determinanten des Individualisierungsprozesses, Zeitschrift für Sozialreform, 34. Jg.（1988），S.659ff.

[33] International Labour Office, World Labour Report, Vol.1, 1984, Vol.4, 1989；World Labour Report 1993；OECD, Employment Outlook, 1984 e.s.（jährlich）.

步、利用日益自由的经济空间服务于劳动力需求与供给的各种方式、手段和规模)、国家(及其下层机构)对劳动力需求的改变、就业人口的变化、有劳动需要的就业者占有就业能力人口的比例。所有这些状况的作用发挥不仅受制于时代,也和国家与地区差异相关。[34] 更多的解释则存在于教育制度的发展、伤残保障制度中伤残界定的灵活性和养老保障制度中老年界定的灵活性。广义上说,失业也是社会保障、社会促进、社会救助整体制度所造就的劳动与不劳动的自由选择空间所带来的影响之一。

失业率的变化给就业政策(积极就业政策[35]、消极和补偿性待遇[36]、尤其是这两者的结合问题)带来了新的运动。[37] 单个群体的问题(长期失业者、[38] 青年人、[39] 老年人、残疾人、少数民族等)在其中凸显出来。由此表现出一个非常重要的规律:确定社会保障在非劳动期中被"延长"的劳动收入时必须考虑到,从劳动生活中被排除出来而失去的不仅是劳动收入,还丧失了与劳动挂钩的社会保障——其中也包括失业时的社会保障。因此,社会干预必须尽快致力于让潜在的受损害者参与到"劳动"中去。在这种关联中,各种不同的福利国家纲领[40] 对就业和失业问题都十分重视。[41]

一个重要的发展体现在**妇女的角色**和**家庭状况**的变化上。可以完全明确

---

[34] International Unemployment Indicators, 1983–1993, Monthly Labor Review, Vol. 118 (1995), pp. 31 e.s.

[35] 见注 18、19.

[36] *Adrian Sinfield*, Unemployment, in: *Peter A. Köhler/Hans F. Zacher*, Beiträge zur Geschichte und aktuellen Situation der Sozialversicherung, Schriftreihe für Internationales und Vergleichendes Sozialrecht, Bd. 8, 1983, S. 415 ff.

[37] 见注 22.

[38] OECD, Measures to assist the long-term unemoloyed, 1988.

[39] OECD, Youth Unemployment? Causes and Consequences, 1980; OECD, The nature of youth unemployment, 1984; OECD, New Policies for the Young, 1985.

[40] 主要可见 *Esping-Andersen* 对此进行的分类,Three Worlds of Welfare Capitalism(注 12):对社会民主主义的、保守主义(社团主义)的和自由主义福利国家类型的划分。

[41] *Andreas Aust/Hans-Jürgen Bieling*, Arbeitsmarkt- und Neschäftigungspolltik in Westeuropa – Zwischen strategischer Konvergenz und institutioneller Vielfalt, Zeitschrift für Sozialreform, 42, Jg. (1966), S. 141 ff.

地说，越来越多的妇女从家庭劳动中脱离出来，接受了从属性职业劳动。[42] 原因是多层次的：结婚率的降低、孩子数量的减少、技术发展使得家务劳动不再繁重、适当参与福利生活的必要性、新的社会价值观尤其是妇女自身的新价值观。与家庭劳动不同的是，职业劳动（特别是正规劳动关系）使得她们处于一个自身权利的复杂位置：收入、家庭之外的自我实现和社会融入、社会保障。由此而同时产生了一个问题：现在该由谁承担起家庭劳动，特别是照料儿童和需要照顾的家庭成员的责任？对劳动生活中的职业劳动的重视导致明显的非**职业劳动的匮乏**，尤其是那些非职业经济性质的服务提供。对此的应对显著体现出了国家间的差异。有的是试图将相关服务进行市场经济性质或行政性质的再组织[43]，而另一方面，主要借助于社会福利制度，也出现了把非职业劳动前提条件向职业劳动前提靠拢的尝试（如通过向在家庭中劳动的儿童父母提供社会福利待遇、把这种劳动计入社会保障中等）。[44]

总而言之，越来越清晰：失业现象与一个国家所具有的并且在其政策中反映出来的劳动纲领密不可分。这涉及国家打算如何把与劳动价值相关的机会和好处（收入、自我实现、社会接纳和社会保障），同时也把劳动的负担在其成员间分配。劳动的形态与失业的形态证明了它们自身正是这个整体构造中的互补性要素。

---

[42] OECD, The Integration of Women into the Economy, 1985.

[43] OECD, Employment Outlook 1990, pp. 123 e.s.；International Labour Office, World Labour Report 1994, pp. 30 e.s.；*Gösta Esping-Andersen*, Welfare States and Unemployment, Safety Net or Culture of Dependency, Pontifical Academy of Social Sciences, Plenary Session 1996.

[44] *Bernd Halfar* u.a., Strukturelle Unterschiede in der Ausgestaltung sozialer Sicherungssystems in Industrieländern in Hinblick auf ihre Bedeutung für die Familien, Materialien zur Bevölkerungswissenschaft, Heft 87, 1996. 遗憾的是这篇报告没有回答保障制度对于家庭劳动中的残疾和老年问题的关注程度如何. *Eva-Maria Hohnerlein*, Kompensatorische Regelungen der gesetzlichen Alterssicherungssystems bei durchbrochenen Erwerbsbiographien – Ansätze zur Anerkennung unbezahlter Familienarbeit in den Ländern der Europäischen Gemeinschaft, 同上, S. 589 ff.；Gesellschaft für Versicherungswissenschaft und –gestaltung. Die Stellung der Frau in den Alterssicherungssystemen des Auslands, 1992.

（三）社会主义国家

同一时期内的社会主义国家，主要是中东欧社会主义国家中的情况则有根本不同。生产资料私有制的废除和计划经济的主导消灭了单个经济体（企业）和整个经济体系之间的界线。社会保护的内化规范和社会保障、社会促进与社会救助的外化机制之间的辩证关系这一本质含义——原则上内化的社会保护与企业的经济独立性、它的成本－收益分析及其经济效益必须保持一致，外化的社会福利制度则必须承担起共同体（社会、国家）应做的事——也因此而被消除了。国家计划分配给企业的不仅有其经营活动所必需的物资，还有社会福利待遇所必需的物资。[45] 这种体制毫无问题地可以**在计划经济中消除失业的普遍现象**。[46]

企业能够也必须在劳动力就业时做到应雇尽雇。作为普遍现象的失业只可能是出于计划上的失误。**符合经济性要求地**产生全系统的效益究竟需要多少劳动力不在考虑之列。换句话说：在计划中包藏着的内部失业是隐而不见的。[47]

但会少量存在一些**个别失业现象**。当某一劳动关系终止，而个人和计划执行者没有及时在计划允许范围内发现新的工作位置，个人就有可能失业。极端情况下，当某个计划上的失误没有被及时发现和纠正，失业就会产生。总之，个人失业是可能的，但只是一种短暂现象，不值得为此建立一个社会保障分支。如果需要予以补偿，也只是由企业或某个机构支付数量很少、时间很短的待遇。[48] 显然，所有这些是与职业和劳动岗位自由选择权的微少联系在一起的。

这种制度的特征还包括：它为家庭劳动（主要是儿童抚育）和父母（尤其是妇女）的职业劳动之间的冲突提供了一个简单的解决办法：在企业或企业之外的机构中进行儿童抚育工作。儿童抚育待遇的提供也是计划的一项内容，

---

[45] World Labour Report, Vol.1, 1984, pp.75 e.s.
[46] 同上注，pp.79 e.s.
[47] 关于改革的尝试及这一时代结束前的困境见 World Labour Report（注 30），pp.15 e.s.
[48] Hans F. Zacher, Sozialrecht in den sozialistischen Ländern Osteuropas, Jahrbuch für Ostrecht, Bd. XXIII (1982), S.331 ff. (S.336).

这使得妇女就业率居高不下。[49]

（四）发展中国家

发展中国家的就业与失业问题则要复杂得多。[50]一方面存在**城市正规就业部门**（公共服务机构、大型企业、有时亦包括中小型企业），其中劳动生活的组织接近于发达工业国家。另一方面还存在着前现代性质的村社集体、家庭单元、家庭经济，其中每个人都要按照自己的角色对家计作出贡献，每个人的需求都要按照共同的规则、共同的可能性及其角色得到满足。在城市正规部门的现代性和**社会状况的原始性**之间，劳动生活被扭曲了。劳动与收入、需求满足和家计的作用与问题场没有彼此分离，而是挤压在一起。[51]这两个端点之间还存在着**城市非正规部门**（相对于各种薪酬形式的各种服务业形式、小作坊等）和**农村非正规部门**（主要是在小农领域中）。在这些先天缺乏一致性的各种类型之间有着极多的连接和过渡，而每一个都有可能会被贫穷（某种不在所有这些类型之中的贫穷）所包围。[52]

在这里，"劳动"与"失业"的含义与发达工业国家根本不同。[53]

- **城市正规就业部门**中的劳动仍能从收入、自我实现和社会接纳的维度来理解。但是通过劳动获取收入并以此满足养家者及其家庭家计需要的这种常态，在可能存在的大家庭中被一再消耗——其家庭成员分布于城市非正规部门、农村部门或前现代的原始条件中，自身没有能力建立起一个类似于劳动、收入、需求满足和家计的完整独立结构。因此社会保障的内容局限于当无法通过劳动获

---

[49] World Labour Report, Vol. 1, 1984, pp. 85 e.s.

[50] World Labour Report, Vol. 1, 1984, pp. 1 e.s., Vol. 4, 1989, pp. 20 e.s.

[51] *Franz von Benda-Beckmann* u.a. (Hg.), Between Kinship and the State. Social Security and Law in Developing Countries, 1988; *Hans F. Zacher*, Traditional solidarity and modern social security. Harmony or conflict? 同上, pp. 31 e.s.

[52] Weltbank, Weltentwicklungsbericht 1990, "Armut", 1990.

[53] *Juan José Llach*, An overwiew on employment and unemployment on an inter-continental basis (Statistical Summary), Pontifical Academy of Social Sciences, Plenary Meeting 1996.

得收入时用以替代劳动收入。
- **城市非正规就业部门**则先天就缺乏作为现代劳动生活特征的类型化与稳定化要素。
- 在**农村非正规就业部门**中还能发现存在于劳动、"资产"（牲畜、工具等）和土地之间的困难关系。
- **原始状态下**的各种状况则完全不具可比性。

那些正在或想要在城市非正规部门、农村部门工作的人和那些尚处于某种原始单元中的人在何种程度上可算是城市正规部门的"**失业者**"？[54] 如何计算和评估一国劳动市场中的这些"后备军"？换句话说，如果某个（由于教育、劳动、早先的劳动）属于城市正规部门的"失业者"能从城市非正规部门、农村部门或某个原始扶养单元中获得收入的话，他还算是"失业者"吗？因此毫不惊讶，在最广义的发展中国家中，只有少数国家（主要是转型国家）才会存在某种**失业社会保障形式**[55]，且总是有限的和流于形式的。显然，由此产生的"失业"问题亦不能通过社会救助制度解决，积极就业政策措施[56]（培训项目等）的作用也很有限。[57] 这些状况同样导致无论是劳动关系中的（内化的）社会保护调节[58]还是国家的社会保障体系都很不完善。此外，与城市正规就业部门的特殊地位相一致，企业（主要是跨国公司）内部社会保障体系的自发调整十分重要。[59] 所有这些状况共同造成了发展中国家职业劳动现象上的不确定性和多面性。

---

[54] *David Turnham/Denizhan Erlcal*, Unemployment in Developing Countries. New Light on an old Problem, OECD Development Center, Technical Papers no. 22, 1990.

[55] *Maximilian Fuchs*, Soziale Sicherheit in der Dritten Welt, Studien aus dem Max-Planck-Institut für ausländisches und internationales Sozialrecht, Bd. 2, 1985, S. 23f. Social Securitzy, Programs throughout the World – 1993 (注 11), S. XXXIII e.s.

[56] International Labour Office, Urban Poverty and the Labour Market. Access to Jobs and Incomes in Ancient and Latin American Cities, hg. v. *Gerry Rodgers*, 1989.

[57] *Bernard Salomé* (Hg.), Fighting Unemployment in Developing Countries, OECD Development Center, 1989.

[58] *Guy Standing/Victor Tokman* (Hg.), Towards Social Adjustment. Labour Market Issues in Structural Adjustment, 1991.

[59] *Fuchs*, Soziale Sicherheit in der Dritten Welt (注 55), S. 80; *Zacher*, Traditional Solidarity and modern social security (注 51), pp. 32 e.s.

三、新型不平等的复杂性

（一）概述

　　1990年代，这种世界的三分法逐渐坍塌。然而许多与此同时出现的新变化在之前几十年中已经能被察觉。有些早就出现了：第一世界日益难以做到实现充分就业，正规劳动关系的垄断地位日益受到个人化方式的威胁；许多第三世界发展中国家的工业化日益加深，它们与后工业化国家同时进入世界经济体系。对这些变化的根本意义的完全清晰化最终起决定作用的是共产主义的衰败。第二世界去掉了它的僵硬封闭状态，以不同的决心与成就融入世界市场经济、法治国家和民主制度发展之中。

　　借助于通讯和交通的各种后现代可能性，以一个尽管存在许多弱点与不足但仍具显著作用的国际法律秩序为框架，各种经济制度所具有的这种原则上的平等性（或者至少是相似性，无论如何是相容性）导致**全球性**现象的产生。这种全球性允许资本在世界范围内寻找投资可获利最多的地方，也允许国际贸易借助于产品质量与价格在世界性竞争中充分发展最有利的生产条件。它还使得人们的迁徙变得大为容易：求职者在寻找工作；陷于困境中的人在寻找生存机会。由此而在世界范围内产生了对劳动机会的竞争，这种竞争一小部分是由劳动要素的迁移而导致，大部分则是因竞争地的劳动要素必须适应竞争条件而导致。[60]劳动的质量与价格对资本的投资利益和产品的竞争能力从未像今天这样具有决定性。更确切地说：劳动的质量与费用被放进了投资与生产条件的复杂整体计算中。[61]

　　这种全球性对**福利国家政策**和**福利社会**的共识与协商具有极为重大的影响。[62]在此必须要对这种状况中的两个要素予以强调：

---

[60] International Labour Office, World Employment 1995；International Labour Office, World Labour Report 1992, 1993, 1994, 1995；Employment Outlook, 1992.

[61] *Jürgen Neyer/Martin Seeleib-Kaiser*, Arbeitsmarktpolitik nach dem Wohlfahrtsstaat. Konsequenzen der ökonomischen Globalisierung, Aus Politik und Zeitgeschichte, B.26/96 (1996).

[62] *Winfried Schmähl/Herbert Rische* (Hg.), Internationalisierung von Wirtschaft und Politik–Handlungsspiel-räume der nationalen sozialpolitik, 1995；*Aust/Bieling*, Arbeitsmarkt–und Beschäftigungspolitik in Westeuropa（注41）.

第一：迄今为止国家政治与社会势力政治都是以受本国（在西欧还有欧洲超国家）框架条件决定为特征。全球化以一种史无前例的方式削弱了民族国家对经济和社会状况的主宰。第二：对所有劳动要素费用的调整，都必须在不确定性的重负下考虑到，它们在与竞争中的其他可比较的投资与生产条件的关系中，以及在不同的雇佣劳动者群体（高素质与低素质的、年轻的与年老的、当地的与外来的，等等）的关系中，是否是合理的、必要的、有价值的。每个利益团体都面临着如何分配机会和受害者以令自身团体力量得以实现的问题。旧有的关于正规劳动关系的国内社会规则、与此相关的劳动成绩与劳动负担、与此相关的（内化的）社会保护、与此相关的（外化的）社会保障，以及围绕和贯穿了劳动、收入、需求满足与扶养单元问题场的社会福利制度的整体构造，都是其中的重要问题。[63] 国内社会在与传媒、联会、政党、议会、政府的角力中进行着新的定位。

（二）第一世界的烦恼

1. 失业率的上升和劳动与失业表现形式的变迁

在"老西方国家"的工业化市场经济中，最显著的变化就是**失业趋势从70年代开始已呈明显，90年代迅速上升**。OECD国家平均失业率在90年代中期上升到10%以上，某些国家甚至达到20%。[64] 许多国家因为这种变化而制定了失业者待遇（消极就业政策）——尤其是调整了（主要是缩小了）公共预算的负担。[65] 与此同时，积极就业政策[66] 措施及其与消极就业政策的关系也遇

---

[63] Bureau International du Travail (Jean-Pierre Dumont), L'impact de la vrise économique su les systèmes de protection sociale, 1986；International Social Security Association, Responding to Changing Needs, 1990–1992, 1993.

[64] OECD, Economic Outlook December 1996, 1996, pp. A 24 e.s.

[65] 见注10和注20. 此外有 *Martin Seeleib-Kaiser*, The Development of Social Assistance and Unemployment Insurance in Germany and Japan, Social Policy and Administration, Vol.29 (1995), pp. 269 e.s.

[66] *Ulrich Walwei*, Aktive Arbeitsmarktpolitik in den OECD-Ländern – Entwicklungstendenzen und Effekte, Mitteilungen aus der Arbeitsmarkt- und Berufsforschung, 29, Jg. (1996), S. 349.

到了考验。[67]

然而失业统计数字（不考虑所有失业统计都存在的问题）只不过是所有已发生的变迁的一种非常不完全的表象。它以各种方式掩盖了就业不足的完整范围与程度。除了那些（视国家状况而定）能够享受到劳动中介服务和要求失业待遇的"正规"失业者之外，还存在：[68]

（1）由积极或消极就业政策措施造就劳动关系的人群："短工"（主要是非全日制工，他们在某种特殊的福利待遇框架内获得薪酬上的弥补）；由公共财政支持就业（尤其是重新就业）的人；在教育或深造期或者某种特殊职业培训期，由社会福利待遇保障其收入的人。[69]

（2）被安置在"邻接性"社会福利体系中的人群：主要是残疾人和临近养老保障退休线的人。[70] 这其中尤难弄清制度及其实施上针对失业状况所表现出的弹性对残疾养老金的批准有多大影响[71]，所以也很难把弹性退休年龄的实行归因于失业状况。对于究竟是哪些特殊因素促使人们提前进入养老保障，

---

[67] *Günther Schmid* (Hg.), Labour Market Institutions in Europe. A Social-Economic Evaluation of Performance, 1994; Institutional Incentives to Prevent Unemployment; Unemployment Insurance and Active Labor Market Policy in A Comparative Perspective, The Journal of Socio-Economics, Vol. 24（1995），pp. 51 e.s.；Reform der Arbeitsmarktpolitik. Vom fürsorgenden Wohlfahrtsstaat zum kooperativen Sozialstaat, Discussion Paper FS I 96–204. Wissenschaftszentrum Berlin für Sozialforschung, 1994.

[68] *Werner Clement/Christoph Badelt*, Die Fragmentierung des Arbeitsmarktes. Beispiele neuerer Formen der Beschäftigung und der Arbeitsmarktpolitik in Frankreich und den USA, Beiträge zur Arbeitsmarkt- und Berufsforschung, Heft 91, 1985. S. 287 ff.；Gerd Mutz u.a., Diskontinuierliche Erwerbsverläufe. Analysen zur postindustriellen Arbeitslosigkeit, 1995.

[69] 关于德国的情况可见：Kommission für Zukunftsfragen der Freistaaten Bayern und Sachsen, Erwerbstätigkeit und Arbeitslosigkeit in Deutschland. Entwicklung, Ursachen und Maßnahmen, Teil 1 Entwicklung von Erwerbstätigkeit und Arbeitslosigkeit in Deutschland und anderen frühindustrialisierten Ländern, 1996, S. 64, 70.

[70] *Martine Burdillat/Jean-Luc Outin*, Die Interaktion von Beschäftigung, Arbeit und soziale Sicherung, Zeitschrift für Sozialreform, 41. Jg.（1995），S. 838ff.

[71] OECD, Employment Outlook July 1992, 1992, pp. 222 e.s.；关于德国的情况可见 Kommission für Zukunftsfragen der Freistaaten Bayern und Sachsen（注69）.

需要更为细致的观察。[72]

（3）此外还有那些"**隐蔽的后备军**"，其中包括了那些完全需要就业但却不在现有劳动市场条件之内的人[73]，以及

- 由于没有获得**失业福利待遇（失业保险金）的资格**，因此也无法声称自己失业的人，
- 由于有其他收入（如资本资产）而没有理由要求失业待遇的人，
- 由于处于**家庭劳动**状态而无法要求失业待遇的人。这种状况在婚姻关系中可通过另一方的收入得到缓解，单身的则可通过抚恤养老金、单身母亲福利待遇等。无论如何，应把基于家计负担（儿童抚养津贴）原因的社会福利待遇或满足某些需求（如住房津贴）的社会福利待遇作为这种行为的框架条件加以考虑。

然而，即便是在采取职业劳动形式的领域，**正规劳动关系的垄断地位**也已被打破。[74] 其表现形式也多种多样。

（4）无期限连续就业之外出现了越来越多的**有期限劳动关系**。

（5）全日制劳动关系之外出现了越来越多的**非全日制劳动**，其中还可再划分为：

- 能够提供生活基本所需并 [也许是暂时的，也许存在其他需优先

---

[72] OECD（注 71），pp. 213 e.s.；*Gerhard Bäcker*, Im Übergang vom Erwerbsleben in den Ruhestand. Aus Politik und Zeitgeschichte B 44/93. *Frieder Naschold/Bert de Froom* (Hg.), Regulation Employment and Welfare. Company and National Policies of Labour Force Participation at the End of Worklife in Industrial Countries, 1994. 关于"老年人劳动"的更多形式见 *Martin Kohli*, Erwerbsarbeit und Ihre Alternativen, in：Margret Baltes/Leo Montada (Hg.), Produktvies Leben im Alter, 1996, S. 154ff.

[73] 关于德国的情况可见：Kommision für Zukunftsfragen der Freistaaten Bayern und Sachsen（注 69），S. 29ff., 53ff.

[74] *Ulrich Walwei*, Atypische Beschäftigungsformen in EG-Ländern, WSI Mitteilungen, 1993, S. 584 ff.；*Lei Delsen*, Atypical Employment. An International perspective. Causes, Consequences and Policy, 1995. Karl Hinrichs, Das Normalarbeitsverhältnis und der männliche Familienernährer als Leitbilder der Sozialpolitik. Sicherungsprobleme im Sozialen Wandel, Sozialer Forschritt 45. Jg. (1996), S. 102 ff. OECD, Employment Outlook July 1989, 1989, pp. 22 e.s.；Employment Outlook July 1990, 1990, pp. 18 e.s., 179 e.s.

考虑的状况（如家庭劳动、义务或公益劳动、业余活动），也许由于有财产和其他收入，也许是出于社会认知] 被认为是可以接受的非全日制劳动关系，通常是半日制或比半日制稍长的工作。

- 被压缩得极短的非全日制劳动，其报酬在通常情况下被认为不足以满足生活需要，但最终还是由于生活所迫而被接受。在一些国家（尤其是德国），这种"微不足道的就业"是被通常与劳动关系捆绑在一起的社会保障排除在外的。[75]

（6）与传统的按天或按月计算的非全日制劳动相区别的有长期非全日制劳动，表现为按月、按年或其他类似形式。

（7）以临时工形式等表现出来的不定期劳动关系。

（8）家庭手工劳动是一种传统的特殊形式，如今它也增添了新的可能性。

（8）尤其有现实意义的是从属性自雇劳动（假性自雇）的增加。[76] 对于这种现象目前似乎还没有专门的规范。它与真正劳动关系和真正自雇劳动的界线是模糊的，因此雇佣劳动者社会保障应在何种程度上覆盖"从属性自雇劳动"的问题也仍不清晰。但在不少国家，劳动市场的发展使得真正的自雇劳动更为常见。[77]

（9）最后，所有这些形式之外还存在着黑工现象。

总之，这种新的**劳动与失业的多样性**使得劳动生活被非正规化了。即使在"西方"国家，也能（重新）观察到越来越多的非正规劳动部门。

2. 相关者的状况

这些发展对相关者来说意味着什么？必须明确，我们的出发点是正规劳

---

[75] *Karl-Jürgen Bieback*, Der Schutz der atypischen Arbeit in den australischen, britischen und deutschen Systemen der sozialen Sicherheit, Internationale Revue für Soziale Sicherheit, Bd. 46 (1993), S. 25ff.

[76] *Heinz-Dietrich Steinmeyer*, Die Problematik der Scheinselbständigkeit, Zeitschrift für Sozialreform, 42. Jg., 1996, S. 348 ff.

[77] *Annegret Döse* u.a., Neue Formen und Bedingungen der Erwerbsarbeit in Europa, Schriftreihe des Zentrums für Europäische Rechspolitik, Bd. 19, 1994；*Friedhelm Pfeifer*, Selbständige und abhängige Erwerbstätigkeit. Arbeitsmarkt und industrieökonomische Perspektiven, 1994.

动关系包含了常规性的个人职业劳动内容的最大化：收入、自我实现、社会接纳和社会保障。就业不足则意味着这种常规最大化的削减，劳动价值的各种要素由此可能受到不同程度的波及。换句话说：失业的传统概念所对应的是正规劳动关系，而随着劳动形式的多样化发展，失业也具有了各种各样的形式。在这里所描述的介于正规劳动关系和完全失业之间的整个**中间地带**中，我们发现了非常多的包含劳动内容和失业内容的混合体。[78]

（1）在非正规劳动关系中，**临时性劳动**关系对于其所存在的期间来说意味着最少的限制。劳动关系长期可靠性的缺乏自然会损害到劳动关系的价值。

（2）**非全日制劳动关系**原则上可以使得劳动价值的所有要素得以实现：收入、自我实现、社会接纳和社会保障。但它提供这种可能性要受到工作时间减少的限制。这在现实中意味着什么，要视具体情况而定。尤其可能会成问题的是社会保障方面的后果。当涉及的是收入替代待遇时，社会保障有可能会按比例供给；当涉及的是某种需求的满足（如患病状况下的医疗福利保障）时，这种待遇的提供就可能要么全有要么全无。

但即使在能够按比例调整待遇的情况下也仍存在一些社会福利问题：是否存在超比例地改善社会保障的理由（如出于保障收入的目的）？或者，是否存在把某种过于微小的非全日制用工排除在社会保障之外的理由，因为其工资和社会保障都不能被作为生存基础？每个国家对这些问题的回答存在极大差异。

（3）**从属性自雇者（假性自雇者）**能从职业劳动中获得收入、自我实现和社会接纳。然而他们缺少（内化的）社会保护，大多数人也缺少（外化的）社会保障。问题在于，这是否与他对雇主的从属性处于一种适当的关系之中。**真正自雇劳动**的增加同样造成了许多需要进行社会干预的状况。

（4）如果某种**社会工资**（典型的是针对失业的社会工资，非典型的是针对伤残、年老等的社会工资，还有社会救助的最低待遇）获得保证，收入要素就

---

[78] 关于社会保障制度的各种后果见 *Eithne McLaughlin*, Work and Welfare Benefits: social Security, Employment and Unemployment in the 1990s, Journal of Social Policy, Vol.20 (1991), pp.485 e.s.; *Karl Hinrichs*, Irreguläre Beschäftigungsverhältnisse und soziale Sicherheit. Facetten der "Erosion" des Normalarbeitsverhältnisses in der Bundesrepublik, in: Prokla. Zeitschrift für kritische Sozialwissenschaft, Heft 77 (1989), S.7ff.

会处于中心地位。此外,作为社会福利性质的收入替代的补充,社会保障的提供也会获得保证。但是社会实现和社会接纳要素则要受到个人状况和社会环境的制约。在积极就业政策和失业保险待遇的结合中,这个问题表现为:为失业提供的社会救助待遇在许多国家是与接受承担公共劳动联系在一起的。就连英国也在不久前以"工作福利制度(workfare system)"替代了失业社会保障制度。这对于防止个人和劳动世界之间因失业而彼此疏远的风险是十分有意义的。然而毋庸置疑的是,自由选择的劳动中的自我实现和社会接纳,与义务性劳动所给人的感受和所发挥的作用都是不同的。

(5)靠打黑工生活的人虽然能够获得除社会保障之外的劳动价值的所有要素,但却要承受伴随着这种非法性的保留和负担。社会保障待遇(如果不是以各种变相方式骗取的话)主要是遭遇紧急状况时的社会救助。

(6)**在其他情况下**,至少劳动可以带来收入。在劳动关系之外,私人关系或社会环境亦有可能导致真正的自我实现和社会接纳。可以认为,有时某些与之相应的行为会成为放弃劳动关系的动机。

正规劳动关系的优势地位和充分就业的前提是与防止失业者"社会状况恶化"的倾向相一致的。社会福利待遇的结构与水平便建立在这个基础之上。现在这种常态的瓦解也导致一个问题:如果**劳动生活的表现形式"向下"敞开**[79],**失业社会福利待遇是否也该"向下"敞开?**[80] 整体上与此相一致的是社会保障、社会促进、社会救助待遇的降低[81],以及与这些待遇相伴的自由权水平的弱化。[82] 这种降低不仅产生于立法者从经济发展状况所得出的结论中,它首先就是社会保障制度与正规劳动关系之间存在的一致性的产物:正规劳动关系瓦解或丧失作用的范围也即是与之相捆绑的社会保障机制失去能力和

---

[79] *Neyer/Seeleib-Kaiser*, Arbeitsmarktpolitik nach dem Wohlfahrtsstaat (注61).

[80] 见注20和注65.

[81] *Eva-Maria Hohnerlein/Ute Kötter*, Ausbau und Umbar des Sozialstaates – Bericht über die Korrespondententagung des Max-Planck-Institut für ausländisches und internationales Sozialrecht, Zeitschrift für ausländisches und internationales Arbeits- und Sozialrecht, 10. Jg., 1996, S. 372 ff.; *Bernd von Maydell* u.a., Die "Krise des Sozialstaats" in internationaler Perspektive – Denkanstöße für die Bundesrepublik Deutschland, Sozialer Fortschritt, 46 Jg., 1997, S. 1ff.

[82] 艾斯平-安德森称之为**再商品化**。见 *Neyer/Seeleib-Kaiser* (注61), S. 40.

重要性的范围。失业社会保障的各种限制便完全典型地与这种"向下敞开"相一致。最后，当针对失业的社会保障或社会救助待遇只在（要么是在积极就业政策的框架下，要么是作为社会救助待遇）为此进行劳动的前提下被提供，那它同样也是与此一致的。[83] 这种类型的规范可能会强调必须把社会福利待遇与那些让相关者留在或重返劳动生活的措施结合起来[84]，但也同样表现出放任那些拒绝就业帮助的人在生活经济基础上陷入一无所有。

3. 发展前景

充分就业的消失、正规劳动关系的瓦解倾向、各种公开和隐蔽失业形式的分化，使得**家庭劳动**问题重新进入讨论之中。为了降低职业劳动和家庭劳动之间的差异，让父母们能够保留或扩大为了家庭劳动而放弃职业劳动的自由，我们（如通过劳动法和社会福利法上的规定）能够和应该做些什么？[85] 也许要么与市场经济方式保持一致，要么与国家行政方式保持一致的工作才是更好的解决方式？[86] 有没有同时产生家庭劳动的自由和一般性工作的自由的可能性？或者，通过（市场经济性质或国家行政性质的）工作，剩下的只会是私有制的国有化？[87]

更需要强调的问题是：如何组织利他性和公共性工作，在这种工作中，人们不拿或只拿很少的劳动生活中常采取的报酬。[88] 这里的关键词是"第三种要

---

[83] 关于其形式的多样性可见 *Eardly* u.a., Social Assistance in OECD-Countries（注10），pp. 149 e.s., 169 e.s., 171 e.s., 174 e.s. 关于其激励手段可见 *Neil Gilbert*, Von Ansprüchen zu Anreisen: Wandel in der Auffassung des Sozialschutzes, Internationale Revue für soziale Sicherheit, Bd. 46, 1992, S. 5ff.

[84] 救助手段向劳动就业的集中表现在"**workfare**"概念上。见 *Bob Jessop*, Thatcherismus und die Neustrukturierung der Sozialpolitik – Neoliberalismus und die Zukunft des Wohlfahrtsstaates, Zeitschrift für Sozialreform, 38. Jg., 1992, S. 709ff.

[85] OECD, Employment Outlook September 1988, 1988, pp. 129 e.s.; Employment Outlook September 1995, 1995, pp. 171 e.s.

[86] OECD, Employment Outlook July 1990, 1990, pp. 123 e.s.; International Labour Office, World Labour Report 1994, pp. 27 e.s.

[87] *Gösta Esping-Andersen*, Welfare States and Unemployment（注43）.

[88] *Birgit Riedel/Charlotte Strümpel*, Neuere Formen ehrenamtlicher Tätigkeit: internationale Entwicklungen, Heft 59 81996), S. 11 ff.

素"。[89]

仅靠家庭劳动和其他非完全职业劳动固然不能解决劳动市场的问题，但是除此之外工业化市场经济国家的劳动市场还有何路可走？

（1）有没有可能用一种**新的总社会契约**制造出新的正规劳动关系，这种劳动关系对劳动时间[90]和劳动收入的分配使得**所有**有劳动能力的人都能够适当地参与职业生活——也即产生出一种**新的**充分就业？[91]

（2）能否期望，社会能在一种自由形成的契约中**不均等地**分配工作，因此可以用与此相应的对非全日制工作的接受来解决这个问题？为此必须首先具备哪些框架条件？[92]

（3）通过**劳动市场的进一步分化**确保竞争力，保证能力最强者及其产品在竞争中的优势和报酬的最大化，同时降低竞争中能力较弱者的薪酬，把劳动要素的费用放逐到能力较弱的国家，这是否是一种正确的做法？[93]

（4）有无可能和必要，一方面坚持传统的**正规劳动关系**，以令最有成绩的就业领域保持最大生产能力，但此外也重视社会福利待遇和/或非正规就业关系（甚至在发达国家中也重视非正规就业部门）？这基本便是试图保持过去数十年的"正常状态"和经济"恢复"的努力。这种努力在社会上和政治上是可行的吗？在经济上是必要的吗？

为什么在这里提出这些问题？因为对失业的态度取决于社会和政治想要

---

[89] *Helmut K. Anheier/Wolfgang Seibel*, The Third Sector: Comparative Studies of Non-Profit Organisations, 1990; *Jeremy Rifkin*, The End of Work, 1995, pp. 249 e.s.

[90] *William K. Roche* u.a., Working Time and Employment: A Review of International Evidence, International Labour Review, Vol. 135, pp. 129 e.s.

[91] 见 *Günter Schmid* 在其未发表的 Rudolf-Meidner-Lecture 中的 "A new Approach to Labour Market Policy: A Contribution to the Current Debate on Efficient Employment Policies. Is full Employment Still possible? Transitional Labour Markets as a New Strategy of Labour Market Policy", 1994.

[92] 荷兰便是这种范式的样本。见 *Günther Schmidt/Maja Helmer*, Beschäftigungswunder Niederlande? Ein Vergleich der Beschäftigungssysteme in den Niederlanden und in Deutschland, Diskussion Paper FS I, 1996–2006, Wissenschaftszentrum Berlin für Sozialforschung, 1996.

[93] *Aust/Bieling*, Arbeitsmarkt- und Beschäftigungspolitik in Westeuropa（注41），S. 147ff.

如何设计社会的劳动分配。[94]

（三）后社会主义国家的特殊负担

经济结构的决定性在前社会主义国家中表现得最为显著。越是从劳动、资本和土地这些经典生产要素的新行动空间和新行动方式以及产品质量和价格的全球性比较来解释全球化的影响，转型国家的根本性困难[95]就越清晰。在社会主义制度中，劳动、资本与土地并未按照企业经营获利的方式组合，产品制造也只是在必要时才有选择地考虑世界竞争。现在首先必须把劳动、资本与土地组合成经济赢利体，而这是以相应的权限管理为前提，以适应符合世界竞争的生产的劳动力为前提，以必要的投资为前提。[96]正是在对资本的竞争中，许多国家的经济体由于其基本设施、法律制度与实施[97]和政治制度上的问题受到了阻碍。[98]

上述困难使得转型国家试图放弃对生产的企业－市场经济化重组，以避免由经济重组造成的过度冲突。[99]然而这也意味着生产上的进一步赤字。[100]**经济能力的虚弱**对应着国家能力的虚弱。这二者共同导致劳动生活的瓦解和所有依靠国家能力的人的**贫困扩大**。[101]当政者以此换取到的是较低的失业率。

---

[94] *Aust/Bieling*, Arbeitsmarkt- und Beschäftigungspolitik in Westeuropa（注 41），S. 147ff.

[95] World Bank, From Plan to Market, World Development Report 1996, 1996；*Hellmut Wollmann* u.a. (Hg.), Transformation sozialistischer Gesellschaften：Am Ende des Anfangs, Leviathan Sonderheft 15, 1995.

[96] *Vladimir Pankov*, Ökonomie der Reformländer. Der gegenwärtige Wandel und die Prognosen für die Transformation, 1994.

[97] *Stanislav Frankowski/Paul B. Stephan* (Hg.), Legal reform in postcommuniste Europe. The view from within, 1995. *Georg Brunner* (Hg.), Politische und ökonomische Transformation in Osteuropa, 1996.

[98] *Georg Brunner* (Hg.), Politische und ökonomische Transformation in Osteuropa, 1996.*Richard Jackman*, Economic Policy and Emploment in the Transition Economies of Central and Eastern Europe：What have we learnt? International Labour Review, Vol. 133 (1994), pp. 327 e.s.

[99] *Richard Jackman*, Economic Policy and Emploment in the Transition Economies of Central and Eastern Europe：What have we learnt? International Labour Review, Vol. 133 (1994), pp. 327 e.s.

[100] International Labour Office, World Employment, 1995, pp. 108 e.s.

[101] *Natalia V. Tschernina*, Unemployment and the Emerge of Poverty During Economic Reform in Russia, International Labour Review, Vol. 133 (1994), pp. 597 e.s.

而经济重组通常会造成高失业率[102],这种高失业率随着劳动力的调整而产生了新的企业簇群和新的生产行动。当然它也同样伴随着贫困。[103]

社会福利政策尤其是社会保障政策也遇到了相应的挑战。[104]它必须考虑在劳动者可期望的而又原则上不损及企业赢利性的内化保护与社会保障、社会促进和社会救助的外化制度之间进行区分。这指的是：虽然可以首先发展经济制度的生产能力，但必须要求经济制度通过缴费和税收承担起社会福利制度的财政支持。另一方面：必须让社会福利待遇的接受者们满足于已重组的经济体制通过缴费和税收所能提供的待遇。所有国家都建立了**失业保护制度**,[105]其中一些国家（有一部分[106]还是在社会主义时期就已）建立了社会救助的基础体系。[107]然而它们真正提供的保护措施存在极大差别，没有现成经验可用，不过，**积极就业政策**明显体现出占重要地位[108],因为必须帮助劳动要素在新的经济制度中适应新的角色。但是所有这些措施都尚不足以减轻国民所承受的转型压力。[109]

---

[102] 关于失业状况见 International Labour Office, World Employment, 1995, pp. 105 e.s. OECD, Unemployment in Transition Countries: Transiant or Persistent, 1994; OECD, The regional dimension of unemployment in transition countries, 1995.

[103] International Labour Office, World Employment, 1995, pp. 111 e.s.

[104] International Social Security Association, Restructuring Social Security in Central and Eastern Europe. A Guide to Recent Developments, Policy Issues and Objects, 1994; *Bernd von Maydell/Eva-Maria Hohnerlein*, Die Umgestaltung der Systeme sozialer Sicherheit in den Staaten Mittel und Osteuropas. Fragen und Lösungsansätze, Schriftreihe für Internationales und Vergleichendes Sozialrecht, Bd. 13, 1993; *Ralph P. Heinrich/Michael J. Koop* u.a., Sozialpolitik im Transformatonsprozess Mittel- und Osteuropas, 1996.

[105] OECD, Employment Outlook 1992, pp. 258 e.s.

[106] 如波兰和捷克斯洛伐克。

[107] 缺乏对转型国家最低保障制度（社会救助制度）可信的全面研究。

[108] OECD, Social and Labour Market Policies in Hungary, 1995; *Martin Godfrey*, The struggle against unemployment: Medium-term policy options for transitional economies, International Labour Review, Vol. 134 (1995), pp. 3 e.s.; International Labour Office, World Employment 1995, pp. 114 e.s.

[109] International Labour Office, World Labour Report 1992, pp. 45 e.s.

(四)发展中国家的不一致性

在 80、90 年代,发展中国家的道路[110]比以前更为分化。[111]更确切地说:东亚与东南亚国家进入了世界经济顶端的一系列绩效标准中并强力推动了其全球化。其他地区则仍然止步不前。但它们之间(南亚、拉美和加勒比海地区、撒哈拉以南非洲)的差异也是显著的。

东南亚[112]所经历的不仅是惊人的发展力度,还有独特的就业上升——尤其是就业从非正规领域向劳动力匮乏时有发生(在马来西亚、新加坡、中国台湾地区和中国)的正规工业化领域的持续转移。社会保障制度的扩张[113]在一开始时缓慢伴随着这种发展,但由于单纯的技术问题而受到了限制。在这些国家和地区,企业保障构成重要的补充制度,企业与其雇员之间亦存在特殊的密切联系。只有中国建立了一种专门的且极具选择性的失业保障制度。[114]

相比之下,**南亚**[115]的发展较为缓慢。比起城市正规部门,发展更多集中在城市非正规部门。(内化的)社会保护和(外化的)社会福利制度的扩张同样呈现出更为缓慢和克制的特征。没有失业保障制度。[116]

拉美[117]呈现出一幅极为多彩的画面。城市正规部门就业继 50、60、70 年代的显著发展之后,在 80、90 年代稍有退步。这些国家的城市非正规部门也得到了发展。由于牵涉不同就业部门,失业统计差别很大。拉美的特征是劳动法对正规部门进行了严格规范。在社会保障领域,这个地区的特征也表现

---

[110] Weltbank, Weltentwicklungsbericht 1995:"Arbeitnehmer im weltweiten Integrationsprozess", 1995.

[111] International Labour Office, World Employment 1995, pp. 61 e.s.

[112] 同上,pp. 62 e.s.。

[113] 关于社会保障方面可见:International Labour Office, World Labour Report 1993, pp. 57 e.s.; Ludgera Klemp, Soziale Sicherheit in Entwicklungsländern, Aus Politik und Zeitgeschichte B 50/92, 1992, S. B 50 ff.

[114] Social Security Programs throughout the World – 1993 (注 20), pp. XXXIII e.s., 72 e.s.

[115] International Labour Office, World Employment 1995, pp. 63 e.s.

[116] Social Security Programs throughout the World – 1993 (注 20), pp. XXXIII e.s.

[117] International Labour Office, World Employment 1995, pp. 66 e.s.

为社会保障更多是为社会中层设计而较少考虑贫困人群。[118] 专门的失业社会保障制度极为鲜见。[119]

最为弱势的地区是**撒哈拉以南非洲**。[120] 城市正规部门就业在 80 年代持续降低，仅在某些国家（博茨瓦纳和毛里求斯）才有所增长。非洲联盟中城市正规部门的减少和"乡村逃亡"的洪流主要使得城市非正规就业部门获得了发展。据估计，在其中工作的人口占城市工作人口的 60%。在这种情况下，很难对失业进行定义和统计。各国社会保障制度和其他社会福利制度的发展水平不一致，但通常都很欠缺。没有失业社会保障制度。

劳动[121]与**失业**的形式如何、它们对社会和个人意味着什么、失业者处于何种状况，这些问题在整个第三世界表现得尤为具多面性。但总体说来失业者基本得不到社会保障，他们所能得到的帮助和机会存在于"次正规性"部门中，在那里，他们可能会自力更生，可能会获得帮助，但也可能会进一步沦落，直至坠入社会贫困层。失业者保障原则上不属于经济制度的直接明确的任务，相反，正规生产部门却成为补充劳动要素的另一蓄水池，即便在城市正规部门中也是这样。

这并不是说社会政策就不用为"次正规"领域中人们的状况负起责任[122]，而只是说：不能用产生在老工业化国家"正规"劳动世界中的社会保障、社会促进和社会救助传统方式来解决问题。所选择的方式并非收入待遇，而是具体的救助和服务。在这些服务中，为进入劳动生活所做的培训工作尤其重要。[123]

---

[118] 基本情况见 *Carmelo Mesa-Lago*, Social security in Latin America：Pressure Groups, Stratification and Inequality, 1978。关于当前状况见同一作者：Changing social security in Latin America. Toward alleviating the social costs of economic reform, 1994.

[119] *Carmelo Mesa-Lago*, Social security in Latin America（注 118），pp.29.e.s., 183 e.s.

[120] International Labour Office, World Labour Report 1992, pp.37 e.s.；World Employment 1995, pp.65 e.s.

[121] *Susan Horton* u.a. (Hg.), Labour Markets in an Era of Adjustment, 1994

[122] *Michael Jenkins*, Erstreckung des Schutzes der sozialen Sicherheit auf die gesamte Bevölkerung：Probleme und Fragen, Internationale Revue für soziale Sicherheit, Bd. 46 (1993), S.3 ff.

[123] International Labour Office, Training for Work in the informal sector, hg. von *Fred Fluitman*, 1989.

四、结语

自由福利国家制度并没有确定的、清晰的设计,它所具有的只是一个恰当化解与社会公平观念相关的各种矛盾[124]的框架性责任。这些矛盾指的是共同构成社会公平的待遇分配公平、财产占有公平和需求公平之间的矛盾[125],是各种对社会公平的实际期待——保证基本生存、为人民谋取更多的但非绝对的平等、对生活变迁提供保障(即便因此而延续了不平等)并关注为此创造前提条件的经济发展——之间的矛盾。[126]在自由福利国家中,个人及其群体和社会力量的首要责任便是遵循社会援助理念,让这种矛盾达到其应有目的,即不仅要让个人、群体和社会力量共同关注福利社会目标,还要让它们直接参与到由国家负责的制定正确政策的任务中来。[127]它的这种任务结构使得福利国家必须在一种广泛的衡量中履行使命,唯有如此才能应对构成其本质的大量矛盾。在实践中产生出了许多福利国家形式。[128]

这种特殊的广泛衡量同样被福利国家应用于劳动与失业问题上。"贫民问题"的历史直到成为"劳工问题"后方才获得巨大的政治能量,以及福利国家在过去的"黄金时代"重点关注改善从属性劳动者尤其是希望成为从属性劳动者的失业者的处境,使得人们对福利国家制度的印象停留在这些固化的规范上。然而在这个时代,劳动的形式和福利国家的政策所面临的革命性变迁揭示了事实的另一面。如果福利国家制度只是在现有解决方案上进行调整,它很可能会危及自身。反过来说:福利国家制度需要根据实际状况进行革新。当然,它必须继续坚持自身的本质与原则,也必须认识到劳动仍是托付予它的人类最崇高财富之一,且它对坚守社会援助原则负有责任——即,只要能够避免,就不允许接受社会排斥的风险。

---

[124] *Zacher*, Das soziale Staatsziel (注 4).

[125] *Walter Kerber/Claus Wettermann/Bernhard Spöhrlein*, Gerechtigkeit, in: Christlicher Glaube in moderner Gesellschaft, Teilbd. 17, 2. Aufl. 1981, S. 44 ff.; *Hans F. Zacher*, Sozialrecht und Gerechtigkeit, in Abhandlungen zum Sozialrecht, 1993, S. 308 ff.

[126] Zacher, Das Sozialstaatsziel (注 4), S. 20 ff.

[127] 同上, S. 18 ff.

[128] 同注 12、13.

寻找正确政治道路上的最大困难应该是：福利国家制度的国家性和它们所处的世界性联系（即遭遇的世界性变迁和需要承担的世界性责任）之间所存在的张力关系。[129]

---

[129] World Employment 1995, pp. 193 e.s.；以及注 24–27 的内容．关于世界组织的福利社会责任见 *Peter A. Köhler*, Sozialpolitische und sozialrechtliche Aktivitäten in den Vereinten Nationen, Studien aus dem Max-Planck-Institut für ausländisches und Internationales Sozialrecht, Bd. 7, 1988.

附录：出版社名录

一、《什么是社会法》，最早发表于 Klaus Müller (Hrsg.), Sozialrecht in Wissenschaft und Praxis, *Verlag R.S. Schulz* GmbH, 1978。

二、《社会法的基本类型》，最早发表于 Fürst, Walther, Herzog, Roman *und* Umbach, Dieter C. (Hrsg.), "Festschrift für Wolfgang Zeidler", Bd. 1, *Verlag* Walter de *Gruyter*, 1987。

三、《社会法教义学的发展》，最早发表于 *Fiat iustitia*, Recht als Aufgabe der Vernunft, Wallerath, "Festschrift für Peter Krause zum 70. Geburtstag", Duncker & Humblot, Berlin, 2006。

四、《社会法领域中的法律化》，英文版发表于 Gunther Teubner (Hrsg.), "Juridification of social spheres", Nomos Verlagsgesellschaft, Berlin, 1987。

五、《福利国家的两难处境》，最早发表于 Thomas Rauscher (Hrsg.), "Festschrift für Werner Lorenz zum 80. Geburtstag", Sellier, 2001。

六、《福利社会国家与繁荣》，最早发表于 Wirtschaft im offenen Verfassungsstaat, Festschrift für Reiner Schmidt zum 70. Geburtstag, Verlag C.H. Beck, München, 2006。

七、《社会保险的发展之路》，最早收录于 Köhler, Peter A./Zacher, Hans F. (Hrsg.), Ein Jahrhundert Sozialversicherung in der Bundesrepublik Deutschland, Frankreich, Großbritannien, Österreich und der Schweiz, Duncker&Humblot, Berlin, 1981。

八、《社会保险与人权》，最早收录于 Ming-Cheng Kuo/Hans F. Zacher/Hou-Sheng Chan (Hrsg.), Reform and perspectives on Social Insurance: Lessons from the East and West, Studies in Employment and Social Policy, Aspen Publications The Hague, 2002。

九、《德国法与欧洲法中的"福利社会"概念》，最早发表于 Das Soziale in der Alterssicherung: Jahrestagung 2005 des Forschungsnetzwerkes Alterssicherung (FNA), WDV Gesellschaft für Medien & Kommunikation mbH & Co. OHG, 2005。

十、《欧洲的福利社会国家制度》，最早发表于 Schweizerische Zeitschrift für Sozialversicherung und berufliche Vorsorge (SZS/RSAS), Stämpfli Verlag AG, 2008。

十一、《全球社会政策——若干初步思考》，最早发表于 Herzog Roman, "Festschrift Herzog", *Hoffmann und Campe Verlag*, 2009。

十二、《传统社会团结与现代社会保障：共存还是冲突》，最早发表于 *Von Benda-Beckmann*, *Casino*, *Hirtz*, *Woodman*, *Zacher* (*eds*), Between Kinship and State, Foris Publications, 1988。

十三、《全球视角中的劳动、失业与社会福利制度》，*Wolfgang Gitter* (Hrsg.), "Festschrift für Otto Ernst Krasney zum 65. Geburtstag", Verlag C.H. Beck, 1997。